羅光全書

冊六

中國哲學思想史

——先秦篇

臺灣學生書局印行

自序

在二十幾年前，我刊印中國哲學大綱時，我的一位學者好友對我說：「這種簡單的教科書何必寫，現在要寫中國哲學思想史。」又有一位學者好友告訴我：「曾經有人勸王雲五先生，只要寫唯有自己可以寫的書，不寫別人可以寫的書。」我笑答：「雲老寫了中國教育思想史和中國政治思想史，我也可以寫中國哲學思想史。」

我雖然喜歡哲學，專心研究的時間卻不多。每天忙於教會的行政工作，但是在忙中仍然教授中國哲學，到今年已教了三十九年。對於中國哲學思想的系統和特點，頗能明瞭。

目前，中國青年研究哲學的人越來越少。青年人不喜歡研究中國哲學，也是因爲沒有好的介紹書。因此，我想把自己研究的心得，記述下來。

我寫這本中國哲學思想史，不是寫教科書，而是寫哲學思想史，把各家的哲學思想，詳細介紹。所用方法，則是歐美研究哲學思想的方法，注重系統，注重說理。

我因作研究的時間有限，在考據方面不能多下工夫，只能引用別人的成果。然而我對於考據的意見是，「在法學上有一條原則，稱爲佔有人的權利；一種權利已經成立，在沒有證明這種權利不合法時，這種權利常存在。」因此在考據上，對於古代的史事或書籍，雖因各種原因能够予以懷疑，但若沒有確實的證據可以證明是僞造時，便應該保全古史和古書的價值。近來古史辨的一派學人，善於疑古，善於列舉消極方面的證據，可是積極方面的證據則常舉不出來，可是他們卻常以懷疑而變成否認古史和古書的結論。這種方法缺乏研究學術的嚴肅性。我相信將來考古學在地下的發現，一定會證明他們的結論不是定論。

我寫這本哲學思想史，嚴守哲學的範圍，不把政治思想和教育思想混入。雖然中國古代許多哲學家，都是政治家或教育家，而且這各方面的思想，常連貫在一起。但爲清晰明瞭且爲避免冗長起見，我則只講哲學思想。

這本哲學思想史的分期，依照當代研究中國思想史的學者所作的分期，即先秦篇、兩漢南北朝篇、魏晉隋唐佛學篇、宋代篇、元明篇、清代篇，每一時期爲一册，共爲六册。預計於四年內寫成。現在只寫了第一册，我卽將第一册付印，後來每一册寫成，也隨卽刊行。尙祈上主助祐，賜我全書完成。

民國六十四年三月卅日

耶穌復活節　於天母牧廬

第二版小識

中國哲學思想史共七册，已全書付印。第一册「先秦篇」已賣完，須要再版，年來因寫中國哲學思想史，愈往後寫，愈對前面的思想更了解。所以再版「先秦篇」時，想改寫，但是時間不容許我。只能把近年對易經研究所寫的文章，加進在易經一章裏，解釋生生之謂易，和易經的人生觀，易經一章已算完備。然後，在名學和老子的思想，增加一些解釋，其餘各章，都沒有更動。所有錯字，都由汪惠娟小姐和吳克倫小姐予以改正。

羅　光謹識

民國七十一年七月五日

緒論

一

一個民族在思想上的進展，由歷史上去看，可以知道進展的途徑，綜合世界各民族的歷史，加以研究，可以得到一些結論。這些結論，對於每個民族，都能有相當程度的符合性；因此，乃構成歷史哲學的原則。

在歷史哲學的原則裏，有關於民族在思想進展上的原則：一個民族若是由初民進展而來，則在初民時期，所有的思想，只是一些具體生活的經驗。初民沒有文字，對於生活的經驗，只能用言語去傳達，並流傳後世。爲流傳生活的經驗，韻文易於記憶；因爲韻文可以歌詠。各種民族所流傳的最初文據，都是詩歌。中華民族所流傳的最古文據，爲詩經。

各種民族的最古詩歌所歌詠的事，都是生活的經驗。最初的生活經驗，應該是日常生活的經驗，後來民族的想像更豐富了，乃有歌詠英雄的史詩和歌詠神靈的神話。希臘最古的詩，便是神話詩和英雄史詩。這一類的詩，在中華民族的進展史中，沒有產生過，所有的，只是屈原的離騷。但是離騷的時代，在中華民族發展史上，已經是相當晚了。

西洋研究民族學的學者，根據各民族的最古文獻，認爲宗教思想爲各民族的最初思想。他們以爲，在初民的日常生活經驗裏，有些使其驚惶恐懼的經驗：第一是死亡和病痛，第二是雷電風暴和自然界的可怕現象。初民對着這些可怕的現象，無能爲力，更不明白所以然，於是乃相信有支配這些現象的神靈，向神靈敬拜求祐。宗教的思想因而產生，而且以日常生活的一切遭遇，都歸之於神靈的意願，一切由神靈去管制，因而產生了神權時期。

初民的神靈觀念，是各民族的普遍觀念。這種觀念產生的眞正原因，不能是對自然現象的恐懼心理。初民很相似小孩，小孩對許多自然現象有恐懼的心理；但是若沒有人給小孩講鬼，小孩不會由於可怕的自然現象而想到鬼。雖然初民的智識程度很低，常能以自己的生活而推想宇宙自然現象也是活的，也是一種生命的表現，就如詩人常把自然物體而予以人格化。但是神靈的觀念，很普遍地在初民中成爲宗教的信仰，必不能是由初民因着自然而想像出，乃是造物主和原始的人類，有所交往，使原始人類有造物主的觀念。在各種初民的宗教信仰中，一神的信仰爲最原始的信仰，後來流變爲多神教的信仰。再後，有些民族的智識生活進步到相當高的程度，又回到一神的信仰。

初民由宗教信仰的生活，進步到觀察日常生活的意義，乃有散文的記事文，由具體的觀察漸漸進到抽象的推理。在開始時，抽象的推理用具體的圖形去代表，然後纔漸漸有抽象的觀念。有了抽象的觀念，於是便進到抽象的推理方式了。到了這種時代，哲學便產生了。有了哲學的民族，在文化上已經進步到很高的程度了。民族在思想上的進展，常是由具體觀察進入抽象的推理，先有具體的觀念，然後有抽象的觀念。孔德（Comte A. 1798-1857）曾說世界的思想史，經過三個階段：神學時期、哲學時期、科學時期。假使以神學代表具體的神話，則是在哲學以前；若是以神學爲抽象推理的神學，則是在哲學以後。科學的研究產生於哲學以後，不但是歷史的事實，而且在理論上也因爲科學的研究，都是實行抽象推理的方法。黑格爾（G. W. F. Hegel 1770-1831）乃以哲學爲最高的學術，以宗教爲精神的最高活動，暗示在科學的研究時期，應當產生高於科學的哲學和宗教。

二

中華民族的思想史，從現在所有保留下來的文獻去研究，最初的思想是保留在甲骨文中的宗教思想。但是甲骨文字只是殷商朝代的遺物，中華民族的歷史則遠起於甲骨文字以前。假使我們認爲書經中記述堯舜禹的文字，雖然寫在甲骨文字以後，卻代表甲骨文字以前的事，中華民族的思想史應以書經爲最初的史料。書經爲藏於官府的文獻，民間生活的文獻則是詩經。詩經的時代爲周朝；若是我們想像古代民間生活的變遷非常緩慢，則商朝時民間的生活，甚至於夏朝時民間的生活，都可以在詩經裏反映出來。因此書經和詩經可以視爲中華民族思想史的最古文獻。

書經和詩經所記述的生活，爲具體的生活。由具體生活進入抽象思想的最古文獻則是易經。易經的卦象，爲具體的圖型；但是具體圖型所代表的觀念，則是抽象的觀念，即是宇宙變易的原則。易經用爲卜筮吉凶，爲能卜筮吉凶，易經有一套理論。這一套理論的根據爲自然界的現象。易經的「繫辭」說明伏羲造卦，先觀察天上現象的變化，又觀察地上鳥獸草木的變化，然後得到了卦象的理論。這種理論在卦辭和爻辭裏表明出來。後來經過彖辭、象辭、文言和繫辭加以伸說。所以易經乃是中華民族的第一册哲學書。雖然「十翼」的作者和時代，爲考據學上的大問題；但是易經的思想，影響了中國古代的一切思想派系。

易經的思想由卜筮而達到人生，由吉凶而轉到善惡；思想的起點來自宗教信仰。甲骨的用途專爲卜筮，甲骨文所代表的思想，完全爲宗教思想。書經思想的中心點，在於政治，政治思想的中心，則在於天命，天命爲皇天上帝的意旨。詩經的思想爲日常生活，日常生活的最大困擾爲天災人禍，天災人禍的最大問題在於爲什麼原故而發生？原故的根由仍舊在於天意。綜合這幾册最古文獻的思想，都以宗教信仰爲中心點。

中華民族的宗教信仰，在最古文獻中所表現出來的，爲一種已經很進化的宗教信仰，不是圖騰崇拜，不是鳥獸崇拜，而是崇拜唯一的最高神靈。在最高神靈之下，敬禮天神地祇。

『天』或『帝』的觀念，在書經和詩經裏已經含有抽象的形上意義。書經和詩經都以『天』或『帝』爲無形無像的精神體，這一精神體具有位格，因爲『天』或『帝』有意志，有知識。而且這一精神體爲宇宙萬物的創造者。這一個形而上的觀念在中華民族的後代生活裏，常保持一貫的意義；雖然在漢代因着五行的思想，產生『五帝』的信仰，然而到唐朝和宋朝，『五帝』的信仰被放棄，唯一尊神的信仰在郊祭裏更明顯地表示出來。

書經雖然以朝代的更換，來自天意。湯王和武王都因天命而興兵，桀紂也因着天意而遭喪亡。後來鄒衍倡「五德盛衰之說」，以朝代的興替都因天命而有符應；但是在中華民族的歷史裏，找不到民族學者所稱的神權時代。猶太民族的歷史很明顯地記載神權的史跡，上主天主直接統治猶太民族，猶太民族的社會生活和私人生活都由上主天主去支配。中華民族在書經時期，只有帝王爲天命所選，帝王應奉行天意而治民。所謂天意並不是直接由『天』或『帝』頒佈命令，乃是由於民意的向背而表現。這種思想在後代的政治思想裏，繼續存在，一直流傳到現在。

天神地祇的崇拜，在書經裏和『天』或『帝』的尊神崇拜同時存在。書經的天神地祇爲神，神則是無形的精神體。書經沒有說天神地祇爲偉人的神化。到了春秋戰國時期，鬼神的信仰很普遍，天神地祇漸漸披上偉人的歷史，離騷和山海經便是這種民間信仰的文獻。

天神地祇的人化，或偉人的神化，也因為古代以祖先或偉人配祭天地和上下神祇，例如社祭稷祭。

民間的信仰又以天神地祇能降凡成人，神祇所成的人又回升天域，神和人乃互相紛亂。後來道教接受這種民間信仰，構成道家的神靈信仰。

研究中國思想史的學者，都以宗教信仰為中國思想的源起。『天』或『帝』的信仰，構成了中國書經和詩經時代的雛形人生哲學思想和社會思想。這些思想已經不是純粹的宗教信仰，而是建築在宗教信仰以上的哲學思想。中華民族在現有的文獻裏，沒有一個有組織的宗教，只有很深固的宗教信仰，根據宗教信仰以渡自己的生活。中華民族信一位精神體的尊神『天』或『帝』。『天』或『帝』給予我們生活的規律，用賞和罰監視人們的善惡。上天的規律由聖人皇帝告訴百姓。聖人的觀念，在古代的思想裏，佔着非常重要的位置。聖人不是宗教家，也不是宗教的教士，乃是心靈潔白，能從自然界的現象裏認識上天的規律，把上天的規律稱為天道，實行到人的生活裏，造成由天道而引伸出來的人道。堯、舜、禹、湯、文、武、周公、孔子，被尊為中國的聖人，理由就在於他們立定了中華民族生活之道。

有些學者假想中華民族在書經、詩經時代，具有一種宗教，以皇帝天子為神的代表，治理國家。到了春秋戰國時代，這種宗教瓦解了，一方面盛行鬼神的信仰，代替『天』或『帝』的信仰；一方面新興的倫理哲學思想，以自然的天和人性的天理代替了天意。這種假想，外面看來似乎很有道理，實際上乃是貌是而實非。這些學者沒有明瞭古代宗教信仰的意義，也沒有分辨哲學思想進展的階段。

中國古代沒有宗教，只有宗教信仰。中國古代的宗教信仰以『天』和『帝』的信仰爲中心。附有天神地祇的信仰。這種信仰在春秋戰國時沒有被消滅，就是在後代佛教道教興盛的時候，仍舊繼續存在，仍舊爲中華民族生活的根本原則。

堯、舜、禹、湯、文、武歷代聖王，所給人們規定的生活之道，簡單樸素。到了周朝，文物鼎盛，周公乃制禮；到了春秋，天下紛亂，禮法崩頹，孔子乃修詩、書、禮、樂，收徒設教。周公和孔子沒有以自己的禮法和人性天理去代替上天之意，而是以禮法和人性天理去解釋天意，給複雜的人生，制定更完滿的人道。孔子自稱「述而不作」，「信而好古」，沒有拋棄堯、舜、禹、湯的遺傳，而是加以發揚。

三

周公制禮，孔子以禮爲人生規律：但是孔子在禮以上，提出了『仁』，『仁』爲禮的精神。『仁』的來源，出自易經的天道。六十四卦的變化，代表宇宙的變化，宇宙的變化在農業社會裏，由一年四季作代表，一年四季所代表的變化，目的在於使五穀生長，於是易經乃有「生生之謂易」。「十翼」的作者和時代，可以是考據學的問題，「十翼」的中心思想則是代表孔子的思想。

宇宙的變易爲『生生』，儒家乃以天地有好生之德。人心得天地之心而爲心，人心乃有仁。天地好生之德不是塊然無靈的自然之天的善德，而是上天在天地變化中所表現的天意。人由上天所造化，人心便有好生之德的仁。

好生之德的『仁』，在中庸稱爲『天命之性』，在大學稱爲『明德』。天道爲自然界的規律，禮法爲聖人所制的規律，天命之性和明德則是在人以內。易經講聖人法天，孔子講守禮，中庸和大學則講盡性，盡性卽是中庸的誠。人性乃成爲儒家思想的中心點。

孟子繼承中庸和大學的思想，以人性爲善；人性之善由人心的良知良能而現。荀子反對孟子所說，以人性爲惡；人性之惡爲人欲的天然傾向。漢唐儒家分人性爲三品或五品，以解釋人的善惡。這些解釋並沒有能夠把孟、荀和告子的思想解釋明白；而且使孟、荀和告子的思想，互相滲雜，失去了哲學的意義，只成爲人生的一種經驗。

到了宋朝，因着道教論『道』和『氣』的思想，又因着佛教論『心』的思想，宋儒理學家乃專心於易經，中庸、和大學的硏究，由本體方面去硏究人性。

人爲宇宙萬物的最優秀份子，宇宙由太極變化而有陰陽之氣，陰陽相結合而有金、木、水、火、土的五行，五行相結合而成人。人有人之所以爲人之理，稱爲人性；人又有人之所以成人之氣，稱爲清氣。清氣雖較萬物之氣更清，然而仍舊有清濁之分，人由氣的清濁乃有智、愚、賢、不肖之分。朱子以人之善惡，來自氣質之性。

但是，朱子的主張，並沒有解決人性善惡的問題，因爲天理之性卽是純粹之善，氣質之性只能够使人有智愚之分，而不能使人有賢惡之分。智者中有賢人有惡人，愚人中也有善人有惡人。因此，清儒顏元、李塨都攻擊朱子的主張。

理學家對於人性問題的缺點，在於從本體方面去求善惡的來由，以善惡來自人性的本體。孟、荀的性善性惡，本來只是指着人心或情慾的天然傾向，傾向合於人性之天理則爲善，不合則爲惡。中庸說：「發而皆中節謂之和。」理學家進而追求爲什麼人心或情慾的天然傾向有善惡，而以善惡之分歸之於氣的清濁。假使按照這種學說去講人的善惡，善惡乃是本體的善惡，而不是倫理的善惡。朱子並沒有貫徹自己的主張，他只說禀受濁氣的人，有濁的情慾，情慾動時常不中節，所以是惡。

人性善惡的問題爲儒家的中心問題，因爲儒家自孔子以來研究人生之道，而所研究的人生之道，爲倫理之道，和老、莊以及佛教所研究的人生之道不同。孔子所求的，在於使人成爲聖賢，成爲君子。倫理的人生之道，所有的中心點，在於倫理的標準，因此儒家常講天道、天理、禮法、人性。明儒王陽明又講良知。知道了倫理標準，纔能够談善惡。所以大學之道，由致知格物開始。

儒家的倫理論，常離不了本體論。因爲儒家所標的善惡，不僅是倫理的善惡，不僅是合不合倫理標準；儒家進一步講符合倫理標準的善，符合自己的人性。人的人性，不是靜的人性，而是動的人性，人性在人的生活中活動，也可以說人性在人的生活中發展，王船山因此說：『命日降而性日生。』符合人性的生活，使人性充份地發展；不符合人性的生活，日日摧殘人性。使人性充份發展的生活，爲至誠之善，能盡人性。盡了人性，就能充份發展宇宙萬物之物性，乃能參天地之化育。

在儒家的心目中，萬物之性卽是生，卽是存在。天地的變化爲使萬物化生；萬物的物性卽是發展自己的生命和存在。這種生命之理，就是性，就是仁。萬物的生命彼此相連；因此人若能至誠而動，常符合人性而生活，便充份發揚自己的生命，卽是發揚自己的人性，同時也使和自己生命相連的萬物，也能發揚生命，於是便能參加天地的化育，而止於至善，以達到天地萬物的一體之仁。

仁爲愛，愛自己的生命，愛別人和萬物的生存。愛在人生的表現，有五倫的關係，五倫關係中最能代表生命的意義者爲父子一倫，孝道乃爲儒家最主要的善德。

生命的發揚，須在適合的環境裏活動；適合的環境在自然界爲風調雨順，寒暑得宜；在人的社會裏，則爲中庸。孔子乃說：「中庸之爲德也，其至矣乎。」（雍也）

在這種倫理生活中，宗教的成份非常輕。書經和詩經的時代，上天的信仰，貫徹人的生活。中華民族由具體思想時代進入了抽象思想時代，人性和人心代替了上天的信仰。自孔子開始，一直到清代的儒家，少有人提到上天的信仰。有的學者便說中華民族是不信宗敎的民族，或至少說儒家爲不講宗敎信仰的倫理哲學。這兩種論斷，都有所偏，不合事實。中華民族除遵守儒家的思想外，還遵行道敎和佛敎的信仰，只要看今日臺灣廟宇中的香火之盛，就可以知道中華民族是信宗敎的民族。至於說儒家不講宗敎，是在講倫理時，不提出上天的信仰，但是儒家思想由書經和詩經，一貫而來，書經和詩經裏的造物主上天，常是倫理的根源。儒家歷代的祭祀，更表現這種思想，郊祀大典恭祭上天，歷代舉行，直到清朝。家中的神牌，恭寫『天地君親師』，天地卽是代表上天的信仰。離了上天的信仰，儒家的思想，就缺乏根基。

四

沒有上天信仰的哲學思想，乃是老子的思想。老子不是『述而不作』，而是『自創新說』。老子思想的新奇點，不在於厭世和避世的思想。從論語一書中，就能看到春秋時代有些厭世而避世的隱者：這些隱者或是老子同時的人，或是較比老子更早的人；而且這些隱者多是南方楚地的人。莊子一書裏有許多厭世而避世的眞人，這些人雖都是寓言式的假想人物；

但是莊子在這些寓言中，從來沒有以老子爲這些眞人的老師，這就表示莊子並不承認這種厭世和避世的思想，是完全由老子而開始。

老子思想的新奇點，在於形上哲學的『道』。易經的卦，必定成於老子以前。易經的八卦和六十四卦，代表宇宙的變易，以乾坤陰陽作爲宇宙變易的元素。在老子的時代，「十翼」沒有出現；但是易經的宇宙論，老子不能不知道。易經的宇宙論，目的爲卜筮人事的吉凶；卜筮雖然以宇宙變易爲解釋辭，卜筮的基本則是宗教信仰。老子拋棄了宗教思想，更不講卜筮吉凶，只由本體論去講宇宙的構造，乃創設形而上的『道』。

老子的道德經，爲中國的第一本哲學書。易經的宇宙論當然在老子以前，但是易經的卦辭，並不是爲講哲學，而是爲講卜筮，道德經則專講哲學。從中華民族的哲學思想史去看道德經，我們應該欽佩，在兩千五百年以前，能有那樣高深的形而上思想。

天地萬物的起源爲『道』，『道』爲不可言不可名的實體；這個實體稱爲『無』。由無而生有，由無爲而有爲，由靜而有動，看來似乎互相矛盾；但是在形上學上則有非常高深的意義。宇宙的一切都是變，都是有限，都有生滅，在自身上都不能存在。使這些有限有生滅的物可以存在，乃是一個無限的常在的『道』。

萬物有什麼意義呢？萬物只是『道』的變化。人又有什麼意義呢？人是萬物的一份子，也是『道』的變化。『道』變而有氣，氣聚而有人，氣散而人死。

在老子的思想中，『道』爲中心；在儒家的思想中，人爲中心；儒道兩家的思想，在中心思想上彼此不同。

老子的人生觀，爲厭世而避世的人生觀。這種人生觀的唯一原則，是任其自然。人的意志和理智，在老子的思想裏，沒有價値，自由更是罪惡。在形上本體論，老子的『道』，非常高深；在人生哲學，老子的自然無爲，則非常簡陋。

莊子的哲學，把老子的簡陋人生哲學，提升到高妙的神秘主義。在形上本體論，莊子接受老子的『道』，沒有多加發揮。莊子所發揮的思想，乃是人生哲學。

在莊子的思想裏，『道』不是一個塊然無靈之『道』，而是富有生活幸福之『道』；莊子乃稱爲『造物者』。

莊子不以人生的幸福，在於返歸愚昧的初民生活，人生的幸福在於同化於『道』，『與造物者遊』。

在『道』的變化中，『道』化而有氣，氣爲萬物之元，故稱爲元氣。元氣週遊萬物，常存不息。人身的元氣爲精神，由元氣的精神人能和萬物相通，而同化於『道』。因此，莊子主張墮形骸以全神，不以心知而以氣知。人若能達到全神的境界，人的氣和宇宙的氣相連，人和萬物和宇宙化而爲一，絕憂慮，絕貪慾，不受任何事物的擾亂，同化於『道』之中，享受人生的至樂，成爲一個眞人。

莊子的眞人和中庸的至誠之人，都是能與天地相通的人，都是能充份發揮人性的人；但是莊子的眞人，以同化於『道』爲至樂，中庸的至誠之人則以參加天地的化育爲至善。一個求樂，一個求善；儒道兩家的人生觀，互不相同。

道家的思想，在老子和莊子的學說裏，已經到了極峯。後來的道家不但沒有繼續發展，而且走入道敎的一途，使道家的流傳脈絡中斷了。戰國末期沒有眞正的道家學者，只有法家學者參有道家淸靜無爲的君主政治思想。漢朝文景之世，雖重黃老之學，也僅爲無爲而治，使民安息。魏晉南北朝的道家，流爲淸談派，實行頹廢的生活。道敎在這時候已經興盛，魏伯陽假借漢朝象數的易學，利用卦氣之說，創立鍊丹的學說。葛洪進而主張吐納元氣，主張長生不老之術。老莊的哲學思想，到這時可以說是掃地無餘了；所有餘下來的思想，只有欣賞自然美景，求取淸靜閒福的企圖。這種企圖還是由儒家的文人騷客流傳後代。

五

春秋戰國時代，爲中國歷史上政治混亂，民生多難，道德淪喪的時代。但是在中華民族的思想史上，卻是一個最燦爛的時期，學者常以百家爭鳴來代表當時思想的活動。當時學者所鳴的，不僅是宣傳各自的主張，並且各自的主張眞正具有新的思想。這種現象在中華民族的歷史上只有過一次，內在的原因當然很多。中華民族經過了夏商周三代的統治，生活的程度已經相當高了，禮樂的敎化使中國成了文明之國。人民的理智生活，在具體觀念的表現上，已經有了很優美的詩歌，達到了成熟階段，以進入抽象推理的活動。在夏商周三代的統治時，君主的威權雖沒有制定一致的正統思想，但是社會的制度和人民的生活，都以君主的威權爲定型。到了春秋戰國時，周朝皇帝的威權被摧毀了，各國諸侯爭相爲王，社會制度崩頹了，人民苦於戰禍，有識之士便挺身而出，陳說治國安定社會之道。後代學者有百家出於王官之說，雖不合於史實，卻說明一種現象，在春秋以前，一切政治設施和社會制度，都由君王定奪，由官府佈施。所以一切政治和社會思想，都守在王官手中。春秋戰國時，學者以平民資格，出來討論國家政治和社會生活，創立新的學說，擔負原先王官治國平天下的責任。從這種現象去看，可以說百家出於王官；但絕不能說百家的思想導源於王官職守的典籍。

秦始皇統一天下，焚書坑儒，重新樹立君王的威權，漢武帝重儒，罷黜百家，使思想以孔子爲尊。漢末和唐末，天下也曾大亂，卻未造成百家爭鳴的思想燦爛時期，因爲漢末和唐末的亂，爲草莽英雄互爭天下的戰爭時期，和春秋戰國上有周皇，下有霸主，列國諸侯爲世襲貴胄，交結名士學者的情形，完全不同。

春秋戰國時的百家思想，除儒家和道家外，墨家和名家各有特色，自成一派。

墨子的思想，以『天』爲中心。墨子的天，卽是書經和詩經的皇天上帝。書經和詩經對於天的信仰，表現在皇帝的誥諭和祭祖的祭詞裏，這些文獻強調上天造生人民，給人民選立君主，代天行道；君主行善，天賜百祥；君主行惡，上天另立賢王，弔民伐罪。這種信仰，表示君權來自上天。墨子接受這種信仰，以天爲最高的倫理標準，又接受易經天地好生之德的思想，建立了他的兼愛之義。上天泛愛世人，不分等級，人的生活便以兼愛爲目標：兼相愛，交相利。墨子且爲一位實行家，自己一生爲助人而奔走。墨子的人生哲學，爲一種動的人生哲學，也是一種爲他人而動的人生哲學，把愛和利相結合，愛人卽是利人，使愛字不流爲空虛的名詞，而是具體的行動。

墨子還有一種特長，卽善於說理，以一種理則法的三表法，作說理的證明，且教訓自己的門徒，用心研究理則方式，因此，在墨子一書裏，保留一些中國古代理則學的思想。也因這個原故，墨家和名家發生連帶的關係，有些名家的學者，被列在墨家一派裏。墨子的思想，關於理則學的一部份，保留在各家中，關於兼愛的一部份，則沒有傳人。因此，許多研究古代思想史的學者，都以墨子以後的墨家爲別墨，別墨中則都屬於名家。

名家不像儒道墨三家，有各家的領導人，儒有孔子、道有老子、墨有墨子，名家沒有領導人，這派的學者也不互相師承；他們的共同點，在於都注重『名』，所以稱爲名家。儒家本很重名。儒家重名，在於倫理方面的價值；名家重名，則以理則方面的意義爲重。理則學乃各種學術入門的門徑，印度和希臘的古代哲學家，都看重這門學術；然而中國古代的名學，卻被看爲詭辯，名家也被稱爲詭辯家，中國古代乃沒有眞正的名學。原因在於戰國時的名家，研究了理則方法，卻不用於研究學術，而用於辯論，且以遊戲的心理，造成新奇的論證以自炫，招來學者的輕視。莊子本有『齊物論』的主張；但是莊子的主張，導源於他的形上本體論，以『道』在萬物，萬物的本體乃爲『道』。名家的主張，則都是在理則方法上弄巧。所以在戰國以後，便沒有流傳的人。

古代的理則學，有一小部份在法家中有了發展。法家重法，法重刑賞，刑賞的施行，應合於理。推理便爲法家論法的常軌，法家也就稱爲刑名之學。

六

研究中國的哲學思想史，很容易發生一項錯覺，認爲中國的哲學思想在先秦時代已經都完成了，秦以後只是一些餘波。這項錯覺的產生，因爲先秦時代的哲學思想，有好些派別在秦以後就沒有繼承的人，所有繼承下來的哲學思想，只有儒家、道家、法家。法家滲入了儒家，道家流入了道教。從漢代以來，唯有儒家獨尊。儒家以孔孟爲師，所說不出孔孟思想以外。這樣看來，中國的哲學思想，難道不是在先秦時代就完成或甚至於完結了嗎？

但是，我們細心去研究，則發現中國的哲學思想，在先秦以後，繼續發展。而眞正足以代表中國哲學的學說，應是宋朝的理學。

漢朝雖然可以說沒有哲學家，所有的只是一班講論易經的學者。然而漢朝的易學，對於宋朝的理學留有許多種子。我們只要看宋朝理學開山人物周敦頤的太極圖，便可以知道這種傳授的脈絡。漢朝易學爲象數的卦氣說，承接戰國末年鄒衍等人的五行思想，一方面有呆板的數理，一方面有民間的迷信，在哲學上具有一分的價值，因爲卦氣說把易經的宇宙論思想，從六十四卦的範圍裏，擴展到宇宙的空間和時間以內，使陰陽五行由八卦而到一年四季，再到人生的一切事物裏。宇宙的萬物，都是陰陽五行，人生的事故，也都是陰陽五行。漢朝可視爲具有哲學思想的書，如董仲舒的春秋繁露和王充的論衡，便表現了這種趨勢。魏晉南北朝的道敎，繼承了漢朝象數的易學，變爲煉丹和內功的方術。道敎方術的易圖，流傳到宋朝的周敦頤和邵康節，啓發了宋朝的理學。

魏晉南北朝時代的另一派思想，爲道家的淸談派。他們的思想爲厭世而逃避現實，爲鄙棄禮法而放浪形骸。這種人生觀沒有形上的根基，沒有高尙的目標，所有的唯一積極點，在於尊重自己的人格，不爲權勢所屈服，不爲名利所誘惑：例如陶淵明寧受飢受寒，不願意爲五斗米而折腰。這種精神爲宋朝理學家的修身之道；但是後來卻流爲宋明的朋黨之爭。

唐朝在中國思想史上，可以看爲沒有哲學思想的時代；唐朝所有的，爲詩、爲散文、詩聖杜甫、詩仙李白、詩人畫家王維，和文起八代之衰的韓愈、柳宗元，使唐朝在中國的文化史上，佔有光榮的位置。但是在哲學思想上，沒有一位思想家。然而唐朝在中國哲學思想上，卻是一個重要的關鍵，因爲佛教的思想在唐朝已經興盛，因而影響了宋代理學的思想。

佛教從漢朝末期，傳入中國，在魏晉南北朝時，傳遍各州縣，建立寺院，翻譯經典。寺院爲佛教宗教生活的中心，經典爲佛教思想的根據。佛教在中國乃發生兩種很大的作用：第一發展了中國民間的宗教生活，第二加深了儒家的修心養性之道。

中國古代的宗教信仰，雖以上天爲主；然而民間的宗教生活則在於祭神敬祖。佛教本不信天，也不敬神；傳入中國以後，敬佛的禮相等於中國古代神的祭典；輪迴之說，則改變了中國古代敬祖的意義，由思念亡親流入了超渡亡魂，由社會的祭奠儀禮變成了宗教的禱告。佛教寺院的僧尼，遵守戒律清規，較比道家的厭世避世，更澈底更深入，造成了中國的出世生活。禪宗的禪觀，明心以見性；性爲眞如，心爲虛空，心空一切，乃見眞性。天臺宗和華嚴宗，主張圓融一切，諸事無礙，萬法皆空，唯有眞如。佛教的哲理，對於普通民間的信徒，並不發生影響，只有高僧主講，少數僧尼入門爲徒。儒家學者多與高僧爲友，佛教心性的思想，乃流入儒家以內。宋明理學家都受了影響。

除了這種影響之外，佛教哲理對於中國藝術哲學也有貢獻。唐朝王維的畫，開中國文人寫意畫的風氣。王維以道家的思想入畫，但免不了已經受了佛教哲理的啓示。寫意的畫，最重空靈，不拘形跡。中國寫意派的畫和西洋印象派的畫不同，印象派放棄了古典派的客觀圖形，以顏色表示主觀印象。然而顏色和印象仍舊重在形跡。寫意派的畫以筆力代表觀念，筆力雖然仍舊是形跡，然而寫意畫以空靈爲主，力求筆墨的形跡越少越好，在空靈中表現畫的主體。

佛教在中國的流傳，爲中國思想史上的一樁大事。譯經事業，自南北朝到宋朝，經歷了七百年。高僧們所寫的論，較比經典更多，結成經、律、論三藏，成爲今日的大藏經。

宋朝理學集中國古代哲學的大成。以孔孟的人生哲學爲中心，使人成爲標準的倫理人。孔子言仁，孟子言性，理學家以性爲仁，進而說明人性的形上本體。周敦頤開理學的形上本體學的道路，接受道教的「卦氣圖」，演爲太極圖說。『太極』出自易傳，五行來自漢易。古代儒家尚有兩種略具系統的哲學書，爲大學和中庸。理學家把這兩種書，和易經相通，建立儒家的形上學。

氣爲萬物的構成素，氣分清濁，清氣上浮爲天，濁氣凝聚爲地。氣和理相結成，氣成形，理成性，乃有具體之物。人的氣，較萬物爲清，清氣成人心，人心乃空虛而靈，心爲人身的主宰，情乃心之動，心統性情。

佛教主張明心見性，陸象山主張理在人心，反觀自心便見天理。人性的天理，爲明德、爲仁，反觀自心便是誠。王陽明以明心見性爲良知。性善的主張，爲理學家一致的思想，朱子則以氣質之性有善有惡。

形上學既已建立，倫理學乃有了基礎。仁爲生生之理，五德爲五行之氣。修身之道，由致知格物開端。朱熹主張研究外物之理以知人心之天理，陸象山主張反觀自心之天理以明外物之理。知道了自心的天理，便誠意而動，誠在主於一，內外不亂，外面行靜坐，內面澄思慮。這種修身之道，兼有道教和佛教的方法，但是流弊很多，朱熹一派爲呆板形式，王陽明一派，則爲空虛不實。

明末清初學者，起而反對宋明理學的流弊，顧炎武力主實學，王船山專心經史，乾嘉以後，經學特盛。然而在哲學方面，王船山、顏元、李塨、戴東元等，都只能承宋朝理學的末緒，沒有新的發展。

西洋哲學的輸入中國，開始於明末清初時期。義大利天主教士利瑪竇和徐光啓共同譯書介紹西洋思想。利氏的同會教士，繼續著述，將亞里斯多德的格致學和聖多瑪斯的神學集成，略作介紹。但自嘉慶仇教以後，教士的翻譯和著述工作便中斷了。民國以來，胡適等一般學者，努力介紹歐美哲學思想，青年學生，都喜歡研究，中國古代流傳的哲學思想，反一蹶不振。目前自由中國人士，都提倡恢復固有文化。研究哲學的學人，應取法宋朝理學家，吸收歐美的哲學思想，建立中國的新儒學。

中國哲學思想史　先秦篇

目錄

第七章 莊子的哲學思想……四九三

一、道……四九四

二、人……五三二

第九章 戰國時各家哲學思想的演變……六八三

第一章　書經和詩經的哲學思想

一、緒　論

胡適之在中國哲學史大綱說：「中國哲學到了老子孔子的時候，纔可以當得『哲學』兩個字。我們可把老子孔子以前的二三百年，當作中國哲學的懷胎時代。」(1)

中國哲學的懷胎時代，不能限於老子以前的二三百年、因爲這二三百年的春秋時期，沒有專門的文獻，所有的文獻則是書經和詩經。書經和詩經的時代，比較這三百年更古更遠。因此，我們研究中國哲學的源起，更好以書經、詩經和易經爲代表。

易經當然是中國的第一册哲學書；但是書中所包含的篇章，有老子、孔子以前的著作，也有老子、孔子以後的著作。我們不便把易經列爲中國哲學的源起，中國哲學的源起應由書經和詩經開端。

書經和詩經，不是兩册哲學書，書經是歷史方面的著作，詩經是文藝方面的著作。然而中國遠古時代祇留下了這兩册書，我們爲研究中國哲學思想的源起，也祇有從這兩册書去研究。研究的結果雖不會豐富，我們也祇好能得多少，就得多少，不必存太多的奢望。

哲學，是就人生相關的事或實體，從根本上予以系統的研究的學問。胡適之曾說：「凡研究人生切要的問題，從根本上着想，要尋一個根本的解決：這種學問，叫做哲學。」(2)這種哲學定義，如果在西洋的哲學上可能不適合；在中國哲學上，則是正確的。中國歷代的哲學思想，都是以人生爲中心；子學時代的思想，是人生哲學思想；就連離人生問題似乎稍遠的墨子，其認識論和公孫龍等的詭辯派，也是討論人生的理智生活；易經和宋明理學，研究天地和人物的性理，乃是從宇宙和事物的本體方面，尋求人生的道德規律。因此，中國的全部哲學思想，都是研究人生的根本。

書經和詩經的時代，和書中篇章的眞僞有關。歷代的考據研究，到現代已經達到可以取得大家接受的結論。我們可以採取屈萬里先生的意見：

「今文尚書二十九篇（或合爲二十八篇），乃伏生所傳，今仍具在；實今本尚書諸篇中之眞正出自先秦者也。」(3)屈先生以尚書的各篇，皆作於周代。著作有西周初年的「大誥」，「康誥」，「梓材」，「召誥」，「洛誥」等篇，最晚有「甘誓」作於鄒衍之後，「堯典」和「皐陶謨」作於孔子之後，孟子之前。「費誓」作於魯僖公十三年或十六年，「秦誓」爲秦穆公三十六年伐晉的誓師辭。

「三百篇的時代，就文辭上看，以周頌爲最早，大致都是西周初年的作品，大雅裏也有幾篇像是西周初年的作品，而大部份是西周中葉以後的產物。小雅多半是西周中葉以後的詩，有少數顯然是作於東周初年。國風中早的約作於西周晚年，晚的已到了春秋中葉以後。」(4)

書經和詩經，雖都是周代的作品；但是其中述說唐虞和商代的傳統思想或習俗，也可以看爲當時的片斷思想。書經和詩經的哲學思想，都是片斷的思想，因爲兩者既不是哲學著作，更不是系統的記述。這些片斷的哲學思想，可以看作中國哲學的源起，書經和詩經乃是中國五經之二，年代爲最古的三代，篇章的作法已經達到文學的成熟階段。

二、人　生

1. 人

研究中國思想的學者，常以爲殷商和西周爲神權的時期，書中祇有尊神 上帝上天的神權，人是渺小不堪。我卻認爲中國沒有所謂神權時期，書經和詩經所記載的都是人生。

哲學研究人生的基本問題，從根本處着想。書經和詩經沒有研究人生，祇有在具體方面述說一些人生的事件。但是在這些學說中，可以看到當時中國古人對於人生所有的重要觀念。我們把這些觀念集合起來，加以聯繫，便可以採擷當時古人的哲學思想。

哲學既是研究人生的基本問題，第一便該研究人；我們看一看書經和詩經對於人有什麼觀念。

莊子「天下篇」講在最古的時代，人有什麼標準：

「不離於宗，謂之天人；不離於精，謂之神人；不離於真，謂之至人；以天為宗，以德為本，以道為門，兆於變化，謂之聖人。」

這種思想，乃是道家的思想，在書經和詩經裏沒有，但是最後所說的聖人，則是書經和詩經的思想。假使我們按照最後所說的，『以天爲宗，以德爲本，以道爲門，兆於變化，』去解釋前面所說的天人、神人、至人，我們可以有出乎意料的結果。

中國古代對於人的思想，是以天爲人的『宗』，爲人所由的根源，爲人所趨的宗向。人若不離開『天』，便稱爲天人。人的精乃是人的心，心爲神明，人若不離開自己的心，保全自己的神明，便稱爲神人。人的眞在於人性，人若誠於自己的性，率性而行，便稱爲至人。這種思想則是書經和詩經的思想了。

書經裏兩次提到『神人』；「神人以和」（舜典），「肅恭神人」（微子之命）。然而這兩處的『神人』，是說神祇和人。

書經裏有『哲人』、『仁人』、『賢人』、『吉人』。詩經有『美人』、『碩人』。

「敷求哲人」（伊訓）

「哲人惟刑」（呂刑）

「雖有周親，不如仁人」。（泰誓・中）

「剖賢人之心」（泰誓・下）

「我聞吉人為善，惟日不足。」（泰誓・中）

「碩人俁俁，公庭萬舞。……云誰之思，西方美人。彼美人兮，西方之人兮」（簡兮）

這些名詞所指的人，和『天人』、『神人』、『至人』所指的人相同，都是人類的模範。書經又有另一些名詞，稱呼另一等的人：『小人』、『憸人』、『凶人』、『罪人』。

「君子在野，小人在位」（大禹謨）

「狎侮小人」（旅獒）

「無昵于憸人」（冏命）

詩經有『狂且』、『狡童』。

「凶人為不善，亦惟日不足。」（泰誓・中）

「昵比罪人」（泰誓・中）

「……不見子都，乃見狂且。……不見子充，乃見狡童」（山有扶蘇）

這些人是人類的敗類，不按人之所以爲人之道去做人，應受國家和衆人的責罰。

書經對於普通一班人，稱爲『庶人』、『夷人』、『小人』。

「降霍叔于庶人」（蔡仲之命）

「受有億兆夷人」，「則知小人之依」（無逸）

「不知稼穡之艱難，不聞小人之勞」（無逸）(5)

書經說：「我聞吉人爲善，惟日不足。凶人爲不善，亦惟日不足。」人的分別，在於爲善和不爲善，君子和小人的分別，已經存在。「大禹謨」說：「君子在野，小人在位。」人在倫理方面的分別，乃是人在社會上的分類。中國古代沒有自由人和奴隸的階級，也沒有貴族階級和平民階級。古代所有奴隸和貴族，都是少數人，不足以成爲社會上的一種階級。大陸因共產主義的壓迫，所寫成的中國思想史，以爲中國古代對於『人』，以氏族先王稱爲人，以王者稱爲人，以氏族貴族（君子）稱爲人，以職官稱爲人；和人對立者爲民。(6)這種思想，我們不能接受，書經裏對於普通一般人，稱爲『衆人』，『庶人』，『夷人』。也都稱爲人。中國古人對於『人』，不因出生的家族而分社會階級，書經和詩經所有對人的分別，是從倫理方面去分別。這種思想從書經、詩經一直到中華民國，是中華民族的傳統思想。

書經所稱哲人的『哲』字和『聖』字有關係。『聖』字在開始時用以稱讚接受祭祀的先王先公，讚美先王先公有配天的美德。聖字和哲字可以互訓。書經稱『哲人』，乃是能奉行天道的人，已經不是指着死去的國王。『賢』字雖較比『聖』字爲後出，但也是指着有德的人，而不是像有些人所說的，祗代表巫術和射禮方面的能手。(7)

2. 心

人能爲善爲惡，可以是吉人、哲人；可以是凶人、小人；人所以爲善爲惡的根基，在於『心』。詩、書以『心』代表人。

書經的「盤庚」篇裏多次說到『心』

「……格汝衆，予告汝訓：汝猷黜乃心，無傲從康。……汝克黜乃心，施實德於民。……汝不憂朕心之攸困，乃咸大不宣乃心，欽念以忱。……今予命汝一，無起萩以自臭，恐人倚乃身，迂乃心。……」

「……不懲其心，覆怨其正。」（小雅·節南山）

所謂「黜乃心」「迂乃心」，都以心爲人生活的代表，人要謙遊，則『黜乃心』，人要清廉，則不讓別人『迂乃心』。

詩經常以心爲人的感情之根基，人對於感情的感受，都在心中：

「未見君子，憂心忡忡。……憂心惙惙。……我心傷悲。……」（草蟲）

「……我心匪鑒，不可以茹。……我心匪石，不可轉也。……我心匪席，不可卷也。……憂心悄悄，慍于羣小。……」（柏舟）

「……瞻望弗及，實勞我心。仲氏任只，其心塞淵。……」（燕燕）

「……行道遲遲，中心有違。……」（谷風）

「……中心搖搖。……中心如醉。……中心如噎。……」（黍離）

「寤寐無為，中心悁悁。」（澤陂）

「顧瞻周道，中心怛兮。……」（匪風）

「……既見君子，我心寫兮。」（蓼蕭）

「……我有嘉賓，中心貺之。……中心喜之。……中心好之。……」(彤弓)

人之所以爲人在於有顆心，心使人向善向上。心在人的生活裏，居在指導的地位。心爲能指導人的生活，在於有思索。心有思索，便是有理智；有理智便能够有智識、有思想、有判斷；這就是人之爲人的特點。

「靜言思之，寤辟有摽……靜言思之，不能奮飛」(柏舟)

「爰采唐矣，沬之鄉矣，云誰之思？……」(桑中)

「心之憂矣，其誰知之？其誰知之？蓋亦勿思！……」(園有桃)

「……我馬維駒，六轡如濡，載馳載驅，周爰咨諏。」(皇皇者華)

「曰：若稽古帝堯，曰放勳。欽、明、文、思、安安。允恭克讓。」(堯典)

這些詩中，有思、有諏、有謀、有度、有詢。這些行動不是情感的行動，而是理智的行動。理智和情感相合，作成一項決定，於是意志便採取行動，乃有意之『志』。

「……予若籲懷茲新邑，亦惟汝故，以丕從厥志，……今我旣羞告爾于朕志，若否，罔有弗欽。……」(盤庚)

「詩言志，歌永言。」(舜典)

小孩和幼童，還沒有理智的動作，對於外面的環境，不能有意志的反應。但若在有理智動作以後的年齡，對於外面環境還沒有反應，就不是一個通常的人了。

「有兎爰爰，雉離于羅。我生之初，尚無為；我生之後，逢此百罹，尚寐無吪！有兎爰爰，雉離于罦。我生之初，尚無造；我生之後，逢此百憂，尚寐無覺！有兎爰爰，雉離于罿。我生之初，尚無庸；我生之後，逢此百凶，尚寐無聰！」(兎爰)

詩經中表示意志的詩句很多，我們引用幾句以作例證：

「……雖速我訟，亦不女從！」(行露)

「……信誓旦旦，不思其反。反是不思，亦已焉哉！」(氓)

「……知子之來之，雜佩以贈之。知子之順之，雜佩以問之。知子之好之，雜佩以報之。」(女曰鷄鳴)

「……三歲貫女，莫我肯勞，逝將去女，適彼樂郊。」(碩鼠)

「……四方有羨，我獨居憂，民莫不逸，我獨不敢休。」（十月之交）

「……爾無不信，朕不食言。爾不從誓言，予則孥戮汝，罔有攸赦。」（湯誓）

每個人的生活，由自己的心去決定。因着這種決定，人或者是善，或者是惡。詩書裏有很多稱揚善人的話，也有很多責罵惡人的話，也有警戒人謹慎小心以求爲善的話。

「今爾有衆，汝曰：『我后不恤我衆，舍我穡事，而割正夏』。予惟聞汝衆言；夏氏有罪，予畏上帝，不敢不正。」（湯誓）

「今商王受，惟婦言是用。昏棄厥肆祀，弗答；昏棄厥遺王父母弟，不迪。乃惟四方之多罪逋逃，是崇是長，是信是使，是以為大夫卿士；俾暴虐于百姓，以姦宄于商邑。」（牧誓）

「王曰：嗚呼！小子封，恫瘝乃身，敬哉！天畏棐忱，民情大可見。小人難保；往盡乃心，無康好逸豫，乃其乂民。……」（康誥）

「下武維周，世有哲王。三后在天，王配於京。王配於京，世德作求。永王配命，成王之孚。成王之孚，下士之式。永言孝思，孝思維則。……」（下武）

人心使人成善成惡，心便是每個人的主動者。但是心怎樣使人向善或向惡呢？書經乃有「道心」和「人心」的思想。

3. 道心・人心

吳德生先生說：「讓我們開門見山說一句話：我們如要綜合東西，必須先要超越東西。……我認爲中華文化的基本出發點，已有超越東西的意趣了。比如，尚書裏說：『人心惟危，道心惟微，惟精惟一，允執厥中』即就這十六字訣而言，已是超越東西了。所謂『道心惟微』這個微字，不是微弱之微，乃是微妙之微。我們要以這個無聲無臭的道心，來駕御千變萬化的人心。」(8)

道心和人心的思想，對於歷代儒家的影響非常大。朱子語類說：

「問人心道心？伊川說天理人欲便是。曰：固是。但此不是有兩物，如兩箇石頭樣相挨相打。只是一人之心，合道理底是天理，徇情慾底是人欲。正當於其交界處理會。五峯云：天理人欲同行異情，說得最好。乃至理會了精一底，只是一箇人。」

（朱子語類・卷七十八）

朱子解釋道心爲天理，人心爲人欲。然而道心人心出自何處，出自書經「大禹謨」。現有之「大禹謨」爲東晉梅頤所僞造，我本來不想根據僞書來討論人心道心的問題；但是因爲這種思想在後來影響很大，而大家都又以爲出自書經；所以我就提出來研究。而且我另外有一種理由爲提出這個問題，卽是書經和詩經含有『十六字訣』的思想；祇是名詞不同，深淺的程度不同。

『十六字訣』的思想共有四點：『天理』，『人欲』，『一』，『中』這四個觀念所代表的思想，可以在詩、書裏找到。

「堯典」說：「克明俊德，以親九族。」這裏的『克明俊德』和大學的『在明明德』兩者思想相似。大學傳文解釋明德時，曾引用「堯典」的這句話。大學的明德，乃是人心本來之善，卽是人性，便是「道心」。「堯典」的明俊德，雖解爲發揚自己的善德，但所說善德，乃人心之德。至於解釋俊德爲衆人和賢人之才德，不符合原意。

「梓材」說：「今王惟曰：先王既勤用明德，懷爲夾。庶邦享作，兄弟方來；亦既用明德，后式典集，庶邦丕享。」這裏所講的明德，解爲善德昭明的人。但是我以爲這篇的明德，和「堯典」的克明俊德，意義相同。

大學的傳文，爲解釋明德，引用書經康誥的「克明德」，「康誥」的原文是「小子封，惟乃丕顯考文王，克明德愼罰，不敢侮鰥寡。」有解明德爲「施惠於人公明也。」(9)孫星衍的尚書今古文注疏在這句經文的疏裏面說：「克者，釋言云能也。明聲近孟，故明都卽孟諸，釋詁云：孟勉也。大學引此經，說之云：皆自明也。亦謂自勉。……荀子正論篇，引經克明明德，說之，以主道宣明，不當以天而難知者，使人疑此非經本旨也。」荀子以克明明德，爲在上的君主，將爲君之道，明白昭示給人民，人民知道了便可以信服他。孫星衍認爲這種解釋不合於尚書的原意，原意是自己勉力修德。我看這種解釋也不對，原文的意義應該和大學的「在明明德」的意義相合。

大學的傳文，也引了「大甲」篇的「顧諟天之明命。」朱子註說：「天之明命，卽天之所以與我，而我之所以爲德者也。常目在之，則無時不明矣。」將人心的明德，和天的明命相配合，明德便是『天命之謂性』。大學以「率性之謂道」，則『道心』就是人心率性而動。詩經「皇矣」章說：「帝謂文王：予懷明德，不大聲以色，不長夏以革，不識不知，順帝之則」

『中』在書經裏，有「盤庚」篇所說：「汝分，猷念以相從，各設中于乃心。」孫星衍注疏說：「言汝當此順，思以相從，各合于中道，此今文義」

書經「酒誥」說：「爾克永觀省，作稽中德。」孫星衍註疏說：「言爾能久觀看，省察於事理，將於爾所爲，稽合於中道。」

論語的「堯曰」篇說：「堯曰：咨爾舜，天之曆數在爾躬，允執其中，四海困窮，天祿永終。舜亦以命禹。」

「堯典」說：「直而溫，寬而栗，剛而無虐，簡而無傲。」「皐陶謨」也說：「寬而栗，柔而立，愿而恭，亂而敬，擾而毅，直而溫，簡而廉，剛而塞，彊而義，彰厥有常，吉哉。」中道之德，以德居中道，不偏不倚，沒有過和不及。

『一』在書經裏也可找到。書經「酒誥」說：「越小大德，小子惟一。」孫星衍註疏說：「大德不逾閑，小德亦無出入，思其純一。」所說的『純一』和「大禹謨」的『惟精惟一』意義相近了。甚麼是『純一』？書經沒有說明。我想所謂『純一』，應當就是專心把持中道。

詩、書都以人的特點在於『心』，心有知，能思，能斷。心內有天生善德，人應發揚這種善德。善德表現於外，乃是中道。詩書對於人發揚天生善德，沒有說到人應當反省，以『道心』爲主，卻強調人應當效法祖先哲王，以順天意。

4. 善德

人的生活不同於禽獸的生活，兩者不同之點，在於人用自己的心，使生活向善，而修成善德。

有些學人以爲在商朝時沒有道德的思想；第一，他們認爲商朝帝王的名字，以天干的名爲名，周朝帝王的名字，則以道德稱呼爲原則。第二，他們認爲「德」字在甲骨文裏沒有，在周朝金文中才出現。第三，「賢」字在甲骨文和金文中都未曾見過，在墨子和儀禮中纔出現，賢聖代表道德價值，乃是春秋時代的事。⑽ 這些學人所犯的錯誤，在於解釋史事，成見過深。

「堯典」說：「克明俊德」，「皐陶謨」論九德，都有德字。但是這兩篇經文，可能是在春秋時代寫成的，不能直接證明商朝已經有「德」字；然而就使沒有「德」字，「湯誓」裏的道德觀念已很明顯。

人的一生應該行善避惡，這是道德的基本觀念。孔子在論語裏讚美堯、舜、禹，以三位聖王有高尚的道德。書經的篇章裏，幾乎都是誥誡的訓詞，誥誡執政的人行善避惡。「康誥」一篇裏，「德」字頗多。

「王曰：嗚呼！封，汝念哉！今民將在祗遹乃文考，紹聞衣德言。……裕德乃身，不廢在王命。」

「我時其惟殷先哲王德……」

「王曰：嗚呼！封，敬哉！無作怨，勿用非謀非彝，蔽時忱，丕則敏德。用康乃

> 心，顧乃德，遠乃猷。……」

這篇誥誡文裏，常提到殷商哲王的善德。「紹聞衣德言」，「衣」爲「殷」，意義是「還當紹聞殷王有德者的訓言」，「我時其惟殷先哲王德」，也是說常常思維先代賢王的善德。至於「敏德」，「顧乃德」，則是訓勉康叔勉力修德，以繼承文武的德政。

「康誥」裏也說到人生的惡行，就是不孝不友：

> 「王曰：封，元惡大憝，矧惟不孝不友。子弗祇服厥父事，大傷厥考心；于父不能字厥子，乃疾厥子；于弟弗念天顯，乃弗克恭厥兄；兄亦不念鞠子哀，大不友于弟。……乃其速由文王作罰，刑茲無赦。」

兒女不孝敬父母，父母不愛兒女，兄長不友愛弟弟，弟弟不尊敬兄長；這稱爲大惡，罪不赦。這些罪，違背儒家五倫中的兩倫。「皋陶謨」一篇裏，雖講九德、五典、五禮，但沒有提到五倫。篇中有：「天敍有典」，屈萬里先生解釋「天敍」爲「天所定之倫序，意謂五倫也。」[11]但是「舜典」上說：「帝曰：契，百姓不親，五品不遜，汝作司徒，敬敷五教，在寬。」一註釋者以五品爲父母兄弟子。五敎爲父義、母慈、兄友、弟恭、子孝。這就是五倫中的三倫。

五倫的名詞，雖然在書經詩經裏沒有，五倫的內容則在詩經裏很容易見到。君臣一倫，在書經的「堯典」和「皐陶謨」以及詩經的「大雅」裏，表示很明白。夫婦一倫和朋友一倫，在詩經的「國風」和「小雅」裏，也明明地見到。有許多篇什歌詠夫婦相愛相敬以及白頭偕老的情緒，歌詠朋友相聚的歡樂感情。至於父母和兄弟兩倫，也是詩經篇什歌詠的題材。

「常棣之華，鄂不韡韡。凡今之人，莫如兄弟。……」（常棣）

「凱風自南，吹彼棘心。棘心夭夭，母氏劬勞。……」（凱風）

「汎彼柏舟，在彼中河。髧彼兩髦，實維我儀。之死矢靡它，母也天只！……」（柏舟）

「君子偕老，副笄六珈。委委佗佗，如山如河。……」（君子偕老）

「伐木丁丁，鳥鳴嚶嚶。出自幽谷，遷于喬木。嚶其鳴矣，求其友聲。……」（伐木）

中華民族爲一最重倫理道德的民族，倫理的教育起自孔子，但是孔子自謂「述而不作」，五倫的思想在孔子以前早已經在中華民族裏作爲人生的規範。因此，書經和詩經中所表現的人生，是倫理道德的人生。

5. 敬天法祖

倫理道德應該有一種標準；在上古人類反省力不強的時代，道德標準常爲一種外在的道德標準；後來人類反省力加強了，道德標準乃漸漸成爲內在的道德標準。中國古代的外在道德標準，在於天命，在於天理，在於禮，在於法；內在的道德標準，在於人性，在於明德，在於良知。根據現在所有的文據去研究，易經講天理，書經、詩經講天命，孔子講禮。中庸、大學和孟子則講人性和明德，講良知則是後代的王陽明。因此書經和詩經的倫理道德標準，乃是天命。但是從卜辭和書經的「商書」裏，祖宗的嘉言懿行，也是子孫的道德標準。這一點在上古時代，帝王的制度剛由酋長和宗族族長制度演變而出，祖宗的權威在家人的心目中非常重大。子孫爲行善所當取法的，當然是祖先。尤其在君王的行政生活上，更該效法先王的賢德。我們從書經的篇章裏，看到在堯、舜沒有傳位於兒子時，堯、舜對於繼承人的訓詞，沒有效法祖宗的話；效法祖宗的話是在殷商和周朝的文誥裏；因爲王位家傳的制度，把國家和君王的家族結合在一起，君王視國家爲他自己家族的事。

因此，我不接受一些學者的意見，他們以爲殷商的宗教是敬拜祖先神，而且是一元神，殷人貞卜是向祖先神求降命。⑿或者說：「但從甲骨文中，可以看出殷人的精神生活，還未脫離原始狀態，他們的宗教，還是原始性地宗教。當時他們的行爲，似乎是通過卜辭而完全

決定於外在的神——祖宗神、自然神及上帝。」(13)

殷人的宗教乃是信仰上帝，上帝之下又信神靈。至於先王之神，乃是魂，在上帝左右，可以爲子孫求福，也可以降禍懲戒子孫，然不是宗教信仰的神靈。

在家族觀念特別強的古代社會，祖先的善德，當然成爲子孫的模範。

「古我先后，旣勞乃祖乃父，汝共作我畜民。汝有戕則在乃心，我先后綏乃祖乃父。乃祖乃父，乃斷棄汝，不救乃死。茲予有亂政同位，具乃具玉，乃祖乃父，丕告我高后曰：作丕刑。于朕孫，迪高后丕乃崇降弗祥。」（書經・盤庚）

「王若曰：孟侯，朕其弟，小子封。惟乃丕顯考文王，克明德愼罰。……」（書經・康誥）

「王曰：封，我聞惟曰：在昔殷先哲王，迪畏天，顯小民，經德秉哲。」（書經・酒誥）

「下武維周，世有哲王。三后在天，王配於京。……昭茲來許，繩其祖武。於萬斯年，受天之祜。……」（大雅・下武）

「文王在上，於昭于天。周雖舊邦，其命維新。……無念爾祖，聿修厥德。永言配命，自求多福。……上天之載，無聲無臭，儀刑文王，萬邦作孚。」（大雅・文王）

法祖的思想，在中華民族的文化傳統裏，爲古今一貫的思想。論語裏孔子說：

「父在，觀其志；父沒，觀其行；三年無改於父之道，可謂孝矣。」（學而）

孔子敎訓弟子，在父親活着的時候，常常觀察父親行事的意向，研究父親爲什麼做這事，爲什麼這樣做。在父親去世之後，常常回想父親一生的行爲，理會父親行爲的原則。這樣，若能够在三年守喪的時候，追隨父親行爲的原則去做事，這就是眞正的孝子。父母和祖先在做事時，該有什麼原則呢？原則是在於上天之命。

先秦的社會，以宗敎信仰爲生活規範。先秦的宗敎，在於信仰唯一尊神——上帝或上天。在書經的「虞夏書」裏，這種信仰已經早存在。若這篇書經爲後代人所寫，不足爲憑；尚書中「周書」則更明顯地表示出來，沒有可以懷疑的餘地。先秦的人信仰上帝，以上帝爲宇宙和人類的最高主宰，宇宙和人類的運動或動作，都要遵守上帝的命令。

「禹曰：都！帝，愼乃在位！帝曰：兪。禹曰：安汝止，惟幾惟康，其弼直，惟動丕應徯志。以昭受上帝，天其申命用休。」（書經・益稷）

「乃訓于王曰：惟天監下民，典厥義。……」（書經・高宗肜日）

「王乃言曰：嗚呼！箕子，惟天陰騭下民，相協厥居，我不知其彝倫攸敘。……」（書經・洪範）

「天生蒸民，有物有則。民之秉彝，好是懿德。……」（詩經・大雅・烝民）

天命爲人的最高道德標準，因爲人是宇宙的一部份，雖說是宇宙萬物之秀，然而仍舊是宇宙的一部份。易經以宇宙的運行，陰陽的變化，完全按照天理而行；人既是宇宙的一部份，人的活動，當然應該以天所規定的規律爲道德標準。

6. 命・禮

書經和詩經，常以天所規定的事爲天命。徐復觀先生曾在所著中國人性論史裏，就詩經的「命」字，作一統計說：「詩經上的命字，大概有八十多個。其中天命或與天命同義者約有四十個左右，其中絕大多數是西周初年，或詠西周初年，尤其是與文王有關的詩。小雅內有不少的天字，但只看到『天命』兩處。而商頌五篇中有三處稱『帝命』，有五處稱天命，或與天命同義。詩經中有三處則很明顯地以命爲命運之命。如國風召南小星『實命不同』、『實命不猶』；鄘風蝃蝀的『不知命也』。由此歸納，可以得出這樣的結論，殷代稱『帝命』，

卽『帝命』；周初則多稱『天命』；厲王時代，便多稱天而絕少稱天命；西周之末，或東周之初，始出現命運之命。」(14)

然而究其實，談天命最多的篇章，不是詩經，而是書經。書經的天命，可以說是都在於成湯和文武的受命爲王。這一種天命在後代成爲創業的帝王符應天意；帝王代天行道，由天選擇。

帝王既代天行道，便應遵照天意去治理國家。天的意思在於愛民，帝王便要愛民，以作一位有道之君；否則，天就要收回成命，另選賢能。這一種思想是儒家的政治哲學。唐君毅先生說：「蓋天之降命既後於人之修德，而人受命又必須更顧命而修德；則人愈敬德而天將愈降命於其人，其命卽愈得永其命，而天命立愈因以不已。」(15)

「天敍有典，勅我五典五惇哉；天秩有禮，自我五禮有庸哉，同寅協恭和衷哉；天命有德，五服五章哉；天討有罪，五刑五用哉，政事懋哉懋哉。」(書經・皐陶謨)

「有夏多罪，天命殛之！」(書經・湯誓)

「先王有服，恪謹天命。」(書經・盤庚)

「今予發，惟恭行天之罰。」(書經・牧誓)

「我不可不監于有夏，亦不可不監于有殷。我不敢知曰，有夏服天命，惟有歷年；

我不敢知曰，不其延，惟不敬厥德，乃早墜厥命。我不敢知曰，有殷受天命，惟有歷年；我不敢知曰，不其延，惟不敬厥德，乃早墜厥命。今王嗣受厥命，我亦惟茲二國命，嗣若功。」（書經・召誥）

天所授君王之命，不僅在於繼承王位，治理萬民，而是要君王履行道德規律，成爲有道之君。有道之君在自己的行爲上有善德，在治理人民時，引民向善。爲引民向善，應制定行動的規律，周公乃制禮。書經中提到禮的篇章，都是周朝的篇章。「金縢」、「洛誥」、「君奭」三篇中有禮字，指的是祭祀的典禮。徐復觀認爲周初的人民生活的規範，包括在書經的「彝」字裏，「洪範」篇裏有「彝倫攸敘」。在詩經的末期，彝字包括在禮字以內，「禮」便成爲人生的規律。

「相鼠有皮，人而無儀，人而無儀，不死何為？相鼠有齒，人而無止；人而無止，不死何俟？相鼠有體，人而無禮；人而無禮，胡不遄死？」（相鼠）

「命」字解爲命運之命，在書經的「盤庚」篇有「矧予制乃短長之命。」屈萬里先生註說：「制，管制；猶今語掌握。乃，汝。知長，指壽命言。制短長之命，意謂操生殺之權也。」[16]

這個命字爲壽命，壽命之命卽是命運之命，因爲人的壽數，不是人自己能夠知道，不是人自己能夠作主的事，包括在人的命運裏。詩經關於命運的命字，上面所引徐復觀的話，已經指出來了。然而我不接受徐復觀的主張。他說：「西周末，人格神地天命既逐漸垮掉，於是過去信托在神身上的天命，自然轉變而爲命運之命。天命與命運不同之點，在於天命有意志，有目的性；而命運的後面，並無明顯的意志，更無什麼目的，而只是一般爲人自身所無可奈何的盲目性的力量。」(17)

命運之命和天命，是相連的，並不是由天命轉變而來。書經「召誥」篇說：

「王乃初服。……自貽哲命。今天其命哲，命吉凶，命歷年。」

屈萬里先生註說：「爲政之始，猶子之初生，故云自遺明哲之帝也。其，猶將也。三句意謂天將與我以明哲，吉凶，或久年，均未可知。」從這裏就可以知道，中國古人以明哲，吉凶，長壽爲天所給。明哲，吉凶，長壽，都包括在「命」以內，人自己不能知道。因此，命運之命，並不是在天命之外，另有一股盲目的力量，支配人的命運。祇是天所命於人的事，除人性的良知外，都是人所不了解的事，乃稱爲『命』。這一點，後來論語中所有孔子知命或知天命的話，便可佐證。

詩經「召南」小星章的兩個命字，表示自己的處境，乃『命』所註定，和別人不同；所以自己要白天黑夜工作，勞於仕宦。「鄘風」的蝃蝀章的「不知命也」，也是表示結婚而不守信實，乃是命運所定的遭遇。命運超乎人的意志，人不能知道，也不能了解，人祇能認知命運是這樣，順着命運走。命運所包括的事，乃是人生的壽夭和窮達、富貴、順逆。這種命運和天命相聯，命運是天所定。歷代的成語說：「死生有命，富貴在天。」把命和天相對待，究其實則是命和天相同。例如論語上說：

「伯牛有疾，子問之，自牖執其手，曰：亡之，命矣夫！斯人也，而有斯疾也！斯人也，而有斯疾也！」（雍也）

朱熹註曰：「命，謂天命，言此人不應有此疾，而今乃有之，是乃天之所命也。」（雍也）

「顏淵死，子曰：噫！天喪予！天喪予！」（先進）

孔子在伯牛有疾將死時，說是『命矣夫』，在顏淵死時，則說：『天喪予』，孔子把命和天看成一個，因為死生雖是命運，然而乃是天所命令。所以，書經、詩經的命和天命是相聯的，和後代王充的自然之氣爲定命者不相同。

三、天

一般討論書經、詩經思想的人，都集中注視力在詩書裏的宗教思想，認爲殷商和周朝的人，把一切的事都歸諸天命，一直到了春秋戰國時，天命的思想衰落了，乃有各種人文主義的思想出現。而且概括地以爲哲學思想出於宗教思想，東方和西方都是一樣。但是，我們研究東西哲學的人，知道希臘的初期哲學思想和當時的宗教信仰沒有大關係，也知道中國的哲學思想和宗教信仰的關係並不密切；而儒家哲學思想和宗教信仰的關係祇在一個『天』字。儒家哲學的天字，並不代表宗教信仰的尊神，唯有追溯天字的原義，在書經詩經中乃指着有位格的尊神上天或上帝，我們便要研究書經詩經的『天』。而我們的研究，還是以天的哲學思想爲重。

1. 宇宙的最高主宰

書經和詩經給我們的一個最大的印象，即是宇宙萬物和人類，有一位最高的主宰，這位主宰稱爲「帝」，「上帝」，「天」，「上天」，「皇天」，「皇天上帝」。

爲什麼「帝」或「天」，是宇宙人類的最高主宰者呢？因爲祂造生宇宙人物。

「天作高山，大王荒之。」（周頌・天作）

「天生烝民，有物有則。」（大雅・烝民）

「天生烝民，其命匪諶。」（大雅・蕩）

書經詩經祇說上天造生人物，但是沒有講上天怎樣造生人物；因爲這不是人所能夠知道的事。除非上天自己把這大事啓示給人，否則祇是神話。從哲學的觀點去看，這一個上天造生人物的觀念，非常有價值。人的來源不是從這個觀念表現出來了嗎？

上天造生了人物，給人物一種動作的規律。易經講宇宙的變易，變易的原則爲天理。書經詩經不講天理，所提的乃是天所給的「則」和「彝倫」「彝敍」。

「天生烝民，有物有則。」（大雅・烝民）

「王乃言曰：嗚呼！箕子，惟天陰騭下民，相協厥居，我不知其彝倫攸敍。」（書經・洪範）

「天惟與我民彝大泯亂，……」（書經・康誥）

書經的這幾段話，很明白地說，天給與人爲生活的規則。彝卽是倫常之道。「洪範篇」的話是說：天保護人民，使他們生活居住互相和諧，武王不知道天爲管理人民所定的倫常和秩序，便向箕子請敎。「康誥篇」的話是說：天給予人民的倫常因此大受破壞；因爲人民不孝不友，便應施用文王所規定的刑罰。

天所定的『彝倫攸敍』，乃是人生的規範；這是宗教對於上天的信仰所有的當然結論，也是哲學應有的結論。因爲人的來源旣是由天而來，卽是人的「有」和「存在」、不是自有，而是由天而有，「有」旣存在，便有存在的理由，也有動作的理由；這種理由就是後來中庸所說的『天命之謂性。』所以人的「有」由天而來，人的行動之道也由天而來。

天旣給人定了生活的彝倫，天因監督人去遵守，守的人得福，不守的人得禍。天對於人，操有賞罰的權。僞古文尚書「伊訓篇」說：「惟上帝不常，作善，降之百祥；作不善，降之百殃。」這段文字雖是後人的僞作，但也眞能代表當時殷人的思想。

「有夏多罪，天命殛之。」（商書・湯誓）

「今予發，惟恭行天罰。」（周書・牧誓）

「王其德之用，祈天永命。」（周書・召誥）

但是在詩經的篇章裏，有許多篇章有抱怨上帝或上天的不公平：

「昊天不傭，降此鞠訩！昊天不惠，降此大戾！」（小雅・南山）

「浩浩昊天，不駿其德！降喪饑饉，斬伐四國。旻天疾威，弗慮弗圖！舍彼有罪，既伏其辜；若此無罪，淪胥以鋪。」（小雅・雨無正）

「蕩蕩上帝，下民之辟。疾威上帝，其命多辟。天生烝民，其命匪諶！靡不有初，鮮克有終。」（大雅・蕩）

「文王曰咨！咨女殷商，匪上帝不時，殷不用舊！雖無老成人，尚有典刑，曾是莫聽，大命以傾！」（仝上）

「旱既大甚，黽勉畏去。胡寧瘨我以旱？憯不知其故！祈年孔夙，方社不莫。昊天上帝，則不我虞。敬恭明神，宜無悔怒！」（大雅・雲漢）

這類的詩還有好幾章，如「大雅」的「瞻卬」，「召旻」。這些詩都是在天下大亂，水旱交迫的時候，百姓受的痛苦很深，於是便有抱怨的言詞，此乃人之常情。然而這並不表示人們不信天操有賞罰之權，反而更證明人們相信禍福由天而來，否則又何必抱怨上天。「周頌」的「敬之」章說：

「敬之！敬之！天維顯思！命不易哉！無曰高高在上，陟降厥士，日監在茲。」

(敬之)

「周頌」的詩章所有的敬，在「大雅」的詩章裏減低了很多；而且對於天的思想也在改變；因爲「大雅」詩章裏呼喊上天爲昊天，爲蒼天，以人頭上的有形之天，代表上帝，漸漸引人走向道家的『自然天』。

2. 天的本體

道德經講『道』時，以『道』的本體爲『無』，爲『渺茫』，爲『不可知，不可名』。儒家對於天的本性則沒有說明，僅僅祇有幾句形容上天的話，可以解釋上天的特性。

天是沒有形質的精神體

「命之不易，無遏爾躬。宣昭義問，有虞殷自天。上天之載，無聲無臭，儀刑文

王，萬邦作孚。」（大雅・文王）

上天的行動，無聲無臭，沒有形跡。儒家不稱天爲神，神是稱呼百神，或爲稱呼人的心靈和魂；儒家以天在百神之上。『神』在儒家的思想裏，是沒有形象的精神體，神的行動，不是人所能覺察出來的。例如「大雅文王」章說：「文王陟降，在帝左右。」這兩句詩說：文王的神靈時而上升，時而下降。上升和下降都是在上帝的身旁。但是文王的神靈（魂）在上升下降時，誰也不能見到。神既然是沒有形質的精神體，『天』更應該是沒有形質的精神體。

天是最高最大的精神體

高和大，本來是物質體的形容詞；因爲高和大都是形容物質的量，和在空間的位置。精神體沒有量，不佔空間，便用不着這種形容詞。但是我們對於精神體沒有適當的形容詞，也祇好借用質量的形容詞。

天是最高的精神體，即是在其他一切的神和萬物以上。書經和詩經爲表形這種觀念，常用「上」、和「皇」以稱呼天：「上帝」、「上天」、「皇天」、「皇天上帝」。

天是最大的精神體，本體是無限的大，書經詩經稱呼天爲「浩浩」；浩浩 形容渺無涯際。也稱呼天爲「悠悠」；悠悠形容深遠不可捉摸。

「浩浩昊天，不駿其德。……」(小雅・雨無正)

「悠悠蒼天，此何人哉。」(鄘・黍離)

3. 天有位格

在書經和詩經裏，「天」的動作，明明表現有位格。位格也稱爲人格，指着一個理性的個體，例如一個人，有理智有意志，是一個獨立的單體。因此，普通稱人格爲位格，在西洋文法中這兩個名詞祇是一個名詞，中文譯爲兩個名詞。然而因爲現在把一個人的個性和自尊心，也稱爲人格，而且人格不適於「上天」，便更好用位格以表示有理智的個體。

一個個體既然有理智，必定也有意志；因爲先要有知，然後纔能够有決定。雖然，我們也常說「盲目的決定」，「意志和理性相衝突」，究其實，人所有的決定，都是有知的決定。

「天」是一個單體

書經和詩經沒有單體或個體的名詞，而且就是在中國哲學裏，也找不到這個名詞，因爲是西洋哲學的術語。但是這個名詞所代表的意義，則在詩書裏就有。

單體或個體是一個，「一」字是單體或個體的特性。所謂『一』，是和別的個體不相混。『天』是一個，在整套的中國傳統思想裏常有這個思想。書經和詩經裏祇說一個天，從未有說兩個或多數的『天』。而且「天」既是最尊的神靈，當然祇是一個。「天」和其他的物絕對不相混。宇宙不是『天』，『天』不是宇宙。中國古人不信宇宙是神靈。書經、詩經常以「天」在宇宙以上。

「瞻卬昊天，則不我惠。」（大雅・瞻卬）

「瞻卬昊天，曷惠其寧。」（大雅・雲漢）

「天」有理性

理性爲智識的能力，人的心靈能够有智識。『天』既是至高的精神體，不能沒有智識。

「明昭上帝，迄用康年。」（周頌・臣工）

「敬之敬之，天維顯思……陟降厥士，日監在茲。」（周頌・敬之）

「天聰明，自我民聰明；天明畏，自我民明威。達于上下，敬哉有土。」（臯陶謨）

「明昭」，形容上帝把一切事看得很明道，沒有一件事可以隱瞞祂。「顯思」和「明昭」的意思一樣。「日監」則說上天監察人的一切事。這些動作都假定上天有理智，有無限的智慧。「皐陶謨」便明明說「天聰明」，由百姓的聰明可以表現出來。「天明畏」，天顯明祂的怒威，這是表現上天有意志。有了意志，天纔發怒懲罰。書經詩經以賞罰來自上天，這是假定上天有意志。書經勉勵君王敬畏上天，施行仁政，以避免上天收回成命，都是天的意志的行動。詩經「大雅」中所有抱怨上天降禍的詩，也是承認上天有意志；否則，又何必抱怨上天不仁呢？

因此，書經、詩經中所信仰的上天，不是沒有位格的宇宙神，也不是盲目的自然神。

4. 天・道・太極

上天或上帝，爲宗教信仰上的最高神靈，爲最高最大的精神體。在哲學方面，儒家的宇宙之元爲太極，道家的宇宙之元爲道。從哲學方面去看，『天』是否爲道家之『道』？『天』是否爲儒家之『太極』？這兩個問題在詩經書經裏沒有答案；因爲書經、詩經不是思想書，而且也在『道』和『太極』的思想發生以前。

假若我們要把天和道及太極作一比較，我們可以有以下的結論。

天爲宇宙萬物之元，道和太極也都是宇宙萬物之元。道家不信有位格的上天，道和天便不發生關係。儒家信有位格的上天，又信上天造生人物，而太極爲太虛之氣，太虛之氣似應由上天所造，這一點古代和後代儒家都沒有說明。

道由德而變，乃生一、一生二、二生三、三生萬物。太極因理而變乃生兩儀，兩儀生四象，四象生八卦、或生五行、生萬物。這種思想和上天造生人物不相同，上天在宇宙萬物以上，爲無形像的精神體，不是由於自變而生人物，是用能而造物，道和太極由自己的變易而化生萬物。

所以『天』不是『道』，不是『太極』。而且『道』和『太極』都沒有位格，『天』則有位格。儒家論『太極』和道家論『道』，乃是從『宇宙』和『物體』的構成而論，『太極』和『道』生陰陽之氣，氣爲宇宙萬物的原素，『天』則超乎宇宙萬物以上，天造生宇宙萬物，而不是宇宙萬物的構成原素。

易經宇宙論的陰陽之氣，在書經和詩經兩書裏沒有提到，徐復觀說：「詩經大約有八個陰字，其中四個是『陰』字與『雨』字連用，加上『邶風』的『噎噎其陰』的陰，皆就生氣而言。『秦風・小戎』的『陰靷鋈續』，及『豳風・七月』的『三之日納於凌陰』的兩個陰字，皆由陰闇一義而來。大雅『桑柔』的「既之陰女」的陰，則引伸而爲覆蔭之陰。詩經大概有十八處用了陽字，其中有十一個陽字皆就山水的方位而言。……有三個陽字乃引伸爲溫暖之意；……另一個陽字，則是由日光引伸而爲明朗之意；……另兩處之陽字，則由天氣晴朗而引伸爲舒展自得之意。……詩經上有一處『陰陽』連詞，即『大雅・公劉』「相其陰陽」，乃指山之南北而言，係陰陽二字之本義。綜上所述，詩經上所有陰陽字，都沒有後來作形成萬物原素的陰陽二氣的意義。』[18]

尚書「禹貢」篇中的「陽」字。「岳陽」、「陽鳥」、「華陽」，都是地名和鳥名。「洪範」篇中的陰字，「惟天陰騭下民」，有覆蔭的意義。其他各篇不見陰字或陽字，就連詩經中所用表天氣或地方的陰陽都沒有，「洪範」篇中爲表示晴，用「暘」而不用「陽」，當然更沒有後來代表萬物原素的陰陽了。

反過來說，書經裏卻有『五行』，「甘誓」篇有「有扈氏威侮五行」；「洪範」篇有「五行：一曰水，二曰火，三曰木，四曰金，五曰土。水曰潤下，火曰炎上，木曰曲直，金曰從革，土爰稼穡。」

關於這兩篇的考證，屈萬里和徐復觀兩先生各有意見，可參考徐著中國人性論史「先秦篇」的附錄。

按照文字去講，「洪範」的五行，指着五種材料，也可以指着社會上經理五種材料的行業，沒有漢代所說的五行之氣或五德之氣的思想。因此，「洪範」的寫作年代或者在「甘誓」以前，因爲「甘誓」的五行，含有五德之氣的思想了。徐復觀以「甘誓」的「怠棄三正」「乃指荒廢了主管三事之官而言。」「威侮五行」，「解釋作輕蔑侮慢了五行之官，及五行之政，」[19]若是這樣解釋，「甘誓」的年代也可以在「洪範」以前，不過，夏朝是不是有三正和五行之官，則沒有文據可以證明了。

但是書經的五行，還沒有後來以五行爲萬物構成的原素的意義。因此，我們從書經和詩經裏，看不到有關於宇宙論的思想。

然而尚書有一點，爲春秋，戰國及漢董仲舒所喜用的宇宙觀念，卽天人相應，人事的善惡招致相應的天象，天以現象啓示人的吉凶；如「洪範」有『庶徵』。以自然界的好現象，相應賢人用事，「肅、文、哲、謀、聖」；以自然界壞現象，相應惡人用事，「狂、僭、豫、急、蒙」。這種觀念在後世，成了中華民族的一個傳統的觀念。

四、結論

書經詩經不是討論學術的書，更不是哲學思想的著作，乃是記述實際生活的歷史和詩歌。我們研究書經和詩經的哲學思想，是從書經所記述的政治言論，從詩經所歌詠的實際生活，研究當時人對於人生所有的基本觀念。

人有心，心有思維和情感。人的生活是心的生活。心的生活處在上天的監臨之下；上天是造生人物的有位格之最高神靈，予人以彝倫，施人以賞罰。

人在心的生活上，應該遵守上天所定的彝倫，以成善德之人，善德在於『中』，實行於五倫。

有德之人，在生有福，人生的福有五：書經「洪範」篇說：「五福：一曰壽、二曰福、三曰康寧、四曰攸好德、五曰考終命。」

作惡的人有禍，禍有六：書經「洪範」篇說：「六極：一曰凶短折、二曰疾、三曰憂、四曰貧、五曰惡、六曰弱」。

富貴壽夭本是『命』，命由上天所決定，人不能抵抗。但是從五福六極去觀察，富貴壽夭也可以由人自己去造作。人行善則得福，福是富貴長壽；人行惡乃受禍，禍是貧窮短命。因此，上天的命，並不是一成不變。僞尚書「伊訓」篇說：「惟上帝不常，作善，降之百祥；作不善，降之百殃。」就是這種思想。明末清初的王船山乃倡「性日受，而命日新。」之說。

在哲學方面說，書經詩經的哲學思想還很簡單，但並不幼稚，在這些簡單的思想裏已經孕育了後代儒家的整套倫理哲學。

再把易經的宇宙論和詩經書經的倫理哲學合起來，我們對於夏商周三代的哲學思想，可以有一個概括的認識。三代人的思想已經相當成熟。無所謂圖騰崇拜，無所謂母系制度，無所謂農奴制度。人，已經是倫理人；天，是無形象的位格神；宇宙則如易經所說，由乾坤而變化。三代，可以說是中國哲學思想的奠基期。

註：

㈠胡適 中國哲學史大綱 卷上，頁三十六。商務印書館，民國十九年，第十五版。
㈡同上，頁一。
㈢屈萬里 尚書釋義 頁六 現代國民基本知識叢書，第四輯，中華文化出版事業委員會出版。
㈣屈萬里 詩經釋義 頁六—七。出版處同上。
㈤楊向時 尚書詞釋。孔孟學報第七期，民五十三年四月。
㈥侯外廬等著 中國思想通史，第一卷頁三十四。人民出版社，一九五七年。
㈦仝上。
㈧吳經熊 中國文化發展的方向，中央月刊，第四卷第五期，頁二十一。
㈨屈萬里 尚書釋義 頁七七。
㈩侯外廬等著 中國思想通史，第一卷，頁三十五，九十一。
⑪屈萬里 尚書釋義 頁二十一。
⑫仝⑽中國思想通史，第一卷，頁二十三，五十三。
⑬徐復觀 中國人性論史（先秦篇）頁一五，東海大學出版，民五十二年。
⑭仝上，頁三十九。
⑮唐君毅 中國哲學原論上冊，頁五。學生書局出版。
⑯屈萬里 尚書釋義 頁四十六。
⑰徐復觀 中國人性論史 頁三十九。
⑱徐復觀 中國人性論史 頁五一二。
⑲仝上，頁五三五—五三六。

第二章 易經的哲學思想

一、緒論

易經是儒家的第一本哲學書，第二本哲學書則是禮記，宋代理學家所根據的思想淵源，就是易經、中庸、大學。（中庸、大學，爲禮記的兩篇文章）爲研究易經，我們要和王船山採取同一態度，把漢朝的卦氣和術數一概摒棄，專從易經的義理去研究。

易經是什麼時代的書？易經的篇章是不是同一時代的著作？易經的考據，清代學者研究得已經很深刻。大家都知道易經裏包括有不同時代的作品，古人常說：伏羲畫卦，文王作卦辭，周公作爻辭，孔子作十翼。王船山以周易爲四聖之作。⑴但是經過清代學者的考據，孔子作「十翼」的史事，很難證明，文王和周公作卦辭爻辭，也無從決定。馮友蘭在中國哲學史裏，把易傳和淮南子放在一章，列在秦漢之際的儒家以後，這就太低估了周易的價值。周易一書中雖有經和傳，經的時代在前，傳的時代在後，但是兩者的思想前後相連貫，並不互相衝突。易傳的作者卽使不是孔子，然而易傳的思想除「說卦」過於晚出乃是漢儒的思想，其他各章則是孔子的思想；因此，胡適之在他的中國哲學史裏，把易經列在孔子的一篇裏，放在孔子的弟子以前，我認爲胡先生的看法是對的。我現在卻把易經的哲學思想放在孔子的哲學思想以前，我不是相信周易的經和傳都在孔子以前，我祇是就易經而論易經，易經既是六經或五經之一，孔子自己也研究易經，易經這本書就該列在孔子以前了。

易經本來是爲占卜用的書，以預測人事的吉凶。但易經有了傳以後，易經已是儒家的思想淵源，列爲六經之一。秦始皇焚書時似以這本書爲卜筮書，沒有把它燒了，於是易經能較完整地流傳到漢代。漢人給易預測吉凶之神秘性，而加上了許多緯書讖書，乃至變成了一種完全沒有學理的卦象變通圖。胡適之說：「我講易經和前人不同。我以爲從前一切河圖、洛書、讖緯術數、先天太極……種種議論都是謬說。如今若要懂得易的眞意，須先把這一切掃除乾淨。」(2) 漢魏註釋易經的人僅僅祇有王弼一家，解釋了易經的義理，然而他卻把老莊的思想牽入易經。

易經爲推測人事的吉凶，本來有學理的根據。易經所根據的學理：第一，人事的規律和宇宙變化的規律相同，因爲宇宙爲一體，人是宇宙的一部份。第二，宇宙的變化有一定的途徑，易經乃講宇宙的變易。第三，人事的價值，不在於吉凶，而在於倫理，易經乃以天地之道應用於人事，而有人之所以爲人之人道。

『易』有三個意義：一爲變易，論宇宙的變化。二爲簡易，宇宙變易之道，在原則上很簡單明瞭，容易爲人所知。三爲生生之道，宇宙的變化爲使萬物化生，生生乃是宇宙變易的目的，也是宇宙變易的表現成果。鄭玄「易贊」曾說：易爲簡易，變易和不易。不易乃指變化之中有不易之理，而不是指變化。乾鑿度緯書也講簡易，變易，不易的三義。

孔穎達註易說：「易者，變化之總名，改換之殊稱。自天地開闢，陰陽運行，寒暑迭來，日月更出，孕萌庶類，亭毒群品，新新不停，生生相續，莫非資變化之力，換代之功，謂之爲易，取變化之義。」

「子曰，知變化之道者，其知神之所為乎！易有聖人之道四焉，以言者尚其辭，以動者尚其變，以制器者尚其象，以卜筮者尚其占。」（繫辭上・第九）

「易則易知，簡則易從。……易簡而天下之理得矣。」（繫辭上・第一）

「生生之謂易」（繫辭上・第五）

「易之為書也不可遠，為道也屢遷，變動不居，周流六虛。」（繫辭下・第八）

「易之為書也，原始要終，以為質也。」（繫辭下・第九）

「易之為書也，廣大悉備，有天道焉，有人道焉，有地道焉，兼三才而兩之，故

六。六者。非它也，三才之道也。道有變動，故曰爻。爻有等，故曰物。物相雜，故曰文。」（繫辭下・第十）

孔穎達註易說：「生生不絕之辭。陰陽轉變，後生次於前生，是萬物恒生之謂易也，前後之生，變化改易。」

易爲變易，易經是講變易的書。列子講宇宙變化時，乃以易爲宇宙之元。

「子列子曰：昔者聖人，因陰陽以統天地。夫有形者生於無形，則天地安從生？故曰：有太易、有太初、有太始、有太素。」（列子・天瑞）

漢朝淮南子也有這種思想。宋朝理學家雖然不隨於列子的主張，但也間有以『易』爲宇宙之元，爲宇宙變化的本體。張載說：

「易一物而三才，陰陽氣也，而謂之天；剛柔質也，而謂之地；仁義德也，而謂之人。」（正蒙・大易・第十四）

這種以『易』爲實有體的思想，不合於易經的本意。易經的易，實在就是變易。胡適之說：「易便是變易的易。」(3)

「是故易者，象也。象也者，像也。」(繫辭下・第三)

易經以卦象象徵宇宙的變化。

根據易經的經和傳，研究易經的哲學思想，我分作兩部份來研究：第一部份，研究宇宙的變化。第二部份，研究人生的變化。在研究的總結論裏，我要提出易經所給予宇宙變化和人生變化的高度神秘性。

二、卦的變化

易經的解釋，在漢朝時有義理和象數兩派，到了宋朝，又產生圖書一派。圖書一派，雖歸於象數派，卻別有所造。「象」、「象」、「文言」和「繫辭」沒有用象數解釋卦辭，國語和左傳開象數解易之例，漢朝學者乃專由象數以研究易經。孟喜生在西漢中葉，以五行相生相尅之理，和陰陽災異之說，解釋易經的占卜吉凶，創陰陽消息十二卦，以成卦氣之論。

同時，京房更創『八宮卦』，而有世應和遊魂、歸魂的變法，又創『爻辰』以乾坤十二爻配十二辰，『納甲』以八卦配十干。東漢末年荀爽作陰陽升降之說，虞翻作互體、半象、兩象、旁通、卦變之道。三國時王弼乃盡棄象數回到易經的原意，以義理註解經傳。宋朝乃有河圖、洛書和先天卦圖的圖書派，程頤和朱熹註解易經，以這一派爲宗，邵康節則集合象數派和圖書派而自造新說。

我們現在研究易經的哲學思想，祇就易經的原來意義去研究，對於漢朝人的易學，留待後來研究漢朝學者的哲學思想時講。

易經講變易，變易有三類；有卦的變易，有宇宙的變易，有人事的變易。卦的變易，是宇宙變化的象徵，宇宙的變易，爲人事互易的規範。我們研究易經的變易之道，我們就從卦的變易開始。

1. 卦的構造

甲、卦

易經的根本在於卦，卦爲圖形，周易正義說：「卦者，挂也，懸挂物象以示於人。」然而究竟懸挂什麼圖形呢？許愼說文解釋卦字：「筮也，從圭從卜。」圭爲玉，爲祭祀的禮品，不用爲卜筮。古人占卜用龜，龜骨因火灼成裂紋根據裂紋而卜吉凶。現存的甲骨文，即是龜甲卜後的吉凶文。『卦』，可能就是代表龜甲裂紋的圖形，更可能是解釋龜甲裂紋的案本。易經解釋『卦』：

「聖人設卦觀象繫辭焉，而明吉凶。」（繫辭上・第二）

「聖人有以見天下之賾，而擬諸其形容，象其物宜，是故謂之象。」（繫辭上・第六）

「極天下之賾者存乎卦，鼓天下之動者存乎辭。」（繫辭上・第十二）

易經繫辭以『卦』爲天下的賾象。「賾」字有什麼意義？周易正義說：「賾，謂幽深難見。聖人有其神妙以能見天下深賾之至理也，而擬諸其形容者。以此深賾之理，擬度諸物形容也。」「極天下之至賾存乎卦，言窮極天下深賾之處存乎卦。」小爾雅廣詁說：「賾、深也。」集韻說：「賾，幽深難見也。」易「繫辭上」第十一說：「備物致用，立成器以爲天下利，莫大乎聖人。探賾索隱，鉤深致遠，以定天下之吉凶，成天下之亹亹者，莫大乎蓍龜。」爲定吉凶，須要知道天地深遠幽微的變化之道，聖人用自己的清明理智，可以『探賾索隱』，於是把這種深遠之道，用象表畫出來，便成爲『卦』，所以是卜筮的象，然而卦象的意義，則代表宇宙變化的幽微深遠之道。

乙、爻

卦由爻而成，爻卽是卦中的每一畫。爻有什麼意義？

「爻者，言乎變者也。」（繫辭上・第三）

「繫辭焉以斷其吉凶，是故謂之爻。」（繫辭上・第六・第十二）

「爻也者，效此者也。」（繫辭下・第一）

「爻也者，效天下之動者也。」（繫辭下・第三）

『爻』爲構成卦的每一畫；這每一畫的位置變化，效法宇宙的變化。爻的作用，在於由變化中斷定人事的吉凶。王船山說：「爻，效也，著於動而呈其占也。卦者，事物之定理；爻，其一時一事之幾也。」(4)

爻，爲卦的每一畫，每一畫或爲一，或爲--，上爲陽爻，下爲陰爻，陰陽互相交接，乃有爻的位置變化。解釋爻的辭，也稱爻，但也稱象。

丙、卦的成素

卦由爻而成，卦分單卦和重卦，單卦爲三爻，重卦卽是以單卦而重之，乃爲六爻。

單卦，由三爻而成，代表天地人三才：

「六爻之動，三極之道也。」（繫辭上・第二）

韓康伯註曰：「三極，三材也。兼三才之道，故能見吉凶成變化也。」

「易之為書也，廣大悉備，有天道焉，有人道焉，有地道焉，兼三才而兩之，故六。六者，非它也，三才之道也。道有變動，故曰爻。」（繫辭下・第十）

爻既爲象徵宇宙的變化，儒家素以天地人代表宇宙，因此，卦乃由三爻或六爻而成。卦的基本卦，爲☰（乾）卦，☷（坤）卦。乾卦和坤卦也稱純卦，乾純是陽，坤純是陰，不是陰陽互相參雜。

重卦爲六爻，由兩單卦構成，下面的卦稱爲下卦，上面的卦稱爲上卦，下卦也稱爲內卦，上卦也稱爲外卦。爻的計算，陽卦以九作總數，稱爲初九、九二、九三、九四、九五、上九；陰卦以六爲總數，稱爲初六、六二、六三、六四、六五、上六。

重卦六爻裏，有所謂中爻，孔穎達以二爻五爻爲中爻，崔憬和朱熹以二、三、四、五合爲中爻。

2. 卦的變

甲、彖

解釋一個卦的變化是彖辭。彖辭，卽傳說是周文王所繫之辭：

「彖者，言乎象者也。」（繫辭上·第三）

韓康伯註說：

「彖，總一卦之義也。」

彖，卽是卦辭，如「乾，元亨利貞」。每一卦都繫有卦辭，便是彖辭。在卦辭的解釋中，有爻辭，傳說是周公所作。有「象曰」，有「象曰」，有「文言曰」，傳說是孔子所作稱爲傳。「爻辭」和「文言」常爲解釋每一爻的意義，「彖曰」和「象曰」常是解釋全卦的意義，但「象曰」也對爻的意義加以說明。爲明瞭每一卦的意義，「彖辭」和「象曰」，都很重要。

象，言乎象：象辭把每一卦，從卦象方面說出卦的意義。象辭很短也很涵蓄，或者說很含混，不易明瞭，需要再有解釋。因此，使有象傳和象傳。

乙、六十四卦

傳統中說伏羲畫八卦，文王重爲六十四卦。但若卦爲占卜用，八卦過於簡單，不敷用；八卦演變成六十四卦，乃是當然的事。

八卦代表陰陽的變化，以陽爻陰爻代表陽陰，以六畫代表三極，八卦演成六十四卦，又是數學上當然的事，漢朝研究易經的人，乃費盡了心血，去講六十四卦變化的次序，造成了許多名目，實則又講不通，也難自圓其說。實際上六十四卦的演變，原則上非常簡單，祇有兩條原則：一，陰爻陽爻在每變中的地位和數目的變化。二，陰陽爻的變化互相反，乃成兩互相反的卦。

陰陽各爻在卦中的位置，從初爻到上爻，每有移動便另成一卦。陰陽各爻在卦中的數目，每有變動，也另成一卦。

屈萬里先生說：「易始八卦，八八互重爲六十四，其理至順，其事至簡。……六十四卦，以反對爲序，象傳卽以反對之義說之」(5)

六十四卦的變化，以陽爻和陰爻的數目和位置而變。這種變化是數學上的變化，自然而成。我們可以用圖表說明：

六陽	五陽一陰	四陽兩陰	兩陰間一陽	兩陰間兩陽	兩陰間三陽	兩陰間四陽
	姤	遯	訟	巽	鼎	大過
乾	同人	无妄	家人	離	革	
䷀	履	中孚	睽	兌		
	小畜	大畜	需			
	大有	大壯				
	夬					

六陰	五陰一陽	四陰兩陽	兩陽間一陰	兩陽間兩陰	兩陽間三陰	兩陽間四陰
	復	臨	明夷	震	屯	頤
坤	師	升	解	習坎	蒙	
䷁	謙	小過	蹇	艮		
	豫	萃	晉			

䷇ 比	䷖ 剝			
䷓ 觀				

三陽三陰	䷊ 泰	䷟ 恒	䷞ 咸	䷋ 否		
中間離一陰	䷶ 豐	䷮ 困	䷴ 漸	䷵ 歸妹	䷯ 井	䷷ 旅
中間離兩陰	䷐ 隨	䷺ 渙		䷻ 節	䷑ 蠱	
中間離三陰	䷩ 益	䷨ 損				
三陽分離	䷔ 噬嗑	䷾ 旣濟	䷿ 未濟	䷕ 賁		

三陰三陽

和　四陽兩陰　五陽一陰

三陽二陰　和　和

兩陰相同　一陰相同

四陰兩陽　五陰一陽
　　和　　　和
兩陽相同　一陽相同

按照上面的變化，六十四卦由六陽爻和六陰爻相互變化而成，是一種必然的程序。漢朝研究易學的人，費盡心思追求六十四卦的次序，以陰陽五行之理去排列。但是，沒有一種程序可以包括六十四卦的變化，實在是枉費心力徒增煩惱。易傳的序卦，就是這種思想。

丙、爻的位置

每一卦有六爻，代表天地人。六爻由下而上，下面三爻爲內卦或下卦，上面三爻爲外卦或上卦。爻的位置以第一爻和第四爻爲安穩的位置，第二爻和第五爻爲最佳的位置，第三爻和第六爻爲危險的地位。決定位置的價值，有以下的原則。

『謙』「謙受益」。第一爻和第四爻，在下卦和上卦的基層，有謙虛隱藏的意義，表示安份守己，故爲安穩的位置。而第一爻的位置，尤爲安穩，乾卦說：「初九，潛龍勿用。」第四爻則較危險，因爲居在下卦之上，又在上卦的基層，乾卦說：「九四，或躍在淵」註說：「去下體之極，居上體之下，乾道革之時也。上不在天，下不在田，中不在人，履重剛之險，而無定位所處，斯誘進退無常之時也。」

『盈』「滿招損」，易經最講循環之道，盈以後則要招致損壞虛空。第三爻在下卦之上，預備升到上卦，這時務必要謙虛。乾卦說：「君子終日乾乾，夕惕若厲，无咎。」第六爻則更是在危險的地位，必定要謙退，乾卦說：「上九，亢龍有悔。」

『中正』第二爻居下卦的中位，第五爻居上卦的中位，兩爻都以「中正」而居在最佳的位置。乾卦說：「九二，見龍在田，利見大人」註說：「德施周普，居中不偏，雖非君位，君之德也。初則不彰，三則乾乾，四則或躍，上則過亢；利見大人，唯二五焉。」

屈萬里先生說：「其於爻也，凡二五稱中。蓋二居下體之中，五居上體之中。反對後則二爲五，五爲二，仍不失爲中也。」又擧卦傳對第二爻和第五爻的辭，都說到『中』，以爲吉利。(6)

對於爻的位置，易經還有一個原則，就是陽陰的位置，陽爲剛，爲天德、爲首領；陰爲柔，爲地德，爲順從。坤卦象曰：「至哉坤元，萬物資生，乃順承天。」在卦裏，陽爻和陰爻的位置，也很重要。如家人卦的象曰：「家人，女正位乎內，男正位乎外；男女正，天地之大義也。」又如屯卦的象曰：「六二之難，乘剛也。」第二爻本是最佳位置，但因第一爻爲陽爻，第二爻爲陰爻，乃有六二因乘剛而有難。不如履卦，所有五爻都是陽爻，祇有第四爻是陰爻，這一爻很不利，因爲是柔剛，註說：「居履之時，以陽處陽，猶曰不謙，而況以陰居陽，以柔乘剛者乎……以，此履危，見咥者也。志在剛健，不脩所履，欲以陵武於人，爲于大君，行未能免於凶，而志存于五，頑之甚也。」又如兌卦，上下兩卦都是二陽在下，一陰在上。象曰：「六三，來兌凶。」韓註說：「以陰柔之質，履非其位，來求說者也，非正而求說，邪佞者也。」

通常初、三、五爲陽的位置；二、四、六，爲陰的位置。陽爻和陰爻，在自己應有的位置上，稱爲當位或位正當；若不在應有的位置上，則稱爲失位，或不當位，或位不當。

3. 象

易經以八卦的變化，代表宇宙的變化，八卦便是宇宙的象徵。八卦又是圖形，圖形是一種形象。於是易經便是以形象去代表宇宙的變化。『象』在易經中，很爲重要。

胡適之說：「『繫辭傳說：易也者，象也。』這五個字是一部易經的關鍵。這是說一切變遷進化，都只是一個象的作用。」[7]胡先生以象爲「原本的模型，物是仿傚這個模型而成的。」這種象稱爲法象。法象有兩種：一是自然界的現象，一是物象所引起的意象，即是觀念。

我以爲講易經的象，開始時不要拉的那麼遠，應該一步一步地往深裏研究。

易經的象，首先是指卦的圖形，卦的圖形象徵宇宙的變化，八卦便是宇宙變化的『象』。

「八卦成列，象在其中矣。」(繫辭下・第一)

「古者包犧氏之王天下也，仰則觀象于天，俯則觀法于地，觀鳥獸之文與地之宜，

近取諸身，遠取諸物，於是始作八卦，以通神明之德，以類萬物之情。」（繫辭下第二）

「在天成象，在地成形，變化見矣。」（繫辭上·第一）

八卦的源起，在於以宇宙間可見的現象，繪成卦，以講宇宙變化之道。卦就是宇宙變化之象。

易經的卦象，意義在於代表宇宙的變化，目的則在於昭告吉凶。

「聖人設卦，觀象繫辭焉而明吉凶，剛柔相推而生變化。是故，吉凶者，失得之象也；悔吝者，憂虞之象也；變化者，進退之象也；剛柔者，晝夜之象也。」（繫辭上·第二）

「天垂象，見吉凶，聖人象之」（繫辭上·第十一）

「是故夫象，聖人有以見天下之賾，而擬諸其形容，象其物宜，是故謂之象。聖人有以見天下之動，而觀其會通，以行其典禮，繫辭焉以斷其吉凶，是故謂之爻。」（繫辭上·第十二）

六十四卦的象，以斷吉凶。然而每一卦的象由爻而成，爻代表變化，故易經以辭解釋爻，以斷吉凶。

易經爲斷吉凶，還有一種卦象，就是八卦各有一個或多個意象的名：☰，乾卦爲天。☷，坤卦爲地。☱，兌卦爲澤。☲，離卦爲火。☳，震卦爲雷。☴，巽卦爲風。☵，坎卦爲水，☶，艮卦爲山。

在「說卦」裏八卦的意象名稱更多，例如說：「乾，健也。坤，順也。震，動也。巽，入也。坎，陷也。離，麗也。艮，止也。兌，說也。」「乾爲天，爲圜，爲君，爲父，爲玉，爲金，爲寒，爲冰，爲大赤，爲身馬，爲老馬，爲瘠馬，爲駁馬，爲木果。」

這些思想雖是漢朝人的思想，然而在春秋戰國時已經開端，左傳所記的卜卦，有九次用意象去斷吉凶。(8)

閔公元年傳：「初畢萬筮仕於晉，遇屯䷂之比䷇。辛廖占之，曰：吉。屯固比入，吉孰大馬？其必蕃昌。震為土，車從馬，足居之兄長之，母覆之衆歸之，六體不易，合而能固，安而能殺，公侯之卦也。公侯之子孫，必復其始。」

僖公二十五年傳：「筮之，遇大有䷍之睽䷥，曰吉。遇公用享于天子之卦也。戰克而王饗，吉孰大馬？且是卦也，天為澤以當日，天子降心以逆公，不亦可乎？大有去睽而復，亦其所也。」

左傳引易共十九次，其中有三次不是用周易去占，用周易占卜共十六次。十六次中有九次用卦的意象去斷凶，可見春秋戰國時，爲占吉凶，用卦的意象去占，已經是通常的事。「繫辭」下傳第二章，述說了許多「象」的實例；這些實例不是占卜的吉凶，而是日常的生活。按照這一章所說的實例，中國古人因爲看着易經卦象，乃發明許多日常生活的器具和習慣。例如按照離卦䷝作了網罟；按照益卦䷩作了耕田的耒耜；按照噬嗑卦䷔開始日中趕集，按照渙卦䷺作了舟楫；按照隨卦䷐開始了牛馬的運輸；按照豫卦䷏製定打更的人，按照小過卦䷽作了杵臼；按照大壯卦䷡建造房屋；按照大過卦䷛使用棺槨；按照夬卦䷪開始用書契。

胡適之說：「以上所說古代器物制度的源起，未必件件都合着歷史的事實。但是孔子對於『象』的根本學說，依我看來，是極明白無可疑的。這個根本學說是人類種種的器物制度都起於種種的意象。」(9)

但是我以爲「繫辭」所說，乃是事物已成之後，按着器物的意像，和卦的意象相比較，看到有些相同的意象，寫了出來，說某種器物制度是取諸某卦，並不是在古代按照某卦而造出某項器物制度。王船山註解「易傳」這一章說：「象者，像也。此象謂卦之大象。像者，因其已成之形狀而寫之，象已成乎可像，故因此想像其道之如此。此自彊不息以下諸義之所

自生，因乎象之已成也。」(10)

按照一個卦的象去造器物，我認爲不合歷史，也不合情理。例如按照豫卦☷☳製定擊柝打更的人，乃說「重門擊柝，以待暴客」；這是要經過想像，經過推論纔能得到的結論，不是原始古代簡樸的人所可有的事；而是後代研究易經的人所有的推論。

因此，我以爲易經的卦象，仿效宇宙的變化而成，用爲占卜人事的吉凶。後來研究易經的人，用易象以解釋器物制度的意象。若說漢朝易學家用象去講「分野」、「爻辰」、「消息」，則是一些不合於易經的謬說。

4. 數

漢朝學者對於易經有『象數之學』，上面既以漢人之『象』爲謬說，漢人之『數』更屬荒謬無稽之談，然而易經本來有『數』，易經的『數』和『象』祇是爲代表宇宙之變，以決人事之吉凶。古來爲占卜有筮，筮用蓍草，用策。策要用數去計算，由數而得到卦，『數』便是『象』的代表，或者說是『爻』的代表。

易經的卦象用陽爻「⚊」和陰爻「⚋」而組成，易經的數用奇數和偶數，奇數代表陽爻「⚊」，偶數代表陰爻「⚋」。陽陰的變化，爲乾坤的變化，乾坤的變化爲天地的變化，易經乃以數爲天地之數，奇數爲天數，偶數爲地數。

「天一，地二，天三，地四，天五，地六，天七，地八，天九，地十。」（繫辭上・第八）

「天數五，地數五，五位相得而各有合，天數二十有五，地數三十。凡天地之數，五十有五，此所以成變化，而行鬼神也。……乾之策，二百一十有六；坤之策，百四十有四，凡三百有六十，當期之日。二篇之策，萬有一千五百二十，當萬物之數也。是故，四營而成易，十有八變而成卦。」（繫辭上・第八）

這兩章的分章有些錯誤，上面第十章的一段，應當是在第八章，和上面第八章的一段相連。

天之數：一、三、五、七、九合起來爲二十五。地之數：二、四、六、八、十合起來爲三十。所以說：「天數二十有五，地數三十。」天地之數再合起來爲「五十有五」。策，本作筴，卜筮之筴，爲蓍。策三變而成爻，十有八變而成卦。策的數目和卦爻的數目，沒有關係。爲卜筮。乾策爲兩百一十六，坤策爲一百四十四，合起來爲三百六十策，代表一年的三百六十日。乾策和坤策的變化，合起來共有一萬一千五百二十策。好比，卦的變爲六十四策，總共爲三百八十四爻。

左傳僖公十五年，韓簡子說：「龜，象也；筮，數也。物生而後有象，象而後有滋，滋而後有數。」(左傳・卷五)朱熹卻說：「數，只是算氣之節候，大率只是一個氣……」(朱子語類)朱子的解釋是根據漢朝人的象數說，和易經不相合。

現在我們若是問陽策和陰策的數目，是怎樣規定的呢？陽策和陰策合起來的數目，又是怎樣規定的呢？這種理由在古代卜筮的時候一定有人知道，後來失傳了，現在我們沒有辦法可以追究。繫辭祇有揲蓍之法：「大衍之數五十，其用四十有九，分而爲二以象兩，掛一以象三，揲之以四以象四時，歸奇於扐以象閏。五歲再閏，故再扐而後掛。……是故四營而成易，十有八變而成卦。」(繫辭上 第九)

易經的數，是象天地的變化，天地在數上的變化，則年月日，卜筮的蓍數乃象一年四季和一年的日數。屈萬里先生說：「按此以天地配十數，謂陽數奇，陰數偶耳，未嘗以配五行也。以五行配數，見於墨子迎敵祠，及呂氏春秋十二紀等書，而以漢書五行志以一、六配水，二、七配火，三、八配木，四、九配金，五、十配土，與繫辭傳相近而實不同。」(11)以五行配數，爲「河圖」之圖形：一、六在下，二、七在上，三、八在左，四、九在右，五居中。「洛書」則龜，故其數，戴九履一，左三右七，二、四爲肩，六、八爲足。洛書的數目，也是明堂的數目：四、九、二居上層，三、五、七居中層，八、一、六居下層。但是「河圖」、「洛書」雖在易繫辭傳上第十一章提到，祇不過是神話，表示祥瑞，古時沒有圖象，宋朝學者乃作「河圖」、「洛書」的圖象，認爲易經卦理之所本。

現在我們若想臆測陽策和陰策的數目之成因，或者可以這樣講：陽策陰策合共三百六十策，代表一年的日數；陽策二百一十六，代表一年內屬陽的日數；陰策一百四十四，代表一年內屬陰的日數。這一點和六十四卦的陽爻陰爻數目不同，因爲在六十四卦裏，陽爻和陰爻的數目相等，各爲一百九十二爻，合爲三百八十四爻。爲什麼緣故，在一年內屬陽的日子比屬陰的日子多七十二呢？大約是因爲陽的數爲三，陰的數爲二，一年內屬陽和陰的日子，便是三與二之比。三百六十，分爲五，爲七十二。七十二的三倍爲二百一十六，爲陽策。七十二的二倍爲一百四十四，爲陰策。至於說「二篇之策，萬有一千五百二十」這個數目怎樣來的呢？大約這個數目，代表陽策和陰策在一年內的變化。按照陽策和陰策三與二之比，一年內陽策的變化數目該爲六千九百一十二，陰策的變化數目該爲四千六百零八：

$$5\,\overline{)\,11520}\quad 2304$$

$$2304\times 3=6912\ (\text{陽策})$$

$$2304\times 2=4608\ (\text{陰策})$$

$$\text{陽策}\quad 216\,\overline{)\,6912}\quad 32$$

$$\text{陰策}\quad 144\,\overline{)\,4608}\quad 32$$

一年陽策的基數爲二百一十六，陰策的基數爲一百四十四。兩者和變化的數目相差都是三十二倍，可見陽陰兩篇之策都是變三十二次。這個三十二的數字，由何而來？大約是揲著之法：「分而爲二以象兩，掛一以象三，揲之以四以象四時，歸奇於扐以象閏。」（繫辭上・第九）這裏的數字是二、一、四、一，共爲八。「四營而成易」，八乘四，乃是三十二。

上面解易繫辭的『數』，祇不過是一種推測，究竟是不是易經原來筮著之法，我不敢確定。

5. 辭

易經的卦象，要用辭去說明。辭不僅是文字或語言，而是每一卦或每一爻的「正式說明文」。占卜的人一定要照每卦和每爻的辭去推斷吉凶。

「聖人設卦觀象，繫辭焉而明吉凶。」（繫辭上・第二）

「爻象動乎內，吉凶見乎外，功業見乎變，聖人之情見乎辭。」（繫辭下・第一）

「辨吉凶者存乎辭」（繫辭上・第三）

「極天下之賾者存乎卦，鼓天下之動者存乎辭。」（繫辭上・第十二）

「易有四象，所以示也。繫辭焉，所以告也。定之以吉凶，所以斷也。」（繫辭上・第十一）

「辭也者，各指其所之。」（繫辭上・第三）

胡適之解釋說：「之，是趨向。卦辭爻辭都是表示一卦或一爻的趨向如何，或吉或凶，

或亨或否，叫人見了，便知道趨吉避凶。」(12)

王船山說：「象與象皆繫乎卦，而以相引伸，故曰繫辭。繫云者，數以生畫，畫積成象，象成而德著，德立而義起，義可喻而以辭達之，相爲屬系而不相離。故無數外之象，無象外之辭。辭者，即理數之藏也。」(13)

易經的辭，有一卦的辭，有一爻的辭，例如：

「乾，元亨利貞」這是乾卦的卦辭。

「初九，潛龍勿用」這是乾卦初爻的爻辭。

辭說明卦和爻的變，例如：

訟卦䷅辭說：「剛來而得中」，即是由需卦䷄反而得訟卦，需卦的第五爻變爲訟卦的第二爻。

隨卦䷐的彖辭說：「剛來而下柔」，表示蠱卦䷑的第六爻變爲隨卦的第一爻。

左傳昭公二十九年傳說：「史墨曰：龍水物也，水官棄矣，故龍不生得。不然，周易有之：在乾䷀之姤䷫曰：『潛龍勿用』。其同人䷌曰：『見龍在田』。其大有䷍曰：『飛龍在天』。其夬䷪曰：『亢龍有悔』。其坤䷁曰：『見羣龍無首吉』。坤之剝䷖曰：『龍戰于野』。若不朝夕見，誰能物之。」

這些例，即是說明「辭」解釋卦之變和爻之變。

三、宇宙的變易

易經以卦象徵宇宙的變易。卦象爻象的變化，若不明宇宙的變化，則不能講解。同時，宇宙的變化，若不用卦的變化去表白出來，便不容易懂。從上面我們所講的卦之變，已經可以看出宇宙變化的大綱。

易經講宇宙的變化，雖用卦爻去代表，卦辭和爻辭爲講解變化的文據，然而在易經一書裏，對於宇宙變化講得更明瞭的部份，應該是繫辭上下兩篇。因此我們研究宇宙的變化，以繫辭上下篇爲主，以卦辭及象傳爲輔。

1. 太極的變化

甲、太極的意義

凡是變化必定該當有一個起點，起點爲一，一爲變化的最初起點。易經以太極爲宇宙變化的起點，也稱爲泰一。

「是故，易有太極，是生兩儀，兩儀生四象，四象生八卦，八卦定吉凶。」（繫辭上・第十一）

「繫辭」的這一段話，在後代儒家的思想中，影響很大，尤其是宋朝的理學家，由周敦頤的太極圖說開始，大家都尊奉這段話爲宇宙變化的原則。

『太極』，這個名詞，在易經的經裏沒有。這可能因爲經是講每卦的變化，沒有講整個宇宙的變化，所以沒有講到太極。「繫辭」講到太極，也祇是在這一章裏提到，沒有解釋，沒有說明；因此，後代講太極的人，纔有多種不同的意見。漢代的學者，不從形上學去解釋太極，竟從神話方面去解釋，把太極弄成了神靈。宋朝學者則回到了太極的形上意義。

易經六十四卦的變化，以乾坤兩卦爲基礎；乾坤兩卦的變化，又以陽陰兩爻爲基礎；所以易經各卦的變化，都根據陽陰兩爻。王船山解釋易卦，嘗以『乾坤竝建』爲原則。「易者，互相推移以摩盪之謂。周易之書，乾坤竝建，以爲首，易之體也，六十二卦錯綜乎三十四象而交列焉。易之用也，純乾純陽未明易也，而相峙以竝立，則易之道在」(14)

但是，卦的變化爲象徵宇宙的變化；卦的變化止於陽陰兩爻，宇宙的變化則要再向上追，「繫辭」乃說：「是故，易有太極，是生兩儀。」

「是故」是因此，「繫辭」上第十一章開端便說『是故』，必定是承接上一章。第十章講易是「開物成務，冒天下之道」；這是說『易』，易經講宇宙的變易，可以『開物』，使萬物互相開通，完成天下的事務，握有治理天下之道。接下去用了兩個『是故』，第十一章開端的『是故』，是第四個『是故』。在第三個『是故』裏說：

「闔戶謂之坤，闢戶謂之乾，一闔一闢謂之變，往來不窮謂之通，見乃謂之象，形乃謂之器，制而用之謂之法，利用出入，民咸用之謂之神。」（繫辭上·第十）

這一段已經進入形而上的宇宙變化，有通、象、形、器。這些是形上學的名詞。接下去，第十一章的『是故』，乃講宇宙的變化，「是故，易有太極。」因此，太極爲形上的名詞。再接下去，第十一章的第二個「是故」，也就是第五個「是故」，便說：

「是故，法象莫大乎天地，變通莫大乎四時。」

天地四時的變化，當然是宇宙的變化了。太極因此應當是宇宙變化的起源。從天地萬物方面說，乾坤爲萬物的起源。乾坤兩卦的象辭說：

「大哉乾元，萬物資始，乃統天。」

「至哉坤元，萬物資生，乃順承天。」

在形上學方面去講，萬物已經有形，「形乃謂之器」，在形器以上有象，象為可見的變化，在象以上，有看不見的乾坤之變。然而乾坤為一闔一闢；一闔一闢為一種相對的變化，在相對變化的深處，有一絕對的本體，這種本體稱為太極。因為我們問乾坤的一闢一闔是誰的闢闔？我們應該說是太極的闢闔，即是說乾坤為太極的變化。

六十四卦的象之根基為陽爻「—」和陰爻「--」，這是兩個爻，在兩爻以上有一個絕對的一。六十四卦的數為奇偶，即是一和二，在一和二的數字以上有一個絕對的一。絕對的一就是太極；因此太極稱為太一。

「天下之動，貞夫一者也。」（繫辭下，第一）

上面一段的繫辭，是說天下的變動，常按照一定的規律而動；可是，為能使相對之動常有一定的規律，應該有一相同的本體。「一」的觀念在易經相當於「太極」的觀念。

禮記「禮運篇」說：

「夫禮必本於太一，分而為天地，轉而為陰陽。」（禮記·卷二十二）

呂氏春秋「大樂」篇說：

「太一生兩儀，兩儀生陰陽。」（呂氏春秋·卷五）

呂氏春秋爲道家的思想，禮記的「禮運」篇係漢朝儒者的思想，都不能代表易經；但是兩者都能够表示太極爲太一，在古代就有這種解釋。說文解字詁林在一部解釋一字說：「惟初太始，玉篇引同繫傳，韻會始作極。道立於一，造分天地，化成萬物。」⒂

乙、太極的本體

太極爲絕對之一，爲宇宙變化的起源，也就是宇宙萬物之元。董仲舒說：「謂一元者，大始也。」（春秋繁露·五英）但是太極究竟是什麽？易經沒有說明。

禮記的「運禮」篇：「夫禮必本於太一。」「正義」說：「必本於大一者，謂天地未分，渾沌之元氣也。」

元氣是漢朝學者的思想，而且是道教的思想。漢書「律曆志」說：「太極運三辰五星於上，元氣轉三統五行於下。」（漢書．卷二十一上）這種思想以太極和元氣，一在上一在下，完全不是哲學的思想，乃是陰陽家的附會。太平御覽的天部，以元氣爲首，下面分太易、太初、太始、太素、太極。這乃是列子的思想。魏晉道教講長生之術，常以元氣爲基礎。

元氣是什麼？元氣是未分陰陽之氣，爲氣之本體。上面所引「禮運」篇的「正義」，解釋爲天地未分以前的渾沌之氣。

宋朝理學家張載在這一點上說得清楚，也更有形上學的觀念。張載以太極爲太虛。

「天地之道，無非以至虛爲實。……天地以虛爲德。至善者，虛也。虛者，天地之祖，天地從虛中來。」（張子語錄）

「太虛無形，氣之本體。」（正蒙．太和）

「太虛者，氣之體，氣有陰陽屈伸相感之無窮。」（正蒙．乾稱）

張載受周敦頤的影響；周子曾作太極圖說，以無極爲太極，太極便是虛無。所謂虛無，並不是不存在，乃是無形無像。張子所以說：「太虛無形，氣之本體。」

以氣之本體爲太極，可以說是儒家一貫的主張，因爲儒家都主張 宇宙萬物由氣而成。張載很明白地有這種主張，清朝王船山、顏元、李塨、劉蕺山都有同樣的主張。祇有朱子的主張不同，他主張以太極爲理之極至。

但是在易經裏，則找不到氣和理的觀念。易經有雲、雨、風、火、雷電，卻沒有氣。在「繫辭」上第四章有「精氣爲物，遊魂爲變，是故知鬼神之情狀，與天地相似，故不違。」「正義」說：「精氣爲物者，謂陰陽精靈之氣，氤氳積聚而爲萬物也。遊魂爲變者，物既積聚，極則分散。將散之時，浮遊精魂，去離物形，而爲改變，則生變爲死，成變爲敗，或未死之間，變爲異類也。」

這種思想，在春秋戰國時，已經盛行。左傳對於鬼魂就用這種思想去解釋。按照這種思想，萬物是由氣而成。易經一書裏，祇有兩個氣字，這個氣字，按照「正義」的解釋爲萬物的生滅，由於氣的聚散；這種思想也是道家的主張。

但是易經「繫辭」的原文，在這一章講鬼神的變化，並沒有講氣的聚散，也沒有講物由氣而成。既然是講鬼神的情狀，則「精氣爲物」的物字，不是指的普通所說的萬物，而是指「神靈」，即是普通所說的「精靈」。「遊魂爲變」，遊魂不是鬼神的普通情狀，祇是鬼神的一種變態。所以「正義」在本章裏所說的氣的聚散，都是後人的推想。不過這種推想，在儒家的思想裏，可以認爲合理，祇不過要除去漢朝的卦氣謬說。易經的另一個氣字，在經文的咸卦裏，彖辭說：「柔上而剛下，二氣感應以相與。」這個氣字，則有陰陽兩氣的意義。

在易經的書裏，太極是絕對的『一』，無形無像，爲陽爻陰爻之象和奇偶的數的起源，也就是宇宙萬物之元。

「太極生兩儀」，所謂生：第一，指着『變化』，太極因着自身的變化，生出兩儀；第二，生不是有生物傳生之生，而是『化生』。『化生』在哲學裏表示被化生物的本質由化生主體而來，又表示被化生物的本質和化生主體的本質，經過了變化，便不完全相同。王夫之以『生』爲『顯』，太極的本體就是陰陽，然而沒有顯明出來，顯明出來，便是生兩儀。

丙、道與氣

在太極變化裏，易經祇說到變化的過程。「易有太極，是生兩儀，兩儀生四象，四象生八卦」；沒有講到變化的兩種最重要的要素：一是變化的理由，一是變化的本質。但是在易經的傳裏，則簡單提到這兩種要素，就是『道』和『氣』。

易經的繫辭說：

「形而上者謂之道，形而下者謂之器，化而裁之謂之變，推而行之謂之通，擧而錯之天下之民，謂之事業。」（繫辭上・第十二）

「道」、「器」、「變」、「通」、「事業」，這幾個名詞，互相連貫，由上而下，到了下面的兩個名詞，已經成爲平常通用的名詞了。『事業』在大家的心目中，是工作的成就；然而成就爲能稱爲事業，應該是大工作的成就，故易經把變化之道，應用到天下之民，纔稱爲事業。『通』是通達，把變化之道，推行無阻，便是通達。以上兩個名詞，不是哲學上的問題。和哲學有關係，而成爲易經哲學思想的重要名詞的名詞，則是『道』、『器』、『變』。

「是故闔戶謂之坤，闢戶謂之乾，一闔一闢謂之變，往來不窮謂之通，見乃謂之象，形乃謂之器，制而用之謂之法，利用出入，民咸用之謂之神。」（繫辭上·第十一）

A、道

「形而上者謂之道」，『道』便是一抽象名詞，和老子道德經的『道』不同。老子的『道』是一實體，而且是一個絕對實體，相當於易經的『太極』。在易經裏，『太極』不是

『道』，『道』不是太極，『道』是屬於『太極』的。

『道』是什麼呢？

道是一條路，普通稱爲道路。道路是從一點到另一點的過程，它的用處在於指引願意從這一點走到那一點的人們應該怎麼走。走路是一種動，是一種空間的變化，道路便是空間變化的規矩。從空間的變化擴展到一切的變化，凡是變化都該有規矩，一切變化的規矩乃稱爲『道』。『道』便是「變化之理」。

『道』和『理』都是萬物的理由，兩者所有的不同點爲，『道』指着事和物在動的方面的理由，例如人應該怎樣生活而成爲一個人，這個『道』，即是「人道」，大學說「率性之謂道」。『理』指着事物在「存在」的方面說，例如人之所以是人，獸之所以是獸，這是『理』。

易經講宇宙的變化和人事的變化，因此常講『道』；例如乾道、坤道、天地之道、聖人之道等。這種『道』是抽象的，不是具體的事物，所以易經說：「形而上者謂之道。」王弼注易說：「物無妄然，必有其理。」理就是物之所以成物的理由。

太極變化而生兩儀，兩儀生四象，四象生八卦，其中必定有它的變化之道。

「子曰：知變化之道者，其知神之所為乎。」（繫辭上・第九）

「易之為書也，廣大悉備，有天道焉，有人道焉，有地道焉。」（繫辭下・第十）

「易有聖人之道四焉：以言者尚其辭；以動者尚其變；以制器者尚其象；以卜筮者尚其占。」（繫辭上・第九）

「乾道成男，坤道成女」（繫辭上・第一）

『理』字在易經裏很少，因爲易經不講物之成物，而是講物之變。易經有一處提到「理」字，用意和「道」不同：

「易簡而天下之理得矣。天下之理得，而位成乎其中矣」（繫辭上・第一）

王弼和韓康伯的註釋，都沒有注意『理』字，而注意『易』字，乃引列子自生自化之說混入易經。易經本義是說宇宙變化之道很簡要，從簡要的變化之道可以知道天下事物之理，按照萬物之理，可以立定爻的位置而使萬物各得其所。這裏的『道』和『理』，互有分別，簡要變化之道指着動，立位之理指着立，立是站着不動。

『道』和『理』在儒家的哲學思想裏，意義雖有不同，但因物之動是按照物之成物之理去動，道和理字便常互相代用。後來程頤和朱熹解釋易經恒卦時，以天地之道爲天地之理。

B、形・氣・器

形：王船山註釋易經「形而上者謂之道，形而下者謂之器。」說：

「形而上者，為其未形而隱然有不可踰之天則，天以之化，而人以為心之作用，形之所自生，隱而未見者也。及其形之旣成，而形可見，形之所可用以效其當然之能者，如車之所以可載，器之所以可盛，乃至父子之有孝慈，君臣之有忠禮，皆隱於形之中而不顯。二者則所謂當然之道也，形而上者也。形而下卽形之已成乎物，而可見可循者也。形而上之道隱矣，乃必有其形，而後前乎所以成之者之良能著，後乎所以用之者之功效定。故謂之形而上，而不離乎形，道與器不相離。」（周易・內傳）

王船山主張事不離理，理不離事，道不離器，器不離道。他所謂形而上，乃是隱而不顯，形而下則是具體的物。

宋朝張載解釋形而上爲沒有形體。清朝戴東原在孟子字義疏證裏說：「形而上爲成形以前，形而下爲成形以後。」

形字的古義，和刑相通。刑字的原字爲型，即是模型，形字便也有模型的意義。一個物的形，爲這個物的具體化，具體化便有體，所以物的形也稱爲形體。形體由質而成，形體便稱爲形質。形體可以說是外部之形，形質可以說是內部之形。形體或形質都是可見的，因此，也說形而上爲不可見，形而下爲可見。「道」爲形而上，因爲「道」是抽象的道理，不可見。

形體或形質，旣是具體的，便是確定的；而且同類的物，形都相同，似乎由一模型而來；因此用模型的形字，稱物之體質。

氣：太極爲絕對的太一，無形象，爲形而上。太極變而生兩儀，兩儀便是有形。太極怎樣由無形化生有形呢？宋朝理學家說是氣因凝聚而成形。

易經不講氣，也不談陰陽兩氣。可知『氣』的觀念在易經時還沒有成熟。春秋時代，六氣之說興起，陰陽爲六氣中的兩氣，如左傳昭公元年所記應侯求醫的話，可以作證。

但易「繫辭」中，有「精氣爲物」的話。這句話的意義，在下面講陰陽時，將予以研究。所以易經並不是完全不提到氣，祇是不講物的成因，而講物之變，便多講乾坤陰陽，而不談物的質之氣。在咸卦的彖辭「二氣感應以相與」，可以說是提到陰陽二氣。

太極變化，由無形而化生有形，有形爲形質。這種形質爲宇宙間最初的形質，一切萬物都由這種最初的形質而成，這種最初形質就是氣。後來道教稱這種氣爲元氣，宋朝理學家稱這種氣為天地之氣。易經祇有氣的一點思想，而沒有這些名詞，也沒有說明。

器：中國哲學上的『器』，由易經造成了這個觀念。易經以「形而下者謂之器」，又說：

「形乃謂之器」（繫辭上・第十一）

「易有聖人之道四焉……以制器者尚其象……」（繫辭上・第十）

王船山常講『器』，他的『器』來自易經，『器』代表天下的事物。一切有形質者稱之器。在易經裏，器是效法象而成的，象為卦象。六十四卦代表萬物，器就是物。凡是物都有形質，形由卦象而生，但並不是說一切萬物都是仿效卦象而成的。雖然繫辭下第二章舉出許多事物，由於仿效卦象而制成，然而也不過一種想像而已。在哲學上說一切萬物的形，由於仿效卦象而成，乃是說卦象來自陰陽的結合，一切萬物之形也來自陰陽的結合，陰陽的結合代表兩種元素的結合。

太極變化而化生有形之氣，氣為陰陽兩儀，陰陽結合而成物。物既有形質，乃稱為器，為形而下者。

丁、性

物除形質以外，具有物性，易經講到『性』，「繫辭」說：

「一陰一陽之謂道。繼之者善也，成之者性也。」（繫辭上‧第五）

「大哉乾元，萬物資始，乃統天。雲行雨施，品物流形，……乾道變化，各正性命。保合大和，乃利貞。」（乾卦‧彖辭）

在易經的經傳裏，有這兩處說到『性』，在乾卦彖辭裏是『性命』聯用。本來在「說卦」裏還有兩處，說到『性命』；但我們認定說卦實在是晚出的作品，混有陰陽五行的思想，離易經原有的思想較遠，故不採用。

性字在古代的原有字義爲『生』；然而不是普通之所生，乃是指人生來所有的；人生來所有的東西很多，不都是『性』，性是指人心所生來有的本體和本能。

命字在古代的字義，說文：「使也，從口從令」。在書經和詩經裏，命常和天理連，稱爲天命。天所命於人，而人不能抗拒修改者，簡稱爲命。

乾卦彖辭以「乾道變化，各正性命」，乾道變化，使萬物在化生時，各得各的性命，所以性命是由生而來。

由生而來究竟是什麼？焦循說：

「一陰一陽之謂道，分於道之謂命，形於一之謂性。分道之一，以成一人之性。合萬物之性，以為一貫之道。一陰一陽，道之所以不已。」（論語通釋・一貫忠恕）

乾道變化，陰陽相結合而成物。陰陽相結合之道，爲形上之道。這種『道』在宇宙間繼續運行，爲天地好生之德，乃稱爲善，陰陽結合而成物，物之所以成物，卽在於陰陽結合之道，這種『道』在每一物裏爲這物成就之理，卽是性。宋代理學家稱『性』爲『天理』，爲陰陽在這物內的結合之道，陰陽結合爲生，『性』也就是物之生存之道。

2、陽陰兩儀

兩儀由太極而來，在本質上和太極不完全相同，太極無形無像，兩儀已經有形像；但是還沒有成爲『器』。

兩儀在易經裏，從象的方面說是「⚊」和「⚋」，卽是陽爻和陰爻，從數的方面說爲奇數偶數，然而易經則常以乾卦「☰」和坤卦「☷」代表兩儀。同時易經也以天地和乾坤並列，「繫辭」上第一章開端就說「天尊地卑，乾坤定矣。」乾卦爲天，坤卦爲地，不像兌卦爲澤，離卦爲火，震卦爲雷等衹以卦形的意象而定名，而是乾和天，坤和地，「異名而同實」。所以現在我們研究這幾個名詞的意義，乾坤、陰陽、天地。

甲、乾坤

乾，說文解爲「上出也，从乙，乙物之達也，倝聲。」「物之達」，說文「徐箋」曰：「乾之本義，謂草木出土，乾乾然強繼也。」說文「段註」說：「倝者，日始出，光倝倝也。」[16] 乾字在最初的字義，指着初出土的萌芽，或指着初出的太陽。

坤，說文解爲「地也，易之卦也，从土从申，土位在申。」在古代『申』代表土，坤字作巛，八卦的坤卦爲☷，形像相似，便以坤名卦，意義代表土地。

乾坤在易經代表兩卦基礎，即乾卦坤卦。由乾坤兩卦變爲八卦，再重爲六十四卦，乾坤便爲卦變的基礎。易經講卦的變化，爻的變化乃是卦的變化的成素，卦變由乾坤而成，因此乾坤便成爲易經的中心。

「子曰：乾坤其易之門邪！乾，陽物也；坤，陰物也，陰陽合德而剛柔有體。」（繫辭下・第六）

乾坤代表兩卦，而不代表兩爻。卦在易經裏代表吉凶，吉凶的成因來自陽陰兩種爻的位置。陽陰兩種爻的位置，代表陽陰兩種變化，所造成的情況，或說所造成的勢，每一卦就代表這種勢。乾卦坤卦爲八卦或六十四卦的基本卦，爲純陽或純陰的卦，就代表易經所有卦的基本勢。普通我們說勢爲局勢爲勢力。王船山曾說：「勢者，事之所因；事者，勢之所成。故離事無理，離理無勢。」(17)易經的勢，爲吉凶之因，吉凶卽是事。吉凶有吉凶之理，吉凶之理包括在卦以內。易經解釋乾坤兩卦，就是從吉凶的 基本之理去解釋，以乾坤爲卦的德能。王船山說：「乾坤者，在天地爲自然之德。」(18)

乾坤兩個名詞，爲易經所創。

「夫乾，其靜也專，其動也直，是以大生焉。夫坤，其靜也翕，其動也闢，是以廣生焉。」（繫辭上・第六）

「夫乾，天下之至健也，德行恆易以知險。夫坤，天下之至順也，德行恆簡以知阻。」（繫辭下・第十二）

乾坤代表陰陽的德能，乾坤的德能爲『生生』，乾爲萬物資始，坤爲萬物資生。乾坤德能的表現，爲元亨利貞。元亨利貞的意義，即是生生的春生，夏長，秋收，冬藏。

乙、天地

天地兩個名詞，是兩個通常的名詞，代表上面的天和下面的地。除這個通常的意義以外，尚書「周書」的「呂刑篇」說：「乃命重黎，絕地天通，罔有降格。」國語說：「昭王問於觀射父曰：周書所謂重黎實使天地不通者，何也？若無然，民將能登天乎？對曰：非此之謂也。古者民神不雜……九黎亂德，民神雜糅，不可方物。……顓頊受之，乃命南正重司天以屬神，命火正黎司地以屬民，使復舊常，無相侵瀆；是謂絕地天通。」（國語・卷十八・楚語下）「周書」在這一篇所謂天地，天代表天上的神靈，地代表地上的人，而含有宗教意味。

易經所用天地的名詞，和中庸所說的天地，意義相同：

「天地之道，博也、厚也、高也、明也、悠也、久也。今夫天，斯昭昭之多，及其無窮也，日月星辰繫焉，萬物覆焉。今夫地，一撮土之多，及其廣厚，載華嶽而不重，振河而不洩，萬物載焉。」（中庸・第二十六章）

「君子之道，造端乎夫婦，及其至也，察乎天地。」（中庸・第十二章）

易經的乾卦和坤卦，以乾配天，以坤配地：

「彖曰：大哉乾元，萬物資始，乃統天，雲行雨施，品物流形，大明終始，六位時成。」（乾卦・彖辭）

「彖曰：至哉坤元，萬物資生，乃順承天，坤厚載物，德合無疆。……牝馬地類，行地無疆。」（坤卦・彖辭）

天地雖然代表上面的蒼天，下面的大地；但是天包含有光明，有雲雨，覆蓋萬物，使萬物發生；地包含山川河海，載負萬物，使萬物資生。易經的天地，象徵陽陰，爲陽陰乾坤的具體形象。而易經所最注意的，乃是天地之道，即是天和地代表乾坤變化之道。乾坤是卦德，卦代表宇宙的變化之道。乾卦和坤卦所代表宇宙變化的道，就是天和地。因此，易經所用的天地兩個名詞，指着天地變化之道，而不是指着形天和大地。例如：

「天尊地卑，乾坤定矣。」（繫辭上・第一）

「在天成象，在地成形，變化見矣。」(同上)

「天地設位，而易行乎其中矣。」(繫辭上·第六)

「易之爲書也，廣大悉備，有天道焉，有人道焉，有地道焉。」(繫辭下·第十)

「本乎天者親上，本乎地者親下，則各從其類也。」(乾卦·文言)

「泰，……則是天地交而萬物通也。」(泰卦·彖)

「否，……則是天地不交而萬物不通也。」(否卦·彖)

「謙，……天道下濟而光明，地道卑而上行。天道虧盈而益謙，地道變盈而流謙，鬼神害盈而福謙，人道惡盈而好謙。……」(謙卦·彖)

「豫，……天地以順動，故日月不過，而四時不忒。」(豫卦·彖)

天地，代表乾坤，乾坤代表萬物之始原。若按老子的思想來說，太極代表無，乾坤代表有；太極代表一，乾坤代表二。然而乾坤是抽象的名詞，在具體方面則由天地作代表。天代表乾，地代表坤；天地便是萬物的始原。故「天地交而萬物通也。」「天地不交而萬物不通也。」「天地不交而萬物不興。」(歸妹卦·彖)

由萬物的始原，進到了萬物生發的理由；萬物由天地相交而生發。在農業社會裏，觀察萬物的生發，常以陰陽或男女爲因由。於是乾坤和天地的思想，再進一步，便到了陰陽，陽代表天，代表乾；陰代表地，代表坤。

在講易經的天地時，我們也應注意這個天字和書經詩經的天字，意義有何不同。書經和詩經的天字，是宗教信仰的天，指着最尊的神。易經的天字，是哲學的宇宙論之天，代表萬物的最大者，爲萬物發生的兩種始原之一。兩者意義不相同，但不衝突。易經的爻辭和象辭裏，有許多次說到宗教信仰的帝或上帝，易經並沒有否定書經和詩經的宗教信仰，祇是不用天字去代表宗教信仰的尊神。

丙、陰陽

詩經中有陰和陽兩個字，常指天氣和陽光的溫暖明暗，沒有作爲萬物原素的意義。到了春秋時代，在左傳裏已經有陰陽兩字連用，代表宇宙的兩種氣。易經「象辭」常講剛柔，以剛柔爲兩氣：

「柔上而剛下，二氣感應以相與，止而說。」（咸卦・彖）

在「象辭」裏也有陰陽，如泰卦和否卦的象辭：

「內陽而外陰，內健而外順。」（泰卦·彖）
「內陰而外陽，內柔而外剛。」（否卦·彖）

在「象曰」裏，也有陰陽，如：

「潛龍勿用，陽氣潛藏。」（乾卦·象）
「履霜堅冰，陰始凝也。」（坤卦·象）

在「文言」中，有陰陽，如：

「陰疑於陽必戰，為其嫌於無陽也，故稱龍焉。」（坤卦·文言）

在「繫辭」上下，陰陽的意義，相當明顯：

「一陰一陽之謂道，繼之者善也。」（繫辭上·第五）
「夫乾，其靜也專，其動也直，是以大生焉。夫坤，其靜也翕，其動也闢，是以廣

生焉。廣大配天地，變通配四時，陰陽之義配日月，易簡之善配至德。」（繫辭上·第六）

「陽卦多陰，陰卦多陽。其故何也？陽卦奇，陰卦耦。其德行何也？陽一君而二民，君子之道也，陰二君而一民，小人之道也。」（繫辭下·第四）

「子曰：乾坤其易之門邪？乾，陽物也；坤，陰物也。陰陽合德而剛柔有體，以體天地之撰，以通神明之德。其稱名也雜而不越，於稽其類，其衰世之意邪。」（繫辭下·第六）

研究易經的人，多以「十翼」爲孔子以後的作品，所以有陰陽。這種考訂工作，絕對不能有確定的答案，祇是一些較爲合理的意見。我認爲「十翼」是孔子的直接門生或間接門生所記錄孔子的教材，中間可能滲有記錄的人所有的思想。

陰陽在易經裏，首先和剛柔兩種特性相配合。剛爲乾的特性，柔爲坤的特性，陰陽便也跟乾坤相配合；陽爲乾，陰爲坤。剛柔後來成爲兩氣，陰陽便也成爲兩氣，進而代表卦象的爻，乃有陽爻和陰爻。由陽爻再有陽卦，由陰爻再有陰卦。

爻爲卦的構成原素，六十四卦代表宇宙萬物，陰陽因着爻在卦中的意義而成爲萬物的構成原素。陰陽兩原素便是陰陽兩氣，也就是由太極而生的兩儀。

關於陰陽兩氣，朱熹曾有不同的主張，以爲乃一氣之消長，物都是由陰陽相結合而成，如同人都是由男女相結合而生，男女不是相對立，不是互相抵消，乃是由於本性而互相結合。

因此陰陽的變化，不是相對立的變化，不是相抵消的變化，而是互相結合的變化，互相完成的變化。

陽陰的特性，彼此不同，互成相對。如陽爲剛，陰爲柔，陽爲顯，陰爲隱，陽爲主，陰爲順，陽爲順，陰爲逆，陽爲男，陰爲女。

「至哉坤元，……乃順承天（陽）」（坤卦·彖）

「屯，剛柔始交而難生，動乎險中，大亨貞。」（屯卦·彖）

「彖曰：顯比之吉，位正中也。舍逆取順，失前禽也。邑人不誡，上使中也。」（比卦·彖）

「彖曰：否之匪人，不利君子貞。大往小來，則是天地不交而萬物不通也。上下不交而天下無邦也。內陰而外陽，內柔而外剛，內小人而外君子，小人道長，君子道消也。」（否卦·彖）

「彖曰：隨，剛來而下柔，動而說。」（隨卦·彖）

這些特性，互相成對各有各的位置，各有各的作用；但是彼此互相配合，以成萬物。陰陽的相對，猶如卦的爻「一」「一」是爲互相合起來以成卦；又如奇偶的數，合起來以數目。假使陽爻「一」陰爻「--」，奇數偶數，互相對立而不相結合，終歸於祇有兩爻，祇有兩個數字。陰陽若不相結合，也祇有陰陽，就沒有萬物。

在開始創造八卦的伏羲氏或另一位智者的心目中，從人類的傳生而推想萬物的化生，人由男女相結合而生，萬物便也由陰陽相結合而生。

在人的日常生活裏，種種現象都由兩種相對的現象相結合而得中和。剛與柔相調和，強與弱相調和，貧和富相調和，窮達相調和，儒家乃重「中庸」，而惡走極端。

「子曰：乾坤其易之門邪！乾，陽物也；陰，陰物也。陰陽合德而剛柔有體，以體天地之撰，以通神明之德。」（繫辭下・第六）

3. 陰陽的變化

甲、變化的程序

張載說：「兩不立，則一不可見。一不可見，則兩之用息。兩體者，虛實也，動靜也，

聚散也，清濁也、其究一而已。」（正蒙·太和）

陽和陰爲兩，太極爲一。沒有一，則不能有兩，有了兩，則太極的變化之用就可以開始了。

「是故易有太極，是生兩儀，兩儀生四象，四象生八卦。」（繫辭上·第十一）

由太一生相對的陰陽，由陰陽生四象，稱爲太陽、太陰、少陽、少陰，乃是一種自然的數學變化，把（一）和（--）相結合，祇有四種方式：

⚌	太陽	奇奇	剛剛	陽陽
⚏	太陰	偶偶	柔柔	陰陰
⚎	少陽	偶奇	柔剛	陰陽
⚍	少陰	奇偶	剛柔	陽陰

四儀，代表陽和陰的第一步結合，即一陽一陰的單純結合，象徵天地的結合。易經泰卦說：「天地交而萬物通也。」天地的結合在空間有東西南北四方，在時間有春夏秋冬四時，

四時配四方：東配春，爲少陽；南配夏，爲太陽；西配秋，爲少陰；北配冬，爲太陰。

宇宙的變化不僅是天地的變化，而是天地人的變化。由天地的變化而進到人的變化，乃有三才的變化。易經用三爻代表天地人，於是由四象而生八卦，這也是自然的數學變化。用三陽爻三陰爻相結合，不多不少，祇有八個方式：

☰ 乾 天

☴ 巽 風

☲ 離 火

☶ 艮 山

☷ 坤 地

☳ 震 雷

☵ 坎 水

☱ 兌 澤

八種變化，仍舊是很簡單，不足以象徵或代表宇宙的變化，於是便把三爻重覆起來爲六爻，以六陽爻和六陰爻相結合，乃有六十四卦；六十四卦便代表宇宙的萬物。六十四個變化方式，本來還不算多，但是就卦的變化講，已經到了滿足的地步，再加循環不息，六十四卦就可以代表卦的一切變化了，也象徵宇宙的一切變化。

乙、變化的原因——剛柔・動靜

變化由何而起？易經解釋這個問題說：

「剛柔相推，而生變化。」（繫辭上・第二）

「剛柔相推，變在其中矣。」（繫辭下・第一）

「變化者，進退之象也。」（繫辭上・第二）

易經以卦的變化，由於剛柔相推。剛代表陽爻、柔代表陰爻，陽爻陰爻互相推動，陰跟着陽，陽也跟着陰，六十四卦的變化，都是由於陽爻和陰爻的互相推動而成。易經說：

「剛柔者，晝夜之象也。」（繫辭上・第二）

晝爲明、爲陽、爲剛；夜爲暗、爲陰、爲柔。晝夜相繼續，陽爻陰爻互相推移，乃有變化。

再進一步，我們問：陽爻和陰爻爲什麼互相推移呢？卽是問：剛柔爲什麼相推呢？這一點就進入宇宙變化了之道了。易經說：「變化者，進退之象也。」「正義」說：「萬物之象，皆有陰陽之爻，或從始而上進，或居終而倒退，以其往復相推，或漸變而頓化，故云進退之象也。」「正義」解釋剛柔相推的原因，爲陰陽的進退。陽爲進，陰爲退；但這也不是絕對的，因爲陽也有進退，陰也有進退。

「九四曰：或躍在淵，無咎。何謂也？子曰：上下無常，非爲邪也。進退無恒，非離羣也。君子進德修業，欲及時也。……知進退存亡而不失其正者，其唯聖人乎。」（乾卦・文言）

進退所以祇是變化的現象，而不是變化的原因。現在有人以易經的進退，和黑格爾的正反相配，以易經的變化，就是黑格爾的正反合的辯證變化。究其實，兩者各不相同。黑格爾的正反爲辯證變化的原因，易經的進退爲變化的現象。因此，我們要追究進退的原因。

乾坤的卦裏，可以供給我們一點資料。

「坤至柔而動也剛，至靜而德方。」（坤卦・文言）

坤卦提出『動靜』觀念，宋朝理學家乃專用動靜來講陰陽的變化。

豫卦的彖辭說：

「豫，剛應而志行，順以動。……天地以順動，故日月不過，而四時不忒。」

隨卦的彖辭說：

「隨，剛來而下柔，動而說。」

復卦的彖辭說：

「復亨，剛反，動而以順行，是以出入無疾，朋來無咎。」

無妄卦的彖辭說：

「無妄，剛自外來，而為主於內，動而健，剛中而應。」

其他的卦，有「恒」、「大壯」、「解」、「歸妹」、「豐」的「彖辭」裏，都說到『動』，至於提到動靜兩個字的，祇有「艮」卦：

「彖曰：艮，止也，時止則止，時行則行，動靜不失其時，其道光明。」

「艮」卦所說的動靜，和行止的觀念相配合，行爲動，止爲靜，「繫辭」也說：

「動靜有常，剛柔斷矣。」（繫辭上・第一）

韓康伯注釋說：「剛動而柔止，動止得其常體，則剛柔之分著矣。」韓註也是以動爲行，靜爲止；動靜有常，即是行止有一定的規律。

行止的意義，用『往來』作解釋；『往來』的意義，用『屈伸』作解釋：

「日往則月來，月往則日來，日月相推而明生焉。寒往則暑來，暑往則寒來，寒暑

相推則歲成矣。往者屈也，來者信也，屈信相感而利生焉。尺蠖之屈，以求信也。龍蛇之蟄，以存身也。」（繫辭下・第四）

日爲陽，月爲陰；寒爲陰，暑爲陽；日月寒暑的往來，就是陽陰的往來。所謂往來不是去回，乃是隱縮和顯張。陰陽的隱縮和顯張，即是消和長。陽消則陰長，陰長則陽消，陰陽仍是同時存在，宋朝理學家乃說：動中有靜，靜中有動。王船山乃主張『乾坤並健』不是陽走了而陰來，陰走了而陽來。

陽和陰的動靜，在於陽和陰的消長。宋朝張載和朱熹又把消長解釋爲凝聚和流行或散發，陽爲氣的流行或散發，陰爲氣的凝聚。

丙、變化的原則——循環・恒・時中

宇宙間的變化，在於陰陽的消長，聚而散，散而聚，繼續不已。宇宙變化乃有一個原則爲循環不息。

六十四卦裏，有幾卦特別象徵『循環』的原則。

「復：亨。出入無疾，朋來無咎，反復其道，七日來復，利有攸往。」（復卦・卦辭）

「無往不復，天地際也。」（泰卦・象）

「終則有始，天行也。」（蠱卦・象）

「日中則昃，月盈則食；天地盈虛，與時消息。」（豐卦・象）

宇宙變化的現象，常是周而復始。「序卦」爲後來加上的文章，和「說卦」一樣。在「序卦」裏講六十四卦的次序時，更多『循環』的思想。這種思想在中國的傳統思想裏，佔很重要的位置，『物極必反』、『禍福相依』，爲人生哲學和歷史哲學的大原則。

循環的變化，周流不息，乃有另一原則爲『恒』。恒的原則，在易經裏也用『貞』、『一』作代表。

「彖曰：恒，久也。……恒，亨無咎，利貞。久於其道也。天地之道，恒久而不已也。利有攸往。終則有始也，日月得天，而能久照，四時變化，而能久成，聖人久於其道而天下化成。觀其所恒，而天地萬物之情可見矣。」（恒卦・彖）

「婦人貞吉，從一而終也。」（恒卦・象）

「象曰：天行健，君子以自強不息。」（乾卦・象）

「天下之動，貞夫一者也。」（繫辭下・第一）

在卦象裏有幾次說到萬物的情，例如咸卦「象曰」：「觀其所感，而天地萬物之情可見矣。」恒卦「象曰」：「觀其所恒，而天地萬物之情可見矣。」大壯卦「象曰」：「正大而天地之情可見矣。」萃卦「象曰」：「觀其所聚，而天地萬物之情可見矣。」所謂天地萬物之情是卽天地萬物變化的趨向和原則。

宇宙的變化，在路線上是循環，在規律上是恒久不息。宇宙的變化常是循着一定的規律進行旣不錯誤，也不停止。但是這種變化並不完全機械化，在大的原則上雖恒久如一，在原則以內的變化，則巧妙無窮。在巧妙無窮的變化中，有一條原則：卽是『時中』，變化該恰得其時，卦爻的變化，也應遵守『時中』。

六十四卦裏，在象辭內說：「時大矣哉」、「時義大矣哉」、「時用大矣哉」的卦，至少有十二卦，其他說到『時』和『中』者還很多。惠棟曾說：「易道深矣！一言以蔽之，曰時中。孔子作彖傳，言時者二十四卦，言中者三十五卦；象傳，言時者六卦，言中者三十六卦。……子思作中庸，述孔子之意，而曰：君子而時中。孟子亦曰：孔子聖之時。夫執中之訓，肇於中天；時中之義，明於孔子，乃堯舜以來，相傳之心法也。」(21)卦爻的『中』，爲二和五；至於『時』，則每爻都代表一種或適合或不適合的時。

「六位時成，時乘六龍以御天」（乾卦・象）

例如乾卦的六爻：「初九，潛龍勿用」代表隱居的『時』；「九二，見龍在田」代表可以出仕的『時』；「九四，或躍在淵」代表進退無常的『時』；「九五，飛龍在天」代表位聖極盛的『時』；「九六，亢龍有悔」代表盛極有衰的『時』。

天地萬物的生生，以春夏秋冬四季爲時序，萬物按着時序而有生長收藏，不按時，則失去生生的常態。四季的時序，調節陰陽冷熱之氣，使不過偏。所以有『時』有『中』，『時中』的原則在人事上，便成爲『中庸』。

四、生生之謂易

1. 注疏

易，爲宇宙的變化；宇宙的變化，以象去表現。八卦就是這種變化的象。按卦象而看卦辭，可以斷定吉凶。吉凶的理由，在於六爻的變動，六爻變動的理由，即是天地人三才之道。因此說：「是故，易者，象也。」（繫辭下・第三）八卦六爻的變動，以斷吉凶，這是卦的用處。然而八卦所象徵的宇宙變化，用處則不在於吉凶，而是爲化生萬物。因此說：『生生之謂易。』

周易本義注說：

「陰生陽，陽生陰，其變無窮。」

荀爽注曰：

「生生之謂易，陰陽相易轉相生也。」

韓康伯注說：

「陰陽轉易，以成化生。」

虞翻注說：

「乾易顯仁，故盛德；坤簡藏用，故大業。可大故富有，可久故日新，陰陽消息轉易相生，故謂之易。京氏曰：八卦相盪，陽入陰，陰入陽，二氣交互不停，故曰生生之謂易。」

來知德注說：

「一陰一陽之謂道，若以易論之。陽極生陰，陰極生陽，消息盈虛，始終代謝，生生不易，變化無窮，此易之所以名易也。」

王船山在周易內傳解釋說：

「生生之謂易。此以下，正言易之所自，設皆一陰一陽之謂道而人性之全體也。生生者，有其體而動幾必萌，以顯諸仁；有其藏必以時利見，而效其用；鼓萬物而不憂，則無不可發見，以興起富有日新之德業，此性一而四端必萌，萬善必興，生生不已之幾。而易之由大衍而生數，由數而生爻，由爻而生卦，由卦而生變占，由變占而生天下之亹亹。有源故不窮，乘時故不悖，皆卽此道也。」

歷代易經注疏家對於『生生之謂易』的註解，以陰陽兩氣交互不停，化生天地間的萬物，因此易稱爲『生生』。

生生兩字的意義，上一「生」字爲動詞，即是化生；下一「生」字名詞，即是物。「生生」，即是化生萬物。易，爲天地的變化；「生生之謂易」的意義，就是化生萬物稱爲易，也就是說天地變化是爲化生萬物。

物稱爲生，則是生物。普通把物分爲生物和無生物，易經卻以萬物，即「天地之亹亹」都稱爲生物。以天地間的一切物都是生物，意義何在？

生物的意義，是有內在自動的物稱爲生物。易經以每一物的構成，由於陰陽的結合。繫辭說：

「一陰一陽之謂道，繼之者善也。成之者性也。」（繫辭上・第五）

「陰陽消息轉易相生，故謂之易」

陰陽交互結合乃成一物。陰陽結成一物後，在這物裏仍繼續變動，因此宇宙間沒有一個靜止之物，整個宇宙又是變化不停。易經由本體的動態以觀物，以觀宇宙，乃有動的哲學，稱爲『易』。

「天下之理，未有不動者，而能恒者也；動則終而復始，所以恒而不窮。凡天地所生之物，雖山嶽之堅厚，未有不變者也。故恒非一定之謂也，一定則不能恒矣，惟隨時變易，乃常道也。」（二程全書・伊川・易傳三）

但若僅只有內在的自動，也不能都稱爲生物。現代物理學發現物體的構成素有原子有電子，原子和電子都常在運動，可是不能因此就說一切物都是生物，而生物的特徵，則在於自體內有自動的新陳代謝。

易經所謂生物，別有一種意義；這種意義，由宋朝理學家與以說明。程頤和朱熹主張「理一而殊」。

「萬物皆只是一個天理，己何與焉！」（二程全書一・二程遺書二上二程・遺書語錄二上）

「曰：太極只是天地萬物之理，在天地言，則天地中有太極，在萬物言，則萬物中各有太極。」（朱子語類・卷一）

「西銘一篇，始末皆是理一而殊。」（朱子語類・卷九十八）

天地只有一理，萬物又各有自己的理，朱熹以月亮作譬喻，天上祇有一個月亮，映在水裏的月亮則很多，海裏、湖裏、江裡、河裏、池裏、杯裏都能有反映在水中的月亮，這麼多的月亮，則是同一個月亮。

理是性，乃是理學家一致的主張，甚是理祇一個，那麼性也祇一個；萬物既同一理，便同一性。若萬物同一性，則沒有所謂萬物，祇有一物。朱熹便說『理一而殊』，那麼這個『理』和『性』應另有意義。

理，在禮記裏稱爲天理，乃是聖人作禮的根據。

一物有一物之則，便是一物有一物之理，每一物之理卽是性。天地之則，在易經稱爲天道地道，人之則，稱爲人道。天地萬物的變化之理，在原則上是相同的。

這種變動之理，祇有一個。在自體上說是一個成全之理，卽是變動的最完全最美好之理；這個完全之理在實現時卻常不完全。理學家以爲「物得理之偏，人得理之全」。

明朝湛若水解釋天理爲生生之理：

「舜臣謂：正應事時，操存此心，…隨處體認吾心身天理真知，覺得吾心身生生之理氣，所以與天地宇宙生生之理氣吻合為一體者，流動於腔子，形見於四體，被及於人物。」（明儒學案・卷三十七，甘泉學案一・語錄）

戴東原也解釋這個理爲生生之理。生生之理爲生命的條理，生命的條理爲仁。

「生生之呈其條理，『顯諸仁』也。惟條理是以生生，藏諸用也。顯也者，化生之生於是乎見。藏也者，化之息於是乎見。生者，至動而條理也。息者，至靜而用神也。卉木之株葉華實，可以觀夫生。果實之白（核仁），全其生之性，可以觀夫息。」（原善・第四）

變動的條理，使物變動有秩序，物的變動把變動的條理表現出來。表現的程度高下不齊，程度的高下來自結成物體的氣，氣有清濁，得氣清者，條理的表現高而全，得氣濁者，條理的表現低而偏。

「問：或問氣之正且通者爲人，氣之偏者塞者爲物，如何？曰：物之生，必因氣之聚而後有形。得其清者爲人，得其濁者爲物。」（朱子語類・卷十七）

人得氣之清，故得理之正，得理之全。天地之理在人裏爲一完全美善之理，這個理卽是人性。孟子以人性爲善，人性具有仁義禮智的善端，大學以人性爲明德，中庸以率性爲人生之道。

生生之理，物的有在而變化之理，這種理因物之氣有清濁，表現程度不同，表現最高者是人，人的生活以心靈生活爲最高，人的生生之理，便是道德生活之理。又稱爲「仁之理」。孟子和中庸都說『仁者，人也。』（孟子・盡心下；中庸・第二十章）仁之理，既指生命之理，儒家以生命爲有條理的內在自動，條理的內在自動在人的生命中完全表現出來，乃是道現生活，道德生活由心去表現，心現生命之理時爲仁，仁爲愛之理，包括一切善德。

『生生之謂易』，意義是宇宙的變化爲化生萬物，萬物常有自己的內在變化，稱爲生命。生命的表現有高下的程度，最高最完全的生命，爲人的心靈生命，心靈生命的本質爲仁義的道德生活。

2. 生生的變化

『生生之謂易』由宇宙變化去看，一切在於化生生物，生物乃是有條理的內在自動之物。

這種變化是怎樣呢？

「一陰一陽之謂道，繼之者善也，成之者性也。」（繫辭上·第五）

這三句話成了宋朝理學家對於解釋易經思想的關鍵，各人有各人的解釋。朱熹在周易本義注釋說：

「陰陽迭運者，氣也，其理則所謂道。道具於陰而行乎陽。繼，言其發也。善，謂化育之功，陽之事也。成，言其具也。性，謂物之所受，言物生則有性，而各具是道也。陰之事也。周子程子之書，言之備矣。」

周敦頤通書說：

「天以陽生萬物，以陰成萬物。生，仁也；成，義也。」（通書·順化·第十一）

張載的易說疏解說：

「一陰一陽，是道也。能繼繼體此而不已者，善也。善之猶言能繼此者也。其成就之者，則必俟見性，是之謂聖。仁者不已其仁，始謂之仁；知者不已其知，方謂之知。此是致曲，曲能有誠也。誠則有變化，必仁智會合，乃為聖人也。……」（張子全書．卷十一）

程頤易說解釋說：

「道者，一陰一陽也，動靜無端，陰陽無始，非知道者，孰能識之。動靜相因，而成變化，順繼此道則為善也。成之在人則謂之性也。易道廣大，推遠則無窮，近言則安靜而正。天地之間，萬物之理，無有不同。乾，靜也專，動也直。……故其生物之功大。坤靜翕動闢……開闔而廣生物……」（二程全書．伊川經說一，易說繫辭）

王船山疏解說：

「一陰一陽之謂道，推情之所自出而言之。道謂天道也，陰陽者，太極所有之實也。……動靜者，陰陽交感之幾也。動者，陰陽之動；靜者，陰陽之靜也。……非動之外，無陽之實體；靜之外，無陰之實體，因動靜而始有陰陽也。故曰陰陽無始，言其有在動靜之先也。……故可謂之靜生陰，動生陽，而非本無而始生，尤非動之謂陽，靜之謂陰也。合之則為太極，分之則謂之陰陽。……此太極之所以出生萬物，成萬理，而起萬事者也。……道統天地人物，善性則專就人而言也。……繼者，天人相接續之際，命之流行於人者也。其合也有倫，其分也有理，仁義禮智不可為之名，而實其所自生。……成之，謂形已成而凝於其中也。此則有生以後，終始相依，極至於聖，而非外益，下至於牿亡之後，猶有存焉者也。」（周易內傳・卷五）

宇宙的變化，由剛柔的德能而相交，剛柔的實體爲天地，宇宙的變化乃成爲天地的交互，周敦頤畫「太極圖」，以男女代表天地，因爲男女在萬物事更是具體的實體。男女的交互，化生萬物，「太極圖」便以男女生萬物，「男女構精，萬物化生。」（繫辭下・第五）宇宙的變化的意義和價值便是化生萬物。因此說：『生生之謂易』。

3. 化生萬物

易經標明天地的變化爲化生萬物，這種思想貫通易經的整體思想。「十翼」雖不是孔子自己的著作，然必定代表孔子研究易經的成果，由弟子或再傳弟子們所紀錄，易卦原來爲占卜之用，占卜有占卜的理由。易卦的理由在於天地變化之道。孔子研究易經深深體會了天地變化之道的意義，看到了整個宇宙變化成爲一個整體的系統，在變化裏萬物彼此相連，宇宙不是盲目的機械，無情的自然運轉，而是萬物相連在同一的目標裏，運轉不息。

「天地之大德曰生，聖人之大寶曰位，何以守位，曰仁。」（繫辭下・第一）

「天地絪縕，萬物化醇，男女構精，萬物化生。」（繫辭下・第五）

程頤「易說」加以發揮說：

「運仁之跡，生育之功，顯諸仁也。神妙無方，變化無跡，藏諸用也……天地無心而成化，聖人有心而無爲，天地聖人之盛德大業，可謂至矣。」（二程全書・伊川經說一）

王船山疏解說：

「天地之大德曰生，統陰陽柔剛而言之。萬物之生，天之陰陽具而嘘吸以通，地之柔剛具而融結以成。陰以斂之而使固，陽以發之而使靈，剛以幹之而使立，柔以濡之而使動。天地之為德，即立天立地之本，德於其生見之矣。……」（周易內傳・卷六）

「絪緼，二氣交相入而包孕以運動之貌。醇者，變化其形質而使靈善，猶酒醴之釀而醇美也。男女兼牝牡雌雄而言。……按此言天地化醇，男女化生，形氣交資而生。乃遂則乾坤稱父母，而父母一乾坤之理，於此可見。人不能離生以養醇，則父母之恩均於天地，不可專歸生化於天地，以遺忘父母。仁人孝子事親以事天。」（同上）

由天地變化的成效而看到天地的大德，由天地的大德而體會到父母的大恩；天地父母同為生命的根源。

易經的八卦和六十四卦，以乾坤兩卦為根基，六十四卦的變化，就是乾坤兩卦的變化，乾坤變化的意義為生生。

「大哉乾元，萬物資始，乃統天。雲行雨施，品物流行。」（乾卦・彖曰）

「至哉坤元，萬物資生，乃順承天，坤厚載物，德合無疆，含弘光大，品物咸

亨。」（坤卦·彖曰）

乾乃萬物所資以始，坤卽萬物所資以生。王船山疏解繫辭上第一章「天尊地卑」說：

「乾者，陽氣之舒，天之所以運行；坤者，陰氣之凝，地之所以翕受。天地一誠無妄之至德，生化之主宰也。」（周易內傳·卷五）

六十四卦的基本卦乾和坤，爲萬物化生的根由。在乾卦和坤卦的彖、象、文言中，生的觀念貫澈一切。『乾，元亨利貞』。周易本義朱熹注說：『元者，生物之始，天地之德，莫先乎此，故於時爲春，於人則爲仁，而衆善之長也。亨者，生物之通，物至於此，莫不嘉美，故於時爲夏，於人則爲禮，而衆美之會也。利者，生物之遂，物各得其宜，不相防害，故於時爲秋，於人則爲義，而得其分之和。貞者，生物之成，實理具備，隨在各足，故於時爲冬，於人則爲智，而爲衆事之幹。」周易本義注坤卦的彖說：「始者，氣之始，生者，形之始。順承天施，地之道也。」乾象天，又象大人。大人則「與天地合其德，與日月合其明。」（乾卦·文言），德高配天，「與天地相似，故不違。知周乎萬物而道濟天下，故不過。旁行而不流，樂天知命，故不憂。安土敦乎仁故能愛。」（繫辭上·第四）坤象地，地順承天以生萬物，

「含萬物而化光，坤道其順乎。承天而時行。」（坤卦．文言）繫辭闡揚乾坤化生的德能，「夫乾，其靜也專，其動也直，是以大生焉。夫坤，其靜也翕，其動也闢，是以廣生焉。廣大配天地，變通配四時。」（繫辭上．第六）乾坤配天地，天地的變化實現於春夏秋冬四時，四時的變化使五穀繁殖。漢代的易學，特別發揮這種配四時的思想。

六十四卦的基本兩卦，既然被認定爲萬物化生的根源和開端，六十四卦的變也就象徵生命的變化。漢朝、宋朝的易學對於六十四卦的變化次序，有幾種不同的主張，當代學人方東美教授還作了一篇易之邏輯問題，提出一種解釋方式。易經的傳文裏，有「序卦」一篇，對於六十四卦在易經次序予以一種說明。「序卦」說明的理由，是生命的變化：

「有天地，然後萬物生焉。盈天地之間者唯萬物，故受之以屯，屯者盈也。屯者，物之始生也。物生必蒙，故受之以蒙；蒙者，蒙也，物之穉也。物穉不可不養也，故受之以需，需者飲食之道也。……物畜然後有禮，故受之以履。……物大然後可觀，故受之以觀。……物不可以終盡剝，窮上反下，故受之以復。……

有天地然後有萬物，有萬物然後有男女，有男女然後有夫婦，有夫婦然後有父子，……物不可以久居其所，故受之以遯，遯者退也。……物不可以終壯，故受之以晉，晉者進也，……物不可以終難，故受之以解，解者緩也。……物不可以終動，止之，故受之以艮，艮者，止也。物不可以終止，故受之以漸，漸者進也。……物不可以終離，故受之以節。……物不可窮也，故受之以未濟終焉。」

「序卦」說明六十四卦的次序，在上篇，以「有天地，然後萬物生焉。」開端，在下篇以「有天地，然後有萬物，」開端，表明上下篇的次序都是以天地生萬物爲次序。整個六十四卦的次序，由萬物化生的變化去解說，明明表示六十四卦的意義，在於象徵萬物的生化。

「繫辭」上第一章說：

「乾道成男，坤道成女，乾知大始，坤作成物。」

第四章說：

「易與天地準……範圍天地之化而不過，曲成萬物而不遺。」

第五章，有「生生之謂易」；第六章，講乾坤的大生廣生；第六章主張「成性存存，道義之門。」第十章指出「易，無思也，無爲也，寂然不動，感而遂通天下之故，非天下之至神，其孰能與于此！」第十一章建立宇宙變化的過程，「是故易有太極，是生兩儀，兩儀生四象，四象生八卦。……是故天生神物，聖人則之，天地變化，聖人效之。」第十二章說明變化的性質，『化而裁之存乎變，推而行之存乎通，……神而明之存乎其人，默而成之，不言而信，存乎德行。』繫辭下篇第一章肯定「天地之大德曰生。」第五章乃說：「天地絪緼，萬物化醇，男女構精，萬物化生。」「說卦」解釋卦的意義：「觀變於陰陽而立卦，發揮於剛柔而生爻，和順於道德而理於義，窮理盡性以至於命」（說卦．第一）「萬物出乎震，震東方也。齊乎巽，巽東南也，齊也者，言萬物之絜齊也。離也者，明也，萬物皆相見也。南方之卦也。……坤也者，地也，萬物皆致養焉，故曰致役乎坤，兌，正秋也。萬物之所說也，故曰說言乎兌。戰乎乾，乾，西北之卦也，言陰陽相薄也。坎者，水也，正北方之卦也，勞卦也，萬物之所歸也。故曰勞乎坎。艮，東北之卦也，萬物之所成，終而所成始也，故曰成言乎艮。』（說卦．第五）『神也者，妙萬物而爲言者也。動萬物者莫疾乎雷，橈萬物者莫疾乎風，燥萬物者莫熯乎火，說萬物者莫說乎澤，潤萬物者莫潤乎水，終萬物始萬物者莫盛乎艮。』（說卦．第六）

「說卦」解釋八卦的意義和價值，以對萬物生發的次序作標準。八卦的象名：天、地、雷、火、風、水、山、澤，象徵各卦參預萬物生發的功能。因此八卦的方位，排在天地的八方，配合春夏秋冬的四季，更明顯地隨著五穀在一年中的成長而顯出各卦的生生價值。春生夏長秋收冬藏，由卦的象而予以表現。「說卦」和「序卦」的思想相同。說卦按照生生的理想而定八卦的分位；「序卦」以生生的思想而解釋六十四卦的次序。乾坤兩卦既居六十四卦之首，爲萬物生生的根源。由乾坤而變爲六十四卦，象徵陰陽交互的結合而化生萬物。陰陽的交互，乃「天地絪縕」，「男女構精」萬物因此化生。這種化生的過程，「無思也，無爲也，寂然不動，感而遂通天下之故。」「默而成之」，「範圍天地之化而不過，曲成萬物而不遺。」「是以大生焉，……是以廣生焉。」這種生生工程，神妙莫測。「非天下之至神，其孰能與於此！」面對偉大神奇的生生工程，孔子曾嘆說：「天何言哉！四時行焉，百物生焉，天何言哉！」（論語・陽貨）人祇有欽佩讚頌：「顯諸仁，藏諸用，……盛德大業至矣！富有之謂大業，日新之謂盛德，生生之謂易。」（繫辭上・第五）

4. 生命洪流

宇宙的變化爲生命的洪流，一陰一陽交互相通爲生命的創造力。漢朝易學家的卦氣說，以六十四卦配四季，十二月，二十四節氣，七十二候，三百六十五日。宇宙的變化空間的八方在時間的四季裡運行。孟喜創「消息說」：「陽進爲息，陰進爲消，立十二消息卦，配合十二月。由十一月復卦的一陽。漸次升進，到泰卦的三陽爲正月，到六陽的乾卦爲四月。五月姤卦消爲一陰，十月坤卦爲六陰。」十二消息卦象徵一年裏陰陽的盛衰。秦末呂氏春秋有十二紀，漢初禮記有月令，記述十二月的寒暑。以陰陽五行作哲理，和孟喜的消息十二卦理由相同。十二月的變化，爲陰陽的變化，而陰陽的變化，乃五穀生發的次序，由十二消息卦，再進二十四節氣，以四方的正卦坎震離兌的二十四爻各配一節氣，再又以十二消息卦的七十二爻配七十二候。最後除去四正卦的以六十卦的各爻配每年的一日，有每卦配六日七分說。這種卦氣說，以六十四卦象徵宇宙的變化。

京房又創「納甲說」，以天干地支配合卦爻，以紀卦爻，用於記時記地。天干的甲乙丙丁十字，也象徵五穀的生發現象。例如甲象徵初芽從兩片實仁中生出，乙象徵嫩芽的委屈。漢朝的易學同漢朝董仲舒的儒學相合，使整個宇宙成爲一大生命，人和天地相合，五臟骨骼和天地日月相配，人事感應天地，發生祥瑞災異。卦變象徵宇宙變化，產生五穀百菓。天地間沒有一物是塊然不靈的物，石頭、樹木、飛禽、走獸，互相貫通。漢朝的迷信充斥社會，桓譚、王充乃力主災異感應的不可信。

宋朝理學家排除了漢朝易學的卦氣說，重回到易學的理義。首先周濂溪作太極圖說，從太極到男女，『二氣交感，化生萬物』。他以圖表說明天地的變化爲『生生之謂易』。張載倡乾坤和人合爲一宇宙：「乾稱父，坤稱母，……民吾同胞，物吾與也。」（西銘）「聖人盡性，不以聞見性其心，其說天下，無一物非我。」（正蒙・大心）他乃倡四句敎：

「爲天地立心，爲生民立命，爲往聖繼絕學，爲萬世開太平。」（近思錄拾遺・卷三）

程顥心胸開拓，有古儒仁者之風，他心喜易經的生生之道。他說：「生生之謂易，是天之所以爲道也，天只是以生爲道。繼之生理者卽是善也。」（二程全書一・二程遺書二上・二程語錄二上）又說：「一人之心，卽天地之心。一物之理，卽萬物之理。」（同上）朱熹乃說明天地以生物爲心。「天地以生物爲心，天包着地，別無所作爲，只是生物而已。亘古亘今，生生不窮，人物則得此生物之心爲心。」（朱子語類・卷五十三）這種生物之心稱爲仁。

「仁者，天地生物之心。」（朱子語類・卷五十三）

人得天地之心以爲心，人心必仁，「發明心字，曰：一言以蔽之，曰生而已矣。天地之大德曰生，人受天地之氣以生，故此心必仁，仁則生矣。」（朱子語類・卷五）人心充盈生生之理，又充滿生物之氣，人心必仁而愛生。仁乃愛之理。愛己之生命，推而愛人愛物的生命，心乃包萬物，萬物皆備於我。王陽明遂倡一體之仁。仁卽生命，在生命上，人人和物相連。

「陽明子曰：大人者，以天地萬物爲一體者也。其視天下猶一家，中國猶一人焉。

……大人之能以大地萬物為一體者，非意之也，其心之仁本者是，其與天地萬物而為一也。」（大學問）

張載曾說：「天之生物也有序。」（正蒙・神化）王船山注曰：「其序之也，亦無先設之定理，而序之在天者卽為理。」（張子正蒙注・卷三）人的貴賤高下，沒有先設的次序，萬物的化生則有天定的次序，礦植物三級卽天所定，人則為萬物之靈。故在生命上，萬物就有先天的次序，構成一個偉大的系統。王船山注易「繫辭」的「安土敦乎仁故能愛」為：

「天地普愛萬物，而德施無窮。……是體天地廣大之生，以詔人而利物也。」（周易內傳・卷五）

戴震在清朝雖然和顏元李塨反對宋朝理學的空疏，然而他的思想仍以易經為根基。他在「原善」裏說：「一陰一陽，蓋言天地之化不已也，道也。一陰一陽，其生生乎，其生生而條理乎，以是天地之順，故曰一陰一陽之謂道。」（原善上・第三）又說：

「易曰：『天地之大德曰生』，氣化之於品物，可以一言盡也；生生之謂歟？」（原善上・第四）

劉蕺山反朱熹，信王陽明，然又辯駁王學，但他對於易經、中庸仍有專好。他在「學言」裏有一條說：

「一元生生之理亘萬古常存。先天地而無始，終天地而無終，渾沌者元之後，開闢者元之通。」

宇宙變化，化生萬物，繼續不停，生命成一洪流，在宇宙中滾滾常流。

5. 神奇莫測

易經的「繫辭」上下傳，屢次講到宇宙變化的神奇：

「子曰：知變化之道者，其知神之所為乎。」（繫辭上·第九）

孔子以宇宙變化之道，代表神的作爲，所謂神，應該是指着造物者上天，爲一名詞。

「陰陽不測之謂神」（繫辭上・第五）

這一處所謂神，是普通所謂神妙或神奇，爲一形容詞。韓康伯註說：「原夫兩儀之運，萬物之動，豈有使之然哉！莫不獨化於太虛，欻爾而自造矣。造之非我，理自玄應，化之無主，數自冥數；故不知所以然，而況之神。」這一段注釋，完全是道家的話。以陰陽自造自化，故不知它的所以然，而驚爲神妙。實際上陰陽的神妙，在於『不測』，而不在於自造自化。陰陽的神妙，則在於相交而能化生生命，生命之妙，神奇莫測。況且陰陽的相遇相交，沒有一定的軌道，人莫能測它的深淵。

「夫易，聖人之所以極深而研幾也。唯深也故能通天下之志；唯幾也故能成天下之務，唯神也故不疾而速，不行而至。」（繫辭上・第十）

「是故四營而成易，十有八變而成卦。八卦而小成，引而伸之，觸類而長之，天下之能事畢矣。顯道神德行。是故可與酬酢，可與祐神矣。」（繫辭・第九）

宇宙裡的生命，或是宇宙內化生萬物之力，非常神迅，非常深奧。生命將生之時稱爲『幾』，「幾者，動之微，吉之先見者也。」（繫辭下・第五）聖人按照易的變化之道而『研幾』。研究『幾』，似乎不見變化的痕跡，變化卻在中間，似乎一點意義也沒有，生命卻從而生。

「易，無思也，無為也，寂然不動，感而遂通天下之故，非天下之至神，其孰能與於此？」(繫辭上·第九)

宇宙的生命力，循環不息，周遊天地，使萬物化生而消亡，消亡而化生。

「精氣為物，遊魂為變，是故知鬼神之情狀。與天地相似，故不違。知周乎萬物，而道濟天下，故不過。旁行而不流，樂天知命，故不憂。安土敦乎仁，故能愛。範圍天地之化而不過，曲成萬物而不遺，通乎晝夜之道而知。故神無方而易無體。」(繫辭上·第四)

這一段文章，是講鬼神之德。然而易經在這裏所講的鬼神，不是普通所謂鬼神，而是有生命力之神的德力，範圍天地的變化，曲成萬物。

宋朝理學家都很注意易經的『神』和『幾』；但常以神爲氣的形容詞。張載說：

「神，天德，化，天道。德其體，道其用，一於氣而已。『神無方』，『易無體』，大且一而已爾。虛明照鑒，神之明也；無遠近幽深，利用出入，神之充塞無間也。氣有陰陽，推行有漸為化，合一不測為神。……知幾其神，由經正以貫之，則寧用終日，斷可識矣。幾者，象見而未形也，形則涉乎明，不待神而後知也。」(張載·正蒙·神化·第四)

然理學家也講神和上帝的關係，以神爲神妙的生命力，來自上帝，知道神便能知道上帝：

「知神而後能饗帝饗親，見易而後能知神。」(張載·正蒙·神化·第四)

「鬼神往來，屈伸之義；故天曰神，地曰示，人曰鬼。」(同上)

易經並不是像普通一般人所說，祇講宇宙自然變化，不講上帝，放棄了書經、詩經的宗教信仰。但若細心去研究，易經講宇宙變化的力爲生命力，稱這種生命力爲神，變化不測，化生萬物。然以宇宙的生命力爲上天的德能，化生生物爲上天好生之心，稱之爲仁。易經保有書經和詩經的信仰。

「象曰：大有上吉，自天祐也。」（大有卦・象）

「象曰：雷出地奮。豫，先王以作樂崇德，殷薦之上帝，以配祖考。」（豫卦・象）

「象曰：無妄，……動而健，剛中而應，大亨以正，天之命也。……無妄之往，何之矣。天命不祐，行矣哉？」（無妄卦・象）

「象曰：萃，聚也。……利有攸往，順天命也。」（萃卦・象）

「象曰：鼎，象也，以木巽火，亨飪也。聖人亨以享上帝，而大亨以養聖賢。」（鼎卦・象）

「象曰：風行水上，渙，先王以享于帝，立廟。」（渙卦・象）

易經既稱爲周易，爻、彖作於文王周公，象、文言和繫辭作於孔子，易經便不能不保有上帝的信仰。解釋易經就不能不根據這種信仰去解釋。整個宇宙的變易爲生生之德能，化生萬物。生生之德能稱爲神，因爲神妙莫測，化生生命。神妙的德能來自造物者上天，代表上天好生之德，代表上天仁愛之心。

易經所以和老子的思想不同，不以『自然』爲盲目；也和馬克斯的唯物辯證論不同，不以宇宙的變化爲機械式的正反合。

五、人事的變化

1. 人事與天道

甲、人和天地相結合為一體

易經的特點，不在於講宇宙的變化，而在於宇宙變化之道，用之於人事。因爲人是宇宙的一部份，而且是最高的部份，可以代表萬物，而和天地相併立成爲三才。

「易之為書也，廣大悉備：有天道焉，有人道焉，有地道焉。兼三才而兩之，故六。六者，非它也，三才之道也。」（繫辭下・第十）

八卦以三爻而成卦，三爻代表天地人。三爻的變化，象徵宇宙的一切變化，宇宙的變化便是天地人的變化。人和天地相併立，但不是相對立，而是共同結成一個宇宙。宇宙爲整個的一體，宇宙變化之道，也是人的生活之道，因此天道便是人道，人道即是仿效天道。

「乾道成男，坤道成女。」（繫辭上‧第一）

「易與天地準，故能彌綸天地之道，仰以觀於天文，俯以察於地理，是故知幽明之故，原始反終，故知死生之說。」（繫辭上‧第四）

「一陰一陽之謂道，繼之者善也，成之者性也。仁者見之謂之仁，知者見之謂之知。百姓日用而不知，故君子之道鮮矣。」（繫辭上‧第五）

陽陰的『元素』或『能』，通流宇宙，化成物性，也成人性。人性和物性可以相通；陰陽之道，因此也是人生之道。

乙、吉凶與天道

易經的卦爲卜筮之用，卜筮爲決定人事的吉凶。卦爲何可以預測人事的吉凶呢？卜筮本來是向神明請教，請求神明預示吉凶。所以卜筮是種宗教活動，在卜筮時常祈禱神祇。神祇怎樣答覆人們的請求而預示吉凶呢？在於使求的人獲得一個適當的卦。得了一個卦，再由卦辭去解釋所求欲知道吉凶的那件事，乃能知道這件事是吉是凶。

卦辭所解釋的對象，本來是爻的變和卦的變，卦爻乃是代表宇宙的變。由宇宙的變化看到人事的活動，按照人道合於天道的原則，便能知道這件事是順是逆，順則爲吉，逆則爲凶。因此，人事的吉凶，來自宇宙變化的順逆，順逆則來自陰陽變化之道。

「方以類聚，物以羣分，吉凶生矣。」（繫辭上・第一）

韓康伯註說：「方有類，物有羣，則有同有異有聚有分也。順其所同則吉，乖其所趣則凶，故吉凶生焉。」

「爻象動乎內，吉凶見乎外，功業見乎變，聖人之情見乎辭。」（繫辭下・第一）

六十四卦定吉凶，都在於爻，每一卦的爻辭、常是說明『利』、『吉』、『無咎』、『凶』、『貞吉』、『貞凶』。

例如「家人」卦䷤，「初九，閑有家，悔亡。……六二，無攸遂，在中饋，貞吉。……九三，家人嗃嗃，悔厲吉，婦子嘻嘻，終吝。……六四，富家，大吉。……九五，王假有家，勿恤，吉。……上九，有孚威如，終吉。」

爻的吉凶，在於位，因爲陰陽各有定位；陰陽若在各應有的位，則吉，不在位則凶。陰陽的位按照易經的原則：「天尊地卑，乾坤定矣；卑高以陳，貴賤位矣。」（繫辭上・第一）

丙、聖人與天道

人事的吉凶，吉凶在於得失，「吉凶者，失得之象也。」（繫辭上・第三）然而人生的得失，不僅在於貧富窮達壽夭，而尤其在於善惡。王船山說：「易爲君子謀而不爲小人謀。君子之謀於易，非欲知吉凶而已，所以知憂知懼而知所擇執也。」(22)

易經講君子，講聖人。君子爲擇善固執的人，聖人則是知天地之情而爲人設教的人。易經以天道爲人道的標準，能知道這種原則而實際教人去做，則祇有聖人。易經乃以聖人和天道相通。

「聖人設卦觀象繫辭焉，而明吉凶。」（繫辭上・第二）

「夫易，聖人所以崇德而廣業也，知崇禮卑，崇效天，卑法地。天地設位，而易行乎其中矣。成性存存，道義之門。」（繫辭上・第七）

「聖人有以見天下之賾，而擬諸其形容，象其物宜，是故謂之象。聖人有以見天下之動，而觀其會通，以行其典禮。」（繫辭上・第八）

「是以明於天之道，而察於民之故，是興神物以前民用。聖人以此齊戒，以神明其德夫。」（繫辭上・第十一）

「是故，天生神物，聖人則之。天地變化，聖人效之。天垂象，見吉凶，聖人象之。河出圖，洛出書，聖人則之。」（繫辭上・第十一）

「知進退存亡而不失其正者，其唯聖人乎。」（乾卦・文言）

易經「繫辭」所說的聖人，指的是畫卦和作爻、彖辭的人。這等人明於天地之道，知道宇宙變化的形跡，故能把天地變化之道，指示給人，使人知道吉凶，也更知道脩德之道。

「九三，君子終日乾乾，夕惕若厲，無咎。」（乾卦・爻辭）

「象曰：天行健，君子以自強不息。」（乾卦・象）

「象曰：地勢坤，君子以厚德載物。」（坤卦・象）

「象曰：謙，亨。……謙，尊而光，卑而不可踰，君子之終也。」（謙卦・象）

君子依照聖人的指示，實踐修德之道。「十翼」把一本卜筮的易經，作成了倫理的規範。後來理學家更以易經作爲形上宇宙論的基礎，易經在儒家的地位乃成爲五經或十三經之首。

「夫大人者，與天地合其德，與日月合其明，與四時合其序，與鬼神合其吉凶，先天而天弗違，後天而奉天時，天且弗違，而況於人乎？況於鬼神乎？」(乾卦·文言)

『大人』在易經裏，代表聖人中之傑出者，他的精神較比聖人還高，指的是聖王。聖人的精神，和宇宙的變化相合，在一切事上和天地相通。

2. 人

易經以人和天地並列，稱爲三才，又以天道和人道相連，具有一貫的關係。易經便是很看重人的地位。

書經和詩經也很看重人的地位，但不是從形上的宇宙論去談，而是從具體的人生去看；因此，書經和詩經常提到人心，而沒有提到人性。易經則從形上的宇宙觀念，乃提到性命，而且也談到人的知識問題。

甲、人之性

易經上講到『性』的地方，有下列幾段較重要的話：

「大哉乾元，萬物資始，乃統天。雲行雨施，品物流形，……乾道變化，各正性命。」（乾卦・彖）

「一陰一陽之謂道，繼之者善也，成之者性也，仁者見之謂之仁，知者見之謂之知。」（繫辭上・第五）

「成性存存，道義之門」（繫辭上・第七）

「乾元亨者，始而亨者也；利貞者，性情也。」（乾卦・文言）

前面研究宇宙的變化時，已經講到『性』，而且是就乾卦「彖辭」的話去講，以『性』爲陰陽結合使物生存之理或生存之道。這種解釋，加上「繫辭」所說：「一陰一陽之謂道，繼之者善也，成之者性也。」就更明白。在宇宙變化中，一陰一陽的結合，就是宇宙變化之道。陰陽的結合，繼續運行，使宇宙的萬有可以化生，這是實現天地好生之德，因此稱爲善。陰陽的結合，化生萬物。在每一物中所成就的，乃是物性。

由物性而到人性，人性也由陰陽或天地相交而成，人性便是人的生存之道。萬物的生生都稱爲仁，人的生存之道也就稱爲『仁』。故說：「仁者見之謂之仁，知者見之謂之知」

仁字在易經裏，很少見；僅有兩處：

「六二，休復，吉。象曰：休復之吉，以下仁也。」(復卦・象)

王弼註曰：「陽爲仁，行在初之上，而附順之，下仁之謂也。既處中位，親仁善鄰，復之休也。」陽爲仁，陽卽是乾，乾爲萬物資始，仁便有生的意義。

「安土敦乎仁，故能愛。」(繫辭上・第四)

生生在人性上，既稱爲仁，便是一種德，易經乃有『明德』。

「象曰：明出地上。晉。君子以自昭明德。」(晉卦・象)

「聖人以此齊戒，以神明其德夫。」(繫辭上 第十一)

晉卦的疏說：「正義曰：自昭明德者，昭示明也，謂自顯明其德也。」君子自己顯明什麼德呢？這一句和大學所說：「大學之道，在明明德，」意義相同。「自昭明德」卽「明明德。」『明德』是人性的天理，天理在人心自然昭明。從這一點，可以看出易經中的人性稱為明德。

「繫辭」所說：「以神明其德夫」，「正義曰：以神明其德夫者，言聖人既以易道自齋戒，又以易道神明其己之德化也。」聖人按照卦爻所告的吉凶，洗心齋戒，以神明自己的德化，但是也可以說：聖人齋戒，使自己人性明德能够神明光耀。這樣解釋，又能證實易經以人性為明德了。

因此易經「繫辭」說：「成性存存，道義之門。」而以利貞為性情。

乙、命

在上面論宇宙變化，講到『性』時，也提到『命』。但是命字，特別和人有關係。『命』在書經和詩經，常為天命，命於人時，也指天所命於人而人不能抵抗的事。易經的命也常指天命：

「彖曰：無妄，……大亨以正，天之命也。……無妄之往，何之矣？天命不祐，行矣哉？」（無妄卦・彖）

王弼註曰：「大亨以正，剛自外來而為主於內，則柔邪之道消矣；動而愈健，則剛直之道通矣；剛中而應，則齊明之德著矣；故大亨以正也。天之教命，何可犯乎！何可妄乎！」

「彖曰：萃，聚也。……用大牲吉，利有攸往，順天命也。」（萃卦·彖）

「正義曰：天之爲德，剛不違中，今順以說，而以剛爲主，是順天命也。動順天命，可以享於神明，無往不利，可以得用大牲，吉、利有攸往者，只爲順天命也。」

這兩卦所講的天命，都是指着天德，『剛中而應』，『剛不違中』。天德由宇宙變化之道而得顯明；這種天德，卽是天之教命；天之教命乃是上天的命令。

乾卦的「文言」說：「飛龍在天，乃位乎天德。……乾元用九，乃見天則」『飛龍在天』爲陽爻在五，五爲中，陽爲剛，剛居中，『乃乎天德』天德爲宇宙變化的原則，來自天命，故稱爲天則。

天命、天德、天則在卦辭裏都不指着上天給予一個人的命令，而是指宇宙變化的規則。然而宇宙變化旣有天命，人事的變化也就有天命。

一個人所受的天命，稱爲命。徐復觀認爲易傳的宗教思想和書經、詩經不同；書經和詩經以人的命來自上天之命，易傳的命則是一種自然界不可抵抗的力。(23)我不同意這種定斷。易經講宇宙的變化；以天道、天命、天德爲宇宙自然變化之道，不上溯到上天；然而易經在卦辭裏，屢次說到上帝，並沒有撇棄書經和詩經的宗教思想，祇是隱而不顯，因爲書經和詩經記述人事，易經則講宇宙哲學。

易經談『命』，有以下各款：

「是故君子將有爲也，將有行也，問焉而以言，其受命也如嚮」（繫辭上·第十）

「象曰：晉如摧如，獨行正也。裕無咎，未受命也。」（晉卦·象）

「象曰：九五含章，中正也。有隕自天，志不舍命也。」（姤卦·象）

「象曰：……六五，射雉，一矢亡，終以譽命。」（旅卦·象）

「彖曰：重巽以申命。剛巽乎中正而志行，柔皆順乎剛，是以小亨。」（巽卦·彖）

「樂天知命，故不憂。」（繫辭上·第四）

晉卦的『未受命也』指着錫命。姤卦的『志不舍命也』則指着一個人所有的『命』，指着一個人的居達官顯要的命運。「正義曰：志不舍命者，雖命未流行，而居尊當位，志不舍命！故曰不可傾隕也。」旅卦的『終以譽命。』然而我以爲這個命字，不是爵命，而是指着一個人的命，譽命是使一個人的命能流行。巽卦的『重巽以申命』，則和姤卦的命字相同，

「正義」曰：「……上巽能接於下，下巽能奉於上，上下皆巽，命乃流行。」

『錫命』是指着君王的命，和人的命無關。人的命以流行或不流行而有通達或不通達，「正義」解釋「樂天知命，故不憂。」說：「順天施化是歡樂於天，識物始終是自知性命，順天道之常，知性命之終始，任自然之理，故不憂也。」這種解釋近乎道家的思想；實際上『樂天知命』是樂於接受上天的命，自己知道自己的命，在一切事上能安然相處，即儒家隨遇而安的心理。在卦的變化中，每爻有其該處的位，而每一卦的重要爻位，在於二和五，便以二和五的陽爻或陰爻，決定一卦的價值，或說一卦的命。每一個人由陰陽結合而成，陰陽在人的結合凝成一種形，就好比每卦的位形，位形決定每一卦的命，陰陽結合的形也決定每一個人的命，卦的位形成於陰陽變化的原則，人的陰陽結形也成於陰陽變化的原則，兩者的原則都來自天，不可變易，故稱爲『命』。

在形上學中，陰陽結成的物形，稱爲物性，在人以內，陰陽結成的形，便是人性。因此，乃有性命相連的名字。但是性和命有區別，性是人之所以成爲人之理，也是人之所以爲人之道。命則是人的存在究竟若何，可以說是人的存在的外形，即或窮或達，或富或貧，或壽或夭。這些事是人生的外形，不屬於人的本性，但因爲這些外形由每個人的陰陽結合而定，也可以用朱熹所說由氣質之性而定，便和性相連。若僅看宇宙的變化，則以性和命來自陰陽的自然變化，若上溯到宇宙的造物者，則以性和命來自天命。

丙、知識

認識論在中國古代的哲學思想裏，不很發達，少被人注意。因爲人是理性動物，人的特點在於有認識，知識論的觀念在中國古代的哲學思想裏，當然也佔一席地位。

易經本來也可以說是一本論認識的書，因爲易經的本旨在於知道吉凶，要知道吉凶便要知道宇宙變化之道。這種知識乃是知識中最難的知識。祇是易經沒有講認識的方法和認識的價值。我們便從易經的經傳裏，綜合易經對於人的知識所有的思想。

人的知識來自對外物的觀察，由感覺而到理智。易經的中心在於卦，卦的構造，爲仿效宇宙的變化之象，先有印象而後有觀念，有觀念而後有思想。

「聖人設卦觀象繫辭焉，而明吉凶。」（繫辭上・第二）

「古者包犧氏之王天下也，仰則觀象於天，俯則觀法於地，觀鳥獸之文與地之宜，近取諸身，遠取諸物，於是始作八卦，以通神明之德，以類萬物之情。」（繫辭下・第二）

觀察自然界的現象，不在於冥想，不在於虛構，乃是具體的印象，也是實際的經驗。但是人的知識，不以實際經驗就是完了，也不以實際經驗爲最高的知識，而是進一步知道現象背後的理論。六十四卦的意義不在於卦象，乃是在於卦象代表宇宙的變化。人們的理性力可以由現象達到抽象的原則，又可以知道物的性。「君子學以聚之，問以辨之，寬以居之，仁以行之。」（乾卦・文言）這種主張和道家的主張不同，老子，莊子雖然主張人的理性可以有這種知識；但是認爲這知識沒有價值。儒家則以理性的知識爲實在的知識，具有內在的價值。

知道了變化的原則，便按原則推論，這是理性的另一種活動。這種活動稱爲推理，稱爲思慮。

「是故，君子居則觀其象而玩其辭，動則觀其變而玩其占；是以自天祐之，吉無不利。」（繫辭上・第二）

卜卦以知吉凶，吉凶由卦象推論而得。雖說易經未講推論的方法，我們從左傳和國語所記的卜筮，也可以知道卜筮的推論法。

3. 德

易經的特點，在儒家的思想裏，不在於卜卦以知吉凶；在於以天道引出人道，使人仿效天地乾坤而有倫理道德。易經所講的美德頗多，例如剛、健、中正、柔順、謙、貞，以及他種美德。但是易經所講的美德，對於後世儒家思想，影響最大的幾種要算：元、亨、利、貞和中正。

元、亨、利、貞在漢代儒者和宋代理學家的思想裏，和五行的金、木、水、火、土，四方的東、西、南、北和美德的仁、義、禮、智相配，成了儒家道德論的中心。

「乾，元亨利貞。」（乾卦・爻辭）

「坤，元亨，利牝馬之貞。」（坤卦・爻辭）

漢朝儒者和宋朝理學家因着五行的思想，雖講五德：仁義禮智信，但因時間和空間，都祇有四而沒有五，即春夏秋冬、東西南北，於是便把「信」配「土」配「中央」，而成了一種有名無實的美德，祇是四種美德的共通條件。儒家的道德，實際是四德。

甲、元

元亨利貞在易經上，被認爲天地的德能，爲天地在宇宙變化中所表現的現象；用在人事上，則成爲仁義禮智，元便是仁。

「文言曰：元者，善之長也。……君子體仁，足以長人；……」（乾卦．文言）

『元』爲善的首領，代表『生生』。所以說：「大哉乾元，萬物資始。」「至哉坤元，萬物資生。」『生生』故稱爲『仁』。乾爲化生萬物，以『剛健』爲主，坤爲化生萬物，以『厚德載物』爲主。易經的『元』或『仁』，包含有『自強不息』和『柔順敦厚』。

男子的仁，應該是剛性，應該自強不息。『天行健，君子以自強不息。』柔懦的男子不配稱爲仁。「柔順利貞，君子攸行，先迷失道，後順得常。」（坤卦．象）君子而柔順，故迷失道。

女子的仁，則是柔性，坤『乃順承天』，睽卦有兩陰爻，代表女子，象辭說：「柔進而上行，得中而應乎剛，是以小事吉。」姤卦有一陰爻，象辭說：「姤，遇也，柔遇剛也。」

乙、亨

「文言曰：亨者，嘉之會也。……嘉會足以合禮。……」（乾卦．文言）

『亨』有茂盛的意思。人的茂盛，以嘉會的時候最爲明顯，故說『亨者，嘉之會也。』會齊在一起，乃人生的常事，會而爲嘉會，多有嘉賓，會纔有價值。嘉賓相會時，彬彬有禮。禮儀爲人和人相會時，一切活動的規則。禮儀規則不僅規定活動的儀態和次序，另外培養每種活動的精神。

在禮之中包含『位』和『時』。守位守時則能守禮。位和時在易經卦爻的變化中，非常重要；同樣，人的活動也貴在守位守時，乾卦的六爻很明顯地說出這項原則。

「初九，潛龍勿用。九二，見龍在田，利見大人。九三，君子終日乾乾，夕惕若，厲，無咎。九四，或躍在淵，無咎。九五，飛龍在天，利見大人。上九，亢龍有悔。」（乾卦・爻辭）

每爻的位代表一種時勢：初九的位，代表隱居的時。九二的位，代表可以開始出頭露面，尋求官爵的時。九三的位，代表可以上進，但應謹愼小心的時。九四的位，代表進退無常的時。九五的位，代表非常幸運的時。上九的位，代表應引退的時。「君子進德脩業，欲及時也。」（乾卦・文言）

丙、利

「文言曰：……利者，義之和也。……利物足以和義。」（乾卦・文言）

利代表義，似乎和孔子的主張不合，因爲孔子最嚴義利之分。但是易經的利，是『利物』不是『利己』。求自己利益的人，不免要不顧道義；求別人的福利，則必定跟義相結合。「正義」說：「物得生存而爲元也，又當以嘉美之事會合萬物，令使開通而爲開也，又當以義協萬物，使物各得其理而爲利也，又當以貞因幹事，使物各得其正而爲貞也。是故聖人法乾而行此四德，故曰元利亨貞。」

『義』使物各得其理，我的每椿行動既合於理，我對於人的權利決不會侵犯。人的權利不被我侵犯，人便得利，我的權利不被侵犯，我也就得利。因此，利代表義，義代表利。

義在易經中包含：下不凌上，陰不逼陽，男主外，女主內，君子在內，小人在外。

「內陽而外陰，內健而外順，內君子而外小人，君子道長，小人道消也。」（泰卦・彖）

「彖曰：家人，女正位乎內，男正位乎外。男女正，天地之大義也。」（家人卦・彖）

孔子重義輕利，在當時春秋的時代，利字已經代表自私，代表金錢勢力。衆人已經把利含義的原則忘記了，孔子便提出義字。

丁、貞

「文言曰：……貞者，事之幹也。……貞固足以幹事。」（乾卦・文言）

貞的意義是貞固、守一、定、信、正，也是冷靜。一個人不冷靜，容易被感情所動。一個人要能貞固幹事，先該把事看清楚。因此，貞乃代表智。卽所謂『擇善而固執』。

易經在許多卦都用『貞』字，無論陽爻陰爻都可有貞，貞字便不是表示女子貞操的意義，而是代表有恒心、有勁、有堅忍之氣；同時也概括代表『道』。例如坤卦，「元亨，利牝馬之貞」，這個貞字是指『牝馬之道』；因爲「彖曰：……牝馬地類，行地無疆。」牝馬之貞卽是牝馬仿效地之道，以柔順爲主。

貞字在甲骨文中代表卜，貞人就是主卜的人。易經的貞字，許多次也這種意義。卜代表一種知，卜吉凶卽是願意知道吉凶。易經的知識，集中於知吉凶。爲知道吉凶，應先知道宇宙的變化，所以應該知天。知道了吉凶以後，就要知命，知命則能安命。知道了天和命，便

能够「知幽明之故，原始反終，故知死生之說。」（繫辭上・第三）

戊、中正

『中正』在易經的經傳裏，所說次數很多，有時分，有時合。中的意義是指第二爻和第五爻之位爲中位，正的意義是指陰爻陽爻在該在的爻位；中正兩字合用則常指陽爻居第五位，陰爻居第二位。

例如陽爻居第五位：

「利見大人，尚中正也。」（訟卦・象）

「剛中正，履帝位而不疚。」（履卦・象）

「中正而應。」（同人卦・象）

「中正有慶。（九五六二都在正位）」（益卦・象）

例如陰爻居第二位：

「不終日，貞吉，以中正也。」（豫卦・象）

「受茲介福，以中正也。」（晉卦・象）

中正有對稱爲正中、中直。

「位乎天位以正中也。」（需卦・象）

「顯比之吉，位正中也。」（比卦・象）

「同人之先，以中直也。」（同人卦・象）

中字的例更多。常用於第二爻和第五爻。(24)易經沒有解釋中正的哲學意義；然從居中居正位去推論，則知道易經在宇宙的變化中，以中爲在兩爻之中，以正爲陽爻陰爻應居之位。由天道而到人道，孔子乃講『中庸』。人道的中庸，就是天道的中正。中爲在中；然所謂中，不是人隨便所想的中，乃是理所應該居的中。中庸第一章說：「喜怒哀樂之未發，謂之中。」人心天理的本然乃是中。庸爲庸常之道，即是每一樁事自身該是怎樣就是這樣，如比一爻該在什麼地位就在什麼地位。由中正而到中庸，是一貫之道。普通以中正爲剛，以中庸爲柔；實則兩者爲一。

4. 人生觀

易經在中國哲學上的地位，有儒家形上思想的地位，又有儒家倫理思想的基本的地位。

形上的思想是講宇宙的變化，又講萬物的『存有』爲『生』。倫理思想的基本是講仁，仁爲生，生的發展爲元亨利貞，元亨利貞按着時序而適中。根據這種形上思想和倫理基本思想，結成易經的人生觀。

甲、天人相合的人生觀

宇宙的變化以卦爲象徵，卦象由三爻而成，三爻代表天地人三才。人在天地之中，代表萬物，與天地相合。易經所常說的天地萬物，便是天地人三才。天地之道，和人道相合，人按天地變化的原則而動。因此人該法天。

「是故君子居則觀其象而玩其辭，動則觀其變而玩其占。是以自天祐之，吉無不利。」（繫辭上・第二）

「子曰：『夫易何爲者也？夫易，開物成務，冒天下之道，如斯而已者也。』是故聖人以通天下之志，以定天下之業，以斷天下之疑。……是故天生神物，聖人則之；天地變化，聖人效之；天垂象見吉凶，聖人象之。」（繫辭上・第十一）

聖人君子爲易經的模範人型，人按本性就是倫理人。萬物按照天地之道自然而動，這是

『誠』，稱爲『天』。聖人生性光明，自見人性之道，自然順性而行了也稱爲誠。君子則生有私慾，不常順性而行，則該勉力去率性，這稱爲『誠之』，稱爲當然。

聖人自然順從天道，君子勉力效法天道，人的生活應以天道爲標準，人道應合於天道。聖人順性而合於天道，聖人的生活便和天地萬物的情相合。

「夫大人者，與天地合其德，與日月合其明，與四時合其序，與鬼神合其吉凶。先天而天弗違，後天而奉天時；天且弗違，而況於人乎？況於鬼神乎？」（乾卦・文言）

大人爲在位的聖人，聖人的心和天地之心相合；聖人之情和天地萬物之情相通。因此，聖人的生命卽是天地的生命，聖人生命之道卽是天地生命之道。天地的生命表現於生生之德；表現於日月之明；表現於四時之序；表現於鬼神的吉凶。聖人的生命既和天地的生命合而爲一，則與天地合德，與日月合明，與四時合序，與鬼神合吉凶。

乙、動的積極人生觀

天地萬物的變化，一年四季循環不息；因爲陰陽二氣運行不停，萬物生生不息。人的生活也應是積極活動的生活。

「君子終日乾乾。」（乾卦・九三象）

「象曰：天行健，君子自強不息。」（乾卦・象）

「君子進德脩業，欲及時也。……君子以成德為行，日可見之行也。」（乾卦・文言）

「其德剛健而文明，應乎天而時行，是以元亨。」（大有・象）

「天地之道，恒久而不已也。……日月得天而能久照，四時變化而能久成，聖人久於其道而天下化成。觀其所恒，而天地萬物之情可見矣。」（恒卦・象）

人的生活爲心思正常的生活，心思之官的生活爲仁義道德的生活。易經以脩德代表人的生活。脩德須積極前進，恒久不息。『終日乾乾』，『應乎天時而行』，『恒久不已』，『自強不息。』

丙、中庸的人生觀

易經雖沒有提到『中庸』，然常講中，講正；易經的『中正』，即是孔子的『中庸』。中和正，指着陰陽兩爻的適當位置，爻的位置又代表時；因爲變化是在空間和時間裏，中正便指着陰陽在變化中，處在適當的時間和空間。人的行動也在時間和空間裏表現出來，對於時間和空間便要恰得其當，不過也不不及。

「家人，女正位乎內，男正位乎外，男女正，天地之大義也。」(家人卦・彖)

「征凶，位不當也。無攸利，柔乘剛也。」(歸妹卦・彖)

「內陽而外陰，內健而外順，內君子而外小人。君子道長，小人道消也。」(泰卦・彖)

「內陰而外陽，內柔而外剛，內小人而外君子，小人道長，君子道消也。」(否卦・彖)

在社會裏，男女適得其位，合於天地的大義。在國家政府裏，人才要適得其位，「內君子而外小人」，國家必治安泰平；「內小人而外君子」，國家必亂。

「子曰：龍德而中正者也。庸言之信，庸行之謹，閑邪存其誠，善世而不伐，德博而化。」(乾卦・文言)

「子曰：知至至之，可與言幾也；知終終之，可與存義也。」(乾卦・文言)

宇宙萬物按着時中的原則，顯出至大的和諧。四季相調節，陰陽得中，萬物生長收藏各有時候；風雨霜露互相調節，萬物和煦，生氣洋溢。人事若得中庸，則社會和睦，家庭平安，個人人格，適得發揚。

「君子以振民育德。」（蠱卦・象）

「君子以果行育德。」（蒙卦・象）

孔子常嘆說中庸的重要，有了中庸，民德才能養育。中華民族養成了中庸的民族性，厭惡偏急的政策，好和平，惡戰爭，稱爲和平的民族。

丁、仁的道德生活

易經沒有講人性的善惡，但以人道合於天道，天道的自然常是善，『繼之者善也』。天道的善在於生生不息，故曰：『天地之大德曰生』。人道既合於天道，人若能誠於人道，人必定是善；人的善在於保存天地生生之德；怎樣去保存？在於仁。人心的仁，乃是本體的善；人的本體就是倫理的人。孟子後來說：『仁者，人也。』又說：『仁者，人心也。』人的生活觀，應是道德的仁。

「天地之大德曰生，聖人之大寶曰位。何以守位？曰仁。」（繫辭下・第一）

仁和生連結在一起，生的思想瀰漫了易經。乾坤兩卦代表六十四卦，乾坤爲生命的根源。「說卦」解釋六十四卦的次序，由生命的發揚去解釋。由生而到仁，就是由天道而到人道。易經以仁的表顯，在聖人的生活裏可以看到。聖人的生活順乎人性的自然，而聖人的生活則是養育人民。

「與天地相似故不違，知周乎萬物而道濟天下，故不過。旁行而不流，樂天知命，故不憂，安土敦乎仁，故能愛。」（繫辭上・第四）

這一段易傳的話，說明聖人的生活何等偉大。聖人和天地萬物相通，『安土敦乎仁故能愛。』

「顯諸仁，藏諸用，鼓萬物而不與聖人同憂，盛德大業至矣哉！富有之謂大業，日新之謂盛德，生生之謂易。」（繫辭上・第五）

宇宙間陰陽兩氣，繼續運行，「顯諸仁，藏諸用。」自然而成大業。聖人則憂心忡忡，勉力以養育人民，也能成盛德大業。

聖人順乎自然，君子賢人則勉以『誠之』。君子就常以修德爲務。

「君子，以恐懼修省。」（震卦・象）

「君子，以見善則遷，有過則改。」（益卦・象）

「君子，以反身修德。」（蹇卦・象）

「君子，以自昭明德。」（晉卦・象）

道德的生活，爲人的正當生活。孔子教人不以吉凶爲憂，要以善惡爲憂，人不以易經爲卜吉凶，而以易經爲勸善警惡。

「是故愛惡相攻而吉凶生，遠近相取而悔吝生，情僞相感而利害生。凡易之情，近而不相得則凶，或害之，悔且吝。」（繫辭下・第十二）

吉凶的原因，不在於鬼神，在於自己行爲的善惡；吉凶由人的行爲而生。

「夫乾，天下之至健也，德行恒易以知險。夫坤，天下之至順也，德行恒簡以知阻。能説諸心，能研諸侯之慮，定天下之吉凶，成天下之亹亹者。」（同上）

乾坤代表一切的卦；乾坤爲健德順德，則一切的卦都有道德的意義。宇宙的變化『繼之者善也』，人的生活便應是道德的生活。儒家的倫理建立在形上的天道上面，人道和天道相連；這是孔子作「十翼」的理想。

六、結論

易經的哲學思想，較比書經、詩經的哲學思想，深得多，又複雜得多。書經、詩經不是思想書，而是人生的記述，易經則是思想書。

易經以宇宙的變化爲基礎，以推知人事的吉凶，進而以天道爲人生之道，把宇宙論和道德論連貫在一起。

宇宙論雖以太極爲首，然以陰陽爲中心。卦中所代表的原素祇有陰陽。陰陽相結合的變化形式，在宇宙間沒有限制，沒有數目，但對於人則應有一定的形式，於是便由八卦而有六十四卦。六十四卦雖爲一定數字，但爲表示宇宙無窮的變化，便有循環不息的運行原則。

在易經的哲學裏，沒有上帝的思想，但是易經的爻象裏，有上帝的信仰，易經不講太極爲自有自生，而祇以太極爲宇宙變化之始。這一點，後來爲儒家的傳統思想，並不否認最高的造物者。

人事的吉凶，因和宇宙變化相連，可以由宇宙變化的順逆而推算。君子以人生的吉凶，在於人道的順逆，人能順於道則吉，逆於道則凶，乃有仿效天德的道德論。

在易經的哲學思想裏，我們可以見到儒家哲學思想在各方面的思想，這些思想在後代繼續發揮。

註：

(一) 王船山。周易內傳發例，頁一。
(二) 胡適　中國哲學史卷上，頁七十八，商務印書館。民十九年版。
(三) 同上。
(四) 王船山。周易內傳卷五，頁一七。
(五) 屈萬里。先秦漢魏易例評述，頁一。學生書局。民五十八年版。
(六) 同上，頁一二——一六。

(七) 胡適．中國哲學史、卷上、頁八〇。

(八) 屈萬里．先秦漢魏易例評述、頁六三。

(九) 胡適．中國哲學史、卷上、頁八五。

(十) 王船山．卷六頁八。

(十一) 屈萬里．先秦漢魏易例評述．頁五五。

(十二) 胡適．中國哲學史．卷上，頁八九。

(十三) 王船山．周易內傳．卷五，頁一。

(十四) 王船山．周易內傳．卷一，頁一。

(十五) 說文解字詁林，第二册，頁二．商務印書館。

(十六) 同上，第十册、頁六五六三。

(十七) 王船山．周易內傳，卷五，第十二章、頁二五。

(十八) 王船山．周易內傳，卷五，頁四。

(十九) 羅光．儒家形上學，（現代國民基本知識叢書）頁五六、中華文化出版事業出版。

(二十) 王船山．周易內傳，卷五、頁三五。

(二一) 惠棟．易尚時中說易漢學、讀經解本、卷七、頁四。

(二二) 王船山．周易內傳發例，頁一三。

(二三) 徐復觀．中國人性論史，頁二一六。

(二四) 屈萬里．先秦漢魏易例評述，頁一一二——一一九。

第三章　老子的哲學思想

一、緒論

老子道德經已成爲中外學者皆知的一本名著，老子的名字在中外學者的眼中，可以和孔子並立；而且在哲學思想上和精神生活上老子還被視爲在孔子以上。但是對於老子和道德經的考據，現在仍舊爭辯不休。

關於老子，或說是老聃，或說是李耳，或說兩者同是一人，或說分別爲兩人。張心澂在僞書通考裏綜合各家的意見，認爲李耳是老聃的後學。莊子「天下篇」所說的老聃是確有其人，也是一個道學家。(1)

司馬遷史記則以老聃和李耳爲同一個人，「老子者，楚苦縣厲鄉曲仁里人，姓李氏，名耳，字伯鴻，謚曰聃，周守藏室之史也。」（史記・老莊申韓列傳）但是除了這幾句史實的話以後，則祇記了孔子問禮於老聃一事；便說不知所終。篇中卻又加入一些神話傳說，最終纔說李耳子孫的世系。

關於老子道德經，考據學者的意見多不相同，司馬遷史記說明爲老聃所撰，崔述以：「道德經五千言，不知何人所作，要必楊朱之徒所僞託。」張壽林疑老子道德經出於孔子之後，唐蘭則以爲老子道德經不能在孔子之後，除書中有一部份爲後入者外，可信爲老聃手著。楊榮國卻以老子一書成於戰國時代莊子之學大興以後。張心澂主張這本書不是老聃親手所著，也不是李耳的作品，乃是老聃一派學者的作品。(2)

我不專於考據，然我看學者的意見都過於矯柔造作，不能證明各自的主張。在這種考據不定之下，我以爲傳統的老子，仍舊有保留的價值。老子就是老聃，姓李名耳。照胡適之所說，『老』是他的字，或是他的氏，大約大孔子二十餘歲。老子一本書爲老聃的作品，書中攙雜有後人妄加妄改的文句。(3)

張心澂指出老子書中的第三章，第十八章，第十九章，第二十六章，第六十五章，第八十章所說的思想，和老聃的思想相矛盾，和莊子「天下篇」、法家愼到的思想相合，第十二第十三章和宋鈃的思想相符，第三十章，第三十一章，第六十八章，第六十九章都是談兵的，也是宋鈃爲禁攻寢兵而說的話。我認爲這不免有些穿鑿附會，但有後人所加入的文字，則是很可能的事。

老子的書，對於分章和句讀，也是難事。嚴靈峯先生在這方面，有很好的研究成果。

老子的思想，拿現代的術語說，乃是當時的左派思想。當時的右派思想以墨子爲代表，孔子則代表中庸之道。春秋戰國爲中國古代一大變動時期，諸侯相爭，民不聊生。詩經的「國風」和「小雅」已經描寫了當時人民因生活的痛苦，而對於上天的信仰，發生激烈的反動。論語裏又記載當時南方有隱士長沮桀溺，對答子路說：「滔滔者天下皆是也，而誰以易之？且而與其從辟人之士也，豈若從辟世之士哉！耰而不輟。」（微子）楚國狂人接輿也是一個隱君子，「歌而過孔子曰：鳳兮鳳兮，何德之衰！」（微子）一個以杖荷蓧的老丈也是隱者，他答覆子路說：「四體不勤，五穀不分，孰爲夫子？植其杖而芸。」（微子）老聃受了這種時代的反響，他反抗上天的信仰，認爲「天地不仁，以萬物爲芻狗。」主張無爲，以柔、以虛爲人生的大道。堯舜的仁義，適足以驅民走向不仁義；禮樂的生活，反能使人民的生活雜亂而多痛苦。老子乃提倡反歸自然，使民愚昧無知。這種思想，爲極端的左傾思想。後來在漢朝末年，魏晉南北朝時，人民又遭到政治紊亂，人人自危，國家兵鬪，社會饑荒，那時乃出現道家的竹林七賢，唾棄禮教，放浪形骸。道家思想所以是變亂時期的產物。

老子思想的特點，在提出了無限實體的『道』，造成了中國形上學的系統，奠定了道家精神生活的基礎。

二、道

易經一書，在形上學的創見，以太極、乾坤、陰陽、象等名詞爲主，進而研究宇宙變易之道。「道」字在易經裏，代表乾坤天地變易的原則，因而稱爲乾道、坤道和乾坤之道，天道、地道和天地之道。然後由宇宙變易之道進而研究人生之道，乃有天道和人道。「或躍在淵，乾道乃革。」（乾卦・文言）「坤道其順乎，承天而時行。」（坤卦・象曰）「乾道成男，坤道成女。」（繫辭上・第一）「一陰一陽之謂道。」（繫辭上・第五）「知變化之道者，其知神之所爲乎。」（繫辭上・第九）「形而上者謂之道，形而下者謂之器。」（繫辭上・第十二）「天地之道，貞觀者也。」（繫辭下・第一）「易之爲書也不可遠，爲道也屢遷。」（繫辭下・第八）「易之爲書也，廣大悉備，有天道焉，有人道焉，有地道焉，兼三材而兩之，故六。」（繫辭下・第十）。

易經的『道』，都是指着變化或行動的原則，而不指着實有體。『形而上者謂之道』，也不是指着形上的實體，仍舊是指着形而上的原則。變化原則爲一實體的變化原則，爲抽象理論。

書經裏面，『道』字很少。「洪範」篇有「王道蕩蕩，無黨無偏；王道平平，無反無側；

王道正直，會有其極。」這一篇裏的道字和詩經「齊風」的「南山」章的「魯道有蕩，齊子由歸。」「載驅」章的「魯道有蕩，齊子發夕。」都是道路的意思。但是「洪範」篇有「遵王之義」，「遵王之道」，「遵王之路」。道字則由道路而代表行動規律和原則。

儒家孔子繼承了易經和書經詩經的思想，以道爲宇宙變易和人生的原則。論語裏『道』字用的頗多，雖不及『仁』字所用的次數，但較比『性』字則多了。「有君子之道四焉：其行己也恭，其事上也敬，其養民也惠，其使民也義。」（公冶長）「君子道者三，我無能焉：仁者不憂，知者不惑，勇者不懼。」（憲問）「吾道一以貫之」（里仁）「文武之道」（子張）「夫子之道，忠恕而已矣。」（里仁）

老子也接受了這種思想，以道爲人生的原則。但是他給『道』創造了一種新的意義，把『道』作爲自己思想的代表，後世乃稱老子的學說爲道家。

老子的『道』爲第一實有體，爲無限的『有』。

1. 道爲一實體之名

易經的經文，老子必定見到。象辭，文言和繫辭等。十翼，傳說爲孔子所作，當在老子之後。易經的爻辭和彖辭，講論宇宙的變化，以斷人事的吉凶。易經的宇宙變化以乾坤爲主，乾陽坤陰互相結合，以成卦象。陰陽的變化，有盈有虧，循環不息。卦中六爻以正中的時位爲貴，避免亢龍的滿盛，勿使滿招損。然而易經的變化之道，爲積極的人生之道，乾以剛健而主坤，坤以柔而順乾。老子和孔子都知道易經的經文，特別注意宇宙的變化。孔子研究易經，作象辭，文言和繫辭以解釋易經，造成了易經的學說。老子不作易經注釋，自己仿傚易經變化之道，造成了一種新的宇宙變化論。

「繫辭」爲造易經的學說系統，以太極爲變化的本體，宇宙的根源；但是沒有說明太極的性質和本體，而以陰陽代表變化的主體。老子則以『道』爲宇宙變化的主體，而且多方予以說明，『道』乃成爲老子思想的代表名詞，後來且作爲老莊一派學說的名詞：道家。

道在老子的思想裏，是一個名詞。

甲、道為天道人道

『道』在易經裏，指着天道人道，即宇宙運行和人的生活的法則。老子在道德經也用『道』以指法則。

「天之道，其猶張弓與！高者抑之，下者擧之。有餘者損之，不足者與之。天之道，損有餘而補不足。人道則不然，損不足，奉有餘。孰能有餘以奉天下？唯有道者。」（第七十七章）

「天下皆謂我道大，似不肖，……我有三寶，持而寶之：一曰慈，二曰儉，三曰不敢為天下先。」（第六十七章）

「治大國若烹小鮮，以道蒞天下，……」（第六十章）

「使我介然有知，行於大道，唯施是畏。……財貨有餘；是謂盜夸，非道也哉？」（第五十三章）

「為學日益，為道日損。……」（第四十八章）

「上士聞道，勤而行之；中士聞道，若存若亡；下士聞道，大笑之；不笑不足以為道。……」（第四十一章）

「以道佐人主者，不以兵强天下；……」（第三十章）

「大道廢，有仁義。……」（第十八章）

老子的這些道字，和儒家所用的道字相同，都是指着宇宙運行和人生的法則。所謂相同，祇是名詞相同，內容則有異，在後面我將陸續說明。這個道字，源自書經和詩經，成於易經，老子和孔子都繼續使用；但是老子另外給道加入一種新的意義，創立了一個哲學新術語，以『道』爲形上至高的實體的名詞。

乙、道為形上至高實體的名詞

老子思想的特點，在於在易經以外，創造了宇宙變化的新系統，按照這個系統，建立了他的人生哲學。他的宇宙變化系統以『道』爲根本，『道』乃宇宙的根源，乃形上的至高實體。

「有物混成，先天地生。……吾不知其名，字之曰道，強為之名曰大。」（第二十五章）

「道常無有而無不為。……」（第三十七章）

「道生一，一生二，二生三，三生萬物。……」（第四十二章）

「道之為物，惟恍惟惚。……」（第二十一章）

道字在這段文章裏，不是指着宇宙變化的原則，卻是指着一個實有體，道是『物』。所謂實體並不是以道爲最高之理，理視爲實體，而是一個含有最高之理的實有物。有些人解釋儒家，以『易』，或『誠』，作爲最高實有體，我不贊成這種解釋，因爲『易』和『誠』，不是實體名詞，而是抽象詞，即是被解爲實體，也不過是最高之理。

道在老子的道德經爲一實體的名詞，這個實體爲老子所造。在易經裏祇有乾坤天地，老子卻創立了『道』。

2. 道爲最高最先的實體

甲、最先的實體

易經的宇宙系統，在卦象和爻辭裏，以乾坤並立，天地相配，沒有在上面另外設一個最先的實體。雖然有人把『易』作爲實體，架在乾坤以上；然而這種思想不是易經的原有思想。在「繫辭」裏纔出現了太極，太極則在乾坤以先，視爲最先的實體。但是「繫辭」不作於道德經以前，而作於道德經以後。在詩經和書經裏，則有上帝上天，乃最高之神明，造生宇宙萬物，可以視爲最先的實體。儒家信仰上帝上天，所以在宇宙論裏不講最先實體；易經「繫辭」雖講太極，也僅提到兩句。老子不信上天上帝，於是便造了一個最先實體的『道』。

「有物混成，先天地生。……吾不知其名，字之曰道，强為之名曰大。」（第二十五章）

名爲『道』之實體，先天地生，天地當然又在萬物之先，『道』便是最先之實體。

老子道德經沒有說明『道』爲第一實體；但在一處說「人法地，地法天，天法道，道法自然」(第二十五章) 按照這個次序，人在地以後，地在天以後，天在道以後，道在自然以後。這種次序，可以不是時間先後的次序，而是本體存在的先後次序。但是『自然』是什麼呢？老子從來沒有說明『自然』爲一實體，更沒有說『自然』在『道』以先。『自然』爲『道』自化的原則，也就是『道』自化之理。『道法自然』應解釋爲『道按自己之理』而變化。

列子曾經建立了宇宙變化的程序，「故曰：有太易，有太初，有太始，有太素。」(列子·生化) 這種思想不是老子的思想，有點近於易經的思想，易乾鑿度有同樣的文句。列子書中還有一篇，論變化的程序。「無則無極，有則有盡。無極復無極，無盡復無盡。朕以是知其無極無盡也，而不知其有極有盡也。」(列子 湯問) 嚴靈峯先生乃以道家思想的體系爲「玄，自然，道，萬物。」(4) 且加解釋，「故道卽太初，爲氣之始而無形。」「無當屬自然，爲天地之始也。」「故老子曰：無物之象，是謂惚恍，蓋指自然，亦卽太易也。」(5) 把老子的思想貼合列子的思想，我認爲不恰當。老子以『無』，『惚恍』，『自然』，『玄』，『道』都指同一實體，並沒有加以分別。所謂正，反，合，否定之否定，更不是老子所想到的，乃是黑格爾和馬克斯的辯證法，不必要套在老子的思想上去。若是拿佛教的觀法：法，空，不法不空，非不法不空，非非不法不空……這樣推下去，可以和直線之點一樣，延伸無窮。有，無，不分有無，不不分有無……等。這便不是宇宙變化的程序，而是人們編造的遊戲。

老子主張『道』爲最先的實體，因爲『道』先天地生，且爲萬物之母。

「有物混成，先天地生。……周行不殆，可以為天下母。吾不知其名，字之曰道。」（第二十五章）

在這段裏，有兩個字，可以使我們懷疑，『成』和『生』。道既是混成，既是生，則可以問由什麼因素而混成，由什麼因素而來？因素若是實體，則在『道』以先了。

後代的道教，有以元氣爲『道』的因素，『道』由元氣而成，元氣週遊宇宙。但是若按老子和莊子的思想，元氣爲『有』，『有』爲無，有生於無，則元氣生於道，而在道以後。老子在第二十五章所說的『成』和『生』，應該是『有』的意思，或者按照列子所說是『自生』。列子說：「有生不生，有化不化。不生者能生生，不化者能化化。……故生物者不生，化物者不化，自生自化，自形自色，自智自力，自消自息。謂之生化形色智力消息者，非也。」（列子・天瑞）列子的這一段哲理，爲形上的重要原理，『道』既化生萬物，『道』自己便不能由他物而生。

乙、最高的實體

所謂『最高』，是由價值方面評論，『道』的本體因着本有的價值，高出宇宙萬有以上。老子給最先的實體，「字之曰道，強爲之名曰大。」『大』代表偉大，價值高。老子說：「道大，天大，地大，王亦大。域中有四大，而王居其一焉。」王代表人，天地人代表宇宙萬物中的偉大者，在天地人以上有『道』，道便是最大最高的實體。『道』之所以大，是因爲『道』的本體，無窮盡，無限制；『道』是一個無限之大，是一個包涵萬有之大：

「道，……淵兮似萬物之宗。」（第四章）

「道可道，非常道；名可名，非常名。……玄之又玄，衆妙之門。」（第一章）

「其上不皦，其下不昧，繩繩不可名，復歸於無物。」（第十四章）

老子以『道』爲玄，爲無，就是因爲『道』的本體深淵不可測，玄妙不可知。無窮無盡，沒有一個名詞可以代表，祇能勉強稱爲大。

「玄牝之門，是謂天地根。緜緜若存，用之不勤（窮）。」（第六章）

「大道氾兮，其可左右？萬物恃之而生而不辭。」（第三十四章）

『道』生萬物，萬物之『道』都包涵在『道』以內，『道』的價值必高於萬物。儒家所信的上帝上天，和士林哲學所講的『第一實有體』，超出萬物之上，以自己的能力造生人物，不能和萬物平排而居。西洋的泛神論則以宇宙爲神之體，宇宙卽是神，兩同相等。老子的『道』不是神，但卻是宇宙之根。萬物由『道』而生，且在『道』以內，猶如滴滴海水或海浪在海以內，然而不能說一滴海水就是海。『道』較萬物爲大，『道』的價值當然較宇宙萬物爲高，便可稱爲最高的實體。

「天下皆謂我道大，似不肖；夫唯大，若似不肖，故肖，久矣其細也夫。」（第六十七章）

『道』大而似乎小，『道』有而似乎『無』，故更表示「道」之大；它的價值因此更高。

「大道氾兮，……萬物歸焉而不為主，可名為大；以其終不自為大，故能成其大。」（第

三十四章）

『道』爲大，凡由『道』而來者，老子也稱爲大。「大道廢，有仁義。」（第十八章）「執大象天下往，往而不害，安平太。」（第三十五章）「大成若缺，其用不弊。大盈若沖，其用不窮。大直若屈，大巧若拙，大辯若訥。」（第四十五章）

丙、道爲一個實體

『道』既爲最先最高的實體，也就應該是唯一的實體，所以『道』是一。

『一』字在道德經裏，沒有和道字連用；老子沒有說過道爲一，況且他說過：「道生一，一生二，……」（第四十二章）一爲道所生。不過，這一章的一字，不作一字解釋，而是一種實體的代名詞，這一種實體，由『道』所生，當然不是『道』。我們說『道』爲一，則用一字代表數目，即是說「道是唯一的實體。」這句話有兩層意義：第一，在一切萬物以先，唯有『道』是實體，『道』便是第一實體。第二，『道』就它的本體說，在一切萬有中，祇有一個『道』，沒有第二個和『道』相同或相等的實有體。這個「一」，是單純的「一」，是絕對的「一」，不是數學的「一」，而是本體的「一」。

「有物混成，先天地生。寂兮寥兮，獨立而不改。」（第二十五章）

這一章說明在一切萬物以先，『道』就存在。當時，『道』是獨立，單獨存在，周圍寂兮寥兮，什麼都沒有，一切都是空虛寂靜。

雖然在同一章裏，老子說「域中有四大」：道，天，地，人。這是說在天地萬物由『道』而化生以後，『道』和天地人爲域中之四大。然而在四大之中，『道』當然超乎天地人以上，仍舊爲一個唯一之大。因爲老子在同一章裏說：「大曰逝，逝曰遠，遠曰反。」『道』的本體，涵育一切萬物，自化不息，化生萬物，『道』之動爲逝爲遠，萬物變化而死亡，復歸於『道』，『道』之動爲返，天地人則不能返。故『道』爲唯一之大。

道德經在兩章裏，提出『一』字：

「少則得，多則惑，故聖人抱一為天下式。」（第二十二章）

「昔之得一者，天得一以清，地得一以寧，神得一以靈，谷得一以盈，萬物得一以生，侯王得一以為天下貞；其致之。」（第三十九章）

這兩章所講的『一』，魏源撰老子本義說：「源案，莊子稱老子之學，建之以常無有，主之以太一，以濡弱謙下爲表。此章所謂得一者，卽冲虛不盈之德，爲其近乎無也。」這兩章的『一』字，不直接指着『道』，乃指着無爲之德；然無爲之德爲『道』之德，『一』字間接也指着『道』。

道稱爲『一』，這個『一』，有數目的意思，就是代表一個，又不是個數目字，因爲數目字的一，是相對的名詞，卽是有一，便不是二、三、四等的數目。『一』字若就本身說，是最簡單的名詞，和『有』和『存在』相同，『一』卽是指着『有』，指着『存在』，不加限制，不加說明。從認識方面去看，認識的開始是『有』，是『存在』，一點說明都沒有。認識開始的『有』或『存在』，在認識裏便是一。再進一層，認識給予『有』或『存在』加以說明時，認識的對象便複雜了，一複雜，便不是『一』了，便有二、三等數目。所以二是從『一』的限制而生的；數目越大，對於『一』的限制也越多。

道稱爲一，是認識開始的一，卽是絕對沒有限制之一；所以稱爲唯一，卽是沒有限制。所謂「道生一，一生二，二生三。」的『一』字，則是有限制之一，是相對的一。

3. 道之本體

我們由『道』之名，進而研究『道』的本體，老子給予我們的資料很少，而且不清楚。我們祇能根據他的資料，用形上學的原則，深入探討，以求可以說明的幾點。至於不能說明的許多部份，則正足以表示『道』之大。

甲、道為無

大家都知道老子稱『道』爲無，而且也知道『無』不是否定的無，而是絕對的肯定之無。在西洋哲學裏，『無』，成爲特殊的研究對象，從希臘哲學，一直到當代的存在論哲學。柏拉圖（Plato,427-347B.C）曾把『無』分爲兩類：絕對之無；實用界之無。絕對之無當然不存在，實用界之無則存在。在實用界裏，我們常說我是我而不是他。『是我』和『不是他』，互相對立，對立的名詞各有實在的對象，否則對立就不能成立。『是我』爲有，『不是他』爲無。

黑格爾討論『無』，從認識論出發，以『無』爲理則程序的開端，因爲絕對精神體從認識方面說，什麼都不能說，也不能直覺，絕對精神在理則程序上便是『無』。從理則程序轉到本體論，絕對精神沒有任何的限制，沒有限制便是『無』。這種『無』乃是絕對之有。

存在論哲學論『無』，有海德格（Heidegger）所講的存有與空無。「海德格則一方面把存有和空無對立起來，另一方面又說空無也屬有存有。」[6] 因爲在什麼是形上學一書裏，「海氏所說的『無』，是指物的物，或者說，是指一切限定的有之反面。所謂限定的有，是指可以用概念或範疇去認識的。而『存在本身』不是可以用概念或範疇去認識的，它超越一切概念或範疇，它完全站在認識之外。爲此，它不是任何限定的有，也不是一切限定的有的總合，它乃是一切限定的有之反面，這卽是，它是『無』。然而無的本身，是一種積極的，有內容的東西。」(7)海德格又作了一種不牽涉此身而對於『無』的解釋，譬如人用粉筆寫字時，粉筆的體積逐漸消失，消失就是空無。「因此存在與空無一起，而且空無就屬於存在，空無在存有之中，纔能施展它的技倆。」(8)存有也由空無而顯，例如『白』，在不是『白』的背景裏，更能顯明。我的『存有』，在非我的週圍中，乃能顯出。空無便是非我。「沙特(Jean-Paul Sartre,1905～1980)深深感受到空無的經驗，也意識了空無對存在的意味。……因爲人爲着他現在所沒有的——『空無』設計，就是對於自己的過去採取距離，使『已有』的一切消失在空無中，而向着空無的未來設計，這整個的作爲便是自由。」(9)

這些西洋哲學家所講的『空無』，和老子所講的『無』有許多相同點，但也有許多不相同點。

老子稱『道』爲『無』，第一是從認識論或理則程序出發。老子說：

「道可道，非常道，名可名，非常名。」（第一章）

人們討論任何一種對象，都是用概念作代表，概念再用名詞去表達。因爲人的理智力有限，不能一下懂得全部的對象，常是一部份一部份地去認識，因而理智所有觀念，以及所用的名詞，都含有部份性的表達價值，既不能表達對象的全部實有，更不能表達無限的對象。老子乃說『道』不能由觀念和名去代表，人們便不能對於『道』加以討論，也不能對於『道』有一個適當的觀念和名詞。於是，在認識上，在理則程序上，『道』是『無』。這一點和黑格爾所講的無，意義相同。

從『道』的本體方面說，老子也主張『道』是『無』。這種『無』的意義，和海德格(Martin Heidegger, 1889-1976)所講的『空無』，有些相同，有些不相同。海德格的『空無』，爲「一切限定的有之反面。」即是一個『有』，沒有一切的限定，也就是說一個無限定的有。從『道』的本體去說，『道』是一個無限定的有，是一切限定的有之反面。在字義上說老子的『無』和海德格的『空無』，意義相同。但是在內容上兩者的涵義就不同了。海德格的『空無』，爲一切限定的有之反面，在內容上表示『存有』的本體，是絕對的積極存有，超越認識的範圍。老子所講『道』之本體，爲一消極多於積極的實體，因爲『道』的本體，恍惚不定，不是一個在本體上已經確定的實體。「道之爲物，惟恍惟惚。」（第二十一章）對於一個不定而恍惚的本體，我們不能認識。老子乃稱之爲無。這一點便和海德格的空無不相同了。老子稱『道』爲無，由兩方面去說：第一，因『道』爲一無限的實體，超越人的認識範圍；第二，因爲『道』的本體不確定，人的認識力不能認識。『無』的意義是在認識的理則程序內，『無』的基礎則在『道』的本體內。

乙、有物混成

『道』的本體稱爲『無』，原因之一，是『道』的本體不確定。

「有物混成，先天地生。」（第二十五章）

「道之為物，惟恍惟惚。」（第二十一章）

『混』字，在老子道德經第十四章有混合的意義：「視之不見名曰夷，聽之不聞名曰希，搏之不得名曰微；此三者，不可致詰，故混而爲一。」「混而爲一」的意義爲合而爲一，卽是說三種因素，混合而結成一物。這樣解釋，則『道』是由兩個或兩個以上的因素結合而成之物，而且，混合尚有雜亂的意思，混通溷。但是，從老子的道德經裏，找不出『道』的結合因素；除非把第二十一章所說的「其中有象。……其中有物。……其中有精。」卽是象，物，精，作爲『道』的結合因素。然而所說的象，物，精爲『物』的本體因素，不能說是混合而是有程序的結合。因此『混』字，不能解釋爲『混合』。

說文解字詁林對於混字的解釋說：「混，豐流也。孟子『源泉混混』，漢書「司馬相如傳」，『汩乎混流』。顏注：『混流，豐流也。』案顏氏之說多本之說文。郭璞水泉讚：『殊出同歸，混混東會』。集韻，混與滾同。華嚴經音義，引說文曰混沌。⑽

『混』字有豐字的意義，即「盛滿之流也。」例如說：「滾滾長江」，表示長江的水，滿而雄壯。這種意義用之於『道』，可以用得恰當，表示『道』的本體，非常盛滿，好像豐滿的大江。

『混』又有『混沌』的意義。古書所謂混沌，即是陰陽未分，一切都混沌不清。這種意義更可以用之於『道』。『道』之成物，混沌不清，因此稱爲『惟恍惟惚。』

文子「道原」篇說：「老子曰：有物混成，先天地生。惟象無形，窈窈冥冥，寂寥淡漠，不聞其名。吾強爲之名，字之曰道。」

丙、其中有象

老子說：「惚兮恍兮，其中有象。」（第二十一章）

『道』的本體，混沌不清，恍恍惚惚；但是『其中有象。』象在易經中非常重要，象的意義，胡適之以爲是法象，「這些法象大約可分兩種：一種是天然界的種種現象，一種是物象所引起的意象，又名觀念。」⑾象是一種事物的代表，有形象的物，以形象爲代表，例如一個人的相片或所畫的像，就代表這個人。一種事物在人的認識裏以一種意象爲代表，意象就是觀念，觀念所代表的不是形象，而是這種事物所以是這種事物之理。例如人的觀念指着人之所以爲人之理，人所以稱爲人。這種意象沒有形像，可以說在物以前，也可以說不和物完全相同，因爲物除理以外還有氣。老子因此說有『無物之象』（第十四章）『無狀之狀。』（第十四章）

『道』之本體，恍惚不定；但是有『道之爲道之理』。這種理構成『道』的意象。有限定的物，所有意象應該確定，否則不能代表這物，而且物也不能存在。『道』的本體，否定一切的限定，它的意象也不能確定，所以『不能道』，『不能名』，而是『惚兮恍兮』。然而這種不定，這種無限，就是「道之所以爲道之理」，也是道的象。因此老子說「惚兮恍兮，其中有象。」

歐洲士林哲學稱事物之理之象爲元形（Forma），這個拉丁文名詞的原意，指着形象，用之於形上學則代表『有』的限定。一個有限定的有，用什麼去限定『有』呢？或者說『有』怎麼受限定？『有』由元形（Forma）去限定，然而這種象的限定，是在『種類』的限定，例如人類、馬類。種類的限定乃是『理』，因此元形就等於象，等於一物之意象，等於一物之理。老子說這種象，無形無物。

因爲『道』的空無，不是空無所有，不是絕對的消極否定，而是消極中含有積極。

問題當然也就在這裏，怎麼樣可以有一個不確定之『有』？卽是說：一個『有』的本體不確定時，怎樣可以存在，怎樣可以是『實有』？老子卻說『其中有物。』這就是西洋哲學和中國哲學的不同的一點。

丁、其中有物

『物』代表一個『實有』，中國普通稱呼宇宙間的實有爲萬有或萬物，佛教稱之爲萬法。『法』在佛教的思想裏代表由人的認識而構成的『有』；萬有本來都不是有，祇因人的錯覺而誤爲實有，所以稱爲法。儒家和道家都承認宇宙的萬有爲實有，乃稱爲『物』。

『道』爲一物，老子說得很清楚，「有物混成」，「道之爲物」。所以『道』爲一實有。有之所以爲實有，在於『存有』(esse)或說『在』。實有包含理和存有，而以『存有』爲要。『道』的本體，雖然恍惚不定，卻是實實的存在，眞是一個物。老子說：「恍兮惚兮，其中有物。」有物之所以爲物之理，有物之所以稱爲物之有。物之稱爲物，在於實際的具體存在，實際的具體存在，由氣而有。老子說『其中有象』，可以解釋爲『其中有氣』，這種氣，當然祇是氣之始。

由這一方面去看，『道』的本體不是一個絕對之有，不是一個『純淨之行』，卻是集有一切的潛能。『道』之有，乃是一個最弱的有，乃是一個最低微的有，不能確定『道』的本體，不能立時完成『道』的一切潛能；而由自行變化，漸漸使潛能成爲行，『行』就是萬物，即是有限定之有。

『道』的本體是不確定的本體，乃是從『道』的變化去看；若從『道』自身去看，則「道之所以爲道之理」是確定的。例如雲結成雨水，水結成冰。雲的本體對於雨水，雨水的本體對於冰，乃是不確定的，冰的本體纔是確定的。不過，雲從雲的本身說，雲之所以爲雲之理則是確定的；水從水的本身說，水之所以爲水之理也是確定的；所以雲是雲，水是水。

凡是在本身上，已經確定的本體，可以具有『實有』，可以存在。

問題卻又來了，因爲這樣的實有，具有潛能，則不是第一實有體。它需要另一更高的實有體使它的潛能成爲『完成』，成爲『行』。老子則以爲『道』不需要另一更高的實有體，爲使自己能化，『道』自身具有『德』，自化自行。這一點乃是老子形上學的弱點。

戊、其中有精

「窈兮冥兮，其中有精。」（第二十一章）

『精』，字義原爲擇米，選擇米穀的最優者，通常乃指着一物的原素中最純淨者，例如酒精。在道教的思想裏，精字常代表一物的最純淨之氣。一件通常的物，所有的氣常是雜，若是經過長久的修鍊，雜氣漸漸濾淸，終而能够修到一種純淨的氣，好像濾水把水濾淸，煉酒把酒煉成酒精。因此道教相信樹木的精和禽獸的精，都能成爲鬼神。所以精字，在老子的這一句裏『其中有精』，精字指着最純淨的一點，最能代表『道』的一點，也指着『神』。

『神』不指着鬼神，而是指着不可以被感覺的『有』。『道』的本體卽是無形，不可感覺，便是神，卽是精神。『其中有精』，『道』的本體中，具有『道』的精粹，具有最純淨的『道』，卽是具有精神。

精神和物質之分，在西洋哲學裏最爲明顯，最爲確定；在中國哲學裏則不淸楚。通常中國哲學家以氣之淸爲精神，精神的表現爲神妙莫測。老子以『道』的變化最爲神妙，無爲而無不爲，養育萬物而不自居其功。這不是精神的表現嗎？

「視之不見名曰夷，聽之不聞名曰希，搏之不得名曰微。此三者不可致詰，故混而爲一。其上不皦，其下不昧，繩繩不可名，復歸於無物。是謂無狀之狀，無物之象；是謂惚恍。迎之不見其首，隨之不見其後。執古之道，以御今之有；能知古始，是謂道紀。」（第十四章）

這一章和第廿一章，兩章都形容『道』的本體爲恍惚莫定，稱爲無物，稱爲無狀。但雖無物無狀，卻又有象有物，且其中有精。視不可見，聽不可聞，摶不可得，便是一種非物質體，而爲精神。因爲物質體無論怎樣恍惚不定，總是可以由感覺去體驗。『道』不可由感覺去體驗，而且，「其上不皦，其下不昧」，似乎有光明，又似乎沒有光明；這就代表一種精神，神妙莫測：「常無欲以觀其妙，常有欲以觀其徼。……玄之又玄，衆妙之門。」（第一章）

按照老子所說，『道』的本體，至大無限，恍惚不定，不能由感官去體驗，而且超越理性的智能；是一個實有，具有自己存在之理，具有自己爲物之物（存有），也具有精神，神妙莫測。因此，稱爲無，強名曰『道』。

己、其中有信

「其精甚真，其中有信，自古及今，其名不去，以閱衆甫。」（第二十一章）

老子似乎怕因他說『道』是恍兮惚兮，不相信其中有象有物有精，他乃誠懇地說「其精甚眞，其中有信。」信是信實，表示所講的是眞的。老子乃說：『道』的精是眞的，完全是實在的。『其中有信。』

『信』字在道德經最後一章也用過：「信言不美，美言不信」（第八十一章）這就是俗語所說：「忠言逆耳。」信言卽是實話：實話不好聽，好聽的話不是實話。

『其中有信』，表示『道』的精是實在的，同時也表示『道』的象和物，也是實在的。本來『道』既是混成之物，恍恍惚惚，便可以被認爲虛無漂茫之體可以被認爲宇宙萬物之源起，如同張載所說的太虛之氣，或如同朱子所說渾沌之氣，旋轉不息，所流下的渣滓，清者爲天，濁者爲地。但是這樣的『道』便失去了老子所給予『道』的神秘性；尤其不能有莊子所講的與『道』相合的眞人生活。

老子因此主張『道』有自己的精神性，這種精神性是眞的。因而『道』之名乃能「自古及今，其名不去，以閱衆甫。」爲萬物之始。

從這方面去看，老子的『道』似乎是泛神論了。但是老子祇主張『道』有如神，卻不以宇宙爲神。

從上面所講的，我們若要知道『道』的特性，可以用莊子的話來解釋：

「知謂無爲謂曰：予欲有問乎若：何思何慮則知道？何處何服則安道？何從何道則得道？三問而無爲謂不答也，……見黃帝而問焉，黃帝曰：無思無慮始知道，無處無服始安道，無從無道始得道。」（莊子・知北遊）

這種思想和後來佛教禪宗思想相近，皇帝也說：「夫知者不言，言者不知，故聖人行不言之教。」(同上)道不可言，只可體驗。

4. 道之動

『動』，是實體的變易。凡是一個實體不能不有變易；因爲一個有既是實有，或者是絕對的有，或者是有限之有。絕對之有對內不能有變易，但是對外常創造新的關係，不然則是一個靜止呆滯的有，便不足爲絕對之有了。有限之有則常求本身的成全，使所有潛能成爲現實。因此，凡是實有體都有動。

『動』分爲有生物之動和無生物之動：有生物之動爲自動，無生物之動爲被動。自動又分兩種：完全的自動和有限的自動。完全的自動，爲主體自己本有的能力而動；有限的自動，爲主體自己發動從外面所取得的能力而動。

『動』的成效，在內或在外。自動之動可以有在主體以內的成效，同時也可以有在外的成效。

『動』所造的成效爲變易，變易可以有生，有滅，有地位變易，有體量變易，有特性變易。(12)

這種思想爲歐洲士林哲學的思想，歐洲現代哲學多以物體繼續變易，物體自身具有變易的潛能。馬克斯(Karl Marx, 1818-1883)更以物質具有自變的本能，不需有外面的發動力。

甲、自化

老子主張『道』的變化，爲自動的變化。『道』既是最先的實體，則是假定在『道』以先和以上，沒有另一實體。『道』若是自身有變化，這種變化應該由『道』自己去發動；因此稱爲自化。

「道常無為而無不為，侯王若能守之，萬物將自化。」（第三十七章）

「這裏所謂萬物自化，意義是說萬物自然而變化，不必有外力的推動。老子以『道』自然而動，常無爲而無不爲，王侯若能在治國的大政上，知道無爲，天下的萬物，都將按着自然法而動。自然而動，是順性而動。順性而動，即可稱爲自化。」(13)

順性的自化，在本身上說並不包括自力的變化；天下萬物雖順性而變化，但是變化的能力則來自『道』；『道』自己的變化，就不能依恃外來的力量了。

乙、常

『道』的變化，常久不絕。老子稱『道』爲常道。『道』之名爲常名。

「道可道，非常道；名可名，非常名。」（第一章）

『道』的本體常在，可是『道』的本體常變，『道』的變化便是常久的變化。

「夫物芸芸，各復歸其根。歸根曰靜，是謂復命。復命曰常，知常曰明。」（第十六章）

在變化之中，有『常』，就如在恍惚之中有象。老子說『道』之變化有歸根復命，故能常，既說歸根，根應當是靜，是不變。變化而歸根，纔能和根相結，纔能互相連結。常變爲自然之變，爲無爲之變，乃能持久。驟然之變，轟轟烈烈之變不能持久：

「天地長久，天地所以能長且久者，以其不自生，故能長生。」（第七章）

「飄風不終朝，驟雨不終日。孰為此者？天地。天地尚不能久，而況於人乎！」（第二十三章）

天地若自以爲『生』，不順乎自然而動，天地便不能長久；若順乎自然，不自以爲『生』，乃能長久。『道』的變化，純乎自然，故能常。

『道』的變化，有變的部份和不變的部份，何者不變？何者變？『道』之象，『道』之精爲不變者，否則『道』便不是『道』了。或者說：『道』就整個的『道』說，是不變的；就『道』的各部份說，是變的。就如一個人，就整個的『我』說，不變；就『我』的各部份說，『我』是變的。但是問題卻在於『整個的我』是什麼？整個的『道』是什麼？最終的答覆還是要回到『象』和『精』。

佛家禪宗在空虛一切而體驗自性，見到超越的眞如。眞如爲一超越，超越時空，超越我非我，而是一『常』。所以涅槃是『常樂我淨』。老子的『道』，也是一超越的存有。因爲超越，所以是常。『常有』又『常無』。『常有』是本體，『常無』是超越。

丙、反

『道』的變化爲常，便有循環復命，便是反。老子說：「反者，道之動；弱者，道之用。」（第四十章）

『道』的變化之道，以退爲進，以弱爲強；因此，也以反爲進，以反爲常。不反的動，爲直線之動，愈動愈離根越遠，愈變愈和根不同；這種變化雖然可以假想爲無窮盡的，實際上則脫離泉源，將有涸乾的一日。老子以『道』之變化，有復命歸根。

「大曰逝，逝曰遠，遠曰反。」(第二十五章)

爲能久遠，則該有反。易經的思想，即以天地變化之道在於反復，易經的卦便以循環反復爲原則。

「無往不復，天地際也。」(易·泰卦·象)

『道』的變化，復命歸根。常能持久，永不涸竭。「緜緜若存，用之不勤。」(第六章)這個勤字，可以作「盡」字看，生萬物，用之不盡。

丁、妙

老子講『道』之體，說『其中有精』，我們解釋爲『精華』，爲『精神』。老子乃稱『道』爲『玄』。『玄』的意義爲玄妙不測，這種意義不僅用之於『道』之體，也用之於『道』之變。

在道德經的第一章，老子用了『妙』字：「故常無欲，以觀其妙常；有欲，以觀其徼。

……玄之又玄，衆妙之門。」嚴靈峯先生在斷句上改爲「故常無，欲以觀其妙，常有，欲以觀其徼。」⑭這種斷句，若是沒有那個「欲」字，當然很適順，也好解釋；現在有個『欲』字，便使『欲』字成了累贅。通常的斷句，以『無欲』和『有欲』爲重點，這兩個觀念在道德經上有「道常無欲，可名於小。」（第三十四章）「無名之樸，夫亦將無欲。」（第三十七章）『欲』對於變易很有關係，普通我們人若是沒有一種欲望，便不會動作。『欲』使人心動，心動乃有行動。『道』常無欲，無欲而有變易，這就是神妙了，稱之曰「無爲而無不爲」，因此，『道』的變化，非常神妙，常無欲而常有欲，無爲而無不爲。

『道』無欲，欲代表欲望，是心之動。人有心，心主宰人的行動，心要動則動。老子以『道』法自然。自然之動不由心主宰；例如人身生理之動，爲自然之動。自然之動乃是無欲，雖然無欲，仍舊有動。『道』的這種無欲，是不是因爲『道』沒有心呢？儒家主張天地有心，乃有仁；老子以天地不仁，主張天地無心。天地無心是否因此『道』也是沒有心呢？這並不必互相聯繫。儒家以天地有心，由於承認有上帝，又承認上帝有心，天地之心代表上帝之心。老子既不承認有上帝，又不承認『道』有人格，『道』便是無心。

『道』若是絕對無欲，『道』便是一架物質的機械，需要有外在的力去發動，『道』也就不是最先的實體了。『道』的變化卻是由自己發動，乃是自化，自化而沒有欲，則不可能。因此『道』應該有欲。『道』的欲不是心之欲，而是本體精神之主動。這一點在我們的形上學沒有方法可以解釋，祇能稱之爲神妙不可測。故「常無欲，以觀其妙，常有欲，以觀其徼。」常無欲之變化爲妙，常有欲之本體爲徼。

因爲無欲，也就無爲。『道』常無爲，老子對於這一點說得很多：

「道常無為，而無不為。侯王若能守之，萬物將自化。化而欲作，吾將鎮之以無名之樸。無名之樸，夫亦將無欲。不欲以靜，天下將自定。」(第三十七章)

無爲，自化，無欲，互相聯繫。無爲不是消極的無爲，而是積極的無爲，在於不自以爲自己有爲，而順自然之欲而動。這種『爲』不留痕跡，不受空間的束縛。

「善行無轍迹，善言無瑕謫，善數不用籌策；」(第二十七章)

用這三句話來比譬『道』的無爲之爲，沒有形跡。沒有形跡，不爲物質所累，『道』的行爲乃能常久，乃能達到一切境界，故無爲而無不爲。因此『道』的無爲，一則由於自然而動，一則由於非物質之動。這兩種動合而爲一，也是我們形上學所不能解釋，可稱之爲妙。

老子稱讚『道』爲「玄之又玄，衆妙之門。」易經也曾稱『易』爲神奇；玄妙和神奇都指着宇宙的變化。宇宙變化而有萬物，從無而生有，有有不停，神妙莫測。道爲宇宙變化的根源，故稱爲『衆妙之門』，莊子在他的書裏用各種的喩言來比喩這種玄妙。

5. 道生萬物

「道生一，一生二，二生三，三生萬物。萬物負陰而抱陽，沖氣以爲和。」（第四十二章）

『道』之動，在內在外：在內，『道』本體變易；在外，『道』生萬物。

『道』本體的變易，常久不斷；但『道』的本質不變，仍舊常是恍惚不定，常常稱爲『無』。雖然『有』從『無』中所生，『有』生了，『無』並不變爲『有』，仍舊是『無』。假使『道』的本質一旦變爲固定了的『定形』，它的變易就要終止，萬物就失了根源。

『道』的變易，對於本質以外的成效，則是化生萬物；萬物在『道』的本質以外。『道』化生萬物即是『道』的動向外，因着循環反復的原理，『道』的動又要回到『道』以內，物便不存在了。

甲、生

『道』生萬物的生，不和普通所謂生育或發生不同。老子有時也稱『道』爲萬物之母，爲玄牝。

「谷神不死，是謂玄牝。」(第六章)

「無名，天地之始，有名，萬物之母。」(第一章)

玄牝和母，在道德經裏是種象徵，並不是說『道』如母親生兒子一樣生了萬物。『道』生萬物，爲化生萬物。『道』爲萬物的根源，萬物由『道』而來。

從哲學方面去看，『生』代表原因。一物由另一物所生，生者爲被生者的原因。原因可以有幾種，第一有材料因素，一物由某種材料而成，如椅子由木而成，布由羊毛織成；第二有動力原因，機器製造產品，機器是產品的動力原因；因此，常說工廠生產物品。動力原因又可有幾種，例如在工廠裏，機器是產品的直接原因，機器都靠電力或熱力即能源去發動，又靠人工去管制，人工和能源又都是產品的動力原因。這是因爲宇宙間的人力 都是有限之力，不能單獨成爲產品的全部原因，自身又靠另一原因。

『道』生萬物，『道』爲『物』的全部原因，因爲既然除『道』以外沒有第二個『道』，它便該由自己而化生萬物。『物』的材料因素和動因都是『道』，因此，乃稱『道』爲萬物之母，爲玄牝。「玄牝之門，是謂天地根。」（第六章）

乙、道生一

由『道』的自化而有一，一是個單數，是數的起點，不是一與二的相對數字。由『道』而生之一，爲『有』，所以說「有生於無」（第四十章），「天下萬物生於有」（同上）天下萬物由『一』而生。

『有』若祇代表『存』，『道』當然是有，而且是無限之有。就是因爲『道』是無限之有，乃稱爲無。『有』在老子的思想裏，代表限定之有，爲人理智的對象。『有』並不是說一定有形，有形之有則是物，由『道』所生之一爲有，爲無形之有，但已經是有限，能爲人所知，能有名，「有名，萬物之母。」（第一章）

由無而生有，由道而生一，『道』爲無，『一』爲有；這個一究竟是什麼呢？老子自己沒有說明，祇能從同一章的思想裏找到線索。「萬物負陰而抱陽，沖氣以爲和。」陰陽在易經裏代表兩個元素。老子也以陰陽爲元素。易經沒有說明陰陽是氣，祇能由全部思想去推論陰陽是氣。老子的陰陽也沒有被說明是氣，但是有「沖氣以爲和」一句，則可以說陰陽是氣。陰陽是氣，氣沒有分陰陽以前，便祇是氣的本體。張載曾以萬物之源爲太虛之氣，或稱爲本然之氣。漢朝道家常講元氣，或一元之氣。[15]則老子之所謂一，可以說是『氣』。

氣在老子的思想裏，尚不明瞭。除這一章講氣，尚有第十章：「專氣致柔，能嬰兒乎。」所謂「專氣至柔」的氣，爲人體的生命要素，周流人身，爲生理生活和心理生活的中心，人用修養工夫，能使人的氣質柔弱虛靜，有如嬰兒。人身之氣來自天地之氣，天地之氣來自『道』。第十章第一句爲「載營魄抱一，能無離乎？」魄爲人身的生命中心，人能保全自身勞動的生命中心，又能抱住一，使不相離，則能專氣致柔。所謂『一』是什麼？王弼注謂「一，人之眞也。」這個『一』字，乃是指人身之元氣。

丙、一生二

易經主張太極生兩儀，兩儀爲陰陽。老子主張『道』生一，一生二。一爲有爲氣，二則爲陰陽。這一點從第四十二章的前後文句，可以推知；而且從道家的思想也可以得到這個結論。莊子說：

「至陰肅肅，至陽赫赫。肅肅出乎天，赫赫發乎地，兩者交通成和而物生焉。」（莊子・田子方）

莊子不用一二三的數目作代表，直接以陰陽相交而生物。易經很明顯地主張天地相交而萬物生，道家的思想也出於易經。易經而且說明陰陽的性質，陽剛陰柔；老子則沒有說到陰陽的特性。老子在第二十八章，用雄雌白黑榮辱作對比，講明虛柔之道；這種對比，似乎有點近乎陽和陰的對比：

「知其雄，守其雌，為天下谿；……知其白，守其黑，為天下式；……知其榮，守其辱，為天下谷……。」

在第四十三章，以至柔和至堅相對比，也有點像陰陽的對比：

「天下之至柔，馳騁天下之至堅。無有入無閒，吾是以知無為之有益。」

陽的特性爲雄，爲白，爲榮，爲至堅；陰的特性爲雌，爲黑，爲辱，爲至柔。儒家的易經以陽爲主，重剛健，主張進取；老子以陰爲貴，重柔弱，主張退守。

丁、二生三

由陰陽相合而生三，易經則由兩儀而生四象，漢儒主張由陰陽相合而有五行。老子祇說一個『三』字，不加解釋，後代註釋的人就有不同的主張了。

從第四十二章的文句去求『三』字的解釋，則以『三』爲陰、陽、沖三氣。張爾岐解義說：「道生一，一生二，無名，天地之始也。二生三，三生萬物，有名，萬物之母也。一謂氣，二謂陰與陽，三謂陰與陽會和之氣，卽所謂沖氣也。萬物負陰而抱陽，沖氣以爲和，卽申說三生萬物也。」⒃李嘉謨註解說：「方其爲道，則一亦未生，安得有二。卽其有陽卽有陰，有陰陽則又有陰陽之交，而無不有矣。萬物抱陽，一也。負陰，二也，陰陽交而沖氣爲和，三也。萬物孰不具此三者乎？」⒄司馬光註說：「道生一，自無而生有；一生二，分陰分陽；二生三，陰陽交而生和；三生萬物，和氣合而生物也。」⒅

我以爲這種解釋，在文句上說，可以說是通順；但是就實質上說，則不通了；因爲老子說二生三，現在卻祇有沖氣，要把前面的陰陽加上去纔成爲三，則不合於老子的思想了。

在易經的思想裏，天地人作爲畫卦的主架，儒家乃常講天地人三才。老子也主張三才，在第二十五章上說：「道大，天大，地大，王亦大。域中有四大，而王居其一焉。」老子明明把天地人排在道以下，構成宇宙中的四大。四大除去『道』，卽是三大，三大爲天地人。

於是便可以說『二生三』，三為天地人。列子「天瑞」篇也以天地人為三。

我又曾經解釋『三』為氣形質。「每一個物體，都是由陰陽二氣而成的。這種氣已經不是天地開始時之氣，而是陰陽相合之氣（冲氣）。陰陽相合時，即成物之質。物沒有本質，決不能算為有。陰陽二氣有這樣的結合，便成這樣的一個物質。為什麼陰陽之氣有這樣的結合呢？儒家說是因為有這樣的理，道家不大講『理』，只說這是因為自然法該如此結合，所以結成的物質。物體有了本質便有一個相合的形，有了形纔算眞正具體化了。」(19)我的這種解釋，採自莊子的「天地」篇；但也採自老子論『道』的本體說：有象，有物，有精。

戊、三生萬物

一物的存在，按照西洋的士林哲學，由『性』和『有』（存有）相合而成，性又由理和質相合而成；實際上，一物有三項元素：理，質，存有。老子的思想，以物由三素而成，因為他說過：「萬物負陰而抱陽，冲氣以為和。」註釋者便以老子主張物由陰陽二氣相合而得冲氣以成，即是說『物』由陰陽和冲氣而成。易經常說天地相交而生物，天地代表陰陽，則是陰陽相合而成物。老子論道的本體時，說其中有象，有物，有精，則『道』也是由三素而成，物的三素則是氣，形，質。氣由自然之變化而成物之本質（性），然後取得符合本質之形。

萬物的代表，由天地人爲代表。若是以陰陽相結合而生天，生地，生人；萬物則由天地人所生；因是宇宙間的萬物，或者生在天空，或者生在地面，或者由人所造。

『道』生萬物，經過三級的過程，『道』便不是直接生物；然而生爲化生，『道』因自化而經過三級的階梯，而三級的階梯都是『道』的自化，也就可以說『道』生萬物。

『道』不祇化生萬物，而且養育萬物。老子在道德經裏說：

「大道氾兮，其可左右，萬物恃之而生而不辭；功成不有，衣養萬物而不爲主。」（第三十四章）

「道生之，德畜之，物形之，勢成之；是以萬物莫不尊道而貴德。」（第五十一章）

『道』化生萬物，又保存萬物。這一切都按照自然之理。老子因此說：「天地不仁，以萬物爲芻狗。」萬物的生滅，完全任其自然，不像儒家所說「天地以生物爲心」或「天地有好生之德。」一物既成了，能够存在多久，按照物性而定。但物存在時，誰使它保持存在？那乃是『道』之德。「道生之，德畜之。」

6. 德

道德經分上下兩篇，上篇第一章講『道』，下篇第一章講『德』。大概說來，上篇論『道』，下篇論「德」。「德」字有什麼意思呢？管子註解說：

「德者，道之舍，物得以生，生知得以職，道之精。故德者，得也。得也者，其謂所得以然也。」（管子・心術上）

老子在下篇第一章及第三十八章所講之德，爲倫理道德之德。但在第三十九章，老子說：「昔之得一者，天得一以清，……。」則是以得爲德。德的觀念，要從『道』之動去看。在道德經的上篇，老子注意『道』的本體，在下篇則注意『道』之動。從『道』之動的方面說，『德』是『道』自化的能力。「道因德而自化，自化而生物；物乃得着自己的存在。若使沒有德，道不自化，萬物便不能有了。故從萬物一面說，德者，得也；萬物由德而得有。由道一方面看，自化而成萬物，道寓於萬物以內；所以管子又說：『德者，道之舍。』道本身是虛無渺茫，自化而有氣，氣化而有物；然而『道』在自化時，它的本身仍舊保存原來的面目，仍舊是虛無渺茫，只是在自化時生有氣，由氣而生物。因此萬物跟『道』的關係，完全在於氣。氣之生，由於德。『道』因德而生物。但是萬物並不是『道』，『道』只是在萬物之內，或說『道』寓於萬物，那麼便可以說『德者，道之舍。』馮友蘭解釋德乃

『道』之寓於萬物者，他說：『道爲天地萬物所生之總原理，德爲一物所生之原理。』把『道』作爲朱熹的太極，把德作爲物之理，跟老莊的思想不大相合。」(20)

「故道生之，德畜之，長之，育之，亭之，毒之，養之，覆之。生而不有，為而不恃，長而不宰；是謂玄德。」(第五十一章)

德畜萬物，又養育萬物，亭毒萬物，這種德能，像母親之養育子女，故可稱爲萬物之母。

「天下有始，以為天下母。」(第五十二章)

德在倫理道德的意義上，也有能力的意思，德行爲行爲的善習慣。老子說：

「含德之厚，比於赤子。蜂蠆虺蛇不螫，猛獸不據，攫鳥不搏。」(第五十五章)

「治人事天，莫若嗇，夫唯嗇，是謂早服；早服，謂之重積德；重積德，則無不克；無不克，則莫知其極。」(第五十九章)

老子講事天，似乎和他的無神思想不合；然而在哲學思想上主張無神，在生活上仍舊可以有宗敎信仰；何況老子並沒有明明主張無神。老子說治人事天都該要節儉，節儉乃能早復，所耗的費可以早日歸復，所消的精力也能早日恢復，這稱爲積德。所以所謂「含德之厚」和「重積德」都有蓄積精力的意思。

『德』在老子的思想裏，從形上本體論去看，指着『道』所具自化的德能。『道』因具有內在的德能，乃能自化而生物。從另一方面去看，『德』也指着『道』本體的『善』。『道』的本體自然光明，自然和諧，有如佛家以眞如爲「常樂我淨」，淨爲佛家所主張能得解脫的重要的條件，唯一絕對的眞如，爲絕對的淨，淨卽是善，善卽是德。『道』本體的德，爲絕對的超越的德，是自然的德，是不自知爲德之德，故稱爲「玄德」，「大德」。

三、生活之道

『道』在老子的思想裏，有兩種意義：第一指着最先的實體，爲不可名之道；第二指着法則，爲天地變化和人生之道。這兩種意義互相連貫；老子以最先的實體之道，爲人生所法之道；卽是說人生之道，由『道』的變化之道而來，把『道』的變化之道，用之於人事。

1. 自然

『自然』兩字，在道德經祇有第二十五章有，「道法自然。」和第十七章「悠兮其貴言，功成事遂，百姓皆謂我自然。」在老子以前，沒有這個名詞，老子以後，則學者多用之。淮南子「原道訓」中有「修道理之數，因天地之自然。」自然是不加人工，天地萬物生來如此。為什麼天地萬物生來如此呢？因物性如此。所以說順性之自然。

儒家非常注重順性，中庸說「率性之謂道」；為什麼儒家和道家的思想不同呢？老子主張人性自然是完全的，用不着人去加以修為；所以越自然越好，越有人為越壞。儒家雖以人性為天理，有善端，然而需要人努力去克袪私慾，發育人性之善，所以有存心和盡心盡性。

自然在道德經裏不是一個在『道』以上的實體，所謂道法自然，並不和下文所說「人法地，地法天，天法道。」地在人以上，天在地以上，道在天以上，就說自然在道以上。『道』為自己的變化有什麼規律呢？以自然為規律，所以說「道法自然」，而自然則是『道』的本性。順性而行，即是自然。

「老聃曰：……夫水之於汋也，無為而才自然矣。至人之於德也，不修而物不能離焉。若天之自高，地之自厚，日月之自明，夫何脩焉！」（莊子・田子方）

物性自然流露，人性本來也是自然流露，可惜人卻不自己看重這種人物自然，反而要去修爲，而使人失去天眞，失去善。老子乃主張人生之道在於自然。一方面除去一切人爲的制度和倫理，一方面歸眞反樸，形同嬰兒。

「不尚賢，使民不爭。不貴難得之貨，使民不為盜。不見可欲，使民心不亂。」（第三章）

「載營魄抱一，能無離乎？專氣致柔，能嬰兒乎？」（第十章）

「五色令人目盲，五音令人耳聾，五味令人口爽，馳騁畋獵令人心發狂，難得之貨令人行妨，是以聖人為腹不為目，故去彼取此。」（第十二章）

「絕聖棄智，民利百倍。絕仁棄義，民復孝慈。絕巧棄利，盜賊無有。此三者，以為文不足，故令有所屬，見素抱樸，少私寡欲。」（第十九章）

「知其雄，守其雌，為天下谿；為天下谿，常德不離，復歸於嬰兒。……知其榮，守其辱，為天下谷，為天下谷，常德乃足，復歸於樸。……」（第二十八章）

「含德之厚，比於赤子。……」（第五十五章）

老子誇言自然之善，不僅人生的痛苦可除，幸福可得，而且使人可以不遇生命的危險。「含德之厚，比於赤子。蜂蠆虺蛇不螫，猛獸不據，攫鳥不搏，骨弱筋柔而握固。未知牝牡之合而全作，精之至也。」(第五十五章)「蓋聞善攝生者，陸行不遇虎兕，入軍不被甲兵，兕無所投其角，虎無所措其爪，兵無所容其双；夫何故？以其無死地。」(第五十章)

老子所理想的生活，是自然的生活。自然而到極點，則一切文明都被排除。若由歷史方面去看，人將永遠留在初民野蠻的時期，人類沒有進步，沒有歷史。

「聖人在天下，歙歙為天下渾其心，聖人皆孩之。」(第四十九章)

聖人使天下的人都變成嬰孩，嬰孩祇知道饑而食，渴而飲，寒而衣，別無所想望。人類的文明便都被摧毀了。但是老子主張自然，有一種精神哲學。他以人的天然狀態，和萬物的天然狀態一樣，萬物的天然狀態，爲一種天然完善的狀態；例如一朶玫瑰花，若是能够生在天然的狀態下，便發育本身所有的一切美；一旦失去自然的狀態，便失去自身之美。因爲玫瑰在自然的狀態下，自身的氣和天地之氣相通。人在自然的狀態下，人的氣和天地之氣相通，人的身體自然強健；人的氣又和『道』相通，人的精神乃能超越天地而進入『道』的無限境地。老子在道德經沒有發揮這種思想，後來莊子則盡量發揮，創造道家精神生活的神秘境界。

2. 無爲

既要純粹自然，反對一切的行爲因素，老子乃主張無爲。無爲在『道』的動，代表自然之動，代表精神之動。自然之動，沒有人爲的因素，人覺不出來是自己在動，因爲不動人的意志，更不動人的頭腦精神。例如人的消化動作，消化器官自然而動，不受人意志的管制，也不爲本人所知道。人一感覺消化系統的動作時，則是消化系統有了不正常的變化。精神之動不形於物質，便不爲感官所能經驗，不受空間和時間的限制。這兩種動作，看來都似乎沒有動作，實則各有各的動作，也都各有各的成效。因此，老子說「道無爲而無不爲。」人生之道，也應是無爲。無爲在人生之道，有以下的意義。㈠不要在人性之上，加上人爲的因素，㈡貴靜而不貴動。

甲、不要在人性之上，加上人為的因素

人類的文明史，常是由簡而繁，在初民的時代，生活的習慣和制度非常簡單，初民生活的要求也非常低微。在當時的人類生活和自然界生物的生活，打成一片。但是人類的心，靈活神妙，自己知道創造更適合生活的享受，人類的生活習慣和制度，乃漸趨複雜；人類的生

活也增加快樂和痛苦。老子對於文明進步，認為所帶給人類生活的快樂少，而所帶給人類生活的痛苦更多。他便極力主張廢除人類自己所創造的一切生活享受，回歸到初民的簡樸生活。

「以正治國，以奇用兵，以無事取天下；吾何以知其然哉？以此！天下多忌諱，而民彌貧；民多利器，國家滋昏；人多伎巧，奇物滋起；法令滋彰，盜賊多有。故聖人云：我無為而民自化，我好靜而民自正，我無事而民自富，我無欲而民自樸。」（第五十七章）

「為無為，事無事，味無味。……天下難事，必作於易；天下大事，必作於細。是以聖人終不為大，故能成其大。夫輕諾必寡信，多易必多難；是以聖人猶難之，故終無難矣。」（第六十三章）

聖人治國，以『道』為模範；『道』既無為，聖人也無為而治。而且在人生哲學裏還另有一種理由；人的行為由人心去發動，人心若能順人性之自然，雖動而不亂，人心乃靜。無論在修身方面，在求學方面，在享受方面，人若不自作聰明，人心保持樸素的天眞，人便有幸福。

「是以聖人，欲不欲，不貴難得之貨；學不學，復衆人之所過。以輔萬物之自然，而不敢為。」（第六十四章）

後來荀子一反老子的主張，以僞爲善。僞，即是人爲。荀子以人性爲惡，需要人在後天努力去矯正。老子的無爲，則以人性自然向善，若加以人爲的因素，便造成惡。惡，不僅在倫理方面爲惡，而是在人生的享受方面，帶來許多痛苦。

乙、貴靜不貴動

易經說：「天行健，君子自強不息。」（乾卦・象曰）孔子以行健爲修身的原則，自己以身作則，「發憤忘食，樂以忘憂，不知老之將至。」（論語・述而）老子卻貴靜而不貴動，以動爲害，以靜爲福。因爲，一切既須自然，一切都不加以人爲的因素，人的生活當然以靜爲主。

宋朝理學家也主張靜，以靜爲修身方法；然而理學家的靜，來自佛教的禪和道教的靜坐，不是傳自孔子和孟子。大學雖說：「知止而后有定，定而后能靜，靜而后能安，安而后能慮，慮而后能得。」（大學・第一章）大學的靜，是動的一種條件，心安靜乃能思慮，以發動人的行爲，使行爲合於天理。老子的靜，不是修身的方法，而是修身的目的。靜爲人心的自然狀態，人應保持不失。

「古之善為士者，微妙玄通，深不可識。夫唯不可識，故強為之容：豫焉若冬涉川，猶兮若畏四鄰，儼兮其若容，渙兮若冰之將釋，敦兮其若樸，曠兮其若谷，混兮其若濁；孰能濁以靜之徐清？孰能安以久動之徐生？保此道者不欲盈。夫唯不盈，故能敝不新成。」（第十五章）

王弼注曰：「夫晦以理，物則得明；濁以靜，物則得清；安以動，物則得生；此自然之道也。」濁水放置不動，渣滓沉下去，水便清了。一根花草，種在土中，要安靜生根，然後纔能發育而生長。靜，爲人生的自然之道。

「昔之得一者，天得一以清，地得一以寧，神得一以靈，谷得一以盈，萬物得一以生，侯王得一以為天下貞；其致之。」（第三十九章）

這一章的一字，可解爲『道生』之一，即氣；但更好解爲『靜』。「天得靜以清，地得靜以寧，神得靜以靈，谷得靜以盈，萬物得靜以生，侯王得靜以爲天下貞。」因爲靜，是自然唯一之道。

「知者不言，言者不知。塞其兌，閉其門，挫其銳，解其分，和其光，同其塵；是謂玄同。」（第五十六章）

玄同是靜的結果，是靜的表現，大家力求勿與衆不同，解除一切爭端，天下太平。

3. 無欲

無爲，假定先應無欲；有欲，必動，無欲，乃不動。爲什麼無欲呢？因爲一切遵照人性的自然。

「道常無欲，可名於小。」（第三十四章）

「道常無為而無不為。侯王若能守之，萬物將自化。化而欲作，吾將鎮之以無名之樸。無名之樸，夫亦將無欲。不欲，以靜，天下將自定。」（第三十七章）

無欲乃靜，靜而天下定。儒家也知道爲求靜，必須克欲；但是孔孟不主張無欲，理學家也不接受佛敎的絕欲；因爲欲是人自生而有的，何況人有心，心靈而動便有欲。

甲、無欲的意義

老子主張無欲，是否主張『道』沒有人格性，又沒有心？這一點，老子雖沒有明說，但是『道』的觀念在道德經裏是一個沒有人格性的實體，『道』乃一切任聽自然。對於人，老子是否主張人沒有心，沒有欲呢？

老子知道人有人心，也知道人心有欲，他說：「聖人無常心，以百姓之心爲心。」（第四十九章）「心善淵」（第八章）「馳騁畋獵，令人心發狂。」（第十二章）那麼老子主張人心無欲，是有欲而絕欲呢？或是有欲而不使欲動呢？

「三十輻共一轂，當其無，有車之用。埏埴以為器，當其無，有器之用。鑿戶牖以為室，當其無，有室之用。故有之以為利，無之以為用。」（第十一章）

老子主張無欲的無字，要從這一章去解釋，便可明白無欲的意義。用材料製作傢俱，材料要不是原有物，纔可以是傢具。例如以木板作書案，木板已經不是原先的木板，書案纔成爲書案，否則祇有木板而沒有書案。書案裏一定有木板，可是木板已經不是木板，而是書案的質料。因此『有之以爲利，無之以爲用。』有木板以作質料，沒有木板乃成書案。老子主張無欲，欲是有的，但沒有欲之用。人心有欲，但是祇爲順自然之性，而不求自己之所好。這樣有欲等於無欲。

乙、虛

無爲乃靜，無欲乃虛，致虛靜，乃老子人生哲學的重點。「致虛極，守靜篤，萬物並作。」（第十六章）虛則心中無物，無物卽是無所貪欲。爲能虛心，老子提倡兩種方法：㈠使民無知，用現代話說卽是愚民政策；㈡使民口腹飽滿，不另有所貪求。

人的行爲常由知識去引導，因爲人心有知，先有知而後有行。所謂知，並不一定是分析明瞭之知，一種概括之知，或一種朦朧之知，也就可以發動人的貪欲。老子主張人的知識越簡單越好

「天下皆知美之為美，斯惡已；皆知善之為善，斯不善已。」（第二章）

「絕聖棄智，民利百倍；絕仁棄義，民復孝慈；絕巧棄利，盜賊無有；此三者，以

為文不足，故令有所屬。見素抱樸，少私寡欲。」（第十九章）

「其政悶悶，其民淳淳；其政察察，其民缺缺。」（第五十八章）

「古之善為道者，非以明民，將以愚之。民之難治，以其智多。故以智治國，國之賊；不以智治國，國之福。知此兩者，亦稽式。常知稽式，是謂玄德。玄德深矣遠矣，與物反矣，然後乃至大順。」（第六十五章）

老子最注意的，不是文明，而是天下太平。人心無欲則必不爭。因此，他主張愚民，而不以智識去教民，使民「見素抱樸，少私寡欲。」然後人民乃能『大順』，順從自然之天性，民風淳淳，社會進於玄德的境界。

但是人心不能絕對無欲，僅說無欲適以激起人心的欲望。更好的方法，乃是使人心的基本欲望有所滿足。人心的基本欲望為飲食。

「是以聖人為腹不為目。」（第十二章）

「不尚賢，使民不爭。不貴難得之貨，使民不為盜。不見可欲，使民心不亂。是以聖人之治，虛其心，實其腹；弱其志，強其骨；常使民無知無欲，使夫知者不敢為也。為無為，則無不治。」（第三章）

老子這種主張，因着他生於亂世，憤然走向極端而提出來。春秋戰國，百家齊鳴，人心乃更紛亂；孔子和孟子都挺身而出，以正邪說，傳述古來聖賢之道。老子則更徹底主張鏟除一切學說，使百姓反於淳樸。老子說：

「禍莫大於不知足，咎莫大於欲得。故知足之足，常足矣。」（第四十六章）

人心知足，無所貪欲，福莫大了。不知足，內心既亂，外面又和人爭，天下也亂，「禍莫大於不知足。」人的一切罪惡，都由於人心有所貪得，「咎莫大於欲得」。

4. 上德

西洋哲人讚賞老子的思想，在於人生觀的高度神秘。膚淺地看來，老子的人生觀很消極，很樸素，也很激烈。他主張棄聖絕智，他要求摧毀物質的享受；他的人生觀豈不是純淨地回到初民的野蠻生命嗎？骨子裏，他的思想則很深，他要求人踏過現實的環境，走向一種理想的精神生活。這種理想的精神生活，在於人心超越現世的人物，和『道』相接合，心中空無所有，一無所貪，平靜安樂。

所以老子以為至善在於不分善惡，上德不以善德為德，超越一切相對的名目，放棄人們所造的倫理。

甲、上德不德

「上德不德，是以有德；下德不失德，是以無德。上德無為，而無以為。下德為之，而有以為。……故失道而後德，失德而後仁，失仁而後義，失義而後禮。夫禮者，忠信之薄，而亂之首。……是以大丈夫處其厚不居其薄，處其實不居其華；故去彼取此。」（第三十八章）

上德在於不知道什麼是善德，爲什麼緣故而不知道什麼是善德呢？照普通說來，這不是最壞的人嗎！因爲他連善惡都不知道分辨了。老子的上德，乃是純粹自然，一片天眞。祇知道照着人性去做，並不知道自己是在做善事。因爲他祇知道這樣做，不知道有別的路可走。這等人的德行，纔是上德，是赤子嬰兒之心，是『道』之變通過人而自然流露。猶如基督信仰的舊約所說：亞當夏娃在沒有犯罪以前，赤身裸體，沒有一毫慾念，不知道是不端莊。後來犯了背命的罪，馬上覺着裸體不好，編織樹葉蔽體，失去了原有的天眞。到了人類知道那種行爲是善，那種行爲是惡，人勉力去行善避惡；這已經是下德了，是人爲的善，而不是人性的天眞流露，已經離『道』遠了。儒家也主張誠，也主張率性；然而照老子看來，這種所謂誠和率性，都是人爲的善，是有爲而不是無爲。後來王陽明主張致良知，以良知自然光明，直接顯現，使人有良知的直覺，王陽明的弟子，以良知直覺的上德，捨棄人爲的禮儀道德。明末清初儒者罵他的流於禪，然而也有老子上德的思想。上德是對於『道』的本體的直覺。

「含德之厚，比於赤子。」（第五十五章）

「大道廢，有仁義，智慧出，有大僞。六親不和，有孝慈。國家昏亂，有忠臣。」（第十八章）

大家若常按人性自然而行，大家都是聖人；也沒有一個人自以爲聖人，或以別人爲聖人。到了大家不按人性自然而行，便有人來講按人性而行是善，不按人性而行是惡。於是有聖賢，有凡夫惡人。這乃是世風不良，人心敗壞的流弊。

乙、柔・退

上德不德，便不與人爭。心目中所有的不是現世的人物，而是自然的安樂。上德的人，他的心情有如清水，任憑物件抛進去，並不抵抗。

「上善若水，水善利萬物而不爭；處衆人之所惡，故幾於道。居善地，心善淵，與善仁，言善信，正善治，事善能，動善時：夫唯不爭，故無尤。」（第八章）

上善的人，利物而不與人爭。自然而動，一切都得其當，不會有愆尤。上善的人便是柔和的人，不自主動，常常退讓。

「曲則全，枉則直，窪則盈，敝則新，少則得，多則惑；是以聖人抱一為天下式。不自見故明，不自是故彰，不自伐故有功，不自矜故長。夫唯不爭，故天下莫能與之爭。古之所謂曲則全者，豈虛言哉！誠全而歸之。」（第二十二章）

人常說老子喜歡作翻案文章，常在矛盾中求至理。爲能全，先該曲；爲能直，先該枉；自己不認識自己乃是明智，自己不講說自己乃能顯揚於人前。老子以柔爲強，以退爲進。

「將欲歙之，必固張之；將欲弱之，必固强之；將欲廢之，必固興之；將欲奪之，必固與之：是謂微明，柔弱勝剛强。」（第三十六章）

「天下之至柔，馳騁天下之至堅。」（第四十三章）

「人之生也柔弱，其死也堅強。萬物草木之生也柔脆，其死也枯槁。故堅強者死之徒，柔弱者生之徒。」（第七十六章）

老子看來是最消極的人，實際則是最積極的人，他按『道』之動而講人生，以『道』靜能持久，柔能全質，乃以柔弱退讓爲得勝之道；看來是讓人取勝，然而人之勝將轉爲退，在人之退中終能獲勝。因此，上德纔眞眞是德，眞眞有利人生。

5. 上知

順自然之性，保持天眞赤子之心，乃有上德。儒家所講的五倫，所造的禮儀，從老子看來，都是人自作孽，不足使人向善，反使人虛僞不眞。堯舜文武所製的文明，所教人的智識，也令人昏愚，使人不辨眞僞。老子遂主張一種上等知識，稱爲上知。

上知卽是無知；所謂知，是對宇宙事物之知。這種知識祇是下知；因爲所知道的僅是形下之物，莊子後來稱爲小知。上知，則是知『道』；『道』乃不可名，不可言；因此對於『道』人所知道的事很少，很渺茫，就等於無知。雖然是無知，但既以『道』爲知識的對象，以『道』爲生活的模範，對於宇宙萬物，則不屑去認識，去追求。

「絕學無憂；唯之與阿，相去幾何？善之與惡，相去若何？……衆人熙熙，如享太牢，如春登台。我獨泊乎其未兆，如嬰兒之未孩。儽儽兮若無所歸，衆人皆有餘，而我獨若遺。我愚人之心也哉！沌沌兮！俗人昭昭，我獨昏昏；俗人察察，我獨悶悶。澹兮其若海，飂兮若無止；衆人皆有以，而我獨頑似鄙。我獨異於人，而貴食母。」（第二十章）

這一章描寫老子的上知，非常高妙。第一句話「絕學無憂」爲大原則；因爲相對知識的小知，沒有價值，知與不知都差不多。因此，他自己追求大知，像未開悟的嬰孩，昏昏悶悶，像一個愚蠢人，像一個山野的鄙夫，可是他的心，平靜若大海，他的精神則沒有止境，他絕對和別人不同，他已經得到知識和道德的根源。

「知不知，上；不知知，病。夫唯病病，是以不病。聖人不病，以其病病，是以不病。」（第七十一章）

知，以不知爲上。誰若不知道這種原則，就是不知道『知』的意義，這就是人生的大毛病。但是若知道這種大病，他便不會去犯這種毛病，也就沒有病了。老子主張變爲嬰兒，捨棄一切知識，心和『道』相接，「聖人不病」。

很少的人，可以明瞭他的思想；因爲很少的人願棄拋棄自己的學識，變成一個鄙夫愚婦。

「吾言甚易知，甚易行。天下莫能知，莫能行。言有宗，事有君。夫唯無知，是以不我知。知我者希，則我者貴；是以聖人被褐懷玉。」（第七十章）

老子雖是鄙棄世俗的知識，也是不願自爲人師；所以說「知我者希，則我者貴。」老子所謂上知，乃是對『道』本體的直接體驗。『道』是絕對超越的，不可言說，祇能用直接體驗，體驗所得，不能言傳。這種知等於無知，只有一種望洋興嘆的感觸。

總結這一章的哲學思想，老子創設了一個無限的『道』，作爲宇宙萬物的根源。『道』的本體，恍惚不定，但有物有象，而且有眞，故雖稱爲無，實則爲一無限之有。『道』具有德，自生變化，生氣，生陰陽，生天地人，化生萬物，一切俱因自然而化，沒有愛惜萬物之心。

人的生活，以順性爲總則。順性則無欲，無欲則無爲，無爲乃樸素。人能順性，自然爲善，而不知道自己爲善，不自誇不自稱功，心與『道』冥相契合。對於宇宙事物的知識，知爲小知，絕不追求，祇以『道』爲求知對象。佛敎的禪宗爲中國的佛家，禪宗的來源雖來自印度，禪宗的內容，則來自老莊。

老子的思想，爲對戰爭混亂的社會所起的反抗，唾棄一切人爲的文明，主張回歸到結繩而治的初民社會。這種思想當然不適於具有無限要求的人心；人類追求享受的慾望，推動社會人生的前進，不會接受老子的主張。但是，人心的要求無限，社會文明的進步絕不能滿足人心的慾望，另外在社會混亂，民生多艱的時際，老子冥合於『道』的精神生活，吸引有心人的嚮往。而且，不滿於現實人生的人，處處都有，因不滿於現實而求逃避現實；老子的思想，遂成爲反抗現實而避世的人生哲學。到了莊子，這種避世人生哲學更加發揚，造成了中國傳統的一派人生哲學，和儒家哲學並流於中華民族的生活中。

註：

(一) 張心澂·僞書通考·下頁七九九。國學名著珍本彙刊。鼎文書局、民六十二年。
(二) 張心澂·同上，頁七八九—七九九。
(三) 胡適·中國哲學史·卷上、頁四九—五〇。商務、民一九年版。
(四) 嚴靈峯·道家四子新編，頁一五。臺灣商務印書館、民五七年版。
(五) 同上，頁一八。
(六) 項退結·現代存在思想研究·頁一二一。現代學苑叢書、民五九年版。

(七) 孫振青・存在哲學簡介　頁九七。光啓出版社、民五五年版。

(八) 項退結・現代存在思想研究　頁一二二。

(九) 鄭聖冲・存在的奧秘　頁一三一。臺灣商務。民六一年。

(十) 說文解字詁林。第八册、頁四九四五。

(十一) 胡適・中國哲學史　卷上、頁八二。

(十二) 羅光・理論哲學　下册，頁二二一。臺北景文書局。

(十三) 羅光・中國哲學大綱　下册，頁二二—二三。臺灣商務印書館，民五八年。

(十四) 嚴靈峯・道家四子新編　頁二七。

(十五) 太平御覽・卷第一、元氣。

(十六) 見魏源・老子本義　頁三六。

(十七) 見魏源・老子本義　頁三六。

(十八) 見嚴靈峯・道家四子新編，頁三九。

(十九) 羅光・中國哲學大綱　下册，頁二六。

(二十) 羅光・中國哲學大綱　下册，頁二三—二四。

第四章 孔子和弟子們的哲學思想

一、緒論

孔子於周靈王二十一年，魯襄公二十二年，公元前五五一年，生於魯國昌平鄉的陬邑，父爲叔梁紇，母爲顏徵在。三歲喪父，孩提時嬉戲，常陳俎豆，設禮容。十五歲定志讀書，十九歲爲季氏史，二十一歲爲司職吏。十九歲時娶妻亓官氏，次年生子伯魚。二十三歲開始在闕里授徒，二十四歲，母顏氏卒。二十七歲，見郯子而問學。二十九歲向師襄學琴，三十五歲時魯亂，孔子避亂往齊國，爲高昭子家臣。過了兩年，返歸魯國。四十六歲，偕南宮敬叔適周，問禮於老聃，採集周室史料。次年歸鄉。五十一歲，受魯定公之召爲中都宰。次年，定公和齊侯夾谷之會孔子爲相，使齊侯守禮結盟。五十三歲，由中都宰升司空，五十四歲爲大司寇，次年攝行相事，誅亂政大夫少正卯。但是齊國國君餽送女子舞樂隊給魯公，魯公接收了女樂，孔子乃辭職，離開了魯國，過了十三年的流離生活，在衞、宋、陳、蔡、葉等國居留。六十九歲時返回魯國，講學授授，兒子伯魚年五十，先孔子而卒。孔子年七十三歲，魯哀公十六年（公元前四七九年）卒。(1)

孔子的弟子，可分前輩和後輩。前輩在孔子三十五歲離開魯國以前，已經向孔子問學，有子路（仲由）、冉有（求）、宰我（予）、子貢（端木賜）、顏淵（回）、閔子騫（損）、冉伯牛（耕）、仲弓（冉雍）、原憲（思）、子羔（高柴）等人；後輩從遊於孔子返魯以後，有子游（言偃）、子夏（卜商）、子張（顓孫師）、曾子（參）、有若、樊遲（須）、漆雕開、澹臺滅明（羽）等人。

孔子說自己：「述而不作，信而好古。」（論語・述而）他自己的著作，祇有春秋一書；但是孔子講述古代聖賢之道，弟子們記述下來，成爲書，作爲後代儒家思想的基礎。這些書有論語、大學、中庸、孝經。論語爲專書，大學、中庸爲禮記的兩章，孝經也被有些學者認爲禮記的一篇。可見爲研究孔子的思想，論語和禮記兩書最爲重要。

論語爲孔子的弟子所記述，乃大家所公認的事；然究竟是弟子中那一個所記，則沒有證據可以確定。鄭玄以論語爲仲弓和子夏等所撰定，柳宗元以論語爲有子和曾子的門生所成，又有人以上論成於琴張，下論成於原思。實際上論語不成於一二人之手，中間大部份應對的話，必爲孔子的門生所記，全書的撰定，則爲孔子門生的門生所成。(2)

論語的版本，有魯論語、齊論語、古論語三種。魯論二十篇、齊論二十二篇，多「問王」、「知道」兩篇，古論沒有「問王」和「知道」，然分「堯曰」章的「子張問」爲一篇，共二十一篇。西漢末張禹以魯論爲主，定論語爲二十篇，篇中兼采齊論中的言論。這種本子就是後代的論語。關於每篇的考證，清代和現代的考據家已經做到使眞僞可辨的程度。

大學和中庸，原本爲禮記的兩篇，朱熹抽出作爲單本，加註，和論語孟子共成四書。朱熹以大學爲曾子所作，中庸爲子思所作。學者因朱熹所說沒有證據，便有人反對；但也不能確定這兩篇爲誰的作品。這兩篇中以大學較早，中庸較晚。兩篇所有思想，在基本上爲孔子的思想，然較比論語的思想，則更系統化了，而且很深入。但雖深入，卻還沒有滲入戰國末年的陰陽五行的思想。子貢曾說：「夫子之文章，可得而聞也。夫子之言性與天道，不可得而聞也。」（論語・公冶長）論語書裏對於性和天道則很少提到，大學一書則注重性字，中庸一書則注重心字，尤其注重天道；因此，大學、中庸的思想，較比論語的思想更深入了一層，然卻和論語的思想不相衝突，而且是加以發揮。

孝道在論語書裏，提到的次數不少，也非常被看重，孝經一書將儒家的孝道略有系統地予以說明，有似大學、中庸的論學系統。孝經一書有今文和古文兩版本，今文本爲十八章，爲秦始皇焚書時顏芝的藏本，由漢朝長孫氏、江翁、后蒼、翼奉、張禹等所傳授。古文本爲孔安國所傳，有二十二章。孝經的作者，孔安國認爲曾子；司馬光、胡寅和晁公武認爲曾子的門人，有的學者則以爲是孟子門人樂正子春，但是到現在也沒有證據可以確定是誰。然而孝經的思想，確實是由孔子所傳；其中節目，則是弟子們所增。按照這本書的結構，頗和大學、中庸相似，原來可能也是禮記書中的一篇。但因孝道爲儒家的最重要的思想，這一篇便早被抽出，作爲專書了。

禮記書中還有一篇，和孔門的思想很有關係，就是「禮運」篇。此篇據學者的考證，可能是漢朝初年的著作，因爲篇中有五帝三王的變易和陰陽五行旋轉之道。但篇中的前半段，子游問禮，孔子答問，辭句的內容樸素而近於實事；後半段自「我欲觀夏道」以後則孔子獨自一個人說話，內容轉入虛幻，和大學、中庸的內容不相同了。這後半段的思想，乃爲陰陽五行之道。

禮記一書，爲三禮之一。三禮爲儀禮、周禮、禮記。儀禮屬六經之一，禮記則爲儀禮在實行上及理論上的說明。全書不是一個人的作品，也不是一個時代的作品。舊傳說禮記原有三百篇，戴聖加以採擇編纂，乃成今本。因此禮記中所流傳孔子的思想也頗多，可以供我們的參考。

至於孔子家語和孔叢子，則爲後出的書，祇可作爲孔子思想的佐證。

孔子的思想，導源於書經、詩經和易經。易傳則已經是孔子自己的思想。孔子思想的特色，在於倫理的色彩，這也是孔子所以成爲中華民族的先師的原因。中華民族的倫理，由孔子而制定，由孔子而實踐。且以之教門生，造成中華民族的道統。

二、論人

現在大家都說儒家是人文主義，孔子爲人文主義的大師。在書經和詩經裏，天命的思想很重；在易經裏，天道的觀念也很深，人祇是宇宙的一部份，當然是最優秀的一部份；然都是在天的掌握裏活動。但書經、詩經和易經都不代表神權時代的思想，乃是代表中國古人的宗教信仰。堯舜禹湯文武周公治國治民，應該遵守道德規律，應該祭祀天地；不然便算違反天命，被天所棄。然而在其他一切事上，皇上自作主張，並不是事事請問上天。到了春秋戰國時代，社會間興盛鬼神的信仰，鬼神處在人和上天之間，人們遇事問鬼神，對於上天乃漸疏遠。孔子爲矯正這種風氣，「子不語：怪、力、亂、神」（論語・述而），專從人的本身上，講爲人之道。然而孔子的爲人之道，以天爲基礎。這一點是孔子的人文主義和現代人文主義不同之點。

1、人

甲、孔子以人爲倫理人

孔子既以人爲自己思想的中心，而他的思想是倫理道德思想；人在孔子的心目中，便不是形上學所講的人，也不是生物學所講的人，乃是倫理的人。

孔子看人不是一個由陰陽而成的『有』，或是一種超於萬物的秀氣，他看人是一個應有倫理道德的人。他說：

「人之生也直，罔之生也幸而免。」（論語・雍也）

程頤解釋爲：「生理本直，罔不直也，而亦生者，幸而免也。」錢穆先生解釋爲「人生由有直道，不直的人也得生存，那是他的幸免」⑶我以爲兩者的解釋，都有點偏，「人之生也直」，人生來做事正直，向善；生來就不正直而偏於惡的人，並不多，「幸而免」可說是例外，或是說破例。

這一點是孔子的倫理人的根基，因爲人生來做事正直，那麼倫理道德便是人生來該有的事，而不是人故意加上去的事。

但是人從生來雖是『直』，然並不是完全平等，孔子說：

「生而知之者，上也；學而知之者，次也；困而學之，又其次也。困而不學，民斯爲下矣。」（論語・季氏）

孔子所講的知，在於『知道』，卽知爲人之道，會箋說：「皇疏：民斯爲下，謂此是下愚之民。英案：知之學之者，知此道也，學此道也。此道在心，此心卽理，仁義孝弟，反求諸心也。上智不爲物蔽，故曰生知。中人或移於習，故必學知，克己復禮是也。物慾旣深，克之較難，故曰困學。困而不學，斯自棄也。非天降才爾殊也。」(4)

「子曰：中人以上，可以語上也；中人以下，不可以語上也。」(論語・雍也)

爲人之道，有深有淺，人的智慧，有高有低。中等智慧以上的人，可以敎以高深之道，中等智慧以下的人，就不得敎以高深之道了。

「子曰：唯上智與下愚不移。」(論語・陽貨)

人的智慧用之於爲人之道，和『道』發生關係。上等智慧的人，理智高看事正確，心地光明，沒有私慾，常趨於正；下愚的人，理智低看事不明白，心裏多慾情，便常趨於惡。

「子路問成人，子曰：若臧仲武之知，公綽之不欲，卞莊子之勇，冉求之藝，文之以禮樂，亦可以為成人矣。」（論語・憲問）

成人是一個成全的人，是一個標準的人；在孔子的眼中，成人應該有智仁勇三德，再加上有技藝和禮樂的修養。孔子也說過「驥不稱其力，稱其德也。」（論語・憲問）人的完善不在於才力，而在於道德。

君子和小人，在古代爲君主和平民的稱呼，爲社會上的制度。孔子把君子和小人改爲品德的高低，品德高者爲君子，品德低者爲小人。這兩個名詞乃成爲中國社會的傳統稱呼，在人們心中看爲很嚴重的倫理評判。因此，在孔子的思想裏，人是一個倫理人，人的價值由倫理道德而定，人的生活也以倫理道德爲中心。

乙、禮記以人為天地之秀氣

禮記的「禮運」篇說：

「故人者，其天地之德，陰陽之交，鬼神之會，五行之秀氣也。……」

「故人者，天地之心也，五行之端也。食味，別聲，被色，而生者也。」

這種思想，繼承易經的思想，易經以人和天地爲三才，人代表天地間的萬物。易經又以萬物由陰陽相結合而成，以天地代表陰陽，常說天地相交而化生萬物。但是五行的思想在易經裏還沒有出現，要到戰國時纔盛行，所以在孔子以後。五行盛行以後，取代了八卦。易經以陰陽變化而成四象、八卦和六十四卦，卦代表物。戰國時代的思想，以陰陽變化成五行，五行相合而成物，不再講卦；講卦時，專爲卜吉凶。「禮運」篇有戰國時期的思想，以人爲五行之秀氣所成。

「天地之德」，天地代表乾坤，人具有乾坤之德，乾剛坤柔。

「陰陽之交」，陰氣和陽氣的交會。五行的每一行，都由陰陽的結合交會而成。

「鬼神之會」，若按漢朝儒家和宋朝理學家的思想，鬼爲魄，神爲魂，人具有魂魄，故稱鬼神之會。但按易經的思想，鬼神代表靈明，代表動作的神妙；人爲鬼神之會，指着人具有靈明之心，人心的活動神妙莫測。

「五行之秀氣」，五行之氣爲金木水火土；然而所謂秀氣，則又是一個新名詞。註疏說秀是秀異，秀氣爲氣性之純。氣純則沒有雜物，不雜而純則清，宋朝理學家乃以秀氣爲氣之清者，清則虛靈，人乃有鬼神的靈明。

但是人之生，不僅是有靈明，同時也有感官，所以說：「食味，別聲，被色，而生者也。」然而說：「五行之端也」，則和「五行之秀氣」，似乎有些矛盾，五行的開端不能是五行的極端之秀。我們便要從另一方面去解釋；因爲在這一段裏，「禮運」講人的七情，以五行、四時，十二月、配聲味色，和七情發生關係，乃說：「故人者，天地之心也。」以七情之動，有似於天地之動，人之心乃得天地之心而爲心。這一點也是易經的思想。「禮運」接着說：「五行之端也」，在上面曾說：「故欲惡者，心之大端也。」後面也說：「故禮義也者，人之大端也。」這個端字，不是開端之端，乃是『事』，心之大端卽是心之大事，或是心之重點。『五行之端』，解爲五行之重點。但端字也可以解爲動之端，欲惡爲心動之端，人爲五行結合之端。

「禮運」篇雖以人爲五行之秀氣，同時也以人爲倫理人，因爲「禮運」全篇講禮義。在禮記的另一篇中，卽「曲禮」中說：

「鸚鵡能言，不離飛鳥；猩猩能言，不離禽獸；今人而無禮，雖能言，不亦禽獸之心乎！……是故聖人作，爲禮以教人，使人以有禮，知自別於禽獸。」（曲禮・上）

人是人而不是獸，人的特點，在於知禮義。人之所以爲人，便在於倫理道德。人的一生，由少到老，生理上變遷很大；「曲禮」把生理變遷和倫理義務相聯：

「人生十年曰幼，學。二十曰弱，冠。三十曰壯，有室。四十曰強，而仕。五十曰艾，服官政。六十曰耆，指使。七十曰老，而傳。八十九十曰耄。七年曰悼，悼與耄，雖有罪，不加刑焉。百年曰期，頤。」（曲禮．上）

少壯老在生理體力上有分別，在倫理義務上也有分別；少年是求學的預備時期，壯年是負責做事的時期，老年是受人尊敬的時期。這種思想，在中國社會裏，從古到今，流傳不絕。大戴禮「本命」篇從生理方面論人，孔子家語「本命解」篇以大戴禮的話，爲孔子的話。

「人生而不具者五：目無見，不能食，不能行，不能言，不能化。三月而徹眴，然後能有見。八月生齒，然後食，期而生臏，然後能行。三年顖合然後能言。十有六情通，然後能化。陰窮反陽，陽窮反陰。辰故陰以陽化。陽以陰變。……二八十六，然後情通，然後施行。女……二七十四，然後其化成。」（大戴禮記．本命第八十）

2、人性

甲、孔子論性

論語中談「性」的問答，可以說是沒有，而且弟子記述孔子的教育方法：

「夫子之文章，可得而聞也。夫子之言性與天道，不可得而聞也。」（論語・公冶長）

孔子以詩書禮樂教弟子，詩書禮樂便是「夫子之文章」。文章不指着文字的作品，乃指着一個人在人格上有端莊文雅的儀表。「性與天道」，性是人性，是人之所以為人之道，天道是天的運行之道；這兩點在易傳裏有所說明，在論語裏，則沒有說明。這是孔子教育的方法，從倫理道德方面教門生做一個成人，不從形上學方面講人之所以為人。但是「不可得而聞」，並不是說從來沒有聽說過，祇是說不容易聽到老師講論這事，也是說雖然聽了也不容易懂。若是易傳是孔子作的，而孔子晚年學易而作易傳，當然他就給門生講人性和天道了。

論語中講到『性』字，祇有「陽貨」篇中所說：

「性相近，習相遠。」（論語・陽貨）

性相近，即是凡是人，在生來的人性方面，彼此是相近，即相似的；後來因着各人所染的習慣，彼此在行爲上便不相同，彼此離得遠了。

這個性字，爲人生來所有的性，指着人心生來所有的傾向，在人心生來所有的傾向上，凡是人都是相近的。論語的性字，沒有朱熹在註疏裏所講的天地之性和氣質之性的意義，也不像程頤所說性之本，爲理，人人相同而不能說相近。孔子說性，不是從形上學的理去說性，這是後來的思想；孔子是從人的行爲方面去說性，人在行爲上若按人心生來的傾向，大家都相近。後來孟子講性，就是從這方面去講。

孟子講性善，論語沒有性善的主張，大學、中庸也沒有明白地提出；但是在談論倫理人時，孔子和門生都假定人性是善的。論語上說：「人之生也直。」

然而性善的觀念，在論語裏不但不明顯，而且也不穩定，因爲論語裏有『上智與下愚不移』的主張。上智固然是性善，下愚則似乎是性惡了。當然，下愚也可以從理智力和慾情兩方面去解釋，不牽涉到人性，可是「不移」兩字，眞眞的牽涉到性字。

無論如何，孔子在論語裏，沒有正式講論人性；我們便不能根據偶然提到人性的一句話，來說明孔子對人性的思想。我們祇能說：孔子知道有人性，人性是人心生來所有的傾向，也是人之活動的根據。

乙、大學·中庸論性

由性字方面去看論語、中庸、大學和易傳，我們可以看出論語對性字的解說最簡單，在時間上應爲最早，中庸和大學的性字，意義較深刻，然而尚在倫理範圍內，在時間上必定在論語以後，易傳的性字，已經進入形上學範圍，這是因爲易經一書的性質爲宇宙論，但在思想變遷上，似乎應在大學和中庸以前，雖然也可以在同一時代發展。

「天命之謂性，率性之謂道，修道之謂教。」（中庸·第一章）

中庸不從生字去論性，便是不從人心傾向方面去論性，而從形上方面去論性，以性爲天命。這一點應來自易傳。

人性是什麼呢？是人所有的天命。天命是什麼？天命爲上天之命，書經和詩經都以上天造生人物，對於人物定了規則。這種規則爲人物運動的規律，既然是上天所定，便稱爲天命。人性就是上天爲人的活動所定的規則。易經稱人的活動規則爲人道，宇宙運動變化的規則稱爲天道，宋朝理學家稱爲理和天理。

中庸以人所受於天所定的規則爲性，按照人性去活動，稱爲人生之道，即是人道，指導人遵照人生之道去脩身行善，就是教育。

「唯天下至誠，為能盡其性。……」（中庸·第二十二章）

「成己，仁也；成物，知也；性之德也，合外內之道也，故時措之宜也。」（中庸·第二十五章）

這兩章的性字，和第一章的性字，意義相同。人性有仁有智，故人按性而行，乃有爲人之道。至誠的人，能把人性之善，盡量發揮出來。故說「自誠明、性也。」（中庸·第二十二章）性本來就是『明』的，人祇要誠於自己，性自然由心而明。

大學是講教育的書，而且講人生的高等上達教育。上達教育應該是中庸所講的「修道之謂教」，大學便說：

「大學之道，在明明德，在親民，在止於至善。」（大學·第一章）

明明德爲高等上達教育的初步，也爲上達教育的基礎。第一個明字是動詞，有發揚、有光明昭著的意義；明明德，即是使明德能夠光明昭著，即是發揚明德。第二個明字爲形容詞，形容『德』是光明的。這種光明的德是什麼呢？就是人性之善，宋朝理學家稱之爲人性天理。朱熹註釋說：「明德者，人之所得乎天，而虛靈不昧，以具衆理而應萬事者也。」所謂『虛靈不昧』，不能指着『理』，『理』是抽象的理，無所謂虛靈不昧；虛靈不昧祇能指着人心，人心有得乎天的性，爲人活動的規律。

人心之性稱爲明德，乃假定人性爲善，否則不能稱爲德，更不能稱爲明。中庸也假定人性爲善，纔說：「率性之爲道」，又說：「喜怒哀樂之未發謂之中」。然而大學、中庸所假定性之善，不是倫理行爲之善，而是行爲規則之善。行爲規則爲天理，天理必定是善。

在這裏附帶說一句，徐復觀以「天命之謂性」爲「使人感到，自己的性，是由天所命，與天有內在的關連；因而人與天，乃至萬物與天，是同質的，因而也是平等的。」(5) 這樣的結論，眞太牽強。兩物有內在關係，並不表示同質和平等；例如緣因和效果有內在關係，並不確定緣因和效果，常是同質或常是同等的。對於天命，在研究書經、詩經和易經的哲學思想時，我們已有說明，我們不承認天和人同質同等。

禮記論性的篇章，還有「樂記」篇說：

「動靜有常，大小殊矣。方以類聚，物以羣分，則性命不同矣。」

「樂記」篇把性命連在一處，性命的意義，是物的類和羣，所以相同和相異的理由，這正是物之所以成物之理，物之性相同，則是同類，性不相同，便不是同類。人之性都相同，人和狗的性便不相同。大戴禮的「本命」篇說：「分於道謂之命，形於一之謂性。」這個性字和禮記「樂記」篇的性字意義相同，形於一，是使物之所以成物，同於一類。

3、命

甲、孔子論命

論語裏記述孔子論性的語祇有一句，卻記述好幾次孔子論命的話。命對於人的實際生活很有關係，孔子在實際的人生上講到命。「子罕」篇說：「子罕言：利與命與仁。」這處的罕言不能作爲稀少的罕，因爲孔子在論語裏常常談到「利與命與仁。」這個罕字該作爲特別注意的意思。

「不知命，無以爲君子也。」（論語・堯曰）

「道之將行也歟，命也；道之將廢也歟，命也。」（論語・憲問）

「伯牛有疾，子問之，自牖執其手，曰：亡之，命矣夫！斯人也而有斯疾也！斯人也而有斯疾也。」（論語・雍也）

子夏曰：「商聞之矣，死生有命，富貴在天。」（論語・顏淵）

「五十而知天命。」（論語・爲政）

「君子有三畏：畏天命、畏大人、畏聖人之言。」（論語・季氏）

孔子在論語裏講天命、講命，天命和命似乎是兩件事。論語裏孔子所講的天命，和中庸的「天命之謂性」，意義不相同。中庸的天命是一種概括的命，是對一切的人而言，凡是人都受了同樣的天命，卽是受了相同的人性，爲人之爲人的『道』和『則』。孔子所講的天命，乃是指着上天所給一個人的使命，這種命是個別的，是單獨的。孔子常承認自己受有上天所給的使命，上天給他的使命在於承傳堯舜文武之道。所以他自己說：「文王既沒，文不在茲乎？天之將喪斯文也，後死者，不得與於斯文也。天之未喪斯文也，匡人其如予何！」（論語・子罕）「天生德於予，桓魋其如予何！」（論語・述而）

這種命，是天命，是孔子所說的『知命』之命。不知道這種使命，一個人不能成一個君子，因爲不能滿全使命。道行不行是命，這個命也是天命。

伯牛有疾的命，和死生之命，則是普通所說的命運。死生和富貴都在命之中，本人沒有抵抗的力量。子夏說所聽到「死生有命，富貴在天。」兩句話平行，不相對立，死生和富貴相平行，命和天相平行；因此死生富貴都屬於命，命則是天。孔子所講的命運，也是天命。這種命運，雖也是宿命，然並不使人盲目聽命運擺佈，或是消極聽命運的安排，自己一點不努力。因爲壽夭的命運，不取消人從事工作的心火；富貴的命運也不妨礙尋覓前途的心火。誰也不預先知道自己的壽命長短，誰也不預先知道自己的窮達貧富，人便盡力奔赴自己的事業。在事情過去以後，纔知道暗中有命。如孟子所說：「吾之不遇魯侯，天也！」（梁惠王下）

韓詩外傳，記孔子的話說：「哀公向孔子曰：有智壽乎？孔子曰：然。人有三死，而非命也者，自取之也。居處不理，飲食不節，勞過者，病共殺之。居下而好干上，嗜慾無厭，求索不止者，刑共殺之。少以敵衆，弱以侮強，忿不量力者，兵共殺之。故有三死而非命，自取之也。詩云：人而無儀，不死何爲。」（韓詩外傳・卷一）

乙　中庸・禮記論命

A、中庸論命

「天命之謂性。」（中庸・第一章）

「君子居易以俟命，小人行險以徼幸。」（中庸・第十四章）

「大德必得其位，必得其祿，必得其名，必得其壽。故天之生物，必因其材而篤焉，故栽者培之，傾者覆之。」（中庸・第十七章）

「故大德者必受命。」（中庸・第十七章）

中庸論命，不以性命相連，而單獨說命。第一章所有的天命，不是普通所說的命，乃是指的天的命令，或天的定奪。第十四章所有的命，正是普通所講的命。這種命字指着一個人的窮達，一個人能否行道，都有命。易經很注重時字和位字，就是等待命所定的時間，和居在命所定的位置。中庸說『君子居易以俟命』，便是這種思想，君子人常常在人事變易中居在當居的位置，以等待命所定的時間，決不亂動，小人則冒險，反對命運而希望徼幸有所得。

命的規定並不是偶然的，上天對於一個人的規定，也看這個人的本身究竟若何，是有才德呢？是作惡的小人呢？『天之生物，必因其材而篤焉。』因此，有大德的人，上天規定他的命，必是「得其位，得其名，得其壽」。

這樣，命和每個人的操行相關連。當然，大德的人並不多，寥寥如晨星，大惡的人也不多，普通一般人的命，也就不明顯了。戰國末年乃有帝王受命和五德終始說。

B、禮記論命

禮記上還有「樂記」、「禮運」、「祭法」等篇裏，提到命。大戴禮也有命字。

「動靜有常，大小殊矣。方以類聚，物以羣分，則性命不同矣。」（禮記・樂記）

「是故夫政必本於天，殽以降命。命降於社之謂殽地；降於祖廟之謂仁義；降於山川之謂興作；降於五祀之謂制度。此聖人所以藏身之固也。」（禮記・禮運）

「是故夫禮必本於大一，分而為天地，轉而為陰陽，變而為四時，列而為鬼神。其降曰命，其官於天也。」（禮記・禮運）

「凡生於天地之間者皆曰命，其萬物死皆曰折，人死曰鬼。」（禮記・祭法）

「分於道謂之命，形於一謂之性，化於陰陽，象形而發謂之生，化窮數盡謂之死。故命者，性之終也。」（大戴禮・本命）

禮記的「樂記」篇所講的性命，在上面已經說過，這一篇的性命兩字連用，所有的意義和性字的意義相同。大戴禮的「本命」篇的命、性、生、死等字，都有形上哲學的意義。「本命」篇以『道』為宇宙所以成為宇宙之道，也就是天道。宇宙之道分而成人道，稱為命。人得人道以生；人道形成一類的人，稱爲性。人是怎樣生的呢？是因陰陽的變化，乃因着人性而成人形。陰陽的變化停止了，人的壽數完了，便是死。「本命」篇稱「命」爲性之終，意義是指着『性』在人死的時候，便終止了；因爲人死了便已經不是人。而人之死，在於命，故稱命爲性之終。這樣說來，「本命」篇的兩個命字，前後意義似不相同，因爲在上方面說，性的始終都由於命，唐君毅先生說：「此命貫於物之性，物之生之始與終者。」[6] 性爲天道的一部份，這一部份所以成立，乃由於命，也卽是中庸所說的「天命之謂性」。但是陰陽變化的窮盡停止，人的壽數完結，也由於命，這種命便不是形上之命，也不是「分於道」之命，而是普通之所謂命運了」。「本命」篇把兩個命字用在同一文句裏，表示兩個命字的根由相同，都是來自天。

「祭法」篇的命字，也和這個命字的意義相同。

所以中庸大學和禮記的其他篇章，分命字爲兩種，一爲形上的天命之性，一爲每個人的命運。

「禮運」篇的命字，註疏謂爲「敎令」。君王行政以天爲本，「殽以降命」效法天而下敎令。敎令在禮上去施行，以「社」禮施敎令，爲效法地；以祖廟禮施敎令，爲仁義；以山川祭禮施敎令，爲興作器物，以五祀祭禮施敎令，爲社會制度。這個命字不是哲學上的命，是政治上的命。

4. 心

甲、孔子論心

『心』，在中國哲學思想裏，是一個重要的中心點。在書經和詩經裏，『心』的意義，已見端緒，在易經裏沒有發展，在孔子的論語裏，漸見完滿，在中庸、大學裏多有發揮，到了孟子和荀子，乃得完成。

論語裏孔子講到『心』，祇有三處：

「七十而從心所欲，不踰矩。」（論語・爲政）

「回也，其心三月不違仁。」（論語・雍也）

「飽食終日，無所用心，難矣哉！不有博弈者乎！為之猶賢乎已！」（論語・陽貨）

從這三個心字去看，孔子以心爲善惡的中心；人之爲善爲惡，由於自己的心。孔子說自己到了七十歲，可以從心所欲，不會逾越倫理的規矩。他一生的修養，都爲達到這個目的。顏回是孔子的得意門生，還在青年練習修養的時候，能够在三個月的長久時間，他的心不違背仁道；孔子稱讚他的善。孔子又說普通一個人，天天飽食，不用心做事。他就必定作惡。心爲什麼是善惡的中心呢？孔子以心有欲有志。欲是心的天然而動，志是人反省之動。對於心的天然之動，人所該做的，在於以心的反省而予以約束。因此孔子說：「君子有三戒：少之時，血氣未定，戒之在色；及其壯也，血氣方剛，戒之在鬪；及其老也，血氣既衰，戒之在得。」（論語・季氏）這種修養方法很合於心理和生理。『欲』是人心天然所有的，和人的生理心理相連；所以人心的欲情之動，必有生理和心理的條件。爲克欲，孔子教導注意這兩方面的因素。

「己所不欲，勿施於人。」（論語・衞靈公）

「己欲立而立人，己欲達而達人。」（論語・雍也）

爲使『欲』向善，不能單用消極的克制，而要用積極的引導。積極地引導向善，則在於心經過反省，規定一個目標，使心中的『欲』趨向這一目標，這稱爲『志』。志是心之所向。孔子常教導門生好好定志。

「吾十有五而志于學。」（論語・爲政）

「子曰：志於道，據於德，依於仁，游於藝。」（論語・述而）

「士志於道，而恥惡衣惡食者，未足與議也。」（論語‧里仁）

「顏淵季路侍，子曰：『盍各言爾志？』……」（論語‧公冶長）

心志於道，志於仁，志於善，他的心便專注在這一點，便會集中自己的理智力和意志力，去完成自己的志向。

志是由心去定，由心去把持；心便是行善的動力。在『志』裏，我們看到心要知道志的對象和條件，心要選擇志的對象，心要發指導理智力和意志力去追求對象。後來孟子和荀子，以心能知、能主宰便是引伸和發揮孔子的思想。

乙、大學‧中庸論心

大學講人生大道，以脩身爲本，進而到齊家治國平天下。「物有本末，事有始終，知所先後，則近道矣。」人生大道的本和始，在於修身，修身以正心爲主。大學乃正式提出儒家的『正心』之道。

「欲脩其身者，先正其心。欲正其心者，先誠其意。」（大學‧首章）

「富潤屋，德潤身，心廣體胖，故君子必誠其意。」（大學‧第六章）

「心不在焉，視而不見，聽而不聞，食而不知其味。」（大學・第七章）

爲什麼要正心呢？因爲人的一切行動都靠着心，假使心不在，五官的感覺也不能行動。這就是說人的行動，以心爲主，身由心主宰。大學雖然沒有主宰的名詞，已有主宰的實事。孔子在論語中講修身之道，常因人設教，沒有系統地講述，大學和中庸則是有系統地講而且注重內在的道德。中庸以人之性爲倫理標準，人之性由心而顯。大學以人性爲明德。明德怎樣可以顯明呢？由心去明。所以說『大學之道，在明明德。』心爲能明明德，心應該是正直的，因此修身之道在正心。大學和中庸都沒有說明心的本體，但已經假設『心』的本體是虛明的。這一點要等到荀子，纔有說明。

中庸對於心，沒有提到過，三十三章裏沒有一個心字。但是中庸前一半講『道』，道須與不可離，故君子慎獨，『此謂誠於中，形於外。』（大學・第六章）這種『道』便是在人心，後一半講『誠』，誠由心而實行，故心字在中庸裏可以說是隱而不顯，況且中庸講喜怒哀樂之發和未發，情之發，就是心之動。「致中和，天地位焉，萬物育焉。」都靠着心去主宰。中庸又說：「自誠明，性也。」（中庸・第二十一章）性本來是明的，性的明，由心而明。人自己誠於自己的性，性自然由心而明。故唐君毅先生說：「中庸於此乃更不言心不言意念，而只言明。明卽心知之光明，人至誠而無息，則其心知只是一充內形色的光明，以表現此自誠之性，此外更無心可說。」(7)我雖不同意『明』代表心知的光明，更不同意「此外更無心可說」，但我贊成「自誠明」是由心而明，因爲心的本體爲虛明。大學有明明德，中庸有自誠明，都以『明』代表心的虛明。

5. 情

甲、論語論情

『情』在後代儒家的思想裏，佔着重要的位置，朱熹解釋性的善惡時，以性爲善，情可善可惡，人之善惡來自情。可是在論語和大學、中庸裏，竟只找到三個情字。不過，情的意義，或情的對象則實實在在地存在。

孔子在論語裏，有幾次提到喜怒哀樂：

「有顏回者好學，不遷怒，不貳過。」(論語・雍也)

「在陋巷，人不堪其憂，回也不改其樂。」(論語・雍也)

「知者樂水，仁者樂山。」(論語・雍也)

「子在齊聞韶，三月不知肉味。曰：不圖為樂之至於斯也。」(論語・述而)

「飯疏食，飲水，曲肱而枕之，樂亦在其中矣。」（論語·述而）
「顏淵死，子哭之慟。」（論語·顏淵）
「君子有九思：……忿思難……」（論語·季氏）

孔子講喜怒哀樂，是在實際生活上談人的情慾，祇有在「季氏」章的九思裏講「忿思難」，講到原則，在發怒時，要反省發怒以後的困難，便不要亂發怒。在實際生活上談情慾，孔子所擧的例，也是指着情慾的善，喜怒哀樂合於道。

乙、中庸論情

中庸雖沒有情字，但在第一章卽提出了情慾的大原則：「喜怒哀樂之未發謂之中，發而皆中節謂之和。」這項原則，在後代儒家中，成爲善惡的規律。註疏說：「喜怒哀樂，情也；其未發則性也，無所偏依，故謂之中；發而皆中節，情之正也，無所乖戾，故謂之和。」

但是『情』的基本，雖在於性，然不由性而發，而由心而發。故情的基礎在於心；因爲情發時，是由心而發，不是由性而發。性祇是抽象的理，心則是活活的生命中心。情未發時，心平靜不動，如秋水不起波，可以明明看見心中的性；這種狀態稱爲『中』。情發時，由心而發，心乃動，心動而合乎心內的性理，便稱爲和，便是中節，便是善。孔子在論語裏所舉例的喜怒哀樂，都是『中和』的情。

情發而不中節，便不中和，便是惡。這樣說來，不是善惡都來自情嗎？同時又有一個問題，是不是人的一思一言一行，都帶有情，因此，乃有善有惡呢？孔子和弟子們都沒有提出這些問題；但是從中庸首章所說：「中也者，天下之大本也；和也者，天下之達道也，致中和，天地位焉，萬物育焉。」我們可以知道『中和』爲倫理道德之大本和達道，就是善惡的基礎。我們便可以說：善惡由情而來，人的思言行爲都帶有情。這一點造成了後來朱熹的性爲善情爲惡的主張，而忽略了一個根本的問題，即是情之發由心主宰，情發時中節或不中節而造成的善惡，應由心負責。不過心既由情而動，情慾的強弱，當然影響心之動；因此，情慾對於心動時之善惡，爲一重要因素。儒家乃主張克制情慾，以免狂烈之情慾驅使心亂動。

丙、禮記論情

禮記比較晚出，書中不僅有情字，而且講情的作用。在禮記的各篇裏，以「禮運」和「樂記」兩篇對於情，講得頗爲詳細，由情的本身，講到情的流露。

「孔子曰：夫禮，先王以承天之道，以治人之情；故失之者死，得之者生。……」

「何謂人情？喜怒哀懼愛惡欲，七者弗學而能。何謂人義？父慈、子孝、兄良、弟弟、夫義、婦聽、長惠、幼順、君仁、臣忠，十者謂之人義。講信脩睦，謂之人利。爭奪相殺，謂之人患。故聖人所以治人七情，脩十義，講信脩睦，尚辭讓，去爭奪，舍禮何以治之？飲食男女，人之大欲存焉。死亡貧苦，人之大惡存焉。故欲惡者，心之大端也。人藏其心，不可測度也。美惡皆在其心，不見其色也。欲一以窮之，舍禮何以哉。」（禮運）

「禮運」篇講人的情有七種，稱爲七情。中庸講喜怒哀樂，沒有講愛惡欲，「禮運」所講的七情更爲完全。情欲爲心所有，稱爲「心之大端」，「端」解爲事，欲惡爲心之大事。而且「美惡皆在其心」，情的善惡由心決定。這幾點在大學、中庸都沒有說明，祇能按理而推出，在「禮運」篇就講清楚了。

在這一段話以後，「禮運」接着講五行、五聲、五味、五色，結語說：「故人者，天地之心也，五行之端也，食味、別聲，被色而生者也。」在天地之間，五行變化，乃有四時、十二月，五聲五味和五色的變化，乃有聲律食味文彩，人之生，得天地之心以生，含有五行、五聲、五味、五色。這幾個五，構成人的情欲。人的情欲，和天地的四時，和天地的聲味色相同。漢儒董仲舒就有這種主張，以人配天地。這種五行和聲味色的思想，當然不是孔子和弟子們的思想，是出於戰國末期，由漢朝儒者予以發揮。

情欲既是和五行相連，五行爲陰陽的變化，陰陽爲人的構成素，情便和人的性相連「樂記」篇就說到這一點：

「人生而靜，天之性也；感於物而動，性之欲也。物至知知，然後好惡形焉。好惡無節於內，知誘於外，不能反躬，然後天理滅矣。夫物之感人無窮，而人之好惡無節，則是物至而人化物也。人化物也者，滅天理而窮人欲者也。」（樂記）

人生來的天性，是平靜，是『中』，是天理。但要爲外物所感觸，平靜的天性就動，這種動是「性之欲也」。但是性本來不被感觸，被感觸的是心，性也不動，動的是心，因此情爲心的好惡；不過情以性爲基本。「樂記」說：

「凡音之起，由人心生也。人心之動，物使之然也，感於物而動，故形於聲。……」「樂者，音之所由生也，其本在人心之感於物也。是故其哀心感者，其聲噍以殺；其樂心感者，其聲嘽以緩；其喜心感者，其聲發以散；其怒心感者，其聲粗以厲；其敬心感者，其聲直以廉；其愛心感者，其聲和以柔；六者非性也，感於物而后性。

「凡音者，生人心者也。情動於中，故形於聲。……」（樂記）

動。……」（樂記）

這幾段說的很明白，情是心之動，心因感於物而動。動爲情，而「六者非性」，不是物是心外的對象，使人心有感觸，感觸乃有情，情發爲聲音。物對人心的感觸很多，人的情欲也就無窮，若不加以節制，則「天理滅矣」。節制情欲，是心的責任，「樂記」說若不『反躬』，反躬是人反省，反觀自心的天理，以使心之動中節，合於天理。不然，人就變成了禽獸，人化爲物，「人化物者，滅天理而窮人欲者也。」

天理和人欲相對立的思想，在孔子和弟子們的思想裏沒有，到了戰國末期和漢朝，則很明顯。僞尚書的「大禹謨」講道心和人心，也應是漢朝儒者的思想。

孔子的人論，以人爲思想的中心。人之能成爲思想的中心，因爲人爲一倫理人，而不是一個生理和禽獸相等的人。倫理的人，以人性生來正直爲根基，以心的正大光明爲中心，以情之高尚而完成。人生有命，上者負有天授的使命，以宣揚古聖之道，每人的壽夭窮達也都有上天的命令。

孔子的弟子在大學、中庸和禮記裏，進而以人爲萬物之秀，得天地之心而爲心。人之爲人應有爲人之道，在於明明德，在於率性。倫理道德的標準，由外面的天道和禮，進入了人性。人性由心而顯，心爲虛明，平靜時常顯人性天理。人心因物的感而動，動而爲情，情動合於天理則中節而爲和，和就是善。人的本體雖是人性，人的生活中心則是心。心中有天理，有人欲，善惡由心主宰。

「孔子曰：中人之情也，有餘則侈，不足則儉，無禁則淫，無度則逸，從欲則敗。」（孔子家語・卷四 六本第十五）

「子曰：由未之識也。……夫遇不遇者時也，賢不肖者才也。君子博學深謀而不遇時者，衆矣。……為之者人也，生死者命也。」（孔子家語・卷五 在厄第二十）

「魯哀公問於孔子曰：人之命與性何謂也？孔子對曰：分於道謂之命，形於一之謂性，……」（孔子家語・卷六 本命解第二十六）

孔子家語雜取論語、禮記、儀禮和漢代人的思想，尤其充滿五行的學說。「孔子曰：禮之所以象五行也，其義四時也。」（孔子家語・卷六 本命解第二十六）這種思想較比「禮運」的思想，離孔子更遠了。

三、生命哲學

生命哲學在中國哲學史上沒有這個名字，在西洋哲學史裏也祇有在現代纔有這種哲學；但是在中國哲學思想裏，生命的思想充滿了儒家的哲學。「從易經開始，『生生之謂易』把天地的變化都集中在生命一點，生命成了宇宙的中心。孔子以仁爲自己的一貫之道，仁即是生生，即是愛惜生命；孔子的仁的哲學，便成了生命哲學。」

普通以孔子的思想，爲倫理思想。孔子的倫理重在成聖賢，聖賢爲一種生活的理想方式。孔子的倫理思想不僅是講生活的規律，而是講精神生活的發育，如中庸所說發揚人性和物性，參與天地的化育。人的精神參與天地的發育，這是生生，這是仁。

1. 生命哲學

甲、生命與仁

A、生生爲仁

生生爲仁，或生命爲仁，雖倡自宋朝理學家；但是在易經裏，這種思想已經萌芽。易經的「繫辭」和「文言」，有天地好生之德的思想，又有聖人以『仁』發育好生之德的思想：

「安土敦乎仁，故能愛。」（繫辭上・第四）韓康伯註說：「安土敦仁者，萬物之情也，物順其情，則仁功贍矣。」

「天地之大德曰生，聖人之大寶曰位。何以守位？曰仁」（繫辭下・第一）

「文言曰：元者，善之長也。亨者，嘉之會也。利者，義之和也。貞者，事之幹也。君子體仁足以長人，嘉會足以合禮，利物足以合義，貞固足以幹事。君子行此四德者，故曰乾元亨利貞。」（乾卦・文言）

乾卦「文言」以仁爲愛人，故君子體仁乃能爲人的長上。但是乾卦的元，在「文言」中解爲「乾元者，始而亨者也。」始而亨，代表生命的萌芽和發育。韓康伯以安土敦仁爲萬物的性情，所謂安土敦仁即是安於自己所生長之地，以求發育。萬物順從這種性情，「則仁功贍矣」，則生命的發育便顯而易見了。「繫辭」以聖人守位的德能在於仁，『位』在易經中代表卦爻的位，也代表陰陽變化的『時』，以及人事變化的『時』，萬物的化生要適逢陰陽變化的『時』聖人在人事裏也要適合人事變化的『時』，這種得『時』稱爲仁。

「文言」和「繫辭」或爲孔子所作，或爲弟子所述，確實可以代表孔子的思想。

B、生命的宇宙

易經以天地、萬物、人合成一個宇宙，同由陰陽之氣變化而成。陰陽之變化，目的在於生生，生命乃隨陰陽之氣，流通於宇宙間，宇宙萬物以生命而互相聯繫。論語裏也有這種思想，孔子說：

「天何言哉？四時行焉，百物生焉，天何言哉！」（論語・陽貨）

王船山註釋說：「四時行，百物生，莫非天理發見流行之實，不待言而可見。聖人一動一靜，莫非妙道精義之發，亦天而已，豈待言而顯哉。」[8]

「中國以農立國，以農夫的眼光去看宇宙的變化，莫非爲使五穀生長，日月雨露，風霜寒暑，春夏秋冬，一年節氣，都和五穀的生長有密切關係。」[9]

雖然子貢說：「夫子之文章可得而聞也，夫子之言性與天道，不可得而聞也。」（論語・公冶長）但是孔子並不是不講天道。例如：

「子謂仲弓曰：犂牛之子，騂且角，雖欲勿用，山川其舍諸？」（論語・雍也）

在這裏孔子就談到天道，有用之才不可棄。「山川其舍諸？」山川代表天道，卽是說宇宙不會捨棄有用之才而不用。犂牛之子可供祭祀的犧牲，人若棄而不用，鬼神卻不能捨棄牠。天道周流宇宙，使萬物適時而生，適時而用，這就是代表宇宙生生之理，代表仁道。

「子曰：知者樂水，仁者樂山。知者動，仁者靜。知者樂，仁者壽。」（論語・雍也）

孔子把人的生命和宇宙的萬物聯合一起。山水在宇宙的變易中，山代表靜，水代表動，山水的動靜象徵宇宙的生命。人中的知者和仁者，能够把自己的生命和宇宙的生命相配合，在自己的生命中，乃取得『樂』、取得『壽』。孔子沒有說知者取得知識，仁者取得道德，卻說知者樂和仁者壽，直接深入人的生命中，樂和壽乃是生命的表現。

「子釣而不綱，弋不射宿。」（論語・述而）

「正義曰：此章言孔子仁心也。」孔子的仁心在愛惜魚和鳥的生命上，表現出來，足證孔子以仁和生命相聯繫。

在中庸裏，宇宙的生命更形顯明：

「天地之道，可一言而盡也：『其為物不貳，則其生物不測。』」（中庸·第二十六章）

天地之道爲『誠』，誠則順着物性，故能化生無數的物，因此天地之道，自然而然向着生命。

「大哉聖人之道！洋洋乎發育萬物，峻極于天。」（中庸·第二十七章）

聖人之道和天地之道相遇，天地之道爲化生萬物，聖人之道爲發育萬物，發育萬物乃稱爲仁。

「唯天下至誠，……知天地之化育，夫焉有所倚？肫肫其仁，淵淵其淵，浩浩其天。」（中庸·第三十二章）

至誠的人，知道天地的化育，且能參贊天地的化育，這種精神境界，稱爲肫肫至仁的境界。精神生活的深奧，可以和天地相比，有如孟子的『浩然之氣』。

生生稱爲仁，天地之道流行宇宙之內以生生爲目的，天地乃有好生之德，好生即是仁。天地之道自然而化生萬物，自誠而仁；人之道在化育萬物，化育自己的生命，化育萬物的生命；所以人若是「誠」，「誠則明」，把自己的仁德，也即是自心的「明德」，能够顯明。大學乃說：『大學之道，在明明德。』

乙、生命的發育

天地之道化生萬物。萬物化生後，還須發育。萬物的化育，則在於人。人若不使萬物發育，則天雖生物，物也不免天然的淘汰。老子所以說：「天地不仁，以萬物爲芻狗。」（道德經・第五章）老子不以人心爲仁，人不要參贊天地的化育，萬物就看來被天地所拋棄，自生自滅，沒有彼此相關的聯繫，更顯不出天地的好生之仁心，若是生命不看爲天地之仁和人心之仁，生命便沒有任何價值。

中庸乃說：

「唯天下至誠，為能盡其性；能盡其性，則能盡人之性；能盡人之性，則能盡物之性；能盡物之性，則可以贊天地之化育；可以贊天地之化育，則可以與天地參

矣。」（中庸・第二十二章）

中庸的這一章爲全書的中心思想，爲儒家的發展哲學。儒家講人性的發展，以個人的個性爲基礎，然後發展到一切人的人性，然後發展一切物的物性。中庸所講的『性』，不是抽象的『性』，而是活動的生命。

「儒家的發展哲學，在發展人性，人性發展便是擴充自我。擴充的圓周，第一個圓周是『四海之內，皆兄弟也』，即是大學的「親民」，第二個圓周是『天人合一』。」(10)

這種發展也就是『仁』的發展。『仁』使人發展自我而後發展別人。

「夫仁者，己欲立而立人，己欲達而達人。」（論語・雍也）

立己立人，達己達人，充實了自己的人格，也要充實他人的人格。人格的充實是自己生命的圓滿，生命圓滿纔可稱爲成人。

「子路曰：願聞子之志。子曰：老者安之，朋友信之，少者懷之。」（論語・公冶長）

孔子的志向，係仁者的志向，爲仁者的心懷：安老、信朋、懷少。所謂『安』、『信』、『懷』都是對於老人、朋友、孩童在生命方面，有所助益。

把這種仁的精神再推而遠之，愛到天下的人，便有禮記「禮運」篇所說的大同：

「大道之行也，天下為公，選賢與能，講信修睦。故人不獨親其親，不獨子其子，使老有所終，壯有所用，幼有所長，矜寡孤獨廢疾者皆有所養。……」(禮記・禮運)

大同的精神，即是孔子的「老者安之，少者懷之。」的仁愛。仁愛的範圍推到天下的人，仁愛的工作則是對於天下人的生命予以協助，使能發育。中庸說：「能盡其性，則能盡人之性。」

由人的生命想到萬物的生命，人的生命既然可愛，萬物的生命也便可愛。有仁心的人，誰忍心去摧殘花草和鳥獸的生命？不僅是不摧殘萬物的生命，連無生物的瓦石，有仁心的人也不無故加以摧殘。王陽明稱這種仁心爲『一體之仁』。

人不僅以『仁』和萬物相連，成爲一體之仁，而萬物和人也眞是一體；因爲人爲發育自己的生命，需要別的物體犧牲自己的生命來供養。人爲生活，要吃鳥獸魚類，要吃蔬菜水菓類，人病了要用藥石，在萬物的生命中，有一天性的次序，互相聯繫，互相協助。中庸乃說：「能盡人之性，則能盡物之性。」

萬物的生存，供養人的生存；人的生存也供養萬物的生存。人知道培植花草，種植五穀百菓，人能美化自然山水，人能保養鳥獸的繁殖，萬物生存之性，因着人的工作，乃得發揚，這也是「盡物之性」。

人能以自己的仁心，愛惜萬物的生存，又能以自己的智慧，培育萬物的生存，人便贊助天地化育萬物的工程，人的仁心和天地好生之心相通。人心乃是『肫肫其仁，淵淵其淵，浩浩其天。』達到天人合一的神秘境界。

中庸的發展哲學和大學的發展哲學，理論和步驟相合。「大學之道，在明明德，在親民，在止於至善。」（大學・第一章）「明明德」爲「盡其性」，性即明德，盡爲顯明發揚。「親民」爲「盡人之性」，即立己立人，即大同。「止於至善」，爲「贊天地之化育，與天地參」即『一體之仁』，『天人合一』。

孔子述說自己一生修養的過程；

「子曰：吾十有五而志於學，三十而立，四十而不惑，五十而知天命，六十而耳順，七十而從心所欲，不踰矩。」（論語・為政）

這一段爲最有意義的述說，顯示孔子人格的發展。由求學而到自立，以『盡其性』完成自己的人格。然後進而認識天道，天道爲好生，人之道便在於仁民愛物，孔子於是知道自己所受於天的使命，在發揚好生的仁道，努力實行，以仁心加於人，加於物，自己的心乃知道萬物之情，和天地萬物相通。於是『耳順』，眼雖不看，耳似乎能聽到萬物之聲。『順』有自然的意義，有誠的意義。中庸說至誠的人和天地相通，孔子述說自己『耳順』，『從心所欲，不踰矩。』便是達到至善的境界。

丙、生命與天

對於上天的信仰，在詩經和書經裏，明顯清楚，沒有人懷疑。天地萬物和人，都是上天所造，也受上天的宰制。這種信仰，在易經裏，則不大明顯，而且易經常談天地乾坤，講乾元坤元；因此便有人懷疑易經是否保持對上天的信仰，或者已開始自然之天理的思想。我們在研究易經的哲學思想時，已經說明易經保有對於上天的信仰，然因講宇宙的變化，以陰陽結合爲萬物化生的天道，便常注意這種天道。

孔子信仰上天或上帝，也是很明顯的事。我們祇要把論語中提到『上天』的文句，集合而加以比較，便知道孔子對於上天的信仰，旣誠切又深刻：

「王孫賈問曰：『與其媚於奧，寧媚於竈。』何謂也？子曰：不然！獲罪於天，無所禱也。」（論語·八佾）

「儀封人請見，曰：君子之至於斯也，吾未嘗不得見也。從者見之，出曰：二三子何患於喪乎！天下無道也久矣，天將以夫子為木鐸。」（論語·八佾）

「子曰：大哉！堯之為君也，巍巍乎唯天為大，唯堯則之。」（論語·泰伯）

「子畏於匡，曰：文王既沒，文不在茲乎？天之將喪斯文也，後死者，不得與於斯文也！天之未喪斯文也，匡人其如予何？」（論語·子罕）

「顏淵死，子曰：噫！天喪予！天喪予！」（論語·先進）

「司馬牛憂曰：人皆有兄弟，我獨亡！子夏曰：商聞之矣：『死生有命，富貴在天。』……」（論語·顏淵）

「子曰：君子有三畏：畏天命、畏大人、畏聖人之言……」（論語·季氏）

「子曰：予欲無言！子貢曰：子如不言，則小子何述焉？子曰：天何言哉？四時行焉，百物生焉，天何言哉！」（論語 陽貨）

「子曰：天何德於予，桓魋其如予何！」（論語·述而）

從以上所引論語的話，可見孔子對於上天的信仰，非常深刻，將自己的一生，置於上天照顧之下，堅信負有上天的使命。上天是最高之神，「獲罪於天，無所禱也。」人生的一切，由上天定奪，「死生有命，富貴在天。」這種信仰和書經、詩經的信仰相同。

關於天和生命的關係，則在「天何言哉，四時行焉，百物生焉！」的一段話裏，說得很奧妙。孔子以萬物之生，仗着四時寒暑得有調節，四時的調節，爲天的功用。這個天字，按照易經的思想，可以說是天道，可以說是天地乾坤，也就是現代所說的「自然」。禮記「樂記」篇有一段話說：「地氣上齊，天氣下降，陰陽相摩，天地相盪。鼓之以雷霆，奮之以風雨，動之以四時，煖之以日明，而百化興焉。」這種思想和易經的思想相同。孔子所說的四時行萬物生，也就是這種思想。但是他特別提到『天』，按照孔子的宗教信仰，則和詩經、書經更接近，他所說的『天』，應解釋爲上天。何況這一段話所有的意思，在於法天，法天在孔子的思想裏，在於效法上天，例如孔子說堯王則效巍巍的上天。

因此，萬物的發生，由於上天的功化；上天使陰陽相結合而化生萬物。儒家所謂天地好生之德，在孔子的思想裏，應解釋爲上天好生之德，天地之仁，也是上天之仁。

2. 仁之爲德

甲、仁德的意義

A 廣義的仁——全德

從論語的篇章裏，仁的意義頗爲複雜，很不清楚。因此研究孔子思想的人，不容易說明白孔子對於仁的思想。我曾在中國哲學大綱裏，把孔子的仁，分爲廣義和狹義兩種：廣義的仁，爲全德，爲一貫之道；狹義之仁，爲三達德之一，爲愛人。(11)

「夫仁者，己欲立而立人，己欲達而達人，能近取譬，可謂仁之方矣。」(論語·雍也)

「顏淵問仁，子曰：克己復禮為仁。一日克己復禮，天下歸仁焉。」(論語·顏淵)

「仲弓問仁，子曰：出門如見大賓，使民如承大祭，己所不欲，勿施於人。在邦無怨，在家無怨。仲弓曰：雍雖不敏，請事斯語矣。」(論語·顏淵)

「司馬牛問仁，子曰：仁者其言也訒。」(論語·顏淵)

「樊遲問仁，子曰：愛人。」(論語·顏淵)

「樊遲問仁，子曰：居處恭，執事敬，與人忠，雖之夷狄，不可棄也。」(論語·子路)

「子曰：剛、毅、木、訥，近仁。」(論語·子路)

「子張問仁於孔子。孔子曰：能行五者於天下，為仁矣。請問之。曰：恭、寬、信、敏、惠。恭則不侮，寬則得衆，信則人任焉，敏則有功，惠則足以使人。」（論語・陽貨）

「由上面所引論語論仁的話，可見仁字的含義很廣泛，因此孔子每次的話，都不一樣。結果，我們就很難說出孔子的仁字，究竟有甚麼意義。把孔子的話合起來研究一下，我只能說孔子的仁，代表一切善德的總綱。仁的精神則爲推己及人的愛字。仁的儀表則爲禮。」(12)

仁，出於人的本心，與有生俱來。人得天心而爲心，天有好生之德，人心乃有仁德。

「子曰：回也，其心三月不違仁。其餘則日月至焉而已矣。」（論語・雍也）

朱子註云：「三月，言其久。仁者，心之德，心不違仁者，無私欲而有其德也。日月至焉者，或日一至焉，或月一至焉，能造其域而不能久也。」

王船山訓義說：「夫子曰：吾之與二三子相勉於學者，求仁而已矣。而仁有不易言者，有所感，則見理於心；有所思，則體天理流行之大用；無所思，則存吾心虛靜之本體，無非與仁而相依，而後其仁純矣。」(13)

朱熹和王船山都以仁爲心之德，爲心之理，心無私慾掩蔽時，仁德乃顯。仁和生的關係很密切，一則仁由生而有，爲心本有之德；二則仁爲好生之德，人因仁德而仁民愛物。

「子曰：惟仁者，能好人，能惡人。」（論語·里仁）

因此，仁德在孔子的思想裏非常高，仁人，也就被崇敬爲最高尚的人。

「子曰：苟志於仁矣，無惡矣。」（論語·里仁）

「君子去仁，惡乎成名？君子無終食之間違仁，造次必於是，顛沛必於是。」（論語·里仁）

「子貢曰：如有博施於民，而能濟衆，何如？可謂仁乎？子曰：何事於仁，必也聖乎！堯舜其猶病諸。」（論語·雍也）

孔子的理想人格爲仁人，在易經、大學和中庸，孔子常講聖，惟有在論語裏，則最重仁。

論語的仁，乃是孔子所聲明的『一貫之道』，孔子在論語裏，兩次提到一貫之道。

「賜也，汝以予為多學而識之者與？對曰：然，非與？曰：非也。予一以貫之。」（論語・衛靈公）

「子曰：參乎，吾道一以貫之。曾子曰：唯。子出，門人問曰：何謂也？曾子曰：夫子之道，忠恕而已矣。」（論語・里仁）

「我以爲曾子卽以忠恕作爲孔子一貫之道，忠恕便是仁的代名詞。忠者，心得其正，卽是心無所偏，卽是正心。正心則心無私欲而天理顯，這卽是孔子所謂立己達己。恕者，如心，把我的心作爲度數，去推測別人的心。這卽是孔子所謂立人達人。朱子註說：『盡己之謂忠，推己之謂恕。』把忠恕合起來，便成爲仁。」(14)

於今我就試一試，用仁字去系統化孔子的思想。孔子的仁，爲他的中心思想，統攝一切善德。仁的本體，在乎人性的天理；仁的精神，在乎法天的好生之德而爲博愛；仁的規範，在於禮法；仁的氣象，則爲中庸。

孔子談仁時，不是說：仁者立己立人，達己達人嗎？這是說仁的精神。孔子又說克己復禮爲仁，非禮不言行，這是說仁的規範。孔子又以『剛、毅、木、訥，近仁』（子路），這是說中庸爲仁的氣象。孔子以爲『苟志於仁，無惡也』（里仁）『君子去仁，惡乎成名』（里仁）這便是以仁爲人性的天理。(15)

B 狹義的仁——達德

狹義的仁，爲仁的通常意義。仁爲兩個人相處之道，爲我和非我的關係。這種關係發自人心，爲人心天然所有的感情，即是愛。孔子曰：「惟仁者，能愛人，能惡人。」(里仁)

狹義的仁，爲孔子所講的三達德之一。

「知、仁、勇三者，天下之達德也。」(中庸・第二十章)

朱子註說：「謂之達德者，天下古今所同得之理也。」朱子把德解爲理，祇爲實現自己的學說；實際上，德不是理，德是人按天理所行的善行，因着同樣的善行，有所得於心，成爲一種善習。

在論語裏，孔子好幾次提到德字：

「以直報怨，以德報德。」(論語・憲問)

朱子註說：「德者，恩惠也。」然而這個德字也有善行的意思，因爲並非一切的恩惠都可稱爲德，不合於理的恩惠，便不能稱爲德。

「道之以德，齊之以禮，有恥且格。」（論語・爲政）

「君子之德風，小人之德草。」（論語・顏淵）

「德之不修，學之不講，聞義不能徙，不善不能改，是吾憂也。」（論語・述而）

「志於道，據於德，依於仁，游於藝。」（論語・述而）

朱子註說：「據者，執守之意。德者，得也。得其道於心而不失之謂也。」所謂得其道於心，不是指着求學而得道於心，而是實行其道，有得於心，纔可稱爲德。

知、仁、勇三德，在論語裏，孔子常連着一起，和中庸所說三達德相同：

「子曰：君子道者三，我無能焉：仁者不憂，知者不惑，勇者不懼。」（論語・憲問）

「知者不惑，仁者不憂，勇者不懼。」（論語・子罕）

孔子以三德並擧，說出三德的成效，在普通人看見，智者不惑，勇者有勇氣，當然不懼；可是『仁者不憂』則並不是普通一般人所想到的。仁者爲什麼不憂呢？仁者愛人，把自己的心擴展到一切人身上，自己不自私，因此他不患得患失，心中常有一團和氣，隨遇而安。「子曰：……君子憂道不憂貧。」（論語・衛靈公）「子曰：內省不疚，夫何憂何懼。」（論語・顏淵）

孔子解釋三達德：

「子貢曰：我不欲人之加諸我也，吾亦欲無加諸人。子曰：賜也，非爾所及也。」（論語・公冶長）

「仲弓問仁，子曰：……己所不欲，勿施於人。」（論語・顏淵）

「子貢問曰：有一言而可以終身行之者乎？子曰：其恕乎！己所不欲，勿施於人。」（論語・衛靈公）

這是愛的標準，也是愛的消極標準；有仁愛的人應進一步往積極方面走。最基本的一點，先愛自己的父兄：

「孝弟也者，其為仁之本與！」（論語・學而）

然後推廣愛心，以援助需要幫助的人爲仁：

「子曰：老者安之，朋友信之，少者懷之。」（論語・公冶長）

對於他人，常是慈善爲懷，居心忠厚。

「子貢曰：夫子溫、良、恭、儉、讓以得之。」（論語・學而）

孔子所以能爲萬世師表，就在於他是一位充滿仁心的忠厚長者，但是僅祇有仁愛，而沒有知和勇，也不能成爲完人。

對於知，孔子有切近事實的解釋，第一，在於自知；第二，在於知人；第三，在於知天。

「思修身，不可以不事親。思事親，不可以不知人。思知人，不可以不知天。」

（中庸・第二十章）

「子曰：已矣乎！吾未見能見其過，而內自訟者也。」（論語·公冶長）

「子曰：不患人之不己知，患不知人也。」（論語·學而）

「子曰：始吾於人也，聽其言而信其行；今吾於人也，聽其言而觀其行，於予與改是。」（論語·公冶長）

「子曰：君子不以言擧人，不以人廢言。」（論語·衛靈公）

「子曰：『視其所以，觀其所由，察其所安，人焉廋哉！人焉廋哉。』（論語·爲政）

自知，是自己知道自己的長處和短處，尤其自知在什麼地方有了過錯，以便改正。知人，則靠兩種媒介，一是聽人講話，一是看人的行爲。孔子最重觀察人的行爲，在觀人的行爲時，孔子知道用心理上的方法，研究人做事的動機和他的所安然的欣享。

知天，在於知天命。人生在世，不宜像瞎子亂撞，應該知道自己該做的事，知道自己的使命。中庸標出『聰明睿知』、（第三十一章）『舜其大知也』（第六章）爲力行仁道之知。

「孔子曰：君子有三畏：畏天命、畏大人、畏聖人之言。小人不知天命，而不畏也，狎大人，侮聖人之言。」（論語·季氏）

「子曰：不知命，無以爲君子也；不知禮，無以立也；不知言，無以知人也。」（論

語・堯曰）

後代儒家講知，專門以『道』或『天理』爲對象，『知』卽是知天理。孔子曾經說過：「君子下學而上達。」（論語・憲問）孔子所謂學，在於求知天理，且予以實行。但是孔子的知，卻在於實踐生活上知己知人知天。這種知識除天生知者外，普通人要力學以求之。

「孔子曰：生而知之者，上也；學而知之者，次也；困而學之，又其次也。困而不學，民斯為下矣。」（論語・季氏）

「或生而知之，或學而知之，或困而知之。及其知之，一也。」（中庸・第二十章）

孔子很看重學，學，則在於求知。他在學生中，只推重顏回爲好學，因爲顏回眞正是「學道」，認識了道而去實行，「其心三月不違仁。」

孔子一位忠厚長者卻注意『勇』，勇不是好鬪或剛愎，而是有志氣，有抱負，不遇難苟安，使威武不能屈。

「曾子曰：可以託六尺之孤，可以寄百里之命，臨大節而不可奪也，君子人與？君

子人也。」（論語・泰伯）

「子曰：三軍可奪帥也，匹夫不可奪志也。」（論語・子罕）

『勇』爲守禮守志，勇若沒有禮則亂，小則亡身，大則亂國。

「子路曰：君子尚勇乎？子曰：君子義以為上。君子有勇而無義為亂，小人有勇而無義為盜。」（論語・陽貨）

雖不至於到這樣的亂和盜的境況，但在普通的生活中，也不可只有勇而無仁無知。

「子曰：暴虎馮河，死而無悔者，吾不與也。必也臨事而懼，好謀而成者也。」（論語・述而）

知、仁、勇三者，相依而成。孔子以這三德爲達德，尤以仁爲最重，後來孟子講仁義禮智，宋朝理學家爲配合五行，講仁義禮智信，都代表儒家的達德。由簡入繁，由三德而四德，由四德而五德。義在孔子的思想裏，本很重要，孔子最嚴義利之分。但是孔子以禮爲倫理道德的標準，義卽是守禮，不以禮義爲德，而是爲德的條件，沒有禮義，便沒有德。孟子則以義爲對我的關係，仁爲對人的關係，義乃成爲德。

狹義的仁，雖和知、勇對立，在理論和實踐上，則仁較比知和勇更高更深；因爲狹義的仁，脫不了廣義的仁之意義。仁爲人心，仁爲生命；知和勇相連以發揚人心之仁，以完成人的生命。

乙、仁和中庸

A、中庸爲德

中庸在孔子和後代儒家的思想裏，佔着重要的位置，這是大家所知道的事。

「子曰：中庸之為德也，其至矣乎！民鮮久矣。」（論語・雍也）

「子曰：中庸其至矣乎！民鮮能久矣。」（中庸・第三章）

這兩段話完全相同，應該是同一出處，但不一定是互相抄襲，也不一定是後代抄書的人，把中庸的話抄入了論語。兩者都是孔子的話，弟子們在記錄時，很可以記在兩種書裏。

「仲尼曰：君子中庸，小人反中庸。君子之中庸也，君子而時中；小人之反中庸也，小人而無忌憚也。」(中庸・第二章)

「子曰：回之為人也，擇乎中庸。得一善，則拳拳服膺而弗失之矣。」(中庸・第八章)

「子曰：天下國家可均也，爵祿可辭也，白刃可蹈也，中庸不可能也。」(中庸・第九章)

「子曰：……君子依乎中庸，遯世不見知而不悔，唯聖者能之。」(中庸・第十一章)

中庸一書以『中庸』爲名，應該以『中庸』爲內容，但只有在開始的幾章講到『中庸』，其餘後面的篇章裏，卻沒有提到『中庸』。就是在提到『中庸』的篇章裏，也沒有講明其意義，仍舊要我們自去摸索。

『中庸』爲一種善德，只在論語「雍也」篇裏說到，中庸第三章把德字去掉了。這一點或許不是偶然的，而是有意的。若以中庸在論語以後，則中庸第三章故意改正論語的話。『中庸』在普通看來，或普通來說，爲一種善德，使一個人不偏不激，有非常高貴的人格，受人的愛敬。但是在實際上『中庸』乃是倫理道德的原則，是一切善德的標準或條件，而不是一項單獨的善德。就像理學家講仁義禮智信時，以信爲善德的條件，不能分爲一種達德。

當然，若是一個人常常遵守中庸的原則，在生活上養成了中庸的習慣，他的人格上便表現有中庸的善德。例如孔子：

「子溫而厲，威而不猛，恭而安。」（論語・述而）

「子曰：狂而不直，侗而不愿，悾悾而不信，吾不知之矣。」（論語・泰伯）

「子絕四：毋意、毋必、毋固、毋我。」（論語・子罕）

「子張問曰：何謂五美？子曰：君子惠而不費，勞而不怨，欲而不貪，泰而不驕，威而不猛。」（論語・堯曰）

上面幾段話，都是描寫人的人格，人格的表現，在於有中庸的善德，處處得乎中道。中庸的人，事事都能恰得其中。孔子溫中有厲，在厲中有溫；在威中不猛，在不猛中有威；在恭中有安，在安中有恭。假如另外一個人，只知道溫，他就成爲柔弱的人；只知道威猛，他就成爲暴虐的人；只知道恭，他就成爲拘謹而事事害怕的人；那還可能成爲君子聖人呢？可見『中庸』是一項很美好的德行，使人的人格足以成爲完人。同時，我們也可以見到『中庸』是每一種善德的條件，每一種美德都要含有『中庸』。

B、中庸的意義

中庸的意義，先分開解釋，然後合起來，便可以得到中庸在孔子的哲學裏，意義何在。

中字，在易經裏佔着重要的地位，而且僅不在所謂「十翼」裏，而是在「爻辭」和「彖辭」裏。易經的卜卦，很注意位和時，位是陰爻陽爻在卦裏所居的地位，每一卦裏的地位，以二和五爲正位，二居下卦之中，五居上卦之中，卦爻的地位便以中爲貴。時是卦爻在變易時所有的適當之時，時的表現在於位，即是卦爻在變易時，常有一個位，所謂適當之時，即是卦爻居在中位時，因此稱爲時中。孔子很重位和時，他說：「不在其位，不謀其政。」（論語・泰伯）「曾子曰：君子思不出其位。」（論語・憲問）「子曰……天下有道則見，無道則隱。」（論語・泰伯）以時中兩字解釋中庸，乃是孔子的思想，「子曰……君子之中庸也，君子而時中。」什麼時候該當溫和，就溫和；什麼時候該當威嚴，就威嚴，這就是時中，也就是中庸。孟子稱孔子『聖之時者也，孔子之謂集大成。』（孟子・萬章　下）

但是以時中解釋中庸，注重在實際；若要從理論方面去解釋，則要進一步找到形上的理論。

中庸的第一章，對於『中』字有很好的解釋：

「喜怒哀樂之未發，謂之中；發而皆中節，謂之和。中也者，天下之大本也；和也者，天下之達道也。致中和，天地位焉，萬物育焉。」（中庸・第一章）

孔子和後代儒家，以情爲心之動。情未發就是心未動；心未動爲心在天然的狀態；心的天然狀態，即是天理超然的狀態，即是明明德。中，便是反心自問，明明看到天理。這種狀態，在倫理方面代表心不爲慾情所激動而有所偏依，而能常正，常居中。心在中正裏天理明顯，大學乃講正心。所以中字是心居於正，使天理表明出來。

『庸』字在中庸裏解爲平常或通常，中庸從第二章到第十章，講中字。從第十一章到第十五章，講庸字。中庸的這五章雖不明明說出庸字，但是內容則是講庸，以儒家之道或聖人之道爲庸，平易近人，合於人情。

「子曰：素隱行怪，後世有述焉，吾弗爲之矣。……君子依乎中庸。」（中庸・第十一章）

孔子說自己不做出乎人情以外的奇怪事，不以隱密或詭怪的學說取後世之名，他依乎中庸。合乎中庸之道是怎樣？

「君子之道，費而隱。夫婦之愚，可以與知焉；及其至也，雖聖人亦有所不知焉。夫婦之不肖，可以能行焉，及其至也，雖聖人亦有所不能焉。」（中庸·第十二章）

合乎中庸之道，又高深又平易。從平易方面說，一般的人都可以知道，可以實行。從高深方面說，連聖人都不能明瞭，也不能實行。

「子曰：道不遠人，人之為道而遠人，不可以為道。」（中庸·第十三章）

這也是解釋庸字，道爲庸，即是近於一切人之道，人人都可以實行。即是人生的常道，即是父子、君臣、兄弟、朋友彼此的關係。

「君子素其位而行，不願乎其外。」（中庸·第十四章）

孔子注重位和時，在什麼位置上，就做位置上該做的事；在什麼時候，就做當時該做的事。「在上位不陵下；在下位不援上；正已而不求於人，則無怨。上不怨天，下不尤人；故

君子居易以俟命」（中庸・第十四章）

「君子之道，辟如行遠必自邇；辟如登高必自卑。」（中庸・第十五章）

君子之道爲庸，由近及高，由下往上，在近和下的方面，合於一般的人。爲解釋這一點，中庸引詩經的話「妻子相合……兄弟旣翕……」這是家庭中人人都該做而可以做的事。所以庸字，應解爲常字，所謂常，雖爲平常，但並不是平常或平庸，沒有價値的事，而是普通的常道，人人都知道，人人都做，不好高騖遠，或素隱行怪。也就是說『合乎常情』或『合乎人情』。

在西洋哲學裏，有 Sensus Communis; Common sense 中文可譯爲常情。西洋哲學以常情作爲事情對不對的評論標準。因爲若大家都有一樣的看法，有同一的反應，這種看法應該來自人性，應該不會錯。雖然有時也會錯，那是因爲受人宣傳的影響，變成了羣衆心理。庸字和西洋哲學的 Common sense 相同，即是合乎常情。

現在把中庸兩字合起來解釋，最好的解釋卽是普通所說的：「合情合理」；『合理』爲『中』，『合情』爲『庸』。朱熹中庸章句在篇首引程子曰：「不偏之謂中，不易之謂庸；

中者，天下之正道；庸者，天下之定理。」朱熹自己註曰：「中者，不偏不倚，無過不及之名。庸，平常也。」

「合情合理」爲中國人的人生大道，爲中國人作人的規矩，也是中華民族的特性。做事合情合理，看來很平易；但是眞眞要做到，則非聖人不可。

C、仁與中庸

合情合理，可以說是庸，怎樣就是中呢？『中』普通說是在中間，不過也無不及。情和理代表人心的要求，代表人心的傾向。人心的要求和傾向，在於人心的安定；人心的安定常在於中道。因此合情合理也就是『中』。

人心要求中道，原因來自生命。生命的發揚，常要求調節，生命的各種元素都不能走極端。孔子曾說：「四時行焉，百物生焉。」四時運行使百穀生長，在調節冷熱，晴雨，雪露。常熱、常冷、常晴、或常雨，不但不能使百穀生長，而且會摧殘百穀，造成旱災或水災。

人的生命，在生理方面、在心理方面，也需要調節，一椿現象走了極端，便造成疾病。在倫理道德方面，人的生活，同樣地需要調節，否則人格就不健全。仁和中庸乃發生密切的關係。

人心相似天心，天心愛惜生命，使萬物化生，人心有仁，仁民愛物。天心爲化生萬物，調節宇宙的變化；人心爲仁民愛物，也調節自己的言行。因此，中庸爲天心和人心的自然要求，爲生命的條件，也爲仁德的要素，而且也爲仁德在外面的氣象。

中庸便非常重要，「子曰：中庸其至矣乎。」（中庸・第三章）「子曰：天下國家可均也，爵祿可辭也，白刃可蹈也，中庸不可能也。」（中庸・第九章）這最後一句大約缺了一個字，因爲孔子的意思在於肯定中庸的重要，國家可均，爵祿可辭，白刃可蹈，中庸則不可缺，並不是說中庸不可能實行。

丙、仁和禮

A、禮的基本

中庸爲生命的調節，爲善德的周流。調節常需要規則和次序，周流也需要途徑和程序。中庸的規則程序，乃是禮。

「修身以道，修道以仁。仁者，人也，親親為大。義者，宜也，尊賢為大。親親之殺，尊賢之等，禮所生也。」（中庸・第二十章）

人生之道爲仁，『修道以仁』；仁爲我對非我的關係，關係的延伸，有次序，仁的次序便是禮。

禮的來由，來自聖人，孔子和後代儒家，都以聖人制禮。易經的卦，象徵宇宙的變化，宇宙的變化只有聖人能夠知道，卦爻和卦辭便由聖人而制。

「聖人有以見天下之賾，而擬諸其形容，象其物宜；是故謂之象。聖人有以見天下之動，而觀其會通以行其典禮，繫辭焉以斷其吉凶；是故謂之爻。」（繫辭上・第六）

宇宙變化之道，以卦爻繪畫出來，加以辭，可以斷人事的吉凶。爲能畫卦繫辭，必須深通天地變化之道；爲深通天地變化之道，必須人心和天心相接，聖人之心，天生聰明，沒有私慾，乃能和天心相接。因此，聖人畫卦繫辭以成易經。

禮，也是象徵天地變化之道，以治人事；因此，也必須有聖人纔能制禮。孔子嘗以禮爲先王所制，先王卽是堯、舜、禹、湯、文、武、周公，這幾位先王都是大家公認的聖人。孔子以先王制禮，就是承認聖人制禮。

「孔子曰：夫禮，先王以承天之道，以治人之情。故失之者死，得之者生。」（禮

記・禮運)

「人生而靜，天之性也。感於物而動，性之欲也。物至知，然後好惡形焉。好惡無節於內，知誘於外，不能反躬，天理滅矣。夫物之感人無窮，而人之好惡無節，則是物至而人化物也。人化物也者，滅天理而窮人欲者也。……是故先王之制禮樂，人為之節。……禮節民心，樂和民聲，政以行之，刑以防之。禮樂刑政，四達而不悖，則王道備矣。」(禮記・樂記)

先王聖人制禮，不能隨便規定，乃是依據宇宙變化之道。人爲宇宙的一部份，宇宙變化之道統治人事，禮卽代表統治人事的天道。因此，禮的基本在於天道。

「夫禮，先王以承天之道。……是故夫禮，必本於天，殽於地，列於鬼神，達於喪、祭、射、御、冠、昏、朝、聘。故聖人以禮示之，故天下國家，可得而正也。」(禮記・禮運)

「故聖人作則，必以天地為本。」(禮記・禮運)

「禮者，天地之序也。……大禮與天地同節。」(禮記・樂記)

朱熹註論語「顏淵章」的禮字說：「禮者，天理之節文也。」後代儒家，如荀子和宋朝理學家，都有這種思想。禮儀上的進退，和宇宙間自然變化之道相合。祭天、祭地、祭祖先合於天地之道。

「郊社之禮，所以事上帝也。宗廟之禮，所以祀乎其先也。明乎郊社之禮，禘嘗之義，治國其如示諸掌乎！」（中庸・第十九章）

明白禮的意義，人君容易治理國家，因爲禮的意義即是天道，按天道治國，難道還治不好嗎？

B、禮的意義

禮的意義即是天道，天道爲人事的規矩，天道便成爲人道，禮代表人道，爲人的生活的規則。孔子重禮，不在於禮的節文，而是在於禮爲人生的規律。因此他說：

「子曰：……非禮勿視，非禮勿聽，非禮勿言，非禮勿動。」（論語・顏淵）

視聽言動，爲人生活的一切表現，代表人的生活。人的生活以禮爲規則，禮便不僅指着儀節。六禮或九禮雖然在古代非常貴重；然而禮的價值不在於這些儀節的條文，而是在於制定了人生的規範。譬如喪禮的意義，在於堅定子女的孝心，而發之於哀。婚禮的意義，在於表示後嗣的貴重。因此，講論禮要透過禮儀節目以看到禮的意義。

「林放問禮之本。子曰：大哉問！禮，與其奢也寧儉；喪，與其易也寧戚。」（論語・八佾）

「君子無所爭，必也射乎。揖讓而升，下而飲，其爭也君子。」（論語・八佾）

「祭如在，祭神如神在。」（論語・八佾）

「宰我問：三年之喪，期已久矣。君子三年不為禮，禮必壞，三年不為樂，樂必崩。舊穀既沒，新穀既升，鑽燧改火，期可已矣。子曰：食夫稻，衣夫錦，於女安乎？曰：安。女安則為之。夫君子之居喪，食旨不甘，聞樂不樂，居處不安，故不為也。今女安，則為之。…宰我出。子曰：予之不仁也！子生三年，然後免於父母之懷，夫三年之喪，天下之通喪也。予也有三年之愛於其父母乎！」（論語・陽貨）

「子曰：禮云禮云！玉帛云乎哉？樂云樂云！鐘鼓云乎哉？」（論語・陽貨）

通常都以孔子重禮，尤其以孔子重繁文縟禮，如「鄉黨」章所記。但是，孔子的重禮在於禮的意義，上面所引的幾段，明明表現孔子重禮的觀點。宰我主張一年之喪，孔子主張三年之喪。孔子問他守一年之喪，心中安不安，他答說心安，孔子便說那你就守一年之喪。不過，孔子嘆惜宰予對於父母懷抱三年之愛都沒有報答，是不仁的人。

禮爲人生之道，胡適之說：「按禮字从示从豐，最初本義完全是宗教的儀節。……後來禮字範圍漸大，……不限宗教部份，竟包括社會習慣風俗所承認的行爲的規矩。」(16)

禮也就是倫理的標準。易經以天地之道爲人事倫理的法則，詩經和書經以天命爲人生的指南，孔子乃提出『禮』作爲人生的規矩和倫理善惡的標準。

禮的意義爲倫理意義，禮的表現爲禮儀節文，孔子既重禮的意義，也就不能不注重禮儀節文。論語「鄉黨」章記錄孔子守禮的態度，造成了後代儒家拘守儀節的傳統，胡適之乃以孔子的禮成了禮教，含有宗教氣味，遂主張打倒禮教。重禮的流弊，養成看重外面節文而不重內容的虛僞心，也養成重保守而不喜革新；但是孔子重禮的傳統也有優點，給中國幾千年的社會一種生活規矩，大家知所適從，社會乃能安定，且有文明氣象。

C、仁和禮

禮代表生命的程序，代表生命發展的規則，禮便是仁的規則和標準。「顏淵問仁，子曰：克己復禮爲仁。」(論語・顏淵) 仁，或者爲生命，或者爲好生之德，都需要禮以作規則。植物的生命在發育時，有一定的程序。動物的生命在發育時，也有自然的程序。野獸覓食，並不是以殺戮爲好，而是順從飢則求食的天性。人的生命在生理方面的發育，自然遵守生理的規則，在心理方面人有自由，以心作主宰。心爲主宰人的生活，應有標準，心的標準就是禮。

仁爲好生之德，爲仁愛。在愛人時應有程序，先從自己的親人開始，禮記所以說：「親親之殺，尊賢之等，禮所生也。」（禮運）

從另一方面說，禮的本身也要含有仁。禮不應該只有外面的儀節，而沒有禮的意義。禮的意義在於使人和人的關係，各得其當，不生爭奪。禮應該是仁的外貌，仁的節文，假使有禮而沒有仁，禮便是一個空架子，沒有內容沒有意義。

「朝與下大夫言，侃侃如也；與上大夫言，誾誾如也。君在，踧踖如也，與與如也。」（論語・鄉黨）

孔子這種守禮的態度，不僅外面這樣做，內面心裏他誠心有敬上禮下的心情。孔子的守禮，把仁與禮相結合，禮纔有價值。禮是仁的外貌，仁是禮的內容。仁，沒有禮則變爲野，變爲狎；禮，沒有仁則變爲僞，變爲過。仁禮不可分。

「子曰：人而不仁，如禮何？人而不仁，如樂何？」（論語・八佾）

D、樂

禮樂爲孔子對於弟子的教材，也爲自己生活的兩個重點，而且爲治國的重要方法。

「子曰：興於詩，立於禮，成於樂。」（論語・泰伯）

「子曰：吾自衞反魯，然後樂正，雅頌各得其所。」（論語・子罕）

孔子正樂，使雅頌各得其所。詩經的詩篇本來有樂章，可以歌唱；雅和頌爲朝廷的正式樂歌，聲調非常莊雅。春秋戰國時，禮和樂都已墜落，論語裏記錄孔子的抗議。「孔子謂：季氏，八佾舞於庭，是可忍也，孰不可忍也。」（論語・八佾）對於樂，孔子深惡鄭聲。

「子曰：樂則韶舞，放鄭聲，遠佞人。鄭聲淫，佞人殆。」（論語・衞靈公）

孔子自己明於樂歌，懂得音律。論語記載一次他對樂師的談話，表示他對於音樂的智識：

「子語魯大師樂曰：樂其可知也，始作，翕如也，從之，純如也，皦如也，繹如也，以成。」（論語·八佾）

這是古樂曲調的進行程序，在今天我們看來，不能懂得意義的所在；但是在當時，孔子能夠和魯國的樂師討論音樂，說明音樂的原則，必定對於古樂有深刻的研究。

「子謂韶盡美矣，又盡善也。謂武，盡美矣，未盡善也。」（論語·八佾）

「子在齊聞韶，三月不知肉味。曰：不圖樂之至於斯也。」（論語·述而）

孔子對於樂章，分美樂善樂。樂章美，在於曲調之美；樂章善，在於聲調能引人入善。孔子重樂，重在樂章的美和善。

樂章的聲調能引人入善，因聲調動人的情感，使人心平靜安和，順從天道，互相調協。

「故鐘鼓管磬，羽籥干戚，樂之器也。屈伸俯仰，綴兆舒疾，樂之文也。簠簋俎豆，制度文章，禮之器也。升降上下，周還裼襲，禮之文也。故知禮樂之情者能作，識禮樂之文者能述。作者之謂聖，述者之謂明。明聖者，述作之謂也。」（禮記·樂記）

禮記「樂記」篇的思想，雖不完全是孔子的思想，但由孔門弟子或再傳弟子所述作，引伸孔子的思想，有如禮記「禮運」篇，不是孔子或孔子弟子的作品，雜有戰國或漢初儒家的思想。

「樂者，音之所由生也，其本在於人心之感於物也。」（禮記・樂記）

「樂記」以情爲人心之動，人心之動有似天地的變易。天地有陰晴風暴，人心有喜怒哀樂。天地的變易表現於暫時的現象，現象彼此相連，中間有種隱藏的力量，使這些彼此本來不調協的現象得而調協，以發育萬物的生命。人心的情感在動時，外在所表現的形態，也不互相調協；但是表現情感的音樂，可以把各種不同的情感聯繫起來，使人心的情感交流，更能實現仁愛的精神。孔子常以禮爲節制人的情感，安置人在各自的地位，以樂去聯絡人的情感，人心乃能和好。禮爲分，樂爲合；禮以節制情感，樂以發揚情感。兩者互相調協，樂該合於禮，禮應不離樂。孔子因此常講禮樂，以禮樂並重。

「大樂，與天地同和；大禮與天地同節。……樂者，天地之和也；禮者，天地之序也。和，故百物皆化；序，故羣物皆別。樂由天作，禮以地制。……地氣上齊，天氣下降，陰陽相摩，天地相蕩。鼓之以雷霆，奮之以風雨，動之以四時，煖之以日

月，而百化興焉。如此，則樂者，天地之和也。」（禮記・樂記）

丁、仁和誠

在論語裏，孔子講『信』，沒有講『誠』。『信』用於對人，孔子極力主張對於朋友該信，信是誠實，是不欺騙。孔子說：「君子……主忠信，無友不如己者。」（論語・學而）論語裏只有一處，孔子雖沒有提到誠，所說的意義則和誠相同，即是說他自己『七十而從心所欲，不踰矩。』

在易經乾卦的「文言」裏，有關於誠的話：

「子曰：龍德而正中者也。庸言之信，庸行之謹，閑邪存其誠。……子曰：君子進德修業，忠信所以進德也，修辭立其誠，所以居業也。……」

「文言」以子曰代表孔子的話，「文言」所說的誠，和信字的意義相近，都是關於言辭而講信。但是易經常講貞，貞是貞於一。這種貞和中庸的誠意義很相近。

中庸卻以誠爲中心，中庸的誠和孔子所說『從心所欲，不踰矩。』同樣含有兩層意義，第一爲人心的一種境界，第二爲人行動的一種規律。中庸爲達到人心的誠，由天地之誠出發，卽是由天道而到人道，先講天地之誠，後講人心之誠。中庸的思想和大學的思想相連貫，較比孔子的思想在人性方面更爲深入。孔子以禮爲仁道的標準，禮居於外。中庸、大學則以人性爲明德、爲仁，人只要反身而誠，發揚仁道，便成爲仁者。

A、誠爲天德

「誠者，天之道也；誠之者，人之道也。」（中庸·第二十章）

天道爲誠；因爲宇宙的變化，自然而然遵照宇宙變化的原則而行，在變化的原則和變化的現象間，不能有錯誤或變換。例如，四時的運行，風雨雪霜的來臨，都按照天道。現代的科學家稱這種天道爲自然法，自然法具有必然性，自然現象一定按照自然法而實現。中庸稱這種必然性爲誠，誠爲一種善德，乃是儒家和道家的不同點，道家老子以天地爲自然，自然爲盲目的必然行動，「天地不仁，以萬物爲芻狗。」（老子·第五章）；儒家由易經開始，看天地爲一有心靈之神的代表，天地的自然法不是盲目的規律，而是天心的仁之表現。天心愛物的生存，乃規定天地變化之天道，使萬物化生。天心既規定了這種天道，以化生萬物，便常使天道運行，絕不容變換錯誤，因此天心非常誠，誠乃成爲天德。

「德，是道德，是爲善的心情，是爲善而成的習慣。天地好生之德，卽是天喜一切生物的心情。德，另有一種意義，即是『力』或『能』。天地之大德曰『生』，乃是天地發生萬物的『大力』或『大能』。天以這種『生生之能或力』，賦予萬物，即是天命。天命流行，自強不息，萬物乃生生不已。」(17)

生生德能的流行，絕對不亂，絕對不虛，這就是天道之誠。

「天地之道，可一言而盡也，其為物不貳，則其生物不測。」（中庸・第二十六章）

『為物不貳』即是誠，因為誠，乃化生萬物，神妙莫測。這種誠為天道的本然，來自天道的本性，也可以說是天道的本體。中庸因此對於誠，有許多很高深也很誇大的言詞，使後代人疑中庸的『誠』為『易』，為『太極』，為『絕對實有』。

「誠者，自成也；而道，自道也。誠者，物之終始，不誠，無物。……誠者，非自成己而已也，所以成物也。成己，仁也；成物，知也，性之德也。合外內之道也，故時措之宜也。」（中庸・第二十五章）

「自誠」，「自道」，「物之終始，不誠無物。」這些言詞，可以使人想到道家的道，以誠和道相同。實際上中庸以誠爲天道或天德，天道自然而動，自然而成，爲宇宙變易之道；

「易，無思也，無爲也，寂然不動，感而遂通天下之故，非天下之至神，其孰能與於此。」（繫辭上・第八）

宇宙變化之道，神妙莫測；但常貞於一，自然而然地按照天道而動。所以自己是誠，自己完成自己的變化，自己有自己變化之道。這種變化使萬物化生，使萬物終滅。假使天道不誠，天地則大亂，萬物都不能化生了。

再從生生的能力去看，生生之德能，雖來自上天，然天地既得之於天，乃爲天地所自有。天地以這種德能，使萬物生存。因此，這種生生德能稱爲自誠和自道，稱爲物之終始。

「故至誠無息，不息則久。久則徵，徵則悠遠，悠遠則博厚，博厚則高明。博厚所以載物也，高明所以覆物也，悠久所以成物也。」（中庸・第二十六章）

生生的德能，藉着天道，在宇宙裏運行不息，使天覆物，使地載物，使萬物生生成長。

誠，為天道，為天德，而不是上天，不是道，不是太極；這一點也可以由「誠之者，人之道也。」間接去證明。因為『誠之』，在於人誠於自己的人性，即是率性，即是『明德』。

B、『誠之』為人道

中庸第二十章，開始講誠：「誠者，天之道也；誠之者，人之道也。」對於天道講誠，對於人道講誠之，誠和誠之的分別，誠為自然而誠，本體即是誠；天道為誠，因為天道為自然法，不是變換。誠之則是誠於自己，誠於自己的人性。孟子解釋為：「是故誠者，天之道也；思誠者，人之道也。」（離婁上）思誠即是願意誠，努力去誠。中庸第一章說：「天命之謂性，率性之謂道。」人道為率性，率性即是誠之，大學第一章也說：「大學之道，在明明德。」明明德也就是誠之。率性，明明德，誠之，所有第一個字：「率」、「明」、「誠」都是動詞，表示人的一種行動，人要按性而動，人要顯明人心的明德，人要誠。因為人具有自由，人作自己行動的主人。人不是自然而然按性而動，不是自然而然把自心的明德顯明出來，人不是自然而然就誠。人要自己努力使自己誠，使自己率性而行。中庸乃說『誠之』。『誠之』便是人生之道。

『誠之』為誠於人性，人性本然之理，應該表現於人的行動。人性本然之理，為生生之理，生生之理為仁。大學以人性之仁為明德。誠於人性之仁，便是大學所說『明明德』。

爲能『明明德』，大學主張『正心』；爲能『誠之』，中庸主張『致中和』。

「喜怒哀樂之未發謂之中，發而皆中節謂之和。」（中庸·第一章）

喜怒哀樂爲人心的情感，情感沒有發動時，人心在靜止狀態，表現渾然天理，即是表現仁，表現明德。情感一動，人心就動；人心動時要正，要合於天理，就是要誠於自己人性的天理。因此，中和與正心所有的意義，和『誠之』的意義相同。

中庸對於『誠之』，另外還有一種解釋，即是『盡性』。

「唯天下至誠，爲能盡其性；能盡其性，則能盡人之性；能盡人之性，則能盡物之性；能盡物之性，則可以贊天地之化育；可以贊天地之化育，則可以與天地參矣。」（中庸·第二十二章）

至誠的人，是完全按自己的性理而行動的人，稱之爲盡性，把自己的性理完全用了，把自己的人性完全發揮了。由自己的性理而到人性的天理，由人性的天理而到萬物的性理，彼此相通。天道爲仁，人性天理也爲仁，至誠以發育仁道，乃能參與天地生生的大業。

四、生活的快樂

孔子的思想和實際生活互相聯繫；思想不成抽象的空想，生活不成盲目不知適從的幻夢。有人因此輕看孔子的思想，爲實際的倫理價值學說，沒有高深的形上思想和精神生活思想。在亞洲的古代思想中，大家都推崇印度思想的高深；在中國的古代思想裏，大家也推崇老莊和佛教思想的玄妙。但是我們就中華民族的文化去研究，我們也就要驚訝而且佩服孔子的思想，使中華民族的生活具有精神的意義。

1. 仁與生活

甲、仁爲生活的精神

孔子的仁道和生活緊相聯繫，既爲生活的基礎，又爲生活的精神，仁道雖很高深，然很近人，人性雖本來是仁，但應努力追求。

「子曰：……君子去仁，惡乎成名？君子無終食之間違仁，造次必於是，顛沛必於

是。」（論語・里仁）

成人。

人的生活由仁而出發，在仁以內而發育。在倫理方面一切善德和仁相連，沒有仁不能完

「子曰：不仁者，不可以久處約，不可以長處樂；仁者安仁，智者利仁。」（論語・里仁）

「子曰：若聖與仁，則吾豈敢！抑為之不厭，誨人不倦，則可謂云爾已矣。」（論語・述而）

人的生命爲天地好生之德所化生，爲天地之仁的表現。生命的本身也就是仁，仁的發育有如花木五穀，春生夏長，秋收冬藏。但是人有顆靈明的心，知道好生之德的意義，以自己的生命爲天地好生之德，乃以自己心中之仁，和一切的人物相通，自己一己的生活成爲仁的發育。生命和仁相連，仁爲生命的根基，爲生命的意義。

孔子和後代的儒家，很看重現生，把自己的努力和希望都集中在現生的生活上，所講的知人、知命、知天都爲明瞭生命的大道。

「季路問事鬼神？子曰：未能事人，焉能事鬼？曰：敢問死？曰：未知生，焉知死？」（論語・先進）

孔子並不是不信鬼神或不講死後，但以鬼神和人的現生相連，知道現生的意義，纔能知道鬼神和人死後究竟怎樣。

「鬼神之為德，其盛矣乎！視之而弗見，聽之而弗聞，體物而不可遺。」（中庸・第十六章）

鬼神體物而不可遺，因爲鬼神參于天地好生之德；鬼神所表現之德，充塞宇宙，通貫萬物，和人的生活相通。

「修身以道，修道以仁。仁者，人也。」（中庸・第二十章）

人生的修身之道在於仁，仁是人性的本然；人之所以爲人就是仁。

乙、人生的快樂

以仁道而生活，生活不僅充滿意義，而且也具有快樂。孔子一生常有樂觀和快樂的精神。

「子之燕居，申申如也，夭夭如也。」（論語・述而）

「其為人也，發憤忘食，樂以忘憂，不知老之將至云爾。」（論語・述而）

人生當然免不了有困難和失敗的時候，若能以仁爲生活的目標，在困難和失敗的時候，仍舊可以安寧。

「伯夷、叔齊，何人也？曰：古之賢人也。曰：怨乎？曰：求仁而得仁，又何怨？」（論語・述而）

伯夷、叔齊以隱逸爲生活，求仁得仁，心裏沒有怨恨。孔子自己遭難的時候也表示這種精神。

「子曰：天生德於予，桓魋其如予何？」（論語・述而）

「子畏於匡，曰：文王旣沒，文不在茲乎？天之將喪斯文也，後死者不得與於斯文也；天之未喪斯文也，匡人其如予何？」（論語・子罕）

孔子自信負有上天所賜使命，傳道以教人，對於自己的遭遇，常聽上天的安排。自己對於旁人，常有仁愛，對於世上的金錢榮譽，則不放在心上，隨遇而安。

「子曰：飯疏食，飲水，曲肱而枕之，樂亦在其中矣。不義而富且貴，於我如浮雲。」（論語・述而）

「賢哉回也！一簞食，一瓢飲，在陋巷，人不堪其憂，回也不改其樂。」（論語・雍也）

人生所憂的不在於財富和名位，乃在於修道正身。修道正身則在於我自己的努力，不受社會境遇的牽制。

「子曰：君子憂道不憂貧。」（論語・衛靈公）

「子曰：德之不修，學之不講，聞義不能徙，不善不能改，是吾憂也。」（論語・述而）

「司馬牛問君子？子曰：君子不憂不懼。曰：不憂不懼，斯謂之君子已乎？子曰：內省不疚，夫何憂何懼！」（論語・顏淵）

自知良心清明，內外坦白，生活便可輕鬆，做人也便瀟灑。孔子一次和弟子們談論志向，曾晳說：

「春服既成，冠者五六人，童子六七人，浴乎沂，風乎舞雩，詠而歸。夫子喟然嘆曰：吾與點也！」（論語・先進）

人生不汲汲地求財求名，所求的是發育自心的仁道。仁道的發育，和於己，和於人，不怨天也不尤人，心安而樂。

丙、生活的價值

人的生活由各種事物所組成，人以生活的觀念，評判一切，隨着自己的評價，追求一切。

孔子的生活觀念在於求仁而得仁。『仁』在孔子對於生活的評價中爲最高的價值，而且是生活評價的標準。

人的生活需要物質的事物，孔子並不輕視物質事物，但在價值的高下中，『義』在物質事物以上。

「子曰：富與貴，是人之所欲也，不以其道，得之不處也。貧與賤，是人之所惡也，不以其道，得之不去也。君子去仁，惡乎成名。」（論語・里仁）

「子曰：士志於道而恥惡衣惡食者，未足與議也。」（論語・里仁）

「子曰：富而可求也，雖執鞭之士，吾亦為之。如不可求，從吾所好。」（論語・述而）

這種思想不僅在私人的生活中，表現出來，在治國執政，對於千萬人民的生活，也按照這種標準去行政。

「子貢問政。子曰：足食足兵，民信之矣。子貢曰：必不得已而去，於斯三者何先？曰：去兵。子貢曰：必不得已而去，於斯二者何先？曰：去食，自古皆有死，民無信不立。」（論語・顏淵）

在孔子對於生活的評價中，沒有社會階級的階級。孔子雖主張按禮尊敬社會上所有的統治階級，但在孔子的評價中，他所看重的人，是行仁道的人。按着仁道評判人的價值，孔子造成了中國社會的標準人格：聖人、賢人、君子、小人。而以仁人爲最高。

聖賢的思想在詩經和書經裏並不明顯，在易經的「十翼」裏則非常突出。大人和小人的稱呼在詩經是有，但並不指論語裏的君子和小人，而是指君主和平民。在論語裏孔子雖談聖賢，然而談的多而造成一種模型的，則是君子和小人。這種模型由孔子刻畫了以後，流傳在社會裏，成了中華民族的傳統，造成中國人的人格典範。

「子曰：君子周而不比，小人比而不周。」（論語・爲政）

「子曰：君子懷德，小人懷土；君子懷刑，小人懷惠。」（論語・里仁）

「君子上達，小人下達。」（論語・憲問）

「君子求諸己，小人求諸人。」（論語・衛靈公）

「君子不可小知，而可大受也；小人不可大受，而可小知也。」（論語・衞靈公）

「孔子曰：君子有三畏：畏天命、畏大人、畏聖人之言。小人不知天命而不畏也，狎大人，侮聖人之言。」（論語・季氏）

「子曰：君子泰而不驕，小人驕而不泰。」（論語・子路）

「子曰：君子固窮，小人窮斯濫矣。」（論語・衞靈公）

「子曰：君子成人之美，不成人之惡，小人反是。」（論語・顏淵）

「子曰：君子喻於義，小人喻於利。」（論語・里仁）

孔子舉出君子和小人的分別，最重要點在於義利之分。義是名分的原則，利是物質的利益，以道德爲重的人爲君子，以利益爲重的人是小人。君子爲人看重自己的人格，小人則祇求利益。

「故君子必愼其獨也，小人閒居為不善，無所不至。」（大學・第六章）

中庸的最後一章，講君子和小人之道，君子在表面，樸素溫和，心內則嚴肅；小人外表鋪張，內心空虛。「故君子之道，闇然而日章。小人之道，的然而日亡。君子之道，淡而不厭，簡而文，溫而理，知遠之近，知風之自，知微之顯。」（中庸·第三十三章）君子之道符合『中庸』。「仲尼曰：君子中庸，小人反中庸也，……小人而無忌憚。」（中庸·第二章）

孔子的生活目標則在『聖與仁』。聖人心中清明，洞悉天道，努力效法天道以敎世人。仁人則能發育心中的仁道，盡人性以盡物性，參預天地的化育，達到人生的至善。

丁、人生的至善

大學第一章說：「大學之道，在明明德，在親民，在止於至善。」這三個步驟，表示人生快樂的範圍，也表示人生的三種境界。

人心所有的明德爲仁道，仁道爲求生之道，求自己生存的發育，也求宇宙間其他生存的發育。人生的第一種境界，在於自己對於自心的仁道，在自己的生活上能夠表明出來。爲表明自心的仁道，自己需要正心，需要誠，使心之德合乎中庸。自己的心能正，自己的人格便能中正。居心中正的人，心中常可快樂。因爲「內省不疚，夫何憂何懼！」（論語·顏淵）因此孔子平生，「申申如也，夭夭如也。」（論語·述而）「樂以忘憂。」（論語·述而）

仁者發育自心的仁道，絕對不是自私的人，從天地好生之德去生活，他必定愛人，以發育他人的生存，助人向善。「君子成人之美。」（論語·顏淵）「己欲立而立人，己欲達而達人。」（論語·雍也）禮記「禮運」篇乃有大同的思想。孔子以愛人爲樂，「仁者不憂。」（論語·

憲問）「孔子曰：益者三樂，損者三樂。樂節禮樂，樂道人之善，樂多賢友，益矣。樂驕樂，樂佚遊，樂宴樂，損矣。」（論語・季氏）有損害的樂，乃是自私之樂；有益處之樂，爲愛人之樂。「君子周而不比，小人比而不周。」（論語・爲政）孔子常周愛世人而不以自私心去計較，不計較私利的人，事事稱心。

仁道的發育，充塞宇宙，包涵萬物。人道和天道相通，人心沒有私慾的蒙蔽，以天心爲自己的心。人的生活達到這種境地，則無往而不適。孔子說他到七十歲時，達到了『從心所欲，不踰矩。』這種境地。這種境地是至誠的境地，是最天然的境地，也是止於至善的至樂境地。

2. 仁與家庭生活

在中庸裏仁道居於生活的中心，由仁道的發育，人可以修身。人的修身不在對於自己私人，而在於孝親尊賢。孝親尊賢乃成爲儒家兩項最重要的善德，即是孝和忠，一爲齊家，一爲治國。孝用之於家庭生活，忠用之於國家生活。中庸且將孝和忠，由仁道而連接到知人和知天，表示孝和忠不是單獨的善德，而是由上天好生之德，通貫宇宙而成之生活規範。

「夫政也者，蒲盧也。故爲政在人，取人以身，修身以道，修道以仁。仁者，人也，親親為大；義者，宜也，尊賢為大。親親之殺，尊賢之等，禮所生也。故君子不可以不修身；思修身，不可以不事親。思事親，不可以不知人；思知人，不可以不知天。」（中庸・第二十章）

甲、父母為生命之根由，禮以配天

孔子在論語裏多次論到孝道，答覆弟子們的問題，講述孝道的義務。但是孔子只從實際生活上論孝，沒有講明孝道的哲學理論。在中庸裏孔子講述舜王文王武王的孝，提到了孝的思想。

「子曰：舜其大孝也與！德為聖人，尊為天子，富有四海之內，宗廟饗之，子孫保之。」（中庸・第十七章）

「子曰：武王周公其達孝矣乎！夫孝者，善繼人之志，善述人之事者也，春秋，脩其祖廟。……敬其所尊，愛其所親，事死如事生，事亡如事存，孝之至也。」（中庸・第十九章）

舜王和文武周公之大孝，因自己身爲天子，以郊社之禮祭祀天地，在郊社祭禮中，而以父母祖宗配祭。然後又能建造宗廟，子孫世代祭祀祖先。大孝尊親，尊親而能以父母配天，這是尊親的最高點了。

皇帝祭天，以父母配天，不是妄用祭禮，乃是因爲天爲宇宙生命的來源，父母則爲人的生命的根源。

「孔子曰：天地不合，萬物不生。大昏，萬物之嗣也。」（禮記・哀公問）

「萬物本乎天，人本乎祖，此所以配上帝也。郊之祭也，大報本反始也。」（禮記・郊特牲）

父母不僅生了兒女，還要養育兒女，兒女爲報父母生育的大恩，應盡孝道。孔子向弟子們講明三年之喪，就是爲報父母三年鞠養的辛苦。

「子曰……子生三年，然後免於父母之懷。夫三年之喪，天下之通喪也。……」（論語・陽貨）

「子曰：父在觀其志，父沒觀其行，三年無改於父之道，可謂孝矣。」（論語・學而）

「子曰：三年無改於父之道，可謂孝矣。」（論語・里仁）

宗廟的祭祀，表示兒女思念父母，感激父母的恩愛。在祭祀父母時，同時祭祀祖先；祭祀祖先的意義，不在於感激恩愛，而是在於思念生命的來源，同時也表示生命的繼續。

乙、父子一體

父母既是子女生命的根由，子女是父母生命的繼續，父母和子女在生命上互相聯連，結成一體。曾子繼承孔子的孝道思想，特別發揮兒女爲父母遺體的思想。

「曾子有疾，召門弟子曰：啓予足，啓予手。詩云：戰戰兢兢，如臨深淵，如履薄冰。而今而後，吾知免夫！小子！」（論語・泰伯）

在禮記裏，曾子更說明：「身體髮膚，受之父母，不敢毀傷。」孔子自己沒有這種思想，但他播下了種子。曾子和孝經由孔子的孝道，發揮成爲無所不包的孝道。因爲父母既爲子女生命的根由，自然而然就可以說子女的生命爲父母生命的延續。子女的生命既是延續父母的生命，子女的身體便可以說是父母的遺體。

「身也者，父母之遺體也。行父母之遺體，敢不敬乎。居處不莊，非孝也；事君不忠，非孝也；涖官不敬，非孝也；朋友不信，非孝也；戰陣無勇，非孝也。五者不遂，烖及於親，敢不敬乎！」（禮記・祭義）

子女的身體爲父母的遺體，子女的生活便反射到父母的生活上。子女的生活若有價值，受人尊敬，父母也就藉着受光榮，『揚名顯親』乃成爲中國一般人的標語。子女的生活若作惡犯科，受罰受人輕視，父母也連帶受辱。孝經的孝道：「大孝尊親，其次弗辱，其下能養。」所謂尊親，即是揚名顯親；其次弗辱，即是不要作惡，使父母受辱，一切的惡事，都反對孝道；所謂能養，即是奉養，兒女終生有養親的義務。儒家的孝道和歐美的孝道不相同，儒家的孝道以生命爲基礎，包括兒女的一生，在縱的方面和橫的方面，以兒女的生命爲範圍。歐美的道教以教育爲基礎，父母應該教育子女，子女在受教時應服從父母。子女到了成年，不需再受父母的教育，便脫離父母，沒有孝養父母的義務了。

「子曰：……一朝之忿，忘其身以及其親，非惑歟？」（論語・顏淵）

因着一時的氣忿，作了惡事，或和人家打鬬，忘了自己的身子，同時連累了父母，這是大大的迷惑，不知道辨白是非。孔子的孝道，已經視兒女的行動和父母的密切關係。孔子的孝和歐美的孝道，還有一點不同，孔子的孝道以敬爲重，敬則有禮，然而使父母和子女間有所分離。歐美的孝道以愛爲主，愛則親，親則狎。

「子曰：今之孝者，是謂能養，至於犬馬，皆能有養，不敬，何以別乎？」（論語·爲政）

禮記上有許多節目，規定兒女對於父母的禮節；禮節的優點，使孝道可以長久存在，無論兒女愛不愛父母，兒女一定遵守孝道的節目。若是孝道祇由愛去支配，如同歐美的孝道，兒女因事不愛父母，孝道就完了。

「孟懿子問孝，子曰：無違。樊遲御，子告之曰：孟孫問孝於我，我對曰：無違。樊遲曰：何謂也？子曰：生，事之以禮；死，葬之以禮，祭之以禮。」（論語·爲政）

丙、祭 祖

孔子答樊遲的話，舉出三項行孝之事，以歸納孝道。三項事都以禮爲主，可見孔子重禮的思想。孝道必須有禮，孔子所舉三項事：事親、葬親、祭親。三者之中，祭親最久。事親的時間當然很久，古代所傳老萊子娛親，兒子事親已經七十餘年。但是祭親，則不單在兒女應祭已亡父母，而且後代子孫都要祭祀先祖。雖說有五世則遷的宗祧制度，然而在祭祖時，後人是追念已故的一切先人。所以孔子非常看重祭祖的祭典。

「祭如在，祭神如神在。子曰：吾不與祭，如不祭。」（論語・八佾）

『祭如在』，『事死如事生』，爲祭祀的重要原則。子孫祭祖，默念父母先祖的生活，追想他們的善行，自己奉之爲法。故『三年無改於父之道，可謂孝矣。』

祭祖尚有一項更重大的意義，卽是祭祖的祭祀，代表祖宗生命的繼續存在。祭祖的祭典，由嗣子主祭；嗣子爲祖宗的後裔，血脈相通。孔子崇敬天地好生之德，以參天地之化育爲至善，當然重視人的生命。一個人的生存，在時間上很短，在很短的時間內就完結一個人的生命，生命的意義就不能實現了。一個人的生命，乃在子孫的生命裏，延續不斷。由這種思想，儒家建立了中國的家族觀念，家族代表生命的延續。家族觀念在社會上由宗族制度以實現，在精神上由祭祖祭祀以表。後來孟子說：「不孝有三，無後爲大。」（孟子・離婁上）絕了後，便絕了祭祀，使祖宗的生命中斷，當然爲最大的不孝。

中國古代雖家家祭祖，但並沒有牽涉到宗教信仰，並不一定大家要信祖先死後魂靈不滅。孔子說：『祭如在』，孝子追念先人，想着他們似乎在跟前。祭祖祭祀的中心點，在於表現先人的生命沒有消滅，仍然繼續存在。所謂祭祖求福，也在於希望先人在所行的善事，對於子孫能有善報。『積善之家，必有餘慶。』生命如同一支洪流，在子孫的生命裏，越流越廣，越遠越長。

因此，孔子的孝道，由仁道出發。不單單因爲仁道爲愛，愛由愛親開始；而是因爲整個的孝道，以生命爲中心。生命爲仁，孝爲生命發揚的見證，也就是仁道的見證。孝子仁人，兩者爲一，不孝卽不仁，仁者必孝。

3. 仁與政治生活

甲、政治的責任

孔子的政治思想，以哲學爲基礎，和他的人生哲學相聯繫。孔子不是政治家，但是他以治國平天下爲己任。而他對於政治的責任，又和他的人生哲學不相分離。他的人生哲學最重『位』；這種思想由易經而來，易經卦爻有各自的位，爻的位以中間爲主，第五爻爲行政治國的代表，沒有到達第五爻的地位，則不宜主政。乾卦的各爻說得很清楚。孔子對於政治的責任，主張得位：

「子曰：不在其位，不謀其政。」（論語・泰伯）

易經又重『時』，因『時』和『位』相同，時間空間相結合在所應在之點，便得『時』得『位』，也就是『中庸』。「君子之中庸也，君子而時中；小人之反中庸也，小人而無忌憚。」（中庸・第二章）孔子對於政治責任，也主張得時。

「子曰：篤信好學，守死善道，危邦不入，亂邦不居。天下有道則見，無道則隱。邦有道，貧且賤焉，恥也。邦無道，富且貴焉，恥也。」（論語・泰伯）

行道的時間，不能僅坐在家裏等待，必須努力以求之。孔子周遊列國，知道天下無道，但想求得適當的時機。

「（桀溺）曰：滔滔者，天下皆是也，而誰以易之？……夫子憮然曰：鳥獸不可與同羣。吾非斯人之徒與而誰與！天下有道，丘不與易也。」（論語・微子）

天下無道，滔滔皆是一樣，孔子明知這種現象；但卻努力求行政的機會，使天下無道而改爲有道；因爲他自信負有上天授給他的使命。最後，他沒有找到行道的機會，他信這是天命。

「子曰：道之將行也與，命也！道之將廢也與，命也。」（論語・憲問）

孔子把行政作爲行道，行道雖指示文、武、周公之道，但實際意義爲天道爲仁道，以仁道而行政，後來孟子乃倡仁政。孔子因此把政治責任看得非常重要，至誠的人能參天地的化育，爲參天地的化育，政治爲一種最好的工具。孔子所學所教，在於教人參加政治以行道。

「君子謀道不謀食。耕也，餒在其中矣；學也，祿在其中矣。君子憂道不憂貧。」（論語・衞靈公）

孔子所重的在於『道』，一生的目的在於行道。行道以行政爲最好工具，但沒有行政的機會時，每個人仍舊勉強可以行道。

「或謂孔子曰：子奚不為政？子曰：書云：『孝乎惟孝，友于兄弟，施於有政。』是亦為政，奚其為為政？」（論語・爲政）

行孝本來就是行道，每個人以孝修身，以孝齊家，天下就太平，不就有道了嗎？

乙、行政為施教

孔子的政治哲學，以行政爲教育民衆的工具，政治就是教育，這種思想在孔子的言論裏很明顯，在弟子們的理想中就不能作爲目標了。孔子對於人的評判，不以一般人都可人成爲聖賢，但每個人都可以行善，都可以修身。人的生活在社會裏生活，社會生活要求大家都有行善的責任，行善的責任，要由治理國家的人去培植，培植民衆行善的責任心，乃是政治的目標。

「季康子問政於孔子，孔子對曰：政者，正也。子帥以正，孰敢不正。」（論語・顏淵）

「子曰：苟正其身矣，於從政乎何有！不能正其身，如正人何？」（論語・子路）

正身有什麼意義？正字指着在所應當在的地位，應當在的地位，以義去評判。義是宜，即是應當和適當。在社會裏，每人有每人應當處的地位，這些地位由社會上所用的名字表現出來，君臣、父子、夫婦等等名字，就代表社會地位。一個人有了一個名字的稱呼，便應當盡這個名字所有的義務，孔子乃極了主張『正名』。

「子路曰：衞君待子而為政，子將奚先？子曰：必也正名乎！子路曰：有是哉！子之迂也！奚其正？子曰：野哉由也！君子於其所不知，蓋闕如也。名不正，則言不順；言不順，則事不成；事不成，則禮樂不興；禮樂不興，則刑罰不中；刑罰不中，則民無所措手足。故君子名之必可言也，言之必可行也。君子於其言，無所苟而已矣。」（論語·子路）

「齊景公問政於孔子，孔子對曰：君君，臣臣，父父，子子。公曰：善哉！信如君不君，臣不臣，父不父，子不子；雖有粟，吾得而食諸？」（論語·顏淵）

孔子作春秋，便是用正名的原則編寫歷史。每個人各在各自的地位，各盡各自的義務，第一個應當正身的，是作人君的人，即是負行政責任的首長。

「子曰：其身正，不令而行；其身不正，雖令不從。」（論語・子路）

「上好禮，則民莫敢不敬；上好義，則民莫敢不服；上好信，則民莫敢不用情。」（論語・子路）

「季康子問政於孔子曰：如殺無道以就有道，何如？孔子對曰：子為政，焉用殺？子欲善而民善矣。君子之德風，小人之德草，草上之風，必偃。」（論語・顏淵）

『草上之風必偃』，這是孔子的政治心理學，按照這種心理學，孔子乃重禮。禮的作用，在於教人爲善。孔子生於亂世，然距三代不遠，三代人民的樸素風氣，尚懸在孔子的心目中。他的政治理想，便在以禮去恢復樸素的生活。「子曰：無爲而治者，其舜也與！夫何爲哉？恭己正南面而已矣。」（論語・衛靈公）但是社會生活愈變愈複雜，生活複雜使人心也不純樸；孔子的政治理想便顯得過於簡單，不足以應付時局。

丙、大學的政治哲學

大學的政治哲學，沿着孔子的路線而向前走，以政治和仁道相連，進而指明相當的步驟。

「大學之道，在明明德，在親民，在止於至善。」（大學·經首）

親民一作新民，爲行政大綱。新民居在中間，在先有明明德，作爲基礎；在後有止於至善作爲目標。政治便不是單獨的行動，而是仁道的一貫發展。一個人發育自心明德的仁道，乃教育人民革新生活，以達到各盡各自的義務。

「爲人君，止於仁；爲人臣，止於敬；爲人子，止於孝；爲人父，止於慈；與國人交，止於信。」（大學·第三章）

這種思想，和孔子的思想相同，即是孔子的正名。由正身到正名，爲行政當走的路。大學的特點，在指出實際的步驟：修身、齊家、治國、平天下；且又指出修身的步驟：正心、誠意、致知、格物。

從哲學方面去研究這些步驟：第一，大學假定天道和人道相通，然後可以格物而致知，致知天道以後，可以誠意而正心。第二，大學假定社會由人而成，人心相同；因此可以由修身到齊家，由齊家而到治國平天下。第三，大學假定了仁道的發展，由愛己而愛人，由愛人而到天下大同。大學的平天下應和禮記「禮運」篇的大同思想合起來看，便可以知道平天下的意義。

天道和人道相通，在中庸裏更顯明。中庸說：「天命之謂性，率性之謂道，修道之謂教。」（第一章）把孔子的思想解釋清楚。孔子以正身爲政治的基本，正身的根基在那裏？中庸一語道破『天命之謂性』，正身以人性爲根基，人性來自天道。孔子常講行道，道是什麼呢？中庸解釋說：『率性之謂道』，行道卽是使人率性而行。孔子又以行政爲教育，什麼爲教呢？『修道之謂教』，使人按人性而行，卽是教育。

社會由人而成，人心相同，在中庸裏也說得清楚：「故君子以人治人，改而止。」（中庸・第十三章）治國行政，拿人做標準，以治人之道而治國「夫政也者，蒲盧也。故爲政在人。取人以身，修身以道，修道以仁，仁者，人也。」（中庸・第二十章）政治靠着聖賢的人去施行；但是聖賢行政治國，以仁道治人，仁道就是人之所以做人之道，政治不能脫離仁道。

中庸說：「凡爲天下國家有九經，曰：修身也，尊賢也，親親也，敬大臣也，體羣臣也，子庶民也，來百工也，柔遠人也，懷諸侯也。」（中庸・第二十章）『九經』的政治，乃是仁道的發展。仁道發展的終極，中庸以爲在於參天地的化育。

「天地之道，博也，厚也，高也，明也，悠也，久也。（博厚，所以載物也；高明，所以覆物也；悠久，所以成物也。）……」（中庸・第二十六章）

「大哉聖人之道，洋洋乎，發育萬物，峻極于天，優優大哉！」（中庸・第二十七章）

這兩章歌頌天地好生之德，推崇聖人發育萬物之道。聖人爲文王，在第二十六章結尾引詩經的「周頌」云：「維天之命，於穆不已。蓋曰天之所以爲天也，於乎不顯，文王之德之純，蓋曰文王之所以爲天也，於乎不顯，文王之德之純，蓋曰文王之所以爲文也。」孔子和弟子們的政治理想，非常純正，非常高深。可惜人心並不純正，孔子的政治理想不能實現，後代儒家乃摻用法家的政治思想。

忠字在後代儒家的政治思想裏，成了中心思想，而且以至於成了愚忠，「君要臣死，不得不死。」在孔子和弟子們的思想裏，沒有這樣的忠。「定公問君使臣，臣事君，如之何？孔子對曰：君使臣以禮，臣事君以忠。」（論語・八佾）論語以忠恕爲孔子的一貫之道，忠恕乃是仁。又以『與人忠』（論語・子路）爲信。忠君爲信於君。孔子對於人君，祇以信爲標準。「君命召，不俟駕行矣。」（論語・鄉黨）這不是忠，而是禮。孔子以管仲不死於公子糾之難，乃是仁道。「子路曰：桓公殺公子糾，召忽死之，管仲不死，曰：未仁乎？子曰：桓公九合諸侯，不以兵車，管仲之力也，如其仁！如其仁！」（論語・憲問）孔子對於政治的原則爲行道，可以行道則留，不可以行道則去，他不主張對於人君私人有忠的義務。

4. 仁與知識生活

仁和知都是善德，在前面已經講了，現在所要研究的對象爲知識生活，爲哲學上的認識論。知識生活爲人的最高生活，孟子和荀子先後加以說明；在孔子和弟子的哲學思想裏，有沒有關於認識論的思想，孔子沒有特別提出認識論的問題，弟子們對於這種問題，也沒有專門討論。但是孔子很注意『學』，『學』是關於認識的行動，孔子便也提到認識方面的問題。

甲、語意問題

孔子在政治思想裏，以正名爲行政的第一措施。正名也屬於語意學。「君君、臣臣、父父、子子。」（論語・顏淵）孔子要求君字的語意，應在稱爲君的主體上，完全實現出來。對於臣、父、子、夫、妻等名字，也是一樣。

中國的文字和歐美文字不同，歐美文字的字沒有意義祇爲拼音，由字而併成語，語乃有意義。中國的文字以字爲語，每個字具有意義。歐美的文字以語聲爲主，中國的文字以字形爲主。

人的思想，以觀念爲對象，觀念代表外面的事理。觀念的表現以語言爲工具，語言的表現又以文字爲工具。因此人的知識生活，常在語言文字上周旋，語言文字的形成，和人的知識生活有密切的關係。歐美的字，本身既沒有意義，人的知識生活和語言發生關係。中國的字本身有意義，同時有字形字聲，字聲代表語聲，字形代表語意，中國人的知識生活和語言和文字，兩方都發生關係。

中國語言文字爲單音字，每一聲爲一字，爲一語，聲音不變。在一句話裏，每一聲或一字所佔的地位非常重要，而所佔地位按照語意邏輯而定。不能像歐美文字，每一語的尾音變更，每一語在句內的地位便不完全一定。例如拉丁文的句法。這一點或者也影響了易經的卦爻地位，使『位』在易經中有重要價值。

中國文字爲象形文字，象形以外有形聲會意；因此我們中國人對於文字的意義，重在直覺，一看一聽便可知道語意。我們古代哲人所有著作，常是整句話，例如論語、道德經，而不是篇篇有系統的論說文章。

但是中國文字雖是象形文字，並不是不能表現抽象的觀念，會意的字便是一種抽象字。不過習於用具體性的字，中國人一般說來，便不習於抽象的玄想。

孔子主張正名，以字和語的意義，應在實際上可以印證。這並不表示孔子對於認識，主張經驗論，以爲人的知識須有經驗的證明。孔子對於正名，也注意『仁』、『孝』、『政』

的意義，這些名字爲抽象的名字，不能用經驗去證明。

孔子對於認識曾說：「生而知之者，上也；學而知之者，次也；困而學之，又其次也；困而不學，民斯爲下矣。」（論語・季氏）「或生而知之，或學而知，或困而知之，及其知之，一也。」（中庸・第二十章）孔子是不是主張先天觀念論？『生而知之』究竟知道什麼呢？孔子在同一章說：「思修身，不可以不事親；思事親，不可以不知人；思知人不可以不知天。」（中庸・第二十章）這裏所講的知，是指着知道人和人的關係，人和天的關係，也就是人道和天道。人道和天道相連貫，人道出自天道，中庸開端就說明：「天命之謂性」，『性』爲人道，『天命』爲天道。後來宋朝理學家以一句話總括爲天理。對於人性，有的人從生來就認識；因爲人性爲明德，本來光明，被人認識，天生沒有私慾的人，就生來認識人性。這等人稱爲『生而知之者』。有的人生來有私慾，不能天然認識自己的人性，便要學習而後認識，孔子所以看重求學，而以求學爲學習認識爲人之道。這等人稱爲『學而知之者』，再有一等人，天生多種私慾，聰明程度不高，他們便要多加努力，「人一能之，己百之；人十能之，己千之。果能此道矣，雖愚必明，雖柔必強。」（中庸・第二十章）這等人稱爲『困而學之者』。三等人所得到的知識，同是一樣，同是知道人道天道，同是知道人性。所以孔子不是主張有先天觀念，而是主張人性有天理。

孔子對於語意，不像歐美古代的哲學家，常予以確切的定義，而祇是予以解釋。弟子們屢次問仁的意義，問孝的意義，孔子的答覆每次不相同，每次祇是局部的解釋。他喜歡學經驗的實例去答覆，不喜歡以抽象的意義確定仁字和孝字的涵義。但是他並不是隨便解釋；

「子曰：由，誨汝知之乎？知之爲知之，不知爲不知，是知也。」（論語・爲政）

乙、思

對於人的知識生活，孔子沒有講現代認識論的許多問題。他沒有講觀念怎樣成立，也沒有講觀念和外面對象的關係，他所提到的問題，乃是『思』。『思』爲思惟，爲思索，爲知識生活的最高活動。

「子曰：學而不思則罔，思而不學則殆。」（論語・爲政）

「子曰：吾嘗終日不食，終夜不寢，以思，無益，不如學也。」（論語・衛靈公）

思和學的關係，孔子說的很明白；但是什麼是學呢？學字在論語裏，有學習的意思，不僅是論語的第一句話說：『學而時習之，不亦樂乎？』（論語・學而）另外是孔子自己說明弟子中好學者祇有顏淵，顏淵的好學在於聞道而實行。這樣說來，孔子在認識論方面又是經驗派了，因爲所有思想須要在經驗上去證明，能够實行的纔是眞理。但是學字，另外有兩種意義，就是追求古人的思想和問人問道。孔子很看重求學問道：

「子曰：三人行，必有我師焉。擇其善而從之，其不善者改之。」（論語・述而）

「子入太廟，每事問。或曰：孰謂鄹人之子知禮乎！入大廟，每事問。子聞之曰：是禮也。」（論語・八佾）

「子曰：我非生而知之者，好古，敏以求之者也。」（論語・述而）

「子貢問曰：孔文子何以謂之文也？子曰：敏而好學，不恥下問，是以謂之文也。」（論語・公冶長）

中庸把思和學的關係，說得更明顯，而且有系統地陳述知識生活的活動。

「博學之，審問之，慎思之，明辨之，篤行之。有弗學，學之弗能弗措也。有弗問，問之弗知弗措也。有弗思，思之弗得弗措也。有弗辨，辨之弗明弗措也。有弗行，行之弗篤弗措也。」（中庸第・二十章）

求學應該問道，問了以後，應該思索，思索了以後再要分辨眞假和正不正，分辨了以後，就要去實行。學和實行前後相應，因爲所說的是人生之道，人生之道當然要實行。可是這一步驟，絕對不是唯物經驗論，因爲知識的眞假，不靠實行去分別，實行的經驗不作爲眞理的標準。孔子以認識眞理在先，實行的經驗在後，人的生活應按所知的『道』去實行，不是在實行有了經驗以後纔認識眞理。「言顧行，行顧言，君子胡不慥慥爾。」（中庸・第十三章）

在中庸所擧出的各種知識活動中，審問、明辨、博學、和愼思都是思維的活動，祇是方式不同。求學問道，明辨愼思，都要人運用理智去思索。人之所以爲人，全仗有這種思索活動。可惜大學一書中，格物致知的解釋佚失了，否則，我們可以瞭解孔子和弟子對於思索活動所有的意見。朱熹採取程頤的註釋去補充，「蓋人心之靈，莫不有知，而天下之物，莫不有理。」人爲思索，用心去思索，思索的對象，由萬物之理而到自心之天理。這種主張孔子沒有，最多可以說有雛形的觀念，後來經過孟子和荀子的發揮，成了系統的思想，宋朝理學家乃能造成儒家的認識論。

思索和明辨的方法，孔子和弟子們所講的，有些像墨子的方法，思索和明辨應有證明，證明的大前提在於前代帝王之道，民心的向背，和鬼神的禍福。

「故君子之道，本諸身，徵諸庶民，考諸三王而不繆，建諸天地而不悖，質諸鬼神而無疑，百世以俟聖人而不惑。」（中庸・第二十九章）

這種思維證明的方法，假定有天道和人道，天道和人道爲不變的眞理。在思索時，人不免有疑有惑。疑惑的事理，爲不能有確實證明的事理。對於疑惑，人應捨而不從。

「子張學干祿。子曰：多聞闕疑，愼言其餘，則寡尤；多見闕殆，愼行其餘，則寡悔。言寡尤，行寡悔，祿在其中矣。」（論語・爲政）

思索之知，以聞見之知爲資料，聞見之知爲感覺之知。感覺之知不僅是親身的經驗，也包括旁人和古人的思想，由傳說和古籍而入見聞。

孔子在認識生活上，常把行和知連在一起，有知必有行。這是因爲孔子所講的知，在於認識人生之道。他所說知己、知人、知天，同指一種天道，天道爲人生的標準。人生的標準不能懸在知識中，成爲抽象的學理，應在人的生活上實踐出來。人的生活所有的每種行動，都該按照天道而行。「天命之謂性，率性之謂道。」性爲天道，爲人生的標準，人認識了人性，便按照人性之道而行。因此，知和行相連。於是『仁』和知識生活也連合在一起。『仁』是人性之道，知是認識『仁』，行是實踐『仁』。明瞭了這一點，纔可以明瞭孔子的認識論。

「唯天下至誠，爲能經綸天下之大經，立天下之大本，知天地之化育，夫焉有所倚？肫肫其仁，淵淵其淵，浩浩其天。苟不固聰明聖知達天德者，其孰能知之？」（中庸 第三十二章）

孔子和弟子留下的著作：論語、大學、中庸、十翼以及禮記和孝經，造型了儒家的哲學系統。

孔子的哲學，爲解釋人的生命的哲學。人的生命來自上天，出自父母。天心好生，化生萬物，給人生命，又給人生之理。人受生活之理以爲性，稱爲明德，乃是仁道。人誠於心中的明德，遵守中庸，發育仁道，使自己的生活，成聖成仁。進而孝敬父母，友愛兄弟；再進而在社會行道，以正人心。人的生活既化育仁道，泱泱地充滿快樂，而且相信一生命運，負有上天所賜使命，於是求知人知天，事事符合禮規。心和天心相合，贊助萬物的化育。

註：

(一) 許同萊 孔子年譜上下册 現代國民基本知識叢書 第三輯。中華文化出版委員會出版。

(二) 錢穆 四書釋義 上册 頁一——三。現代國民基本知識叢書。

(三) 錢穆 論語新解 上册 頁二〇四。臺灣商務印書館 民五四年版。

(四) 王素存 論語辨訟 下册 頁一一五一。臺灣商務印書館。

(五) 徐復觀 中國人性論史 頁一一八。

(六) 唐君毅 中國哲學原論 上册 頁五三七。人生出版社 民五五年版。

(七) 唐君毅 中國哲學原論 原性篇，頁六三。

(八) 王船山 船山遺書全集 四書訓義 卷二一。

(九) 羅光 生生之理。牧廬文集(三)第一冊、頁五九。先知出版社、民六一年版。

(十) 羅光 儒家的發展哲學 牧廬文集。仝上、頁七八。

(十一) 羅光 中國哲學大綱上冊、頁一八一—一九〇、二一九—二二三。臺灣商務印書館、民五八年二版。

(十二) 仝上 頁一八六。

(十三) 王船山 四書訓義 卷一〇。

(十四) 羅光 中國哲學大綱 上冊，頁一八八。

(十五) 羅光 中國哲學大綱 上冊，頁一八九。

(十六) 胡適 中國哲學史 上冊，頁一百三十六。商務印書館。

(十七) 羅光 論儒家的誠 東方雜誌 復刊第六卷第一一期、臺灣商務、民六二年五月。

第五章 墨家的哲學思想

一、緒論

司馬遷史記「孟荀列傳」說墨子「或曰並孔子時，或曰在其後。」班固漢書「藝文志」說墨子「在孔子後。」劉向史記索隱別錄說墨子「在七十子後。」後漢書「張衡傳」注云：「公輸般與墨翟並當子思時，出仲尼後。」錢穆先生考訂說：「近人梁啓超墨子年代考頗精密，然謂墨子生於周定王初年（元年至十年之間）約當孔子卒後十餘年，卒於周安王中葉（十二年至二十年之間）約當孟子生前十餘年，則猶微有誤。余考墨子之生，至遲在元王之世，不出孔子卒後十年，其卒當在安王十年左右，不出孟子前十年，較梁考移前十年許。以止楚攻宋一事爲主眼，似粗得墨子年世之眞。」（西曆四八〇—三九〇）[1]方授楚則以爲墨子生於周敬王三十年，卒於威烈王二十三年（西曆四九〇—四〇三年）胡適之主張「墨子大概生在周敬王二十年與三十年間（西曆紀元前五〇〇至四九〇年）死在周威烈王元年與十年之間（西曆紀元前四二五至四一六年）」各家的考訂，大約相同，現在不能決定誰是誰非，我們祇能說墨子活在孔子以後，孟子以前。

墨子爲魯國人，姓墨名翟。淮南子「要略」說：「墨子學儒者之業，受孔子之術，以爲其禮煩擾而不說，厚葬靡財而貧民，(久)服傷生而害事。」處在各國諸侯互相戰鬪時代，人民受盡了災禍，墨子乃反對儒家，倡節用、節葬、非樂、非命，明鬼等思想，而且以兼愛爲思想的中心，懷着一腔熱情，奔走各國，往楚，說服楚王不攻宋，往衞、越、宋、遊魏、齊等國，如孟子所說「墨子兼愛，摩頂放踵利天下，爲之。」(盡心上) 門生弟子頗多，數達三百，但在後代都沒有記述可考。孫詒讓作墨學傳授考，僅得弟子十五人，再傳弟子三人，三傳弟子一人。方授楚在墨學源流書中，根據孫氏考訂，作墨學傳授表。(2) 弟子：禽滑釐、高石子、高何、縣子碩、公尙過、耕柱子、隨巢子、胡非子、管黔敖、高棉子、治徒娛、曹公子、勝綽、彭輕生、孟山。再傳弟子：許犯、索盧參、屈將子。三傳弟子：田繫、許和索爲禽子的弟子，屈爲胡非子的弟子。因爲許犯的弟子。

墨子的書問題很多，不是思想問題，而是作者問題。漢書「藝文志」載墨子書七十一篇，隋書「經籍志」則云十五卷，目一卷。唐書「經籍志」言十五卷，宋中興閣書目載十五卷六十三篇。畢沅墨子注敍說：「宋亡九篇爲六十一篇，見中興閣書目，實六十三篇。後又亡十篇，卽今本也。本存道藏中，缺宋諱字，知卽宋本。」

這五十三篇，按梁啓超和胡適之的意見，可分爲五組：

第一組七篇：親士、修身、所染、法儀、七患、辭過、三辯。

第二組二四篇：尚賢上中下、尚同上中下、兼愛上中下、非攻上中下、節用上中、節葬下、天志上中下、明鬼上、非樂上、非命上、非儒下。

第三組六篇：經上下、經說上下、大取、小取。

第四組五篇：耕柱、貴義、公孟、魯問、公輸。

第五組十一篇：備城門、備高臨、備梯、備水、備突、備穴、備蛾傳、迎敵祠、敵幟、號令、雜守。

第一組七篇，胡適之認爲都是僞作，梁啓超以前三篇爲僞作，後四篇「是墨家記墨學概要，很能提綱挈領，當先讀。」⑶

第二組二十四篇，多稱「子墨子曰」，係門弟子記墨子的話。胡適之以「其中也有許多後人加入的材料，非樂、非儒兩篇更可疑。」⑷俞樾墨子閒詁序，以爲是相夫氏、鄧陵氏、相里氏、三墨所傳，因篇中常分上中下三篇。

第三組六篇：胡適之認爲「不是墨子的書，也不是墨者記墨子學說的書。我以爲這六篇就是莊子「天下篇」所說的別墨做的。」⑸方授楚引述各家不同的意見，作結論說：「此六篇均墨家後學所著。」⑹

第四組五篇：胡適之說：「這五篇，乃是墨家後人把墨子的言行積聚來做的，就同儒家

的論語一般，其中有許多材料較比第二組還更爲重要。」(7)

第五組十一篇，很顯明地看出來，爲墨子弟子和後人所記墨子守城備敵的方法。

這樣一分析，墨子書裏簡直沒有墨子的著作。我認爲這樣考據所有證明，都不是直接的證明，祇是間接的證明，雖說可以有價値，然不是確實的眞理。墨子書中代表墨子中心思想的幾篇：尙賢、尙同、兼愛、非攻、節用、節葬、天志、明鬼、非樂、非命、貴義各篇文詞樸素，說理清晰，應是墨子的著作；雖然弟子或後人有所增損，但不損壞墨子著作的眞面目。其餘各篇，可以是墨子的弟子和墨家各派學者所記墨子之言，加以自己的思想成爲墨家之學。

墨子的思想，以兼愛爲中心，兼愛的內容則是求利，兼愛的根由在於天志。爲能求利，墨子乃主張節省用費，廢止戰爭。梁啓超說：「墨學所標綱領雖有十條，其實只從一個根本觀出來，就是兼愛。……墨子所謂愛是以實利爲標準。天志和明鬼是借宗教的迷信，來推行兼愛主義。」(8)梁氏的最後一句話，就說錯了。

後期的墨學，在戰國末年尙稱發達，荀子「非十二子篇」中所批評者，也有墨家的學者。莊子「天下篇」所述當時學派，有別墨的名稱。韓非子「顯學篇」，以墨學分而爲三。方授楚在墨學源流列一表，分北方和南方的墨學：北方墨學有相里勤，五侯之徒；南方的墨學，有苦獲、己齒，鄧陵子之屬。(9)梁啓超除上述墨者外，加有田俅（鳩），我子、纏子、孟勝、田襄子、腹䵍、夷之、謝子、唐姑果、鄭人翟。又加上戰國末年，受墨學影響而成有名學者的宋鈃，尹文、惠施、公孫龍、魏牟以及游俠人士等。梁氏作一表：[10]

- 墨學
  - 正統派
    - 直系　禽滑釐、孟勝等
    - 著述家　胡非、隨巢等
    - 部份實行家　宋鈃等
  - 別派
    - 法家　尹文等
    - 名家　惠施、公孫龍等
    - 無政府主義　許行
    - 遊俠等

我們在這一章研究墨學，以墨子一書爲對象，在最後一節，纔講宋鈃、尹文。至於惠施、公孫龍則留在名家裏去講。墨子是一位社會思想家，更是一位實行主義者，對於理論哲學根本不講。所以我們爲研究他的哲學思想，常要從他的言行方面去推論，以求知道他的理論。

二、兼愛論

1. 人

孔子以人爲倫理人，從倫理方面去認識人。老子以人爲自然界的一部份，由自然界去看人。墨子以人爲宗教人，由宗教信仰去講人。宗教信仰在墨子的思想裏，不是像梁啓超所說「借宗教的迷信，來推行兼愛主義。」而是兼愛交利的根基。

甲、人之為人

墨子時代的思想，對於人之爲人，還沒有達到莊子、孟子和荀子的深刻程度，莊子講人心，孟子和荀子講人性，三子又都講人的知識。墨子思想中對於人的觀察，和孔子的觀察相彷彿，祇是一種大概的觀察；然而孔子和墨子對於人之爲人，已經有了正確的輪廓。

墨子以人有身體感官，感官有各自相應的感覺：

「生，刑與知處。」（經上）

「夫唯能使人之耳目，助己視聽；使人之吻，助己言談；使人之心，助己思慮；使人之股肱，助己動作。……」（尙同 中）

「聞，耳之聰也。言，口之利也。」（經 上）

墨經以人的生是刑和知處，刑是形體，知是知識。人生時有形體和知識。知識有感官之知，有心思之知。在感官裏有耳目口心手足，目爲視，耳爲聽，口爲言，手足爲動，心爲思慮。雖然墨子在這裏把心和感官混在一起，但在別處，墨子也加分開。

「雖身知其安也，口知其甘也，目知其美也，耳知其樂也。……」(非樂上)

墨子不僅知道感官的對象，也知道感官各有相應的天然傾向：身體傾向安逸，口傾向甘味，目傾向美色，耳傾向音樂。在這裏墨子沒有提到心，就是不把心和感官的傾向相混。除感官以外，人有心、有情、有欲、有志。

「知，材也。…慮，求也。…知，接也。」(經上)

「循所聞而得其意，心之察也，執所言而意得見，心之辯也。」(經上)

「使人之心，助己思慮，……」(尚同中)

「心無備慮，不可以應卒」(七患)

「非無安居也，我無安心也；非無足財也，我無足心也；……雖褋庸民，終無怨心。」(親士)

「其心不察其知，而與其愛。」(尚賢中)

心，有知、有思慮。墨子和墨家之徒都長於名學，名學爲思慮的方法；但是墨家沒有像莊子和荀子，講心的本體和思慮的關係。心能思慮，因爲心是虛靈。墨子對於這一點沒有講到。心除思慮以外，還有情欲，因此，能安或不安，能足或不足，能喜也能怨。

「彼有自信者也，是故為其所難者，必得其所欲焉。未聞為其所欲，而免其所惡者也。……」（親士）

「君子進不敗其志，內究其情。」（親士）

「民生為甚欲，死為甚憎，所欲不得，而所憎屢至。自古及今，未有嘗能有以此王天下正諸侯者也。今大人欲王天下，正諸侯，將欲使意得乎天下，名成乎後世，……」（尙賢 中）

有情、有欲、有志。墨子沒有講情、欲、志的關係，更沒有講情、欲、志的善惡。這些問題要到了孟子和荀子，纔正式提出。在「非儒」上下兩篇裏，沒有攻擊儒家的性論，或許墨子不注意這個問題，弟子們記述時不敢加入；這或者證明墨子的書成於孟荀以前，當時還沒有這個問題。

「君實欲天下之治，而惡其亂，當為舟車，不可不節，凡回（同）於天地之間，包於四海之內，天壤之情，陰陽之和，莫不有也，雖至聖不能更也。何以知其然？聖人有傳：天地也，則曰上下；四時也，則曰陰陽；人情也，則曰男女；禽獸也，則曰牡牝雄雌；……故民無怨。」（辭過）

在這一段文章，墨子用輕描淡寫的語調，提到了幾個哲學上的問題：天地、陰陽、人情。人和禽獸有別，人稱男女，禽獸稱牡牝。牡牝爲生理上的分別，男女則有人情上的分別。男女之別，不僅是生理上的分別，而是倫理上的分別，墨子雖然主張節用節喪，但對於禮並不主張廢除，尤其男女之別，爲倫常之道，必當保存。

「宮牆足以為男女之別，則止。」（節用・中）

「故聖王作為宮室，為宮室之法，曰：……宮牆之高，足以別男女之禮，謹此則止。」（辭過）

男女爲人情，有似於告子所說：「食色、性也。」（孟子・告子上）因此「雖至聖不能更也。」這種人情，爲人生來的傾向，和告子、孟子、荀子講人性爲天生的傾向，有些相同；但是墨子不談人性，從來沒有提到這個問題，而且連人性這個名詞都沒有提。

至於以天地爲上下，陰陽爲四時，則是易經的思想。墨子說聖人有傳，所謂聖人可能就是指着作易經的聖人。易經常以天爲上，地爲下；天地相通而萬物生。陰陽變化而成四象，四象爲四時和四方。墨子接受這種思想，他便以人分男女，男爲陽，女爲陰；男爲天，女爲地。然而這種思想在墨子的人生哲學裏沒有一點影響。

在墨經和經說裏，有關於情欲的文句，表示墨家情感，如：

「爲窮知，而縣（懸）於欲。」（經上）

懸是決斷或管制。爲用知，則由欲去決斷或由欲去管制。

「無欲惡之爲益損也，說在宜。」（經下）

情欲的好惡，爲益爲損，要看好惡相宜或不相宜。然而在「貴義」篇則有去欲的主張。

「子墨子曰：必去六辟，……必去喜、去怒、去樂、去悲、去愛、（去惡）。……」（貴義）

「無欲者，將人性所本有之欲惡而去之，則是損也，而必去喜、去怒、去樂、去悲、去愛、去惡，而用仁義；手足口鼻耳目，從事於義，必為聖人。」(貴義)

這種思想和墨經的思想，顯有不同，墨子自己確實是克己苦行，去欲從義，「貴義篇」的思想可以視爲墨子的正傳，墨經的思想則是墨家後學的主張了。

乙、宗教人

墨子論人，由宗教信仰而論人。他的宗教信仰，信仰上天，信仰鬼神。上天爲有位格的尊神，墨子和書經詩經一樣都不稱上天爲神，祇稱爲天或上天。神則用爲指鬼神或神奇的對象。

墨子以人的一切都來自天，沒有天卽沒有人：

「若豪之末，(無)非天之所為！」(天志 中)

宇宙的一切都是天所爲，人當然也是天所爲。天做了宇宙的一切，是爲使人有利。

「而民得而利之，則可謂否（厚）矣。」（天志 中）

墨子沒有說天造萬物，也沒有說天造人物；造物者這個名字在墨子書中沒有。但是按照他的說法，認爲宇宙一切，『無非天之所爲』，這個爲字，解爲造作的意義，想來不會錯。宇宙的一切和人的一切，既然都是天之所爲，人便要聽命於天了。墨子乃主張『順天意』，順從天的意思去生活，爲人生原則。

「當天意而不可不順。順天意者、兼相愛、交相利，必得賞；反天意者，別相惡，交相賊，必得罰。」（天志 上）

不僅是因着賞罰，人當順天意；而且人的行爲，以順天意或不順天意而定善惡。

「順天之意，謂之善意行；反天之意，謂之不善意行。」（天志 中）

這是指人的意思，爲分善惡，在於順天意或不順天意。進而看人的言談，也是一樣。

「觀其言談，順天之意，謂之善言談；反天之意，謂之不善言談。」（天志 中）

墨子非常注意政治，因爲政治爲行兼愛的最好工具；政治的善惡，也是以天意爲標準：

「觀其刑政，順天之意，謂之善刑政；反天之意，謂之不善刑政。」（天志 中）

墨子以天意爲人生的規矩，好比工匠的規矩繩墨，用爲測量，用爲工作的依據。

「子墨子之有天之（志），辟人，無以異乎輪人之有規，匠人之有矩也。……故子墨子之有天之意也，上將以度天下之王公大人爲刑政也，下將以量天下之萬民，爲文學出言談也。」（天志 中）

「故凡從事此者，聖知也，仁義也，忠惠也，慈孝也，是故聚斂天下之善名而加之，是其故何也？則順天之意也。……故凡從事此者，寇亂也，盜賊也，不仁不義，不忠不惠，不慈不孝，是故聚斂天下之惡名而加之，是其故何也？則反天之意也。」（天志 下）

天意是人的思言行之規矩，人的一言一行都要遵着天意，而法天，「然則奚以爲治法而可？故曰：莫若法天。……故聖王法之，既以天爲法，動作有爲，必度於天。」（法儀）儒家常以『禮』爲人生的規矩，合符禮，爲善；不合符禮，爲惡。禮之本，則是天。守禮，即是法天。墨子不否定禮，但不注重禮，以人和天，直接相接觸。儒家的禮，爲倫理的規範；故稱儒家的人爲倫理人。墨子的天意爲宗教信仰，故稱墨家的人爲宗教人。

丙、命

孔子雖不談人性，卻常說『命』。墨子乃反對『命』，且批評儒家信有命，爲足以喪天下。

「又以命為有，貧富、壽夭、治亂、安危、有極矣，不可損益也。為上者行之，必不聽治矣；為下者行之，必不從事矣；此足以喪天下。」（公孟）

「有强執有命以說議曰：壽夭、貧富、安危、治亂固有天命，不可損益。窮達賞罰幸否，有極，人之知力，不能為焉。羣吏信之，則怠於分職，庶人信之，則怠於從事。吏不治則亂，農事緩則貧，貧且亂，政之本，而儒者以為道教，是賊天下之人者

也。」（非儒 下）

唐君毅先生說：「墨子獨言天志，而不言天命。墨子謂天志在兼愛，故欲人之相愛，惡人之相惡。然墨子則未嘗言天如何求貫徹其志，而定命令，或指定某人或某民族代表之，以實行其志。是見墨子之天，仍同於詩、書中之天，乃唯監觀四方，視人之行爲，合不合於其志，而施賞罰者，此即仍須待人之行事，上聞於天，而後天乃察其德，以施賞罰。此正爲詩、書中天命觀中所涵之思想。」(11)

唐君毅先生的解釋，祇解釋了墨子『非命論』的一半；因爲他祇說墨子所講的天志中，包含有詩經書經所說的天命，可是他沒有能够解釋墨子所反對的『命』，究竟是什麽命。他說墨子所非的命，爲由詩、書中的天命引申爲預定的命，再和民間的宗教迷信的預定論相結合而成的命運。假使是這樣的解釋，則必定要說墨子是反宗教信仰的人，但是墨子卻非常誠心信天信鬼神。因此，墨子所反對的命，應有自己的意義。

墨子把『天志』和『命』分開，信有天心而不承認有『命』。天志對於儒家的思想，相當於天道。天道是一種原則性的命令，規定宇宙和人的行動應有的規律，同時也帶有對於遵守天道的賞和不遵守天道的罰。『命』在儒家的思想裏，是天對於每個人所有的規定，而人不能抵抗，即是人的窮達壽夭，即是人所負的使命。儒家面對這種『命』雖說不可抵抗，卻沒有說袖手不動，坐着任憑『命』的擺佈。孔子和孟子都是主張自強不息，荀子更是主張以人爲勝天。

墨子反對儒家所主張的命，他主張天兼愛一切的人，對於人祇有天志，即是天道，而沒有『命』。天志對於一切的人都於一樣，給與人的機會也是一樣，人若行善就有賞，人行惡就有罰。貧富壽夭，窮達順逆，應看爲天的賞罰，不是天預定的命運。

「執有命者之言，曰：命富則富，命貧則貧，命衆則衆，命寡則寡，命治則治，命亂則亂，命壽則壽，命夭則夭，命雖强勁何益哉。以上說王公大人，下以駔百姓之從事。故執有命者不仁，故當執有命者之言，不可不明辨。」(非命上)

「執有命者之言，曰：上之所罰，命固且罰，不暴故罰也。上之所賞，命固且賞，非賢故賞也。……此特凶言之所自生，而暴人之道也。」(非命上)

「自古以及今，生民以來者，亦嘗見命之物，聞命之聲者乎？則未嘗有也。」(非命中)

「教人學而執有命，是猶命人葆，而去其冠也。」(公孟)

墨子反對有命，不是從哲理方面去證明，而是從實事方面去說明。所說的實事，乃是膚淺的假想。他以爲儒家主張有命，「王公大人……則必怠乎聽獄治政矣，卿大夫必怠乎官府矣，農夫必怠乎耕稼樹藝矣，婦人必怠乎仿績紝矣。」（非命 下）實際上儒家不是這樣的主張，社會上也沒有這類的事。墨子祇是一種假想。再又以沒有人看見命或聽見命的聲言，去證明沒有命，則更不合於哲理了。不過墨子從天志方面去說，天兼愛一切的人，不給一個人特別的命，則可自成其說：

「今夫天兼天下而愛之，撽遂萬物以利之。」（天志 中）

「天之行，廣而無私，其施厚而不德，其明久而不衰，故聖王法之。」（法儀）

「雖天亦不辯貧富貴賤，遠邇親疏，賢者擧而尚之，不肖者抑而廢之。」（尙賢 中）

兼和別相對立，天兼愛天下的人，有共同的天志，對於個人則沒有『別命』，墨子所以非命。但是在「非命」上中下各篇，並沒有提到這種理由，但是在「天志」上中下各篇裏，這種思想則很明顯。所以可見墨子論人，常從宗教信仰方面去論，以人爲宗教人。

2. 天

墨子既以人爲宗教人，由宗教信仰而論人。他對於人生的中心思想在於兼愛交利，兼愛交利的基本理由，來自上天。因此研究墨子的思想，則不能不知天。儒家對於上天的信仰，在書經、詩經裏，表現得很明顯，堯，舜，禹、湯、文、武。周公，都虔誠信天，遵奉天的旨意，不敢有違。到了春秋、戰國這種宗教信仰，已漸衰微，五行陰陽的迷信，卻盤據民間的信仰。墨子反對當時儒家的頹風，特別提倡信天，上追堯、舜、禹王的宗教虔誠。

「儒之道，足以喪天下者，四政焉。儒者以天為不明，以鬼為不神，天鬼不說，此足以喪天下。……」（公孟）

墨子攻擊儒者以天爲不明，不明在於賞罰不明，因爲儒者旣主張有命，又從事卜筮以問吉凶；儒者又以天高高在上，不理人事。墨子攻擊這種思想，極力主張天爲人的根本，天主管賞罰，凡是帝王臣民都該遵守天志。

甲、天至高至貴

墨子在他的社會思想和政治思想裏，特別主張尙同。荀子的政治思想也主張一統，以禮法統一全國人民的行動規律。墨子的尙同，不主張用禮法，卻主張以天志去統一全國的思想。爲尙同，墨子認爲應當以貴且知者爲標準，因爲義是從貴且知者出來的。天下的貴且知者莫有比帝王更高的了，但是帝王還不能爲天下人民的仁義標準，祇有天纔是仁義的根本和標準。

「此吾所以知義之不從愚且賤者出，而必自貴且知者出也。然則孰為貴？孰為知？曰：天為貴，天為知而已矣。然則義果自天出矣。今天下之人曰：當若天子之貴諸侯，諸侯之貴大夫，傐明知之。然吾未知天之貴且知於天子也。子墨子曰：吾所以知天之貴且知於天子者有矣。曰：天子為善，天能賞之；天子為暴，天能罰之；天子有疾病禍祟，必齋戒沐浴，潔為酒醴粢盛，以祭祀天鬼，則天能除去之。然吾未知天之祈福於天子也。此吾所以知天之貴且知於天子者。不止此而已矣，又以先王之書，馴天明不解之道也，知之。」（天志 中）

「天子又總天下之義，以尚同於天。」（尚同）

天在天子以上，乃中國傳統的信仰，儒家也有同樣的信仰，堯舜禹湯文武周公孔子都信上天，巍巍在上。

「今人皆處天下而事天，得罪於天，將無所以避逃之者矣。」（天志 下）

這種信仰也是孔子的思想，孔子曾說：「獲罪於天，無所禱也。」（論語・八佾）從這種信仰說，墨子繼承了中國古人信天的信仰，而重新加以提倡。

乙、天志──義之本

『天志』這個名詞是墨子創的，書經和詩經沒有這個名詞，易經更沒有，儒家也沒有用過。詩、書有天意、天命、天心，易經有天道，幾個名詞。天道，指着宇宙運行的規則，爲上天所定，也是人生的基本規範。天意和天命，則指上天對於一事一人的意旨，例如湯王伐桀，武王伐紂，都稱爲奉行天的命令，同時桀紂的敗亡，則稱爲天意。天心，在詩、書裏不多見，但有時說天心厭亂，表示上天對一事的感受。這一切都表明中國古人信仰一位有位格而具有心靈的上帝，既能有知，又能主宰。

墨子創『天志』這個名詞，卻沒有加以解釋，祇說天志爲人生的規矩。

「我有天志，譬若輪人之有規，匠人之有矩；輪匠執其規矩以度天下之方員，曰：中者是也，不中者非也。今天下之士君子之書不可勝載，言語不可盡計；上說諸侯，下說列士。其於仁義，則大相遠也。何以知之？曰：我得天上之明法以度

之。」（天志 上）

胡適之認爲「這個『天下之明法度』便是天志。」(12)『天下之明法度』即是人生的規律，和儒家的天道所有意義相同。祇是儒家談天道，常指着自然法則，所以講天道地道人道。墨子則以人生的規律直接來自上天，不指自然法則，故不稱天道而稱天志。「以天之志爲法也。……天之志者，義之經也。」（天志 下）以天志爲法爲義之經，和儒家以『天理』爲仁義之本意義相同。但是儒家講天理又常講自然法則，「天命之謂性，率性之謂道。」（中庸第一章）儒家以人性有天理，墨子則以仁義直接上溯到上天。

有一點稀奇的事，即是墨子以『天志』名篇，在篇中很少提到天志，卻常提到天意和天之所欲。儒家常以天意代表上天對於一事一人的意旨，墨子則以天意代表上天自己行動的規則，上天既是有心靈的尊神，自己的行動也必有規則，不會亂動。這種規則是上天自己所願意而成的，因此稱爲天意，或天之所欲。

「然則天亦何欲何惡？天欲義而惡不義。然則率天下之百姓，以從事於義，則我乃為天之所欲也。我為天之所欲，天亦為我所欲。然則我何欲何惡？我欲福祿而惡禍祟。」（天志 上）

「當天意而不可不順，順天意者，兼相愛，交相利，必得賞；反天意者，別相惡，交相賊，必得罰。」（天志 上）

在墨子的思想裏，天志和天意涵義相同。普通人常說天意，墨子雖創天志的名詞，在書中仍舊常用天意。

天志或天意在墨子的思想裏，佔着非常重要的位置，因爲他以上天直接主理人事。個人的生活，固然當以天志爲規律，常是帝王治國，也要以天志爲法度。這種政治思想在中國古代堯舜的時代，見諸實行。從來聖王制禮，禮成了國家社會的規律，儒家的政治思想雖以上天爲君權和禮法的根本，然已經不事事都直接和上天發生關係了。墨子恢復古代的信仰和政治思想，以上天的意志爲人生的直接規律，墨子的政治思想，含有幾分神權的意義。

丙、天操賞罰

天意在人生的直接表示，在於賞罰。近世學者多以荀子偏於法家的思想，重禮重法，也重刑賞：荀子的刑賞爲國家的刑賞。墨子的思想也重賞罰；他的賞罰，爲天的賞罰，屬於宗教信仰，因此學者不以他有法家的氣氛。實際上墨子的思想最重實際的福利，以福誘人行善，以禍迫人避惡；和法家以刑賞誘人民行善避惡，在基本出發點相同。孔子則輕看這種思

想，他說：「道之以政，齊之以刑，民免而無恥。道之以德，齊之以禮，有恥且格。」（論語・為政）

墨子很注重天的賞罰，在書中說得非常嚴重，希望人有深刻的印象，能夠行善避惡。

「順天意者，兼相愛，交相利，必得賞。反天意者，別相惡，交相賊，必得罰。」（天志 上）

「雖天亦不辯貧富貴賤，遠邇親疏，賢者舉而尚之，不肖者抑而廢之。」（尚賢 中）

「天子有善，天能賞之；天子有過，天能罰之。天子賞罰不當，聽獄不中，……以禱祠祈福於天。」（天志 下）

「愛人利人者，天必福之；惡人賊人者，天必禍之。」（法儀）

墨子是一位實行家，提倡兼愛，阻止戰爭；但為能使兼愛主義見諸實行，必定要有推動力，他便以天的賞罰為推動力。從求福免禍的心理上，去說服一般人實行兼愛。

儒墨兩家都講天的賞罰，而且都注重在帝王的行動上。對於帝王善惡的報應，兩家都認為是必然的，是直接的，是帝王本人可見到的。但是對於私人的善惡，所受天的賞罰，兩者思想則有不同。儒家重孝，重家族觀念，以一人的善惡，可以由子孫受賞罰，而且通常是如此，因爲在事實上，許多人行善行惡，並不見到天的賞罰，儒家便信由子孫延續了父祖的生命，也承當父祖善惡行爲的報應。墨子沒有這種觀念，他所主張的賞罰，常由本人去承受。佛家的信仰，對於善惡報應，都由本人在來生負責。

丁、天為法儀

天在墨子的思想中，其重要地位，不完全由於賞罰，而也是由於天爲帝王和人民的法儀，而且可以說這第二項法儀的理由，爲首要的理由，第一項賞罰的理由，爲次要的理由。因爲在墨子的三表法裏，以古聖王之事爲本，以百姓耳目之實爲原；然而究其實，古聖王和百姓都要奉天爲法儀；因此三表法的根本，還是要上溯到天意。再者，墨子的政治思想，最注重尙同，尙同的法儀，即是天下尙同所該有的標準則是天志。還有墨子思想的中心在於兼愛交利，而兼愛交利，都是以天爲法儀。因此天在墨子的思想裏非常重要。

「然則孰為貴？孰為知？曰：天為貴，天為知而已矣。然則義果自天出矣。」（天志中）

「天子又總天下之義，以尚同於天。」（尙同）

「今天下之士君子之欲為義者，則不可不順天之意矣。曰：順天之意何若？曰：兼

愛天下之人。何以知兼愛天下之人也？以兼而食之也。……今天兼天下而食焉，我以此知其兼愛天下之人也。」（天志 下）

胡適之認爲墨子創立了一種宗教，又說墨子和儒家不同之點在於事事要追問爲什麼的理由。儒家講仁義禮智，但不說爲什麼要講，最多說到『率性之謂道』。墨子則追求兼愛和尚同的理由，理由在於天志。胡適之卻說墨子爲什麼的理由，在於實用；然而實用並不能成爲最後的理由，墨子思想的最後理由，在於天。若說墨子創立宗教，祇能說墨子的宗教信仰很虔誠，事事以天爲歸皈，並不能說墨子眞眞創立了新宗教。

3. 義・利

墨子是一位實行家，事事求實利；這一點大家都承認。胡適之稱墨子的思想爲『應用主義』又可稱爲『實利主義』他說：「墨子的應用主義，所以容易被人誤會，都因爲人把這利字用字解錯了。這利字並不是財利的利，這用字也不是財用的用。墨子的用、利，都只指人生行爲而言。」(13)

甲、義

『義』在儒家的思想裏，在於做自己名份內該做的事，董仲舒在春秋繁露「仁義法」篇說：『以仁安人，以義正我。』禮記「禮運篇」有十義：「何謂人義：父慈、子孝、兄良、弟弟、夫義、婦聽、長惠、幼順、君仁、臣忠十者，謂之人義。」這十義乃每一倫應做的事。孔子主張正名，卽是釐定每一名份該有的義。

墨子的義有什麼意義？

「曰：義者，正也。……然而正者，必自上正下。」（天志 中）

「義，利也。」（經 上）

「義，志以天下為芬，而能（善）能利之，不必用。」（經說 上）

這兩條解釋，都是從義的功用方面去講。墨子主張尚同，全國要有一致的價值觀念，價值的評價有同一的標準。這種同一的價值標準乃是義。義的目的，爲求人的利，有義則有利，沒有義便沒有利。所以說「義者，正也。」「義，利也。」

但是，從哲學的理論說，這兩項解釋，都沒有說明『義』的意義。我們要進一步去研究。儒家的義，以禮爲標準，禮定名份，禮以後有法，合於禮和法的事，便是義。墨子以義爲價值觀念，這個標準究竟何在？墨子認爲價值的標準在於天志或天意，合於天志的事乃是義。

「天之志者，義之經也。」（天志下）

「順天意者，義政也，反天意者，力政也。」（天志上）

「義者，善政也。……天為貴，天為知而已矣，然則義果自天出矣。」（天志中）

「天下之人異義，是以一人一義，十人十義，百人百義，其人數茲衆，其所謂義者亦茲衆。是以人是其義，而非人之義，故相交非也。……是故選擇天下賢良聖知辯慧之人，立以為天子，使從事乎一同天下之義。……察天子之所以治天下者，何故之以也？曰：唯以其能一同天下之義，是以天下治。夫既尚同乎天子，而未上同乎天者，則天菑將猶未止也。故當若天降寒熱不節，……此天之降罰也。將以罰下人之不尚同乎天者也。」（尚同中）

「天下既已治，天子又總天下之義，以尚同於天。」（尚同下）

義，由天而來，天由天志以表現，順天志者爲義。守義，天降以福，即爲利；不守義，天降以罰，則爲禍。因此，天志爲義和利的根由。

乙、利

墨子的思想裏，一個最不容易解釋的名詞，就是『利』。利字從孔子以後，在儒家的思想中，和義相對立；墨子卻把義和利相合。孔子以「君子喻於義，小人喻於利。」（論語・里仁）孔子又說：「非其有而取之，非義也。」（里仁）利，就是『非其有而取之』儒家以好利者爲小人，義和利的分別，就是君子和小人的分別。

墨子主張求利，而且主張『交相利』，利和義相同；墨子的利和儒家的利，意義就不相同了。

胡適之曾以墨子的思想和方法爲應用主義，應用主義的性質在於事事求實用。墨子的是非準則，「不是心內的良知，乃是心外的實用。簡單說來，墨子是主張『義外』說的，陽明是主張『義內』說的。陽明的『知行合一』說，只要是人實行良知所命令。墨子的『知行合一』說，只是要把所知的能否實行，來定所知的眞假，把所知的能否應用，來定所知的價値。這是兩人的根本區別。」[14]

我卻認爲墨子雖注重實用，但是實用祇是他的三表法中的一表，而且三表法的最後證據，還是在於天志。墨子可以說主張『義外』說的，然而他的外在標準在於天志，不在於是否可以實用。

能夠應用可以說是『利』的意義。胡適之引墨子的話，以解應用：

「子墨子曰：言足以遷行者常之，不足以遷行者勿常；不足以遷行而常之，是蕩口

也。」（貴義）

「子墨子曰：言足以復行者常之，不足以舉行者勿常；不足以舉行而常之，是蕩口也。」（耕柱）

胡適之注解說：「這兩章的意思，是說無論什麼理論，什麼學說，須要能改良人生的行爲，始可推崇。若不能增進人生的行爲，便不值得推尙了。」(15)

胡適之解釋墨子的應用爲改良人生的行爲，墨子既以應用爲『利』，墨子的『利』便是「改良人生的行爲」了。

「改良人生的行爲」這句話，爲解釋『利』的意義，可以使用，但還是不能指出『利』在本質上的意義，因爲這句話沒有形上學的思想。梁啓超認爲墨子的『利』，乃是利他。「凡事利於最大多數者謂之利，利於少數者謂之不利。」(16)

在形上學方面，我們從人性出發，以求『利』的意義。人的本性常常有所追求，人的本性所追求的事常對自己有益，所謂有益即是使人自己更能完滿，更能充實。因此，『利』乃是使每個人能够充實或完滿自己的事，在西洋形上學的本體論，以善和利，同是一個名詞。形上學之善，即是本體的完善，使本體完善的即是利。這種利，常是人所求的，而常可稱爲善，也就可稱爲義。

本體所要求的完善或利，在外面的事務上由人去追求。人便常追求自己的福利而逃避對自己有害的禍患。賢王聖名所求的也是人民的福利。

「我為天之所欲，天亦為我所欲；我欲福祿而惡禍祟。」（天志 上）

「子墨子言曰：仁人之事者，必務求興天下之利，除天下之害。」（兼愛 下）

「利，所得而喜也；害，所得而惡也。」（經 上）

墨子所講兼愛，意義在於『交相利』，彼此互相求有利於人。孟子曾經警戒梁惠王說：「上下交征利，而國危矣。」（孟子·梁惠王）墨子卻以兼愛就在於互相求利。這種利不是自己的私利，而是利於人的公利。

利，既是人之天性所追求的，便是合於人性，合於人性的事，當然稱爲義。墨子說：

「義，利也。」（經 上）

「孝，利親也。」（經 上）

義和利相通，利和德也相通，所以墨子所講的利，不是儒家所講的利。儒家也知道『利』

是有益於自己的事物，也知道人的天性卽追求有益於自己的事物；然因人有私慾偏情，人順慾情而動，則祇求自己的利益而不顧義，便是惡。儒家爲避免求利乃講求義而避利。墨子不講人的私慾，祇講追求『利』；然而墨子的利，也以天志爲標準，不合於天志者不能求。這就是胡適之所說『義內』、『義外』，若追到根本上，儒墨兩家都是重義。

墨子既是實行家，所以常講福利，從衆人的心理上建立他的學說。況且他是宗敎家，事事以天意爲標準，既有這條原則，他便大膽講求利，天願意利人，人當然應當『交相利』。孔子爲倫理家，事事以道德爲前提，又知道人心易傾於惡，於是便嚴義利之分，重義而輕利。

義和利相通，在西洋哲學裏，祇在形而上學的本體論可以講，在倫理學則不能講。義，從精神方面看，可以說常是利，從物質方面說，則有所不同；因爲求義，屢屢要犧牲物質方面的利益。『殺身成仁，捨生取義。』就是一個顯明的例。利，無論從精神或物質方面去看，都不常常是義。因此，墨子所講的利，既是倫理方面的利，若不是因他假定了『合於天志爲利』的前提，便講不通。卽使說墨子所講的利爲公利，公利也並不常常合於義。例如墮胎合法化可以是公利，然並不因此便合於義，在倫理道德上沒有罪。

表。

4. 兼愛

墨子主張求利，求利的實現乃是兼愛；兼愛成了墨子思想的特徵，成爲墨子思想的代表。墨子人格的寫照，也是突而不黔，席不暇暖，爲他人的利益而奔走。他的全部學說思想，祇有下面兩句話：『兼相愛，交相利。』

甲、兼愛的根由

墨子本着他以天爲義之根本的原則，對於兼愛，就以天爲根由，天兼愛世人，天又願意人互相愛，因此便當兼愛。

天兼愛世人，這是一件很明顯的事，宇宙的一切事物，都來自上天，上天把這一切萬物爲人使用，以利於人。

「然則，何以知天之愛天下之百姓？以其兼而明之。何以知其兼而明之？以其兼而有之。何以知其兼而有之？以其兼而食焉！……天有邑人，何用弗愛！且吾言殺一不辜者，必有一不祥。殺不辜者，誰也？則人也。予以不祥者誰也？則天也。若以天為不愛天下之百姓，則何故以人與人相殺，而天予之不祥？此我所以知天之愛天

下之百姓也。」（天志 上）

「今夫天兼天下而愛之，撽遂萬物以利之。若豪之末，非天之所為也！」（天志 中）

天愛世人，爲儒家一貫的思想。『天有好生之德』從易經開端，後來理學家以人心得天心而爲心，故有仁。祇是儒家從孔子以後，不常把天字解爲上天，而且多解爲宇宙自然之道。墨子乃明白主張好生之德爲上天之德，上天愛世人，而且兼愛世人。天既兼愛世人，人便也當兼愛。

天既兼愛世人，又願世人兼相愛，墨子常說天意願意人有兼愛，而且以賞罰以促使世人互相兼愛。

「然則奚以為治法而可？故曰莫若法天。天之行廣而無私，其施厚而不德（息），其明久而不衰，故聖王法之。既以天為法，動作有為，必度於天，天之所欲則為之，天所不欲則止。然而天何欲何惡者也？天必欲人之相愛相利，而不欲人之相惡相賊也。奚以知天之欲人之相愛相利，而不欲人之相惡相賊也？以其兼而愛之，兼而利之也。奚以知天兼而愛之，兼而利之也？以其兼而有之，兼而食之也。」（法儀）

「當天意而不可不順天意者，兼相愛，交相利，必得賞。反天意者，別相惡，交相賊，必得罰。」（天志 上）

墨子舉例證明天的賞罰，禹、湯、文、武，順天意而兼愛，乃得上天的賞，桀、紂、幽、厲，反兼愛，遂得天罰。

「然則是誰順天意而得賞者，誰反天意而得罰者？子墨子言曰：昔三代聖王禹湯文武，此順天意而得賞也，昔三代暴王桀紂幽厲，此反天意而得罰者也。然則禹湯文武，其得賞何以也？子墨子言曰：其事上尊天，中事鬼神，下愛人，故天意曰：此之我所愛，兼而愛之，我所利兼而利之，愛人者此為博焉，利人者此為厚焉。故使貴為天子，富有天下，業萬世子孫，傳稱其善，方施天下，至今稱之，謂之聖王。然則桀紂幽厲，得其罰何以也？子墨子言曰：其事上詬天，中誣鬼，下賊人。故天意曰：此之我所愛別而惡之，我所利交而賊之。惡人者此為之博也，賤（賊）人者此為之厚也。故使不得終其壽，不歿其世，至今毀之，謂之暴王。」（天志 上）

天既兼愛，又願人兼愛，且加以賞罰，人便不可以不兼愛了。

乙、兼愛的意義

儒家談泛愛，「泛愛衆，而親仁。」（論語・學而）禮記「禮運」篇也談大同博愛。儒家的泛愛或博愛和墨子的兼愛有何不同?

第一，儒家分別愛和仁，儒家講仁而少言愛。仁是我和非我的關係，即是人和人的關係。人和人的關係，出自人性，人性的傾向，在於要求自我的成全；但是在宇宙的變易中，一切都有次序，人人既都要求自我的成全，這其中的次序，就是成我也成人。孔子乃說：「仁者，己欲立而立人，己欲達而達人。能近取譬，可謂仁之方也已。」(論語・雍也)愛爲一種情感，爲七情之一，對於自己所喜悅的就愛。孟子說孩提之童，生來就愛自己的父母。(孟子・盡心上)仁和愛，普通常相合在一起，然也可以分開。有仁不一定有愛，有愛不一定有仁。有仁而沒有愛，例如對於自己所不喜歡的人，予以提拔協助，這是仁心，卻沒有愛情；有愛而沒有仁，例如母親溺愛兒子不加敎養，這是愛情，卻沒有仁，儒家因此重仁而不重愛，對於人的關係常說仁，或至少說『愛之以德』，對於物則說愛而不說仁，仁民而愛物。

第二，儒家對於人談愛時，是講對於人天生的愛情，要怎樣使動而能中節。愛在動時的節奏規律，按照孔子所說『能近取譬』，孟子所說：「老吾老以及人之老，幼吾幼以及人之幼。」乃有一條規律：「己所不欲，勿施於人」(論語・顏淵、衛靈公)因爲仁和愛都是一種關係，關係居於兩點之間，仁愛是由自己而達到別人；自己知道怎樣愛自己，然後知道愛別人。儒家的仁愛，泛愛或博愛，都是先愛自己和自己的親人，而後愛別人和別人的親人。這種愛有等差，不是完全都是一樣。

墨子的兼愛，由孟子看來「墨氏兼愛，是無父也。」（滕文公 下）看起來兩家的不同點，在於儒家主張愛有等差，墨子主張愛沒有等差。但是，這樣看法不完全對，因爲若就外面的形式看來，墨子似乎是不主張有等差，若追究墨子兼愛的本身意義，則墨子並不是不主張有等差。從兼字和別字的解釋，我們可以知道墨子的兼愛，有什麼意義。

墨子常把『兼』和『別』相對立，『兼』不是『別』，『別』不是『兼』。

「子墨子曰：兼以易別。」（天志 下）

別字在古代和剮字相同，剮字爲分解，把肉和骨頭分解。別字有分開的意思，而所謂分開，是因爲兩者性質不相同，肉是肉，骨頭是骨頭，所以可以剮分。在這種意義上去看墨子的『別』，意思不是分等差，而是分人和不是人。也就是說墨子的等差不是等級的差別，而是種類的差別。

兼字的意義，是幷，像手持二禾。兼字，也解爲倍字，孟子曾說王饋兼金，通常也說「兼程」趕去。又作配字用，禮上所用「兼食於社」，即配享於社。又作共字用，禮記「士昏禮」的『兼巾』，即是共巾。

「仁，體愛也。」（經上）

「仁，愛己者，非為用己也，不若愛馬者。」（經說上）

墨子創造『兼愛』這個名詞，此兼字，應當是『并』字的意思，不是「倍」、「配」、「共」的意思。兼字像一手持兩禾，兩禾幷立，一手把它們連在一起。兼愛的意思，是用愛把人們聯在一起。手持兩禾，祇是代表兩禾因手而聯在一起，沒有先後，沒有遠近的問題。因此兼愛所注意的，在於用愛把人們都聯合起來，也就是說愛普及到一切的人，但並沒有注重到愛的等差問題。從兼愛的本身去看，沒有愛不分等差的意義。

墨子分仁和愛，以仁爲體愛，體的意思是，「體，分於兼也。」（經上）體爲一個體，兼則全包一切的體。所謂仁，是愛自己，然而愛自己卻不是求一己之私，不同於人愛馬，是爲一己之用，在這裏墨子把仁和兼愛相對。

兼又和別相對立，對立點在於『並』和『分解』上，兼愛是把人合起來，別愛是把人分開。兼愛和別愛在本身的意義上，並不涉及等差問題。

兼愛的根本在於天，天兼愛世人，不是愛這個人，惡那個人，愛這種人，惡那種人。凡是人，天都相愛。但是愛的程度怎麼樣，是不是天用同等的愛情愛一切人，在兼愛這個名義下，並沒有包含在裏面。墨子主張愛一切的人，但沒有講應不應該有等差。有些等差出自天性，如先愛自己的親人，後愛別人的親人，墨子沒有否認這種等差。

「義可厚，厚之；義可薄，薄之；謂倫列德行。君上、老長、親戚，此皆所厚也。」（大取）

「入則孝慈於親」（非命 上）

實際上，墨子主張孝親，「孝，利親也。」（經 上）祇是他反對儒家的三年之喪，而主張節葬，似乎反對孝道，究其實墨子所反對的是喪禮，而不是孝道。孟子批評他『無父』，乃是憤慨激烈之詞，上天兼愛世人，但上天也賞善罰惡，天的愛有等差，天所有的等差，不是血肉之親，而是善惡之分。墨子效法天的兼愛而倡兼愛。沒有說明兼愛的等差，在實行上他又是蹠手砥足幫助一切的人，便被看來他所主張的兼愛是沒有等差的博愛了。

荀子批評墨子，「不知壹天下，建國家之權稱，上功用，大儉約而僈差等，曾不足以容辨異，縣君臣。」（荀子・非十二子篇）「墨子有見於齊，無見於畸。」（荀子・天論）荀子也是從混亂等差去批評墨子，認爲他知同而不知異。莊子批評墨子，「不侈於後世，不靡於萬物，不暉於數度，以繩墨自矯，而備世之急。」（莊子・天下）莊子以墨子不明瞭法度，自造節約苦身的繩墨。

丙、兼愛的目的

墨子主張『兼相愛，交相利。』兼相愛爲中心思想，交相利爲目標。

「子墨子言曰：處大國不攻小國，處大家不篡小家，强者不劫弱，貴者不傲賤，多詐者不欺愚。此必上利於天，中利於鬼，下利於人，三利，無所不利，故擧天下美名加之，謂之聖王。」(天志 上)

交相利，是彼此互相有利。墨子雖主張損己利人，然而他說利人者乃自利，害人者乃自害。

「子墨子曰：姑嘗本原之，孝子之為親度者，吾不識孝子之為親度者，亦欲人愛利其親與？意欲人之惡賊其親與？以說觀之，旣欲人之愛利其親也。然卽吾惡先從事卽得此？若我先從事乎愛利人之親，然後人報我愛利吾親乎？意我先從事乎惡人之親，然後人報我以愛利吾親乎？卽必吾先從事乎愛利人之親，然後人報我以愛利吾親也。」(兼愛 下)

墨子所提倡的利，爲人世社會所講的福利，墨子也常以福利兩字連用。福利的意義，可以用書經所說的五福來解釋：「五福：一曰壽、二曰富、三曰康寧、四曰攸好德、五曰考終命。」（尚書・洪範）福利的對立者爲凶禍，墨子所說的利在消極方面，便是避免凶禍，凶禍在尚書「洪範篇」有六極：「六極：一曰凶短折、二曰疾、三曰憂、四曰貧、五曰惡、六曰弱。」

墨子所講的利，多屬國家人民之利，少屬一人之利；在「七患篇」說明國家有七患，則國必亡。

「子墨子曰：國有七患，七患者何？城郭溝池不可守，而治宮室，一患也。邊國至境，四鄰莫救，二患也。先盡民力無用之功，賞賜無能之人，民力盡於無用，財寶虛於待客，三患也。仕者持祿，游者愛佼，君脩法討臣，臣懾而不敢拂，四患也。君自以為聖智，而不問事，自以為安彊，而無守備，四鄰謀之而不知戒，五患也。所信者不忠，所忠者不信，六患也。畜種菽粟，不足以食之，大臣不足以事之，賞賜不能喜，誅罰不能威，七患也。以七患居國，必無社稷。」（七患）

爲能取得這些福利，避免這些禍患，墨子反對儒家當時的流弊，主張非戰、節用、節葬、非樂。這些思想雖是政治思想，不直接屬於哲學的範圍，但是墨子認爲這些政治思想，來自他的哲學思想。因爲他主張兼愛，便不能不反對戰爭，他主張交相利，便極力主張節約。

「聖人為政一國，一國可倍也。大之為政天下，天下可倍也。其倍之，非外取地也，因其國去其無用之費，足以倍之。」（節用 上）

「棺三寸，足以朽體；衣衾三領，足以覆惡。以及其葬也，下毋及泉，上毋通臭。壟若參耕之畝，則止矣。死者既以葬矣，生者必無久哭而疾，而從事，人為其所能，以交相利也。」（節葬 下）

「苟虧人愈多，其不仁茲甚矣，罪益厚。當此天下君子，皆知而非之，謂之不義。今至大為攻國則弗知非，從而譽之，謂之義。此可謂知義與不義之別乎？殺一人，謂之不義，必有一死罪矣。若以此說往，殺十人，十重不義，必有十死罪矣。殺百人，百重不義，必有百死罪矣。當此天下之君子，皆知而非之，謂之不義。今至大為不義，攻國則弗知非，從而譽之，謂之義！」（非攻 上）

「今天下之諸侯將，猶多皆（不）免攻伐并兼。則是有譽義之名，而不察其實也。此譬猶盲者之與人同命白黑之名而不能分其物也。則豈謂有別哉？」（非攻 下）

墨子極力節儉，以身作則，弟子們也隨從他的思想，人人力行節約「衣褐帶索，啜菽飲水。」（荀子·富國）從哲學思想上去看，墨子是很邏輯的，把自己兼相愛和交相利的原則，推論到極點。儒家最不喜歡極端，故不讚成墨子的主張。荀子批評墨子說：

「夫有餘不足非天下之公害也，特墨子之私憂過計也。天下之公患，亂傷之也。胡不嘗試相與求亂之者誰也？我以墨子之非樂也，則使天下亂；墨子之節用也，則使天下貧；非將墮之也，說不免焉。」（荀子·富國）

荀子以人性求樂求享受，不能以節約爲治國之道，應滿足人的慾望，而用禮去節制使不亂，天下乃強。

三、名學

墨子以兼愛名於世，墨家則以名學著於世，可惜，後來都沒有繼傳的人。墨子書中有經上、經下、經說上、經說下、大取、小取，這六篇都講名學。名學之篇和前面所說代表墨子思想的著作，內容不同；但有相同的一點，即是墨子在談論思想的篇章裏，常有名學的辯論方法。如類彼，知故，辨故，察類等等。

對於上列六篇文章的考訂，各家的主張不同。梁啓超說：「古書中之最難讀而最有趣者，莫如墨子之經上、經下、經說上、經說下、大取、小取六篇。晉朝有位魯勝替前四篇作註，名曰墨辯注。『墨辯』兩字，用現在的通行語翻出來，就是墨家論理學。但這六篇性質各有不同。經上、經下，是墨子自作。莊子「天下」篇說『墨者俱誦墨經』，誦的就是他。經說是經的解說，大概有些墨子親說，有些是後來墨家的申說，今不能分別了。大取兩篇，是講論理學的應用，而且用論理的格式說明墨學精義，像是很晚輩的墨家做的，或者和惠施公孫龍有關係，也未可知。」(17)

胡適之則說：「我以為這六篇就是莊子「天下」篇所說的別墨做的。這六篇的學問，決不是墨子時代所能發生的。況且其中所說和惠施公孫龍的話最為接近，惠施公孫龍的學說，差不多全在這六篇裏面。所以我以為這六篇是惠施公孫龍時代的別墨做的。」(18)

譚戒甫說：「(一)墨子書頗駁雜，中惟經上下有其自著之文，餘均相里，相夫，鄧陵三子及其門人後學所記。(二)田俅等四人及三墨皆嘗親受業於墨子之門；而三墨門人皆為墨子之二、三傳弟子，墨經為彼輩所俱誦，說之十九且為彼輩所追錄，即視墨辯為三墨與門人之書亦無不可。(三)墨子精於名辯，創立論式以立名本；然恐以文害用，意不在名。但三墨及其門人，乃偏於名而為專習，因而去墨道稍遠；且倍譎訾應，相呼別墨，以墨道言，可以視為末流。及三墨之辯，在墨道雖為末流，而在名家則為精進。然若以其書劃入名家，則著述之人皆屬墨者，研究之指多爲墨學，與其破裂不完，欲益反損，毋寧與衆篇連第而列之於最後也。」

現在要肯定誰是墨經六篇的作者，必定爭論到沒有結論。大多數學者，以經上下爲墨子的著作，其餘四篇爲墨子一傳或再傳弟子「別墨」的作品。我祇認爲這六篇代表墨子和墨家的名學，不敢決定各篇是誰的作品。

1. 知識

甲、種類

墨子在自己思想裏分人的知爲感覺和知識，以耳目有視聽，身體有動作，心則有思慮。墨經分知爲三類：

「知：聞、說、親。」（經上）

「知：傳受之，聞也；方不庫，說也；身觀焉，親也。」（經說上）

『聞』爲聽聞，不是指着耳官的感覺，而是指着由於傳授所得的知識。人求學從師，就是從老師求得知識。墨經不僅指由口授的知識，也包括一切由古來傳下來的知識，凡不是由自己親自的經驗而來的知識，都由聞而來。

『說』爲論說之知。論說爲推論，由所知推論到原先不知道的知識，所以不受限制。「經說」解釋爲「方不㢓」。注疏說不爲；「方士所阻」。

『親』爲親自身的經驗；自身的感覺；自己所作的事；自己所有的思慮都是親。這三類爲得知的方法，也是說知識的來路。但是知的種類還祇是兩種：感覺和心知。

乙、感覺

「知，材也。」（經上）「知材：知也者，所以知也，而（不）必知，若明。」（經說上）

「知，接也。」（經上）「知，知也者，以其知過物而能貌之，若見。」（經說上）

感覺之知，在於感官和外物相接，相接而後有感覺。所以「經上」說「知，接也。」又說「知，材也。」「材」爲官能。卽是感官。爲能有知，先該有官能。感官既和物相接，例如眼和物相見，則見物的外貌。「經說上」乃說：「以其知過物而能貌之。」眼睛看見物的外貌，便吸收物的形象而成感覺。

「見，體，盡。」（經上）「見，特者，體也。二者，盡也。」（經說上）

「體，分於兼也。」（經上）

「盡，莫不然也。」（經上）

「見，體，盡。」這句話的解釋，在於眼睛的感覺，應該看到物的全體，纔能够知道物的全貌，纔能够使無論誰去看物的形貌常是這樣，『莫不然也。』否則，你看一面，他看一面，所看不同，所見的形貌也就不同了。

「聞，耳之聰也。」（經上）「循所聞而得其意，心之察也。」（經上）

「言，口之利也。」（經上）「執所言而意得見，心之辯也。」（經上）

「經」和「經說」在這兩條，意義不相同。聞和言，是耳和口的動作，也就是感官的動作。「經說」則把感官和心連在一齊，沒有心，耳不能聰，口不能利；而且心由耳聞和口說，能够理會感覺的意義，心乃能察能辯。墨家把感覺之知和心之知，雖相分別，卻也相聯繫。感官有五種，墨家稱爲五路：「知而不以五路，說在久」。（經下）

丙、心知

墨家以心知爲㤜「知而不以五路，說在久。」「經說」解釋這句話：

「智以目見，而目以火見，而火不見，惟以五路智。久，不當以目見（火），若以火見火，謂火熱也，非以火之熱。」（經說下）

這段解釋的文，較比經文更難懂，大概的意思，在於說人的感覺知識，祇在感官和物相接時纔有。「而目以火見。」若是火看不見，而祇覺到熱，就要用心去推測，以爲有熱必有火。若是看到火又覺到熱，則就說是火熱；沒有看到火而覺得熱，便推理說這是火的熱。推理之知，爲心的知，「循所聞而得其意」，「執所言而意得見」都是心的推理。墨家以推理之知爲㤜，即是心之知。

「㤜，明也。」（經上）「㤜，㤜也者，以其知論物而其知之也著，若明。」（經說上）

㤜解爲明，明可以有兩種意義：第一，心知道一對象時，明瞭對象的性質；第二，心由一事可以明瞭相關的其他事物。故「以其知論物而其知之者」，由所知道的物去推論有關的事物而有知識，有同於荀子所講的徵知。

「聞所不知若所知，則兩知之。」（經下）

「聞，在外者，所不知也。或曰：『在室者之色，若是其色』是所不知若所知也。猶白若（或）黑也，誰勝？是若其色也。若白者，必白。今也知其色之若白也，故知其白也。夫名，以所明正所不知，不以所不知疑所明，若以尺度所不知長。」（經說下）

站在屋外面的人，不知道屋裏的人顏色怎樣。若是有人說：屋裏的人的顏色，和這個屋外的人顏色一樣，便可以知道屋裏的人有什麼樣的顏色了。若這個人是白的，屋裏的人也是白的。這種知是推論之知，爲心知，稱爲恕。恕字也寫作恕字，恕是以己之心推度別人的心，便有推論的意思。

「慮，求也。」（經上）

「慮，慮也，以其知有求也而不必得之，若睨。」（經說上）

慮，爲思慮，用自己的知識去求一種結論，然不一定可以得到。『若睨』，好像一個人遠遠地在看一個物件，睜着眼看，似乎看到了又似乎沒有看到。

心不在的時候，感官也不能感覺，所以感覺也由心去完成。

「臥，知無知也。」（經上）

人睡的時候，雖然有感官，也沒有知覺，故「知無知也」。

「夢，臥而以為然也。」（經上）

人做夢，自以為有知，然而並不是知識。墨子不像莊子，以夢和夢外的知識相混，分不清楚。墨經認為夢不是知。

「平，知無欲惡也。」（經上）

「平，惔然。」（經說上）

孫詒讓在墨子閒詁注說：「說文兮部云：平，正也，謂欲惡兩忘。」譚戒甫在墨辯發微引孟子和中庸來解釋。[20]說『平』像孟子所說的「平旦之氣」，也像中庸所說喜怒哀樂之未發之謂中。「經說」以惔字解平字，也就是靜而淡的意思。可是要注意的一點，在於墨經有個知字，「知無欲惡也」（經上），心對一事或對於自己有認識，但不動情感。這是把知和情欲分開，然而知情都在心理，心知心欲，心也可以知而不動情欲，這又表示心可以統制情欲了。

2. 名 言

中國以理則學爲名學，名學所注意的在於名，不注意論理方法。墨子的名學所注意的則不在於名，而在於推論；雖然推論的方法祇有三表法，但已經在中國學術思想史裏是唯一的特點。

「以名舉實。」（小取）

「舉，擬實也。」（經 上）

「舉，告，以之名舉彼實也。」（經說 上）

『名』代表一個對象，對象爲名的實體，名和實要相符。舉，即是代表。實體有了名，纔可以由一人而告訴他人。一個舉出一個實體的名，另一個人聽見這個名，心裏便想起這個實體的形。

「名，達，類，私。」（經上）

「名：物達也。有實必待文多也。命之馬，類也；若實也者，必以是名也。命之臧，私也；是名也。止於是實也。聲出口，俱有名，若姓字。」（經說上）

墨經分名為三類：達名、類名、私名。達名相同於荀子所講的大共名，例如物。物，包括一切的物。「物，達也，有實必待文多也。」物為達名，孫詒讓解為「言物為萬物之通名。」為有達名，必定要有許多實，這些實之文，即「依類象形，謂之文」。（說文序）都不相同，但有一共同點，按着共同點，而為之命名。馬，為類之物，「必以是名命之」，凡是馬，都要稱為馬。即荀子所講的大別名。臧，為私名，止用於這個實，「止於是實也。」這種分法非常合理。

「聲出口，俱有名」，我們講話，每個聲音出口，就是一個名，因為我們的語言是單音字，每個聲音有自己的意義。左傳「桓二年傳」說：「夫名以制義」疏云：「出口為名，合宜為義。」

『若姓字儷』荀子「正名篇」說：「累而成文，名之麗也」麗和儷相通，儷為相配，相結合，聲和名相結，名和義相結，故稱為儷。「經說」上說：「名實耦，合也。」

「謂，移，擧，加。」（經上）

「謂，狗犬，命也。狗犬（吠），擧也，叱狗，加也。」（經說上）

謂，爲稱謂，爲名，也有三種：移謂、擧謂、加謂。移在經說爲命，移命卽普通對於一實體所命的名，如狗犬。擧，「擬實也」模擬實體的動作形態，如狗叫稱爲吠。加，是動作加於物，如叱狗，人的動作加在狗身，打狗也是一樣。譚甫解釋「謂」爲動詞，移爲動詞用，擧爲動作止於自身之自動詞，加爲動作及於他物之他動詞。(21)這種解釋和原文不合。

稱名成辭，辭在人口爲言，所以稱爲言辭。人講話在於把自己的意思說出來。因此，辭要達意；若不達意辭就失去了用途。

「以辭抒意。」（小取）

意，在說話的人那方面，是心中所有的事故，這些事故可以是實事，可以是理由。墨子說：

「言，出舉也。」（經上）

「故言也者，諸口能之出民者也。民若畫俿也。言也，謂言，猶石致也。」（經說上）

「以說出故。」（小取）

言，是向人說話，不是一個人獨語。言，便是「諸口能之出民者也。」所謂出故的故字，意即是理由，原因，即是爲什麼要說話？說話，有理由要說，表示自己的意見。意見在於對於一客體，或一問題，自己是同意或不同意；因此言辭中有『同異』，墨經中，有幾條講同異的問題。

「同，異而俱於之一也。」（經上）

「同，二人而俱見是楹也，若事君。」（經說上）

「同，重、體、合、類。」（經上）

「同，二名一實，重同也。不外於兼，體同也。俱處於室，合同也。有以同，類同也。」（經說上）

墨經以同，爲「異而俱於之一」，兩個或兩個以上的實合於一。譬如兩人都看見屋上同一的楹，則兩人所見爲同。又譬如許多臣子同事一君，則臣子所事的君爲同。異，則是兩個或兩個以上的實，沒有相同點，而各不相同，便是異。

墨經又進而說出同異的理由，或同異的分類。相同之實由於重同，體同、合同、類同。相異之實，由於體不同，合不同，類不同。

重同，不是重量相同，乃是重覆之同，「二名一實」，一個實體，有兩個不同之名。這種同，稱爲重同。

體同，由兼而來，兼名爲共名，共名包括許多實體，例如動物、馬牛羊雖不同類，然俱爲動物，這是體同。體不同，雖不相連屬，不屬於同一的兼名，草與牛乃不同體。

合同，爲空間之同，或同一組織之內，「俱處於室」，兩人兩物同在一室內，爲合同。又如同學，同班、同事、同國，這也都是合同，不合同，則是「不同所」。

類同，「有以同」，在物性上相同，如牛類、人類。又或特性相同，例如中國人，黃種人，士農工商，都爲類同。類不同，爲「不有同」，沒有相同之特性。

墨經對於同異的解釋，很爲明瞭。但在墨辯裏，參入名家的詭辯，意義就混了。

「同異交得，放有無。」（經上）

所謂「同異交得」在於以相同相異之物作比較，作比例以驗有無。「誠或聞之見之，則以爲有；莫聞莫見，則必以爲無。」（明鬼下）墨家以聞見定有無，有無相比，以定同異。牛和牛相同，由見而得。牛和羊不相同，也由見而得。兩個人所說的事相同，則所說爲同一事，這種相同，由聽而得。兩個人同說一事，所說各不相同，則一事兩說。有異，相異也由聽而得。

「古，兵立，反中，志工，正也。臧之爲，宜也。非彼必不有，必也。」（經說上）

「合，𤯔，宜，必。」（經上）

「墨經」上以『古』爲「名實耦，合也。」名和實相配耦爲合，即是名和實相合。「古，並立，反中，志工，正也。」孫詒讓以『反中』爲『反也』，他說：『疑當作反也，反與正上下文義相對。』這樣「經說」便有四個也字，讀爲：「合：並立，反也。志工，正也。臧之爲，宜也。非彼必不有，必也。」但是「經上」則祇有『𤯔，宜，必』三種合，「經說」卻解爲『反，正，宜，必。』四種合了。譚戒甫的墨辯發微則以『並立，反中』爲『正合』的兩種。(22)我認爲「並立，反中，志工」三者都是解釋『正合』的，不僅是「志工」

解釋『正合』，而「並立、反中」亦爲『正合』的兩種。經說以『正合』有三種形式，即「並立、反中、志工。」

『正合』有什麼意思呢？俗語說正好相合，恰好相合，正面相合，就是『正合』的意思。正合，即是名和實，恰恰相合。也即是在言辭裏，主詞和賓詞眞眞相合，因爲賓詞和主詞在特性上相合。例如：好人變成言語即是「這人是好人。」這樣的言辭或文句，有三種方式：「這人是好人，即好人」「這人不是不好的人，即非不好人。」「這人非常好，即甚好。」第一式，爲並立句，第二式爲反中句，第三式爲志工句。

宜合，爲理應相合，或者爲權宜相合。理應相合，是在客體上有相宜的理由，例如「教授長者」，因這位教授年歲已高，品德也好，故宜稱爲長者。權宜相合，乃是因偶然的原由，名實相合，例如開會時，臨時推舉的主席或秘書，權宜呼某人爲主席，某人爲秘書。

必合，則是在性質上，名與實相合，賓詞和主詞相合，例如「有理性的人」，「人是有理性的」。理性和人，在性質上相合，沒有理性便沒有人。當然理性可不可以運用，則是另一個問題。

言和說，所以是爲說明相合或不相合，相同相異，墨經乃說：

「說，所以明也。」（經上）

孫詒讓注解云：「說文云：說釋也，一曰談說，謂談說所以明其意義。」

3. 論理法則

論理的法則，首先在於每個文句裏的名，要符合其實，然後文句的連綴要合於文法。墨經的「小取」說『名以擧實』，『以辭抒意』，『以說出說』就是注意這一點。文句排列出來，以成說，說是論說，論說便應有法則。墨家的論理法則，我們簡明加以述說。

甲、法

論理法則爲法，法爲模範。在古代刑和法意義相通，刑爲型 即是模型；法便是人的行爲模刑。

「法，所若而然也。」（經上）

「法，意規員，三也俱可以為法。」（經說上）

法，為模範，按着模範去做，所得結果該是一樣，故「所若而然也。」「經說」乃舉實例去說明，用意規員為例。梁啓超解釋說：「例如做個圓模，把腦中的概念（意），用一個畫圓的規（規），畫出一個圓形（員），三件和合（俱），模便成了。」(23)

「一法者之相與也盡，若方之相合也，說在方。」（經下）

「一方盡類，俱有法而異，或木或石，不害其方之相合也。盡類，猶方也，物俱然。」（經說下）

法用以分類，同法則同類，同類則同法；例如木是木類，石是石類，方與方同類。

「法同，則觀其同；巧轉則求其故。」（經上）

「法，法取同；觀巧傳。」（經說上）

「法異則觀其宜，因以別道。」（經上）

「法，取此擇取，問故觀宜。以人之有黑者，有不黑者也，止黑人。與以有愛於人，有不愛於人，心愛人，是孰宜心。」（經說上）

法同，則此相同。若是巧轉，則必求所以然的理由。巧，按釋名爲：「巧，攷也，考合異類共成一體。」巧轉，乃是由各種不同的事物，求相合的理由。

法不同，則觀其宜，在法不同的推論時，從不同的理由中，選擇合宜的法。例如有黑的人，有不黑的人，選擇黑人作爲法。有被人愛的，有不被人愛的，選擇被人愛作爲法。

墨經「小取」篇講七法：

「或也者，不盡也。假者，今不然也。效者，爲之法也。所效者，所以爲之法也。故中效，則是也；不中效，則非也，此效也。辟也者，擧也物而以明之也。侔也者，比辭而俱行也。援也者，曰：不然，我奚獨不可以然也。推也者，以其所不取之同於所取者予之也。是猶謂也者同也，吾豈謂也者異也。」（小取）

墨經的七法爲：或、假、效、辟、侔、援、推。我們要根據墨經解釋，加以說明。

『或』，爲指物體不盡是一樣，或者是這樣，或者是那樣，所以說：「不盡也。」即是理則學上所謂特稱命題。

『假』，爲指能有也能不有，不能完全決定，所以說「今不然也」，即是理則學上的假言命題。

『效』，「所以爲法也。」乃是理則學上的原則，合於原則者爲是，不合者非是。「故中效，則是也；不中效，則非也。」

『辟』，是作譬喻，拿較明顯的事物，去解釋較難知的事物，所以說「舉也物而以明之也。」

『侔』，是互相比較，兩辭並行，所以說「比辭而俱行也。」

『援』，是援例，在理則學上的演繹法，按照一項普遍原則，便可以類推。還要類似的原則，也可以援例而推。

『推』，是推論，以所知道的，推到所不知道的。「以其所不取之，同於所取者，予之也。」

在「經下」有幾條關於『推』的解說：

「推類之難說在之大小。」(經下)

「謂四足獸，與生鳥與物，盡與大小也。」(經說下)

「在諸其所然未者然，說在於是推之。」(經下)

以類相推，從知到未知，難處在於不易分別是否同類，是否在同類中有大小的分別。例如四足獸，有牛有馬，還有其他的獸，其中分別很多，若僅以類推，難處很多。這是「小取」篇的論理法則，法則稱爲法，法用之於說。我們把「經」上下兩篇作比較研究，「經上」多爲解釋『名』，「經下」多爲解釋『法』，「經下」解釋『法』用『說』。例如：

「體，分於兼也。」（經上）

「知，材也。」（經上）

「慮，求也。」（經上）

「生，刑與知處也。」（經上）

「經上」多是這種例子，都是解釋『名』的意義。

「止類以行人，說在同。」（經下）

「推類之難，說在大小。」（經下）

「一偏棄之，謂而固是也。說在因不可偏去而二，說在見與俱，一與二。」（經下）

「知其所以不知，說在以名取。」（經下）

「牛馬之非牛，與可之同，說在兼。」（經下）

「經下」幾乎都是這種例，所謂『說在』就是『理由在於』，所有理由，即是邏輯的法則。

乙、三表法

墨子和弟子們在中國的學術史上，佔有一個特殊的地位，不僅因爲他們主張兼愛，也是因爲他們建立一種推理的方式。中國古人講學，祇有一些天然的說理方式，沒有用心去想一種理則的方式。西洋哲學，自亞里斯多德建立了理則學以後，便能遵守一種嚴密的途徑。墨子在中國古代是唯一的學者，想出了推論的方式，而且在自己的著作裏，予以應用。這種方法稱爲三表法。

「言必有三表。何謂三表？……有本之者，有原之者，有用之者。於何本之？上本之於古者聖王之事。於何原之？下原察百姓耳目之實。於何用之？廢以為刑政，觀其中國家人民之利。此所謂言有三表也。」（非命上）

三表的方式，爲求證的方法。本，原，用。本，爲上古聖王的權威；原，在於日常的經驗；用，在於實用的成效。這三種求證的方法，都是從經驗方面求證；因爲墨子是一位實行主義者，不喜歡談形上的玄理，或抽象的理論。而且墨子所研究的問題，也都是一些實際的問題，如非命、非攻、節用、兼愛、天志，明鬼等問題，都和社會人生有關，也和政治相關連。墨子的三表法具有作證的價值；然而有時過去重在經驗，而不重推理。例如「非命」篇爲證沒有『命』：

「子墨子言曰……自古以及今，生民以來者，亦嘗見命之物，聞命之聲者乎？則未嘗有也。若以百姓為愚不肖，耳目之情，不足因而為法；然則，胡不嘗則之諸侯之傳言流語乎？自古以及今，生民以來者，亦嘗有聞命之聲，見命之體者乎？則未嘗有也。」（非命中）

三表式的推論，有似於西洋理則學的三段式，如「非命」上篇：

「古者桀之所亂，湯受而治之。紂之所亂，武王受而治之；此世未易，民未渝。在於桀紂，則天下亂；在於湯武，則天下治。豈可謂有命哉？」

丙、故

爲推理，須有證明，三表法的本，原，用雖爲三種論證；這祇是在實際上說理；在理則學的理論方面說，墨家以證明爲『故』。

「故，所得而後成也。」(經 上)

「故，小故，有之不必然，無之不必然；體也，若有端。大故，有之必無然，若見之成見也。」(經說 上)

故，爲理由，爲緣因。「緣因有普遍的和局部的。普遍的緣因，可以包括一切；局部的緣因，則不能包括一切。例如說：沒有理智則不能思想。這種故是大故，因爲一切沒有理智的物，都不能思想。若是說：沒有腳不能走，則是小故，因爲不是一切沒有腳的物就不能走，也不是一切有腳的物就可以走。」(24)

墨經的大故，「有之必然」，在緣因和效果之間，有必然的連繫；「若見之成見」，有眼睛、有光、有物體，眼睛必定看見物體。這種必然的原因，稱爲大故。小故，則是「有之不必然，無之必不然。」有理智的人，不一定思想，但是沒有理智，必定不能思想，這種或然的原因，稱爲小故。墨經的大小故，不是由於緣因的內含範圍，而是由於緣因的必然和或然而定。

『故』是物之所以然，推理，在於求知物之所以然；能夠知道物之所以然，纔是『智』。

「物之所以然，與所以知之，與所以使人知之，不必同，說在病。」（經上）

「物或傷之，然也。見之，智也。告之，使知也。」（經說上）

對於物之事理，我們去研究是一回事，我們說給別人聽，使別人知道，又是另一回事；兩事不必常相同。有時我們自己研究後，知道了事理，可是說給別人聽時，卻不能表白出來，原因在於我們說理時，有毛病沒有說好。

丁、界說──定義

西洋哲學的論理法中，有界說一種，界說是對於一個名詞的意義，予以說明。論理法中所謂的界說，稱爲定義，學術用語，即學術名詞，應該有一定的意義。西洋哲學論理學對於下定義有一種方法，以種加類別。例如人，爲理性之動物，動物爲種，理性爲類別。但是這種方法，可以用於抽象的名詞，對於實際上的具體名詞，就不適用了；因爲具體事物，所含的要素很多很複雜，例如輔仁大學，不能用定義，祇能用敍述去說明。

墨經上，全篇的大部份都是界說，界說所講的名詞，除哲學名詞外，有的是屬於現代所謂自然科學或數學的名詞，胡適之分之爲八類：算學、形學、光學（幾何學）、力學、心理學、人生哲學、政治學、經濟學。(26)但卻沒有提到哲學的認識論和形上學。所以我們應該加上這一類，而且應特別注意。

這些科學智識，在那時代能夠有，已經是很希奇的事了；何況界說的簡單正確多是難得。我們祇舉在「經」上篇哲學類的界說：

「知，材也。」

「慮，求也。」

「知，接也。」

「恕，明也。」

「舉，擬實也。」

「言，出舉也。」

「法，所若而然也。」

「說，所以明也。」

「辯，爭彼也。辯勝，當也。」

「同，重、體、合、類。」

「異，二不體不合不類。」

「仁，體愛也。」

「孝，利親也。」

「義，利也。」

「禮，敬也。」

「久，彌異時也。」

「宇，彌異所也。」

在莊子、孟子、荀子書裏，也間而有幾條界說，尤其在荀子裏較多；然都沒有墨經這樣簡賅而確實。

墨經的定義或界說，顯示中國哲學家的特性，中國哲學家講論時，不重說明；許多的理論常包涵在簡單的詞句裏，讀者應該自己去體會。墨經的定義，雖是以說明爲目的，但仍舊以體會爲重。例如「知，材也。」和「知，接也。」兩句都是『知』的定義，而且都說得很對；因爲第一句說明『知』是一種材能，這是指人的理智和感官，爲知的體。第二句說明『知』是感官和物相交接，這是指『知』的動作。兩個知的意義，由一個知字代表，便要讀的人去體會。

墨經爲下定義，不是用如同亞里斯多德的理則方法，由類而加特性，乃是祇舉出特性，因爲由特性可以知道所屬的類。墨經的定義，從西洋理則學所看，不是定義而是簡賅的敍述或描寫。這種方法可以勝過西洋理則學對於具體物下定義的困難；但是墨經的定義還缺欠西洋理則學定義所有的正確性。

4. 墨辯

墨辯是就墨子一書而言，不就墨經和「大小取」的作者而言，也不就所謂「別墨」而言。對於這些考據問題，近來研究墨子的人，都有各自的意見，然而都不是定論。我現在祇就墨經和大小取各篇中所有關於辯論的理論和方式拿來研究，既不能說這些理論和方式是墨子自己的主張，也不能說究竟是墨子弟子中誰人的主張。

甲、辯

辯的意義，在於彼此對言，說明自己的主張，攻擊對方的主張。墨經說：

「辯，爭彼也。辯勝，當也。」（經上）

「辯，或謂之牛，謂之非牛，是爭彼也。是不俱當。不俱當，必或不當。不若當犬。」（經說上）

辯，有一爭論之點，『爭彼也』，大家爭論這一點。爭論的人，不能都是對，所以有對有不對，「不俱當，必或不當。」例如說：有人以這件東西是牛，有人說不是牛，這件東西，不能是牛又不是牛，必定有一方說的對，一方說的不對。

「辯也者，或謂之是，或謂之非。當者，勝也。」（經說下）

說得對的人，就勝了。墨家並不主張沒有是非，也不主張一切相等，和道家不同；和名家的詭辯也不相同。不過在墨經中卻有和名家相似的辯論式。「小取」則說得明白：

「夫辯者，將以明是非之分，審治亂之紀，明同異之處，察名實之理，處利害，決嫌疑。」（小取）

胡適之以小取的辯，有六個目的：一、明是非；二、審治亂；三、明同異；四、察名實；五、處利害；六、決嫌疑。(25)實際上，這六個目的，還不能概括辯論的實際目的，因爲辯論在實際上的目的很多。若說辯論在理論上的目的祇有一個，就是明是非。

乙、正名

「經說」下有許多名家的話，第一，有名家的正名論，公孫龍的「名實論」談正名。「正其所實者，正其名也。其名正，則唯乎其彼此焉。謂彼而不唯乎彼，則彼謂不行。謂此而不唯乎此，則此謂不行。」名詞符合實的客體，則名詞祇能用於這個客體或那個客體。假使那個名，不僅用於那個實，則那個名詞的稱謂就不能實行，若是這個名詞，不僅用爲這個實，則這個名詞的稱謂也不能行。「故彼彼止於彼，此此止於此，可！彼彼而彼且此，此彼而此且彼，不可。」因此，那個彼（名）祇用於那個彼，這個此（名）祇用於這個此，便可以！若是彼此兩個名，彼可用於此；此彼兩個名，此可以用於彼，則不可。「夫名實謂也。知此之非此也，知此之不在此也，則不謂也。」名，是用爲稱實；若知道這個名不是這個實，或知道這個名不在這個實身上，便不能稱呼實了。

公孫龍的這種稱呼實了。

「循此循此與彼此同，說在異。」（經 下）

「彼，正名者彼此。彼此可：彼彼止於彼，此此止於此。彼此不可：彼且此也，彼此亦可。彼此止於彼止。若是而彼此也，則彼亦且此此也。」（經說 下）

這一段正名的話，和公孫龍的「名實論」所說相同。名與實相符，不能互相亂用，彼此不分，名實就亂了。

丙、堅白論

堅白論可以說是公孫龍辯說的代名詞，公孫龍說：「堅白石三，可乎？曰：不可。曰：二可乎？曰可。曰：何哉？曰：無堅得白，其擧也二；無白得堅，其擧也二。……視不得其所堅而得其所白也，無堅也；拊不得其所白而得其所堅者，無白也。……得其白，得其堅，見與不見離，不見離一，一不相盈，故離，離也者，藏也。」(公孫龍子)

墨經說：

「堅白，不相外也。」(經上)

「堅，於石，無所往而不得，得二。異處不相楹，相非，是相外也。」(經說下)

「於一：有知焉，有不知焉。說在存。」(經下)

「於，石，一也；堅白，二也，而在石。故有智焉，有不智焉，可！有指子智是，有智是吾所先擧，重。則子智是，而不智吾所先擧也，是一。…且其所智是也，所不智是

也，則是智是之不智也；惡得為一？謂而有智焉，有不智焉？」（經說下）

「堅白之攖相盡。」（經上）

堅白論爲名家的主張，認爲石頭有堅和白兩種特色，眼睛可以看到白，不能看到堅；手可以拊到堅，不能拊到白。但是白和堅都屬於這磈石頭。從客體方面說，石頭有堅有白；從人的方面說，則是知與不知。「經上」認爲「堅白不相外也。」「堅白之攖相盡。」（經上）這一點和公孫龍的思想不相同。墨經以見與不見，和客體的堅白石沒有關係；因爲堅白都「域於石」和石頭同體，而不相外。

莊子「天下」篇有「離堅白若懸寓」的主張，當然不是莊子自己的思想，乃是記載當時一派人的學說。這派人以爲堅白互相分離，好比宇和宙相分離。墨經上駁斥這種主張：

「宇久不堅白。」（經上）

宇宙爲宇宙，堅白爲堅白，各不相同。宇宙爲時空，古人認爲宇宙爲實體，堅白則爲附體。墨經又說：

「有指於二而不可逃，說在以二參。」（經下）

墨經以名所指的實，可以是共相，可以是個體。堅白石，堅和白雖指石的個體，共相和個體不相合離，「有指於二不可逃。」

丁、白馬論

公孫龍有白馬論：「白馬非馬，可乎？曰：可。曰：何哉？曰：馬所以命形也。白者，所以命色也。命色者非命形也。故曰：白馬非馬。曰：有白馬，不可謂無馬也。不謂無馬者，非馬也（耶）？曰：求馬，黃黑馬皆可致，求白馬，黃黑馬不可致。使白馬乃馬也，是所求一也，所求一者，白者不異馬也。故黃黑馬一也，而可以應有馬，而不可以應有白馬，是白馬之非馬，審矣。」

公孫龍的形名學以馬爲指形，白馬指色。形不是色，色不是形，所以說白馬非馬。但是按照公孫龍所說，祇能肯定「白不是馬」。若說白馬不是馬，單就名詞說，馬是一個名，白馬又是一個名，「白馬」之名不是「馬」之名。但是若就實體說，白色附在形上，即是附在馬上，馬不是附加之形，而是馬之實，白則是附加之色，白色附在馬之實體上，實體爲主，附體隨從所附之實體，於是便不能說白馬非馬了。當然，白和馬可以分離，馬可以有黃或黑的附加色；然而不能以附加之色而改變實體。

墨經說：

「牛馬之非牛，與可之同，說在兼。」（經下）

「或不非牛而非牛也，則或非牛或牛而牛也，可。故曰：牛馬非牛也，未可；牛馬牛也，未可。則或可，或不可，而曰：牛馬牛也未可，亦不可。且牛不二，馬不二，而牛馬二。則牛不非牛，馬不非馬，而牛馬非牛非馬，無難。」（經說下）

牛馬非牛，和白馬非馬，雖同屬一種論式，實際卻不相同。白馬的白爲指附加的色，牛馬和牛則指實體的牛。「牛馬非牛」，理由在於兼，「說在兼」兼爲兼名，墨經上：「體，分於兼也。」經說上：「體言其分，兼言其全；故曰體分於兼也。」牛是兼名，馬也是兼名，各有各自所指的全部實體，各不相涵。但是毛病則在於「牛馬非牛」的主詞「牛馬」裏面有牛，若是在實事上去說「牛馬非牛」，連所指的牛也不是牛，豈不有錯嗎？然而在名學上去講，一加二不等於一，或一加二不是一，這是對的；不過把這種方式用到名學上，以爲白馬不是馬，或牛馬非牛，則有語病了；因爲在主詞和賓詞相比時，賓詞的外延便大於主詞的外延，主詞的全部或一部份包涵在賓詞以內：

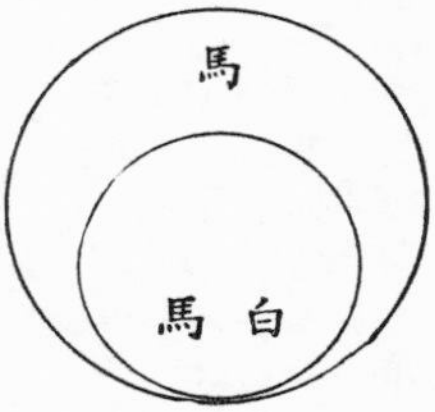

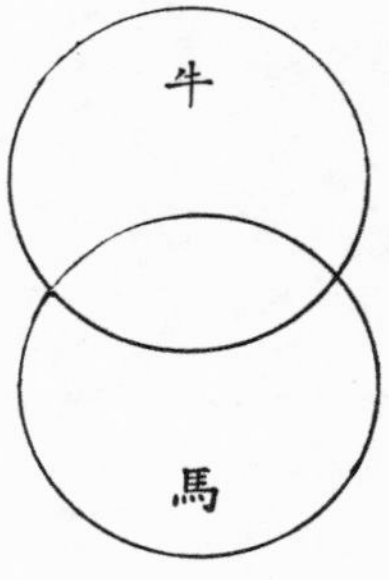

在這種主詞和賓詞的關係時，決不能說「白馬非馬」，也不能說「牛馬非牛。」若是另列一方式，以爲牛是牛、馬是非牛，因此說：「或不非牛而非牛也，可；則或非牛而牛也，可。」即是「不是不是牛（即是牛）和不是牛（馬）」便是「牛和馬」「不是牛（馬）和牛」，便是馬和牛，這兩個方式可以成立。因爲牛是一，馬是一；或者牛是一，非牛是一，每句都祇有兩個名詞，非牛代表馬。「經說下」結論說「牛馬非牛也，未可。」因爲一句詞有三個名詞，牛爲一、馬爲一，非牛又是一。便不相合了。墨經以『牛馬之非牛』是指着馬。

戊、指物論

公孫龍有「指物論」：「物莫非指，而指非指。天下無指，物無可以謂物。」我們稱呼一物，是用名去指着這物。名由人所造，當人造名時，可以隨便造一名；名和物並沒有必然的關係。但是在名已成俗之後，沒有名便沒物。可是在物自身上說，沒有名物是存在的，物的存在和名並沒有關係。公孫龍又有「通變論」：「曰：二有一乎？曰：二無一。」舊註曰：「如白與馬爲二物，不可合一以爲二。」「通變論」又說：「曰：二有右乎？曰：二無右。曰：二有左乎？曰：二無左。……曰：二苟無左又無右，二者左與右奈何？羊合牛，非馬。牛合羊，非鷄。曰：何哉？曰：羊與牛唯異。羊有齒，牛無齒，而牛之非羊也，羊之非牛也，未可是不俱有，而或類焉。羊有角，牛有角，牛之而羊也，羊之而牛也，未可，是俱有，而類之不同也。」

公孫龍的名學，注意在名詞。名詞本爲指着實物，名實相符。但是若把名和實分開，單就名而講名，奇怪的論說就多了。公孫龍說：『二無一』在事實上，二是一所積成，在名學裏，二的名詞並不包含一。如同左右爲二，左右不包含左，也不包含右；因爲左右爲二，左或右爲一。

墨經對於一和二，有好幾條的說明：

「一偏棄之，謂而固是也。不可偏去而二。說在見與俱，一與二。」（經下）

「歐物，一體也。說在俱一，惟是。」（經下）

「於一：有知焉，有不知焉，說在存。」（經下）

「有指於二而不可逃。說在以二絫。」（經下）

一和二同指一物，例如白馬，或美花。一和二可以分離，一去一存，稱爲偏棄。白和馬分離，去白存馬，馬可以存。一二三同指一物，例如堅白石，不可偏棄。上面說堅白石已經講過了。

公孫龍在「通變論」裏以牛羊爲例「羊有齒。牛無齒。」牛不是羊，羊不是牛。因爲同是動物一類的物體，何以有齒，可以沒有齒，齒不是俱有，『是不俱有，而或類焉。』「羊有角，牛有角。」若說牛是羊，羊是牛，不可；因爲不同類的物，可以都有一種特性，可是並不同類，『是俱有，而類之不同也。』

墨經也有相似的主張

「狂擧不可以知異，說在有不可。」（經下）

「牛狂與馬惟異；以牛有齒，馬有尾，說牛之非馬也，不可；是俱有，不偏有，偏無有。曰之與馬不類：用牛有角，馬無角，是類不同也。若擧牛有角，馬無角，以是爲類之不同也，是狂擧也，猶牛有齒，馬有尾。」（經說下）

兩物同類不同類，在於特性的同異，所擧特性，應當正確。特性對於兩不同類的物體，可以是：俱有，不偏有，偏無有。俱有是都有；不偏有是不都有，有的有，有的沒有；偏無有，是都沒有。把牛和馬相比，若以牛有齒，馬有尾，便決定牛和馬不同類，不對。齒和尾，牛馬都有。也不能說牛有角，馬無角，便不同類，因爲乳牛幼犢也沒有角。墨經說是狂舉。公孫龍「通變論」說：「羊牛有角，馬無角，馬有尾，牛羊無尾，故曰羊和牛，非馬也。……若舉而以是，猶類之不同。」

己、同異論

前面講名和言時，已經講了墨經關於同異的主張，現在要談的同異。墨辯的同異，和公孫龍有關係。莊子「天下」篇說公孫龍主張「狗非犬」，「牛可以爲羊」，「矩不方，規不可以爲圓。」「鑿不圍柄。」

墨經說：「盜，人也。殺盜非殺人也。」（小取）

「狗，犬也。而殺狗非殺犬也，可。說在重。」（經下）

「狗，狗，犬也謂之殺犬，可。若兩脾。」（經說下）

「經」和「經說」不相符，「經」爲「殺狗非殺犬，可。」經說爲「殺狗謂之殺犬，可。」

狗和犬在名詞上說，是兩個名，聲音和字形，都不相同，便可以說狗不是犬，同樣盜不是人。在所指的實體上，則狗和犬同指一物，爲一物的重名，盜和人也同指一實，便不能說狗不是犬，盜不是人了。

名家就名而論名，不看所指的實，凡是名都不相同。假使若從所指的實一方面說：狗所指的實，範圍比犬所指的實，範圍大，人所指的實比盜所指的實，範圍也大。狗和犬，盜和人，都各有各的範圍；但是犬的實包括在狗的實以內，盜的實包括在人以內。名家就名而論所指的範圍，狗不是犬，盜不是人，在實際的客體之實，狗和犬爲一實，盜和人爲一實，離了狗沒有犬，離了人沒有盜。

墨經和公孫龍的主張，不完全不同。在莊子「天下」篇所擧公孫龍的二十一事，除上面已經講到的幾事以外，還有幾事在墨經裏也有提到。如：

「一尺之捶，日取其半，萬世不竭。」（莊子·天下）墨經下有：「非半弗斱則不動，說在端。」「經說」下：「斱半，進，前取也。前取也。前則中無爲半，猶端也。前後取，則端中也。斱必半，毋與非半，不可斱也。」

「飛鳥之影未嘗動也。」（莊子·天下）墨經下有「景不徙，說在改爲。」「經說」下：「景，光至景亡，若在，盡古息。」

四、結論

墨子和弟子們的思想，構成墨家的思想。墨家哲學思想的特點，有兩點：第一，人生哲學的兼愛；第二，理則學的名學。兼愛的思想以天意爲基礎和標準，以宗教家的熱忱去實行；墨子在中國的思想家中實在是一位特出的人物。孔子和孟子都以繼承堯舜之道以平治天下爲志向，但是都有中庸的原則，可行則行，不可行則止。墨子卻犧牲自己以求有利於國人，他不是求有利於一個一個的單人，他是求有利於國人。他這種兼愛的精神在古今中外的哲學家中是最特出的人，胡適之乃稱他爲宗教家。墨子眞是有宗教家的熱忱和誠心，可惜，所持的理論，過於偏急，不合於中國人的天性，因此戰國以後無傳人。

墨家的第二個特點在於名學，這種特點在中國哲學史裏也是最特出的。荀子講名，名家講辯，墨家兼有兩家的優點，能够用簡單嚴整的詞句下定義，能够用三表的方式推理，而且以名學的方法進入科學的領域內，在兩千多年前的時代裏，眞可以算是特出的人。但是因和名家詭辯說相混，後世也沒有繼承的人。

註：

(一) 錢穆．先秦諸子繫年、上册、頁八三、商務印書館、民二十六年版。

(二) 方授楚．墨學源流、頁一三六、臺灣中華書局、民六十二年版。

(三) 梁啓超．墨子學案、頁六、臺灣中華書局、民四十六年版。

(四) 胡適．中國哲學史、頁一五一、商務印書館、民十九年版。

(五) 同上。

(六) 方授楚．墨學源流、頁四三。

(七) 胡適．中國哲學史、頁一五二。

(八) 梁啓超．墨子學案、頁八、臺灣中華書局、民四十六年。

(九) 方授楚．墨學源流、頁一四七。

(十) 梁啓超．墨子學案、頁七八。

(十一) 唐君毅．中國哲學原論、上册、頁五二一、學生書局出版。

(十二) 胡適．中國哲史、頁一六七。

(十三) 同上，頁一五六。

(十四) 同上，頁一五八。

(十五) 同上，頁一五七。

(十六) 梁啓超．墨子學案、頁一九。

(十七) 同上，頁三五。

(十八) 胡適．中國哲學史、頁一五二。

(十九) 譚戒甫．墨辯發微、頁三三〇、宏業書局、民六十二年版。

(廿) 同上，頁一〇四。
(二) 同上，頁一六五。
(三) 同上，頁一七一。
(亖) 梁啓超・墨子學案，頁五二。
(四) 羅光・中國哲學大綱，上冊，頁三〇八，臺灣商務書局，民五十七年版。
(五) 胡適・中國哲學史綱，頁二一〇。
(六) 同上，頁二二三。
(七) 此條據譚戒甫的墨辯發微考訂而引文，頁二八三。

第六章 孟子的哲學思想

一、緒論

孟子的生卒年月，現在學者都沒有定論。據明朝人所撰孟子年譜，孟子生於周烈王四年（公元前三七二年），卒於周赧王二十六年（公元前二八九年）壽八十四歲。⑴據錢穆先生的孟子年譜，孟子生於周烈王六年（公元前三七〇年），卒於周赧王十九年，（公元前二九六年），壽七十五歲。⑵

孟子，鄒人，爲子思的門人。齊威王時，遊齊，由齊經宋，過薛，訪魯。魯平公願親往見，臧倉毀孟子後喪踰前喪，不遇，乃反鄒。後往滕文公，遊梁見梁惠王和梁襄王，再往齊見齊宣王。歸，和門生公孫丑、萬章等，著書七篇。

孟子七篇，按史記所說爲孟子自己所著，清朝崔述則以爲公孫丑和萬章所撰。因書中稱孟子的門生都稱子，惟獨公孫丑和萬章不稱子，又因書中稱當時的君王都稱謚號，這些人君不一定都死在孟子以先。但據書中的思想和文筆，七篇應出孟子之手，而後由萬章、公孫丑等收集，予以補充。

孟子的思想，以孔子爲師。他自認爲「仲尼之徒」：

「齊宣王問曰：齊桓晉文之事，可得聞乎？孟子對曰：仲尼之徒，無道桓文之事者，是以後世無傳焉，臣未之聞也。」（梁惠王 上）

他向仲尼之徒受學，仲尼之徒不講五霸的事，他便說自己不知道，實際上仲尼之徒並不是不講桓文的事，祇是不贊成五霸的政治思想，孟子接受這種思想。不過，孔子對於齊桓公曾經予以稱讚，「桓公九合諸侯，不以兵車。」（論語・憲問）「管仲相桓公，霸諸侯，一匡天下，民到于今受其賜。微管仲，吾其被髮左衽矣。」（論語・憲問）雖然是直接稱讚管仲，但是間接也是稱讚齊桓公。這一點和孟子的思想並不衝突。五霸主張用兵力，孟子反對這種武力政治。唯有齊桓公不曾用武力而能九合諸侯，孔子予以稱讚；所以孔子本來是反對用武力去爭天下。

孟子很推崇孔子，自己心裏很願仿效孔子。

「非其君不事，非其民不使，治則進，亂則退，伯夷也。何事非君？何使非民？治亦進，亂亦進，伊尹也。可以仕則仕，可以止則止，可以久則久，可以速則速，孔子也。皆古聖人也。吾未能有行焉。乃所願，則學孔子。伯夷伊尹於孔子，若是班乎？曰：否！自有生民以來，未有若孔子也。」（公孫丑 上）

「孟子曰：伯夷，聖之清者也；伊尹，聖之任者也；柳下惠，聖之和者也；孔子，聖之時者也，孔子之謂集大成。」（萬章 下）

孔子爲中國古代聖人的集大成者，自生民以來沒有人能够像他。因此，老子莊子和墨子，在孟子的心目中，絕對不能和孔子相比；而且都是邪說之徒。孟子當然沒有能够作孔子的弟子，他祇是私淑孔子的遺教。

「孟子曰：君子之澤，五世而斬。小人之澤，五世而斬。予未得爲孔子徒也，予私淑諸人也。」（離婁 下）

孟子以孔子的教澤，尚沒有過了五世，尚留在人間，他便能承受孔子的教澤，作爲私淑弟子。他奉孔子的思想，爲堯舜的正統。

「孟子曰：由堯舜至於湯，五百有餘歲，若禹，皋陶則見而知之，若湯則聞而知之。由湯至於文王，五百有餘歲，若伊尹，萊朱則見而知之，若文王則聞而知之。由文王至於孔子，五百有餘歲，若太公望，散宜生則見而知之，若孔子則聞而知之。由孔子以來，至於今，百有餘歲，去聖人之世，若此其未遠也，近聖人之居，若此其甚也，然而無有乎爾！則亦無有乎爾！」（盡心 下）

這一段，爲孟子全書的結束語，表白孟子的心跡。他嘆惜自孔子以後，一百年後還沒有人能夠繼承孔子之道。言外的意思，就是他自己在繼承孔子。

孟子看到了論語，可認爲確定的事。孟子在書裏，多次引用論語的話。在當時，論語的書名沒有確定，孟子引用論語，不像引用詩經、書經時說書云、詩云，而不說論語云。在「離婁」上，孟子引用中庸第二十章，字句相同。他自認去孔子的時代不遠，距離孔子的故居非常近，在論語、大學、中庸以外所有對孔子的傳說，他一定聽聞了很多。

然而孟子當時的社會，非常混亂，不僅是人君人臣，暴亂殘虐，學者的思想更違反聖道，孟子乃以孔子的正道，以正人心。

「聖王不作，諸侯放恣，處士橫議，楊朱墨翟之言盈天下。天下之言，不歸楊，則歸墨。楊氏為我，是無君也；墨氏兼愛，是無父也；無父無君，是禽獸也。……楊墨之道不息，孔子之道不著，是邪說誣民，充塞仁義也。仁義充塞，則率獸食人，人將相食，吾為此懼。閑先聖之道，距楊墨，放淫辭，邪說者不得作。……我亦欲正人心，息邪說，距詖行，放淫辭，以承三聖者（禹、周公、孔子）。豈好辯哉？予不得已也。」（滕文公下）

禹王治水，周公驅夷狄猛獸，孔子作春秋，邪說之害，甚於洪水猛獸，孟子自認繼承三聖救世的大業，以聖人之道，去正人心。「聖人復起，不易吾言矣。」（同上）孟子自信他的思想是繼承堯、舜、文王、孔子之道。

二、論人

孟子一書裏，沒有講宇宙，也沒有正式講『氣』。孟子不注意形上的有，也不注意宇宙的變化，他所注意的是『人』。

孟子論人，爲中國第一位哲學家從人性方面論人，由人性進而討論人的生活，再由人的生活而討論政治。

1. 人性

甲、大體・小體

人在孟子眼中，最特別的一點，在於和禽獸有分別，人不是禽獸，禽獸當然不是人。這種分別，可以從兩方面去看：第一，人性和禽獸之性不同，第二，人的生活要高於禽獸的生活。

「然則犬之性，猶牛之性？牛之性，猶人之性歟？」（告子 上）

孟子反駁告子所講『生之謂性』，因爲像告子所講，則犬的性、牛的性、人的性，都相同了。實際上，犬有犬的性，牛有牛的性，人有人的性，三者各不相同。

「夜氣不足以存，則其違禽獸不遠矣！人見其禽獸也，而以為未嘗有才焉者，是豈人之情也哉！」（告子 上）

人之本心，本來和禽獸不同；可惜有的人不知道守自己的本心，把心放了，就在生活上變成和禽獸相彷彿了。

「君子曰：此亦妄人也已矣！如此，則與禽獸奚擇哉！於禽獸又何難焉。」(離婁 下)

人的生活若與禽獸相彷彿，那就成爲妄人或小人了，不是一個正常的人。人之所以高於禽獸，在於人有心思之官。

「孟子曰：君子所以異於人者，以其存心也。」(離婁 下)

「孟子曰：人之於身也，兼所愛。兼所愛，則兼所養也。無尺寸之膚不愛焉，則無尺寸之膚不養也。……體有貴賤，有小大，無以小害大，無以賤害貴，養其小者為小人，養其大者為大人。……」(告子 上)

「公都子問曰：鈞是人也，或為大人，或為小人，何也？孟子曰：從其大體為大人，從其小體為小人。曰：鈞是人也，或從其大體，或從其小體，何也？曰：耳目之官不思，而蔽於物，物交物，則引之而已矣。心之官則思，思則得之，不思則不

得也，此天之所與我者，先立乎其大者，則其小者不能奪也，此為大人而已矣。」（告子 上）

人有兩部份官能，一部份為感覺之官，一部份為心思之官。兩部份官能，感覺官能為小體，心思官能為大體。感覺之官，人和禽獸都有，為人和禽獸的相同點。心思之官，禽獸沒有，人則有，此為人之所以為人的特點。人應當愛養心思之官，人的生活也就在於愛養心思之官。

乙、人 性

孟子若是子思的弟子，又讀到中庸，必定知道中庸所講的『天命之謂性。』（中庸 第一章）在前面所引的「告子」上，孟子說心思之官為天所予。在「盡心」上，孟子說：

「盡其心者，知其性也；知其性，則知天矣。存其心，養其性，所以事天也。」（盡心章 上）

性和天的關係，孟子雖然沒有說得很明顯，但是若把中庸的話拿來放在一起，就可以看得出來。由心而知道性，由性而知道天。後來宋朝理學家，常把心、性、天的意義相混，以爲是指同一的對象，祇是觀點不同。實際上心、性、天各有各的對象，意義不是一樣。

孟子所講的天，不是自然，也不是天地；因爲他說『事天』，事天乃是事奉上天，這是書經的思想。那麼天和性的關係，便如同中庸所說：『天命之謂性』，人性是上天所命，卽是上天所規定。

上天給人規定了什麼？孟子在講性善時，引用詩經的話：「詩曰：天生蒸民，有物有則，民之秉彝，好是懿德。孔子曰：爲此詩者，其知道乎！故有物必有則，民之秉彝也，故好是懿德。」（告子 上）上天造生了人，給了人生活的規則，這種規則是好的，稱爲懿德，也就是大學所稱的明德，人應該秉承這種規則去生活。

孟子以『性』爲生活的規則。中庸也說『天命之謂性，率性之謂道。』人生之道就在於按照人性而生活。

孟子因此反對告子所說：『生之謂性』。性字在原始的意義，該和生字的意義相同，生來的東西稱爲性。這種意義太籠統。當然性是天生的，但不是天生的都是性。

「孟子曰：口之於味也，目之於色也，耳之於聲也，鼻之於臭也，四肢之於安佚也，性也，有命焉，君子不謂性也。仁之於父子也，義之於君臣也，禮之於賓主

也，智之於賢者也，聖人之於天道也，命也，有性焉，君子不謂命也。」（盡心下）

「君子所性，仁義理智根於心，其生色也，睟然見於面，盎於背，施於四體，四體不言而喻。」（盡心上）

孟子把性和命分開，性不是命，但是兩者可以同在一事上，感覺之官對於天然對象，心思之官對於仁義禮智，有良知良能，自然地予以傾向，這是性。人對於這種天然傾向，在感覺方面，人自己不能作主，孟子乃以爲是命，更好不稱爲性。仁義禮智本爲事理之當然，該稱爲命，但是人心也自然傾向仁義禮智，因此，更好稱爲性。(3)

「孟子曰：形色，天性也，惟聖人然後可以踐形。」（盡心上）

感覺之官對於形色，乃是天性；但爲能實現感覺對於形色之道，祇有聖人纔可以做到。孟子再從另一方面去講性，性是人心之所同的。

「故曰：口之於味也，有同耆焉；耳之於聲也，有同聽焉；目之於色也，有同美焉；至於心，獨無所同然乎？心之所同然者，何也？謂理也，義也。聖人先得我心

之所同然耳。故理義之悅我心，猶芻豢之悅我口。」（告子 上）

人心之所同者，爲理義。孟子把理和義分開說，他便以理義的意義不相同。義，在孟子書裏講的很多次數，意義是對於每樁事，我該做的事；義爲宜，爲適宜的意思。理字在孟子書裏，很少講到。理既然是人心的共同點，人心爲思索的官能，心爲思索，有天生的原則，如同口對味，目對色，有天生的共同標準，心思的共同原則便是理。那麼理義就是人心對於思索對於行事的天生原則。

性是什麼呢？性是人的感覺官能和心思官能的天生行動原則，就是人之所以爲人之理。這種爲人之理，由人心的自然傾向而表現出來。人心爲思維的官能，人乃自己知道這種理，便應按照這種爲人之理去支配感覺之官。「先立乎其大者，則其小者不能奪也。」（告子上）人由小體（感官）和大體（心思）相合而成，人性便有感官的性和心思的性。感官之性是五官對於感覺的傾向，告子所說「食色，性也。」是對的。心思之性，則是仁義禮智的道德，人心生來有仁義禮智之端。人有小體和大體，人之所以爲人則是大體的心思，因爲小體，人和禽獸一樣。因此代表人的人性，爲仁義禮智之性，而不是食色之性。

2. 心

甲、心

孟子以講性善而成儒家的正宗，可是他的性善論，由心去表現，由心去解釋；心字，在孟子的思想裏很重要。

心爲人的一種官能，官能的作用爲思索，因此稱爲心思之官。爲能思索，當然要有知識，心思之官，也爲人的知識官能。

心的本體是什麼？心的本體不是性，也不是天，乃是『氣』，心由氣而成。關於這一點，孟子雖然沒有明明講過，但在他講浩然之氣時，提到了『氣』。

「敢問夫子之不動心，與告子之不動心，可得聞歟？告子曰：不得於言，勿求於心；不得於心，勿求於氣。不得於心，勿求於氣，可！不得於言，勿求於心，不可！夫志，氣之帥也，氣，體之充也。夫志，至焉，氣，次焉。故曰：持其志，無暴其氣。」（公孫丑 上）

弟子們詢問浩然之氣是什麽，孟子覺得不容易講，他說：「難言也，其爲氣也，至大至剛，以直養而無害，則塞於天地之間。」（公孫丑 上）氣，充塞身體，又充塞宇宙。在孟子以前，儒家沒有正式講氣，道家莊子則講。莊子所講的氣是周遊宇宙之間，是人的本體，氣合則人生，氣分則人死。孟子所講的氣，和莊子的氣，在根本的意義上相同。氣成人的身體，心爲人體的最高部份，心也是由氣而成。

心由氣而成，爲思索的官能。在思時，心表現人性。人性爲明德，爲人生的規律，心在思索時，自然就知道人性明德，孟子稱這種天性的自然知識爲良知。就如目遇到色就會看，耳遇到聲就會聽，孟子稱這種天生自然之能爲良能。

「孟子曰：人之所不學而能者，其良能也；所不慮而知者，其良知也。」（盡心上）

人心的良知，自然而知道人性，不但知道，而且自然按照人性去動，人心有按照人性的良能、因此人性便可以說是人心的天生動向。人心的天生傾向，本來不是性，祇是性的表現；但是人性不能由他方面去認識，祇能由心的自然動向去認識，因此把心的自然動向視爲性。

認識了這一點，便可以了解孟子對於心的重視。他講人生之道在於仁，仁爲存心，存心以養性，以求心的自然動向不爲私慾所蒙蔽，不爲私慾所亂，更不宜放心於外事，把自然動向消磨了，成爲牛山濯濯。孟子講自己生活的目標，在正人心，息邪說，以行仁政，一切都以心爲中心。

孟子講心，不從心的本體去講，而是從性善方面去講。性善由心而表現，孟子所講的心，乃是向善之心，由於心對於人物的直接反應而言，所以他主張人生來有惻隱、羞惡、辭讓、是非之心。唐君毅先生稱孟子所講的心爲德性心。(4)

乙、才

在易經和論語中庸大學裏，都沒有『才』的觀念，孟子提出了這種觀念。現在我們普通談話時，常用才字，才是才能，孟子所講的『才』，和我們普通所用的才字，意義有些不同。

「孟子曰：乃若其情，則可以為善矣，乃所謂善也，若夫為不善，非才之罪也……仁義禮智，非由外鑠我也，我固有之也，弗思耳矣。故曰：求則得之，舍則失之。或相倍蓰而無算者，不能盡其才者也。」(告子上)

孟子所講的『才』，指着人心的本能，這種本能稱爲善端。端是開始、是動向、是種子，具有發育的能力。善端乃稱爲才。人爲行善，在於發育人心的才，以至於『能盡其才』。人若不善，不是才的罪，不是沒有善端，乃是不盡其才，好似一座山，本來可以生長草木，不幸樵夫每天去採伐，牛羊每天去吃去踐，山上便一根草木都長不出來了。不是山沒有生長草木之『才』，而是人們不讓山的『才』可以發展。

丙、情・欲

情，在中庸裏指着喜怒哀樂之情，或稱爲欲。孟子把情和欲分開，意義並不相同。

「孟子曰：乃若其情，則可以為善矣，乃所謂善也。若夫為不善，非才之罪也。惻隱之心，人皆有之；羞惡之心，人皆有之；恭敬之心，人皆有之；是非之心，人皆有之。……」（告子 上）

這一段話，孟子用來答覆公都子的問題。公都子以爲對於性的善惡，有三種主張：性無善無惡；性可善可惡；性有善有惡。而孟子主張性善，那麼那三種主張都錯了嗎？孟子不直接答覆他的問題，卻祇說明他自己的主張。孟子說按照人的情，公都子所擧爲例的象、瞽叟、紂，都可以爲善，這就是上面三種主張所說的善。這種善，是善行。孟子所說的性善之善，不是善行而是善端，而是向善的天然動向。這種動向怎樣表現出來，則是在於心之情，即是惻隱之心、羞惡之心、恭敬之心、是非之心。情是心的天然動向。中庸以情動時，心就動，情便可以稱爲心之動，後來宋朝理學家正式說情爲心之動。在孟子看來，情是善的；因爲代表心的自然動向。欲，在孟子看來，則是惡，所以他主張『寡欲』：

「孟子曰：養心莫善於寡欲。其為人也寡欲，雖有不存焉者寡矣；其為人也多欲，雖有存焉者寡矣。」（盡心下）

欲是私心所好，不顧他人的利益。孟子在「梁惠王」上下兩章對於諸侯所有的答覆，以仁政在於善與人共。王好園囿宮室、好佃獵、好女色、好歌樂，孟子說祇要王能够與百姓共同喜好，使百姓也有享有這些事物的機會，便是好，而不是惡。孟子所痛惡的是人君求自己的私利。因此欲是私心。私心不是人心的自然動向，而是人自己所加上的。但是在實際上說，情和欲都是心之動，分別在於中庸所說動時中節或不中節，中節爲情，不中節爲欲。但若追究下去，欲在孟子的思想中，乃是感覺之官的傾向，爲人的小體。

丁、命

遇，孔子一生常信天命，以自己一生的遭遇，操之於天。孟子也具有這種信仰。他一生的遭遇，和孔子相同，周遊列國，不見用於諸侯，終生教授門徒。

「曰：行或使之，止或尼之，行止，非人所能也，吾之不遇魯侯，天也！臧氏之子，焉能使予不遇哉。」(梁惠王下)

魯平公預備親自去訪問孟子，嬖人臧倉阻止平公往見，孟子對樂正子解釋這是天意。孟子自信負有上天給的使命，以繼承文王之道，在當時的亂世中，實行仁政，以安百姓。

「孟子去齊，充虞路問曰：夫子若有不豫色然！前日虞聞諸夫子曰：君子不怨天、不尤人。曰：彼一時、此一時也。五百年必有王者興，其間必有名世者。由周而來，七百有餘歲矣，以其數則過矣，以其時考之則可矣。夫天，未欲平治天下也，如欲平治天下，當今之世，舍我其誰也，吾何為不豫哉！」(公孫丑下)

在這一段話裏，孟子說明自己的抱負，以平治天下爲自己的責任；但是自己是不是可以達到目的，則在乎天意。天給一個人以重任，必給他以相當預備。

「故天降大任於斯人也，必先苦其心志，勞其筋骨，餓其體膚，空乏其身，行拂亂其所為。所以動心忍性，增益其所不能。」（告子 下）

這一段話，孟子指舜王、傅說、膠鬲、管夷、孫叔敖、百里奚等人，他們一生受了折磨。但在孟子的心裏，他說這段話也指着他自己，他信自己受有天降的大任，天降大任，稱爲天命。

「孟子曰：有事君人者，……有安社稷臣者，……有天民者，達可行於天下而後行之者也。……有大人者，正己而物正者也。」（盡心 上）

天降的大任，不是給一切的人，而是給天所選擇的人。但是一切的人都有『命』，『命』不可抗拒。『莫之致而至者，命也。』（萬章 上）屬於命的事，爲窮達、貧富、壽殀。

「萬章問曰：或謂孔子於衛主癰疽，於齊主侍人瘠環，有諸乎？孟子曰：否，不然也！好事者為之也。於衛主顏讎由。彌子之妻，與子路之妻，兄弟也。彌子謂子路曰：孔子主我，衛卿可得也。子路以告，孔子曰：有命。孔子進以禮，退以義，得之不得，曰有命。……」(萬章 上)

孔子不願住在彌子家裏，仗着彌子和衞君的關係以得卿相之位。孔子說：得與不得，在於命，自己祇按照禮義而行。這種態度，孟子稱之爲立命或正命。

「殀壽不貳，修身以俟之，所以立命也。」(盡心 上)

「孟子曰：莫非命也！順受其正。是故知命者，不立乎巖牆之下，盡其道而死者，正命也。桎梏死者，非正命也。」(盡心 上)

「孟子曰：求則得之，舍則失之，是求有益於得也，求在我者也。求之有道，得之有命，是求無益於得也，求在外者也。」(盡心 上)

『命』在我以外，不受我的節制，因爲是來自天。對於命運的事，人要以道義之心去應付，不可故意冒險，不可無理去求，祇要「修身以俟之」，「順受其正」。(5)

孟子以『命』對於人性的善惡，沒有關係，人性向善乃是『才』的表現，在人性以內。

『命』在人性以外，對於人生的遭遇，先有預定；人祇能安心接受，按理而行。

3. 氣

甲、氣

六經沒有以氣爲哲學的名詞，易經雖然講陰陽，但沒有講到氣，祇有在「繫辭上」說：「精氣爲物，遊魂爲變。」注解易經的人，則常講到氣。

儒家第一個講到氣的學者，乃是孟子。孟子也不是正式以氣爲萬物的元素或原質，而是在講他的精神生活時，提到了氣。大家都知道孟子談養浩然之氣。弟子問他浩然之氣究竟是甚麼？孟子答說這一點很難講。但是他卻說明氣有什麼意思。

「夫志，氣之帥也。氣，體之充也。夫志至焉，氣次焉。故曰：持其志，勿暴其氣。」（公孫丑 上）

「氣，體之充也。」體爲人的身體，人的身體按孟子所說，分爲大體和小體，大體爲心思之官，小體爲耳目之官。氣，爲體之充，體應該包括大體和小體。「充」表示充滿，也表示充塞。塞字，孟子自己用過：

「敢問浩然之氣？曰：難言也。其為氣也，至大至剛，以直養而無害，則塞於天地之間。其為氣也，配義與道，無是餒也，是集義所生者，非義襲而取之也。」（公孫丑上）

氣，充塞人身，又充塞天地。孟子沒有說人身和天地由氣所化而成，他祇說氣充塞人身和天地，則是人身和天地都有氣。這種氣，可以養育，可以動，便不是形上的本體元素，而是形下之器。然而孟子所說之氣，無形象可見，留在人心裏。有如現在我們所說的『志氣』，『一股氣』，『胸襟寬闊的氣量或氣度』。這個氣字和形上的本體論沒有關係，而是心理學的心理狀態。不過，中國古人以為這些心理狀態祇是用，必有自己的體，這些心理狀態的體，便是氣。卽是心理狀態的體，必定是實有者，而不是假借空名的形容詞。這個實有者究竟是什麼？孟子可能受有莊子的影響，莊子說：

「壹其性，養其氣，合其德，以通乎物之所造。夫若是者，其天守全，其神無郤，物奚自入焉。」（莊子・達生）

莊子以人由氣聚而成，人之氣同於天地之氣。人養氣，使人心不爲物慾所累，人之氣能和天地之氣相接。孟子雖不說人由氣而成，然他主張人身充滿氣，感覺之官和心思之官的活動，乃是氣的活動。所以可以說孟子以人身由氣而成，氣是心的動力。

乙、氣和志的關係

孟子以人心有才有情，而且有志。志是什麼呢？志，理學家普通以志爲心動時的對象，卽是『心之所之』。心動爲情，情有所向，情之所向，就是志。普通稱爲志向。

孟子說：「夫志，氣之帥也。……志至焉，氣次焉。」志爲氣之帥。心由氣而成，心動，氣也動；心動時所有的對象，當然引着氣向對象走；所以說志爲氣之帥。但是孟子主張不動心，認爲氣動時，心可以不動。因爲心是有神明的官能，能思能斷。荀子後來以心爲主宰。氣之動爲自然之動，例如，眼睛看到對象，自然就看，心遇到所喜的對象，自然就喜愛。氣自然動時，心還沒有加以思索，心還不知道，祇有下意識之動。心知道了對象，加以思索而定志向，然後便可帥氣而動。

「敢問夫子之不動心，與告子之不動心，可得聞與？告子曰：不得於言，勿求於

心；不得於心，勿求於氣。不得於心，勿求於氣，可！不得於言，勿求於心，不可！夫志，氣之帥也。……」（公孫丑上）

集注說：「於心有所不安，則當力制其心，而不必更求其助於氣。此所以固守其心而不動不速也。」在心知道不該動時，不該向一對象時，便不要動，要制止氣的自然之動，不要再讓氣來擾亂心，使心隨着氣而動。

三、生活

孟子繼承孔子的思想和志向，爲正人心，息邪說而奔走。他的哲學思想注重在人的生活，使人成一個完人。大學和中庸已經指出人生之道，『在明明德』和『率性之謂道』，而且又給人說明修身的途徑，「欲脩其身者，先正其心；欲正其心者，先誠其意；欲誠其意者，先致其知；致知在格物。」（大學）「喜怒哀樂之未發，謂之中；發而皆中節，謂之和。……致中和，天地位焉，萬物育焉。」（中庸）孟子從這種思想系統建立了他的性善論，由性善論奠定了他的人生哲學。人具有心思之官，人心自然向善，存養這種向善之心，人便可成爲聖賢。扶助天下的人去存養向善之心，即是政治。

1. 性善

甲、性由心而顯

從孟子的書裏，我們知道當時對於性的善惡，有四種主張：

「公都子曰：告子曰：性，無善無不善也。或曰：性，可以為善，可以為不善。是故文武興則民好善，幽厲興，則民好暴。或曰：有性善，有性不善。是故以堯為君而有象，以瞽瞍為父而有舜，以紂為兄之子，且以為君，而有微子啓王子比干。今曰性善，然則彼皆非歟？」（告子 上）

公都為孟子的弟子，列舉了三種主張：性無善惡；性可善可惡；性有善有惡，以問孟子。孟子主張性善，難道是認爲那三種主張都錯了嗎？孟子予以答覆。

性，爲人之所以爲人之理，爲感覺官能和心思官能的天生行動原則。感覺官能由物引物，爲自然的盲目運動，沒有善惡可言。眼睛在適當的條件下，自然看見外面的對象。眼睛看見對象，祇分看清楚或看不清楚，就是祇分眼力的強弱，而不分道德的善惡。眼睛看見對象的善惡，不在于眼睛，乃是在于心對於眼所見的對象有所動情，而所動的情是否合理。因此善惡是在於心。

心動情時，應該合於理，即是中庸所謂中和。中庸講中和時，以情未發時，即心之不動時爲中，這種中乃是心的本來面目；心的本來面目，即是『明德』，即是『天命之謂性』。心的本來面目，若不表露出來，便看不見。雖然人可以反觀自己的心，可以看到心的本來面目；但是人並沒有這種反觀自心的直覺，要藉着對外物的知識去反省。可以使人反觀自心的本來面目的對外物知識，爲人心對外物自然而有的知識，這種知識爲天生的知識，孟子稱之爲良知良能。「人之所不學而能者，其良能也；所不慮而知者，其良知也。」（盡心上）良知良能既是不學不慮而有的知識，便是人的天生知識。這種天生知識沒有經過反省而有，人自己也不知道，也不理會，和普通的知識不同，現在心理學稱之爲下意識。下意識和感覺不同，因爲不是感覺的行動，而是心的行動。例如小孩知道愛父母，和禽獸愛主人，兩者不相同。禽獸的愛爲感覺的愛，小孩的愛爲心的愛。小孩的心當然還不知道思索，雖然不思索，但自然而然知道愛父母。這種自然之愛表示心的天然傾向。人的天然傾向，就是心的本來面目。因此人性由心的天賦傾向顯露出來。人藉着這種天賦傾向可以知道自己的人性。

別的物體，所具的物性，通常由該物體的行動或變動而表現出來。狗的性由狗的行動而顯，花的性由花的變動而顯。人的性，便也由人的行動而顯；人的行動以心爲主，心的行動

代表人的行動，感官的行動，不代表人的行動；因此人性便由心的行動而顯。這是孟子的主張。(6)

乙、心天然向善

孟子爲證明性善論，由心的天賦傾向去拿證據，若是心的天賦傾向是向善，就證明人性是善。

「孩提之童，無不知愛其親者。及其長也，無不知敬其兄也。親親，仁也，敬長，義也。」（盡心 上）

「今人乍見孺子將入於井，皆有怵惕惻隱之心，非所以內交於孺子之父母也，非所以要譽於鄉黨朋友也，非惡其聲而然也。由是觀之：無惻隱之心，非人也，無羞惡之心，非人也，無辭讓之心，非人也，無是非之心，非人也。惻隱之心，仁之端也；羞惡之心，義之端也；辭讓之心，禮之端也；是非之心，智之端也。人之有是四端也，猶其有四體也。」（公孫丑 上）

在這裏有兩點該注意：第一，孟子說人心有善端。第二，孟子說人心有善端和人有四體一樣。

善端爲善的開端，爲善的基礎，爲善的種子。人心有仁義禮智之端，仁義禮智代表一切善德，人心便有一切善德之端。孟子稱這種善端爲心：惻隱之心、羞惡之心、辭讓之心、是非之心。所謂心，是指心的一種情感，是指心的動。孟子以善端爲心之情，「乃若其情，則可以爲善矣，乃所謂善也。」（告子 上）這種善端之情，爲心的天然傾向，爲心的自然之動。孟子講人心有善端，表現人性之善，既說是端，便不是成，所以孟子並不主張人生來是善人或聖人。人的性善，在於有行善的基礎，就是有行善之才，應由人去發展。

人心有善端，就和人身有四體一樣。四體爲人身生來應有的部份，缺少一體就不是完人。人心的善端，是人應有的部份，孟子說：「由是觀之，無惻隱之心，非人也；無羞惡之心，非人也；無辭讓之心，非人也；無是非之心，非人也。」（公孫丑 上）沒有善端，便不是人，而是禽獸。人和禽獸之分在於性；善端便屬於人性。

丙、善為人所內有

孟子以善端屬於人性，善端應在人以內，爲人生來所有，而不是人由努力所加的。

「孟子曰：……仁義禮智，非由外鑠我也，我固有之也。」（告子 上）

孟子不單以善端爲心所固有，屬於性；而且以仁義禮智之善德，爲人所固有，而不是從外面煉成的。這一點看來自相矛盾。因爲善端爲人所固有，發展善端則爲人的工作；人的工作乃是人所加於人性的，乃是由外鑠我。但是孟子認爲人行善，爲發揮人心天生的善端，便是發展人性。發展人性在於把人性所固有的善，發展到外面去，而不是從外面把性所沒有的善加在人性上來。人行善的行爲固然在外面，人行善的行爲所有結果，不是在人性上加善，乃是給外面的人物加以善。對於這一點，孟子書上有一段很有趣味的辯論。

「告子曰：食色性也。仁，內也，非外也。義，外也，非內也。」(告子 上)

告子以食美味和喜美色，爲人天然的傾向，屬於性，孟子不加辯駁；但對於仁內義外，則予以駁斥。孟子問告子，爲什麼仁內義外呢？告子答說：

「彼長而我長之，非有長於我也，猶彼白而我白之，從其白於外也，故謂之外也。……吾弟則愛之，秦人之弟則不愛也，是以我為悅者也，故謂之內。……」(告子 上)

告子的主張，以仁義的出發點有內外：仁的出發點，爲我自己，因爲愛由我出發；敬的出發點在於旁人，因着旁人的身份，予以敬重，敬便是外。孟子辯駁告子說：

「白馬之白也，無以異於白人之白也。不識長馬之長也，無以異於長人之長與？且謂長者義乎？長之者義乎？」（告子 上）

以白爲白，和敬長之敬不同。以白爲白，凡是白都以爲白，這是根據外面的客觀事實，這是由於外。對於年長的敬重，不是凡年長者都敬，至少對於年長的老馬不敬，對於年長的人纔敬重。那麼，敬之義，不在於外面的客體，而是在於敬的行爲。年長者不是義，敬重老者纔是義。敬的行爲由我而發，敬便是由於內，不由於外。孟子因此主張仁義都在內，孟子的弟子也有同樣的主張。孟季子便問孟子的弟子公都，義怎麼在內，而和他辯駁。

「孟季子問公都子曰：何以謂義內也？曰：行吾敬，故謂之內也。鄉人長於伯兄一歲，則誰敬？曰：敬兄。酌則誰先？曰：先酌鄉人。所敬在此，所長在彼，果在外，非由內也。公都子不能答。」（告子 上）

孟季子把公都問住了，弄得他竟不知如何回答。因爲公都說敬兄長，但是和鄉人飲酒時，卻敬重鄉人，豈不是隨着外面的標準而行義嗎？義便是在外！公都跑去問孟子，孟子提醒他，外面的標準，由禮所規定，敬重則由人心而發。公都受了指點，心中明白，便對孟季子說：

「冬日則飲湯，夏日則飲水；然則飲食亦在外也？」（同上）

冬日喝熱湯，夏日喝涼水，這也是隨着外面的環境；那麼，難道要說飲食也是在外嗎？飲食當然是人本性的事，由人心而發，祇隨着外面的環境而變形式；義也是由人心而發，祇隨着外面的標準而變對象。

從這兩段的辯論文，可以知道孟子堅持仁義禮智由人心而發，爲人所內有。這一點和後來荀子的主張相對，荀子主張善爲僞，爲人爲，爲人從外面所加於人性的。

善既是人所內有的，惡便不是人所內有，而是人由外面所加上的。孟子之所謂惡，乃是善之缺。人心有善端，不發揮人心的善端，使人缺少善，這便是惡。

「孟子曰：……求則得之，舍則失之，或相倍蓰而無算者，不能盡其才者也。」（告

子上)

得之為德，求發展人心之善端，則得善而成為德。舍人心之善端而不發揮，便失去善，則成為惡。世上有些惡人較比善人相差好些倍數，那是因為惡人沒有發展自己行善之才。

孟子講性善，說性有善端；但是他不多講性，卻多講心。因為性包括人的天然傾向，也包括告子所說「食色，性也。」在這些天然傾向上不能表現善；心，則是思索之官，有知識，為人的特點，心的天然傾向在於善。由心的善而講性的善。

心有善端，然也有欲，欲能掩蔽善端，使不發展而消失，人乃成為惡人。人的生活便在於保全善端而加以發揮，孟子乃主張存心和盡心。

2. 存心

甲、存心的意義

在孟子書裏，有幾個名詞，都關於人的精神生活，如動心、忍性、存心、養性、養志、養氣、盡心、盡才、求放心、存夜氣。

孟子以心表現性，心的天然傾向在於善，心的本體即是善。這種思想來自中庸，中庸說：「喜怒哀樂之未發，謂之中；發而皆中節，謂之和。中也者，天下之大本也；和也者，天下之達道也。致中和，天地位焉，萬物育焉。」（第一章）『中』爲心爲本體，爲天下之大本，也就是大學所講的『明德』。

心的本體既是天下之大本，人的精神生活便在於保全這個大本，孟子乃主張存心。

存心爲保存心的本體，不要把它磨滅。心的本體就是性，存心便是保存人性，孟子用另一個名詞，稱爲「養性」。「存其心，養其性，所以事天也。」（盡心 上）趙岐注說：「能存其心，養育其正性，可謂仁人。天道好生，仁人亦好生。天道無親，惟仁是與。行與天合，故曰所以事天也。」（孟子 趙注）朱熹集注說：「存謂操而不全。養，謂順而不害。事，則奉承而不違也。」朱熹對於心、性、天的解釋是「心者，人之神明，所以具衆理而應萬事者也。性，則心所具之理，而天又理之所以出者也。」

在精神生活上說，心的天然傾向爲善端，存心，便是存這些善端；養性，則是培養這些善端去發育。人若不知道存心養性，將和禽獸沒有分別。

「孟子曰：牛山之木嘗美矣！以其郊於大國也，斧斤伐之，可以為美乎？是其日夜之所息，雨露之所潤，非無萌蘖之生焉，牛羊又從而牧之，是以若彼濯濯也。人見其濯濯也，以為未嘗有材焉，此豈山之性也哉！雖存乎人者，豈無仁義之心哉？其所以放其良心者，亦猶斧斤之於木也，旦旦而伐之，可以為美乎？其日夜之所息，平旦之氣，其好惡與人相近也者幾希。則其旦晝之所為，有牿亡之矣。牿之反覆，則其夜氣不足以存，夜氣不足以存，則其違禽獸不遠矣。人見其禽獸也，而以為未嘗有才焉者，是豈人之情也哉？故苟得其養，無物不長；苟失其養，無物不消。」

（告子 上）

心有善端，應該受人的培養，有如山上的樹木，需要雨露，需要人的保養，每天用斧斤去斬伐，又加以牛羊去蹂躪，樹木都沒有了，連小芽都長不起來。人心善端，也是一樣。惡人像禽獸，就是斬伐了善端。孟子引孔子的話說：

「孔子曰：操則存，舍則亡，出入無時，莫知其鄉。惟心之謂與。」（告子 上）

朱熹集注說：「孔子言心，操之則在此，舍之則失去。其出入無定時，亦無定處如此。孟子引之，以明心之神明不測，得失之易，而保守之難，不可頃刻失其養。學者當無時不用其力，使神清氣定，常如平旦之時。則此心常存，無適而非仁義也。」

孟子講夜氣，夜氣為人在夜中，心中無事，心平氣和，自見良心的氣象，即是中庸所說喜怒哀樂未發之謂中。保持這種氣象，使在日間行事時也能清明在躬，則可以存心。朱子在這一段集注裏說：「愚聞之師曰：人理義之心未嘗無，惟持守之即在爾。若於旦晝之間，不至牿亡，則夜氣愈清。夜氣清，則平旦未與物接之時，湛然虛明氣象，自可見矣。孟子發此夜氣之說，於學者極有力，宜熟玩而深省之也。」

乙、寡欲

人心向善，有爲善之情和才，稱爲善端；但是人卻多不向善而向惡，到底是什麼緣因？

「孟子曰：養心莫善於寡欲；其為人也寡欲，雖有不存焉者寡矣；其為人也多欲，雖有存焉者寡矣。」（盡心 下）

欲是私心所好，爲惡。私心所好也是心之動，也是情。情在孟子看來是善，欲則爲惡。欲爲感覺之官的傾向，爲人的小體。孟子勸告說：「無以小害大，無以賤害貴。養其小者爲小人，養其大者爲大人。」（告子 上）寡欲便是用心思之官，去制止感覺之官的傾向。感覺之官遇着外物，自然而然就動，感官之動引起心動，心動若不中節，則亂。孟子主張寡欲，在於制止感官之動而引起心動。「口之於味也，目之於色也，耳之於聲也，鼻之於臭也，四肢之於安佚也，性也，有命焉，君子不謂性也。仁之於父子也，義之於君臣也，禮之於賓主也，智之於賢者也，聖人之於天道也，命也，有性焉，君子不謂命也。」（盡心下）在這一段話裏，孟子講明了寡欲之道，耳目口鼻和四肢有自己的傾向，這是感官的天性；但是應由仁義禮智去制裁。君子不承認耳目口鼻和四肢的嗜好爲性，應該予以節制。

在「牛山濯濯」的譬喻裏，斧斤和牛羊象徵私欲，人心的善端萌了芽，若是情欲的牛羊時常牧放在心中，把善端的青芽都吃了，善端必不能發育。若是幸而發育長大成了樹，斧斤卻又去斬伐，善端的發育也又完了。可見私欲對於善端的害處，便該加以節制。孟子沒有主張絕欲，祇主張寡欲，絕慾爲佛教的說條，乃不可能的事。

丙、盡心・養氣

孟子雖然讚揚「大人者，不失其赤子之心者也。」（離婁下）因爲能保存自己心中的善端，常具有天眞的特點；但是人的精神生活要往上進，存心寡欲祇是基礎，在基礎上建立盡心和養氣的高層精神生活。

盡心的意義，和中庸所說的盡性，意義相同。中庸講至誠的人能盡自己的性和萬物的物性，孟子因主張人性由心而顯，乃主張盡心。然而他也說：

「盡其心者，知其性也，知其性，則知天矣。存其心，養其性，所以事天也。殀壽不貳，修身以俟之，所以立命也。」（盡心 上）

盡心則知性，知性同於發展人性。盡，是盡量發展自己心的善端，使仁義禮智發揚成爲美德，人便成爲聖人。孟子以人人都可成爲聖人，他說人人可以成堯舜。

「曹交問曰：人皆可以為堯舜，有諸？孟子曰：然！……徐行後長者謂之弟，疾行先長者謂之不弟。夫徐行者，豈人所不能哉？所不為也。堯舜之道，孝弟而已矣。」（告子 下）

「故凡同類者，舉相似也，何獨至於人而疑之，聖人與我同類者。」（告子 上）

中庸第二十二章，講至誠之人能够發揮自己的人性，進而知道萬物的物性，在精神上和宇宙萬物相通，再進而參加天地的化育，在生生的仁道裏，天人合一。孟子主張盡心，盡心則知性，知性不僅認識自己的人性，也認識萬物之性，存心養性以事天。事天爲事奉上天，保存天所給的性，尊重自己和萬物的本性好生的要求，協助天的好生之德。

程伊川說：「心具天德，心有未盡外，便是天德處未能盡，何緣知性知天？盡己心則能

盡人盡物，與天地參贊化育，贊則直養之而已」（二程遺書 卷五〇 頁二）

孟子爲表現盡心養性的最高境界，也爲達人的最高精神生活，乃實行養氣，氣爲充塞人身和宇宙的實有物，也是人的生命和宇宙萬物的生命之元素，氣週遊宇宙，貫通萬物。人能培養自身之氣，人的心便和天地相通。

莊子曾說人心以氣與物相接。「回曰：敢問心齋？仲尼曰：若一志，無聽之以耳，而聽之以心。無聽之以心，而聽之以氣。聽止於耳，心止於符。氣也者，虛而待物者也。」（莊子．人間世）莊子雖擬孔子和弟子的問答，實際卻是他自己的思想。人和萬物同爲一氣所成，氣在天地間週遊不息。人若排除一切外物的誘惑，使自己的心空虛清靜，人便可以藉着自己的氣和天地萬物相交接。這種交往，不是外物的交往，而是在本體上的交往，是在生命上相融會。孟子似乎受莊子思想的影響，以自己的氣，發揚光大，可以充塞天地。

「敢問夫子惡乎長？曰：我知言，我善養吾浩然之氣。敢問何謂浩然之氣？曰：難言也！其為氣也，至大至剛，以直養而無害，則塞於天地之間。其為氣也，配義與道，無是餒也，是集義所生者，非義襲而取之也。」（公孫丑 上）

朱子集註說：「至大，初無限量。至剛，不可屈撓。蓋天地之正氣，而人得以生者，其體段本如是也。惟其自反而縮，則得其所養，而又無所作爲以害之，則其本體不虧，而充塞無閒矣。程子曰：天人一也，更不分別。浩然之氣，乃吾氣也。養而無害，則塞乎天地；一爲私意所蔽，則欿然而餒，卻甚小也。」

孟子爲養氣，力行道義。朱子集注說：「義者，人心之裁制；道者，天理之自然。」卽是按照人心天理，發揚人心的仁義禮智之善端。在一切事上，抱守正義而不屈，無論在怎樣的環境裏，堅守自己的正道。不爲名利爵祿所誘，不爲危難貧窮所迫，常守正不阿。自己的氣乃能發揚，造成一種高尙的氣態，不單單是外人不敢侮，自心也不留滯在人事上。這種高尙的精神生活，馮友蘭稱爲「頗有神秘主義之傾向。」(6)

浩然之氣的境界，和中庸所講至誠者參天地化育的境界相同。孟子曰：

「萬物皆備於我矣。反身而誠，樂莫大焉。彊恕而行，求人莫近焉。」(盡心 上)

「萬物皆備於我矣！」宋明理學家都接受這種思想而予以發揮，朱子以萬物之理皆在人性之內，張載以民吾同胞，物吾與也，王陽明以萬物有一體之仁。張載和王陽明更得孟子的眞傳，以仁爲這種精神生活的構成素。孟子講推己及人。推廣自心之仁，及到四海的人，及到宇宙間的萬物，愛及萬物的仁心，便是孟子的浩然之氣。

3. 仁

甲、仁義禮智

人的生活為心思之官的生活；因為人雖有感覺之官和心思之官的生活，然而感覺之官同於禽獸，而又須受心思之官的制裁，心思之官的生活便代表人的生活，人的生活便是心的生活。

心的生活，在於發揚心所有的善端：即是發揚惻隱之心、辭惡之心、禮讓之心、是非之心。「惻隱之心，仁之端也；羞惡之心，義之端也；辭讓之心，禮之端也；是非之心，智之端也。」（公孫丑上）人心有仁義禮智之端，人的生活乃在發揚這四種善端，使成為善德。

孔子曾講智仁勇三德，中庸以這三德為三達德。孟子講仁義禮智四德，後來理學家因漢朝五行的思想，乃講仁義禮智信五德。宋朝理學家講五德時，把信列為善德的共通條件，以配四方的中央和五行的土，而以仁義禮智配易經的元亨利貞。孟子是否受了易經的影響，則難斷定。在仁義禮智四德裏，孟子又偏重仁義；仁義因此成了倫理的代名詞。但是孟子又非常重視孝弟之道，以孝弟為仁義禮智的內在意義。「仁之實，事親是也。義之實，從兄是也。智之實，知斯二者弗去是也。禮之實，節文斯二者是也。樂之實，樂斯二者。」（離婁上）

A、仁

孟子說：「仁，人心也；義，人路也。」（告子 上）「仁也者，人也，合而言之道也。」（盡心 下）仁，是人心的代表，心是生命，人心愛自己的生命，也愛別人的生命。仁便是愛。孟子對於愛以愛親爲第一種表現，『孩提之童，無不知愛其親者。』又以愛親之孝爲仁的最高表現。

「帝使其子九男二女，百官牛羊倉廩備，以事舜於畎畝之中，天下之士多就之者，帝將胥天下而遷之焉，為不順於父母，如窮人無所歸。天下之士悅之，人之所欲也，而不足以解憂。好色，人之所欲，妻帝之二女，而不足以解憂。富，人之所欲，富有天下，而不足以解憂；貴人之所欲貴為天子，而不足以解憂。人悅之，好色，富貴，無足以解憂者，惟順於父母，可以解憂。」（萬章 上）

孟子以舜爲大孝，爲仁人，因不得父母的歡心，雖富貴爲天子，也心中有憂。孟子以愛親爲仁的出發點，由自己的親人推而到別人的親人。

「老吾老以及人之老，幼吾幼以及人之幼。」（梁惠王上）

「孟子曰：不仁哉，梁惠王也！仁者以其所愛，及其所不愛，不仁者以其所不愛，及其所愛。」（盡心下）

「故推恩足以保四海，不推恩無以保妻子。古之人所以大過人者，無他焉，善推其所為而已矣。」（梁惠王上）

人心本來是仁，生而知道愛親人，保存這種仁心，推而到四海之人，便修了仁德。在這種推恩的仁德中，有先後的次序，由近及遠，先要孝親，然後愛別人。孟子乃反對墨子的兼愛。以墨子爲無父。「楊氏爲我，是無君也。墨氏兼愛，是無父也。無父無君，是禽獸也。」（滕文公下）

孟子稱惻隱之心爲仁，仁爲愛，在愛以內，包涵對於貧苦的人予以同情，施以救濟。

「老而無妻曰鰥，老而無夫曰寡，老而無子曰獨，幼而無父曰孤。此四者，天下之窮民而無告者。文王發政施仁，必先斯四者。詩云：哿矣富人，哀此煢獨。」（梁惠王下）

孔子對於仁愛，遺教很多，有「己所不欲，勿施於人。」（顏淵·衛靈公）有「夫仁者，己欲立而立人，己欲達而達人。」（雍也）有「躬自厚而薄責於人。」（衛靈公）的恕道。孟子書中所記，多爲向人君人臣論政治的議論，故孟子論仁，常對於政治而言，稱之爲仁政。「分人以財謂之惠，教人以善謂之忠，爲天下得人者謂之仁。」（滕文公 上）

B、義

義爲宜，即是宜不宜於做。因此孟子以『義，人路也。』（告子 上）人的生活一定要按照義而行。

「非其有而取之，非義也。」（盡心 上）

「非禮之禮，非義之義，大人弗為也。」（離婁 下）

義爲宜，宜以什麼爲標準呢？宜以理爲標準。理在行事上稱爲道，中庸說：「率性之謂道」，孟子論養氣說：「配道與義」（公孫丑 上）道在人心則是理，孟子說：「心之所同然者，何也？謂理也，義也。聖人先得我心之所同然耳，故理義之悅我心，猶芻豢之悅我口。」（告子 上）

孔子曾以義利之分，作爲君子和小人的標記。孟子更重義利之分，重義而輕利。他警告梁惠王說：「王，何必曰利，亦有仁義而已矣。……苟爲後義而先利，不奪不饜。」（梁惠王上）他更進一步，主張『捨生取義』。

「孟子曰：魚，我所欲也；熊掌，亦我所欲也；二者不可得兼，舍魚而取熊掌者也。生，亦我所欲也，義，亦我所欲也，二者不可得兼，舍生而取義者也。」（告子上）

「孟子曰：大人者，言不必信，行不必果，惟義所在。」（離婁下）

義，比生命更貴重，不義，比死亡更可怕。「是故，所欲有甚於生者，所惡有甚於死者，非獨賢者有是心也，人皆有之，賢者能勿喪耳。」（告子上）

孟子生當亂世，力主仁義，指責人君的貪心，批評人臣之求富貴。同時他也排除假仁假義。

「萬章問曰：人有言，伊尹以割烹要湯，有諸？孟子曰：否！不然，伊尹耕於有莘之野，而樂堯舜之道焉。非其義也，非其道也，祿之以天下，弗顧也。繫馬千駟，弗視也。非其義也，非其道也，一介不以與人，一介不以取諸人。湯使人以幣聘之，囂囂然曰：我何以湯之聘幣為哉！我豈若處畎畝之中，由是以樂堯舜之道哉！湯三使往聘之，既而幡然改曰：與我處畎畝之中，由是以樂堯舜之道，吾豈若使是君為堯舜之君哉，吾豈若使是民為堯舜之民哉，吾豈若於我身親見之哉！天之生此民也，使先知覺後知，使先覺覺後覺也。予天民之先覺也，予將以斯道覺斯民也，非予覺之而誰也。思天下之民，匹夫匹婦有不被堯舜之澤者，若己推而內之溝中。其自任以天下之重如此，故就湯而說之，以伐夏救民。吾未聞枉己而正人者也，況辱己以正天下者乎！」（萬章 上）

伊尹輔佐湯王，以義爲標準，爲義而行。孟子自己的抱負，也是這樣。他曾說：「如欲平治天下，當今之世，舍我其誰也！」（公孫丑 下）。他的進退，也以義爲標準。

孟子重義利之分，墨子把義利合一，孟子主張求義捨利，墨子主張求義取利。孟子乃攻擊墨子，以義爲合於天理，利爲合於人欲；墨子以義爲合於天志，利爲天所欲人應得之福利。在孟子的思想裏，利爲人欲之私利，不合於義，爲惡。在墨子的思想裏，利合於人的要求，爲善。兩家的出發點不同，結論乃相反。但若把兩家的義利加以解釋，在基本點並不互相衝突。

C、禮

孔子最重禮，以禮爲善惡的標準。孔子重禮，且拘守于義。孟子對於禮，以儒家的精神予以看重。

「孟子曰：君子所以異於人者，以其存心也。君子以仁存心，以禮存心。仁者愛人，有禮者敬人。」（離婁下）

孟子的人生哲學，以存心爲中心，保存天生之善端而予以發育。存心的方法，在於仁愛，在於有禮。這兩種方法，都是把人心的善端，在生活上實現出來。但是仁愛的規律，在於內心；孟子稱「仁，人心也。」禮的規律則在於外，由聖人所制定。對於聖人所制之禮，在合人性的要求時，則有權宜而可以不守禮。

「淳于髡曰：男女授受不親，禮與？孟子曰：禮也。曰：嫂溺則援之以手乎？曰：嫂溺不援，是豺狼也。男女授受不親，禮也，嫂溺援之以手者，權也。」（離婁·上）

「任人有問屋廬子曰：禮與食孰重？曰：禮重。色與禮孰重？曰：禮重。曰：以禮食，則饑而死，不以禮食，則得食，必以禮乎？親迎則不得妻，不親迎則得妻，必親迎乎？屋盧子不能對。明日之鄒，以告孟子。孟子曰：於答是也何有！不揣其本而齊其末，方寸之木，可使高於岑樓？金重於羽者，豈謂一鉤金與一輿羽之謂哉？取食之重者，與禮之輕者而比之，奚翅食重！取色之重者，與禮之輕者而比之，奚翅色重！往應之曰：紾兄之臂而奪之食，則得食，不紾則不得食，則將紾之乎？踰東家牆而摟其處子則得妻，不摟則不得妻，則將摟之乎？」（告子下）

禮和義，輕重不同，禮輕義重。當取義和取生相比較時，孟子主張捨生取義。當守禮和守生命相比較時，則可權宜不守禮。所以守禮，還有另一更高的規律以爲標準。這種更高的規律，在於人生之道，也就是義，「義，人路也。」孟子對於這一點，非常注意，屢次和別人起衝突。有一次，孟子將往朝齊王，齊王遣使來說：正想親來看他，不幸遇了感冒，不能來，明早將設朝，請明早來見。孟子告覆使者說他也感冒。不能去。明天，齊王遣派御醫來看病，孟子則早已往一朋友家弔喪。家中人趕緊告訴他去上朝，他執意不去，也不回家，到一位朋友家過宿。朋友便問他說：禮云：君命召，不俟駕。你本來要去朝見齊王，但因爲齊王說不能來看你，你就不去朝了，這於禮不合！孟子答說：

「豈謂是與？曾子曰：晉楚之富，不可及也，彼以其富，我以吾仁，彼以其爵，我以吾義，吾何慊乎哉！夫豈不義，而曾子言之？是或一道也。天下有達尊三：爵一、齒一、德一。朝廷莫如爵，鄉黨莫如齒，輔世長民莫如德。惡得有其一，而慢其二哉？故將大有為之君，必有所不召之臣，欲有謀焉，則就之，其尊德樂道，不如是，不足與有為也。」（公孫丑 下）

禮主敬，敬的標準，在於上下的分別。孔子以上下的分別在於爵位，在於年歲，孟子則加上道德，這就是中國後代所尊敬的『德高望重』。

又有一次，弟子陳臻問孟子拒餽受餽，何者於禮爲是：

「前日於齊，王餽兼金一百而不受，於宋，餽七十鎰而受，於薛，餽五十鎰而受。前日之不受是，則今日之受非也；今日之受是，則前日之受非也，夫子必居一於此矣。孟子曰：皆是也！當在宋也，予將有遠行，行者必以贐，辭曰餽贐，予何為不受？當在薛也，予有戒心，辭曰聞戒，故為兵餽之，予何為不受？若於齊，則未有處也，無處而餽之，是貨之也，焉有君子而可以貨取乎！」（公孫丑 下）

孟子解釋自己的拒絕餽金和接受餽金，於禮都對。有名義可以接受餽金，便接受；沒有名義可以接受餽金，便不接受，兩者都合於理。

D、智

智，爲知是非。是非有什麼標準，孟子說是孝弟。「仁之實，事親是也。義之實，從兄是也。智之實，知斯二者弗去是也。……樂之實，樂斯二者。」（離婁 上）

孝弟在儒家的倫理中，爲善德的中心，而且也是生活的中心。孝經一書，若是曾子的著作，孟子必定見到。孟子在自己的書裏，有好幾次講到孝弟；但是並沒有以孝包括一切善德，尤其沒有把孝當作人生的中心。在孟子的思想裏，孝是一般人當實踐的善德，在理論方面，倫理的基本，在於『理』和『道』，智的對象，在於知『理』知『道』。

「孔子曰：里仁為美，擇不處仁，焉得智？夫仁，天之尊爵也，人之安宅也，莫之禦而不仁，是不智也。」（公孫丑 上）

「何謂知言？曰：詖辭知其所蔽，淫辭知其所陷，邪辭知其所離，遁辭知其所窮。生於其心，害於其政，發於其政，害於其事，聖人復起，必從吾言矣。」（公孫丑 上）

孟子對於邪說，攻擊很凶，因爲邪說有害於智，引人向惡。「楊墨之道不息，孔子之道不著，是邪說誣民，充塞仁義也。……我亦欲正人心，息邪說，距詖行，放淫辭，以承三聖者，豈好辯哉，予不得已也。」(滕文公 下)

爲求智，應該學，孟子極力提倡恢復三代的學制，敎民向善。爲敎民，先要使民足衣食，有了衣食，人民纔知恥，然後可以敎育。

「夏曰校，殷曰序，周曰庠。學則三代共之，皆所以明人倫也。人倫明於上，小民親於下，有王者起，必來取法。」(滕文公 上)

有學則有敎師，孔子曾親身敎誨弟子，孟子也自己敎導門生。孟子敎導弟子的方法有多種，按照弟子的才能而分別予以敎導。

「君子之所以教者五：有如時雨化之者，有成德者，有達財者，有答問者，有私淑艾者，此五者，君子之所以教也。」(盡心 上)

這是敎育的方法，至於敎育的內容，則爲堯舜文武周公孔子之道。「齊宣王問曰：齊桓晉文之事，可得聞乎？孟子對曰：仲尼之徒無道桓文之事者，是以後世無傳焉，臣未之聞也。」（梁惠王 上）「我非堯舜之道，不敢以陳於王前。」（公孫丑 下）

學堯舜之道，目的爲成聖人。『智』爲成聖之道。孟子稱讚孔子爲聖之時者，集往古堯舜之道的大成。

「集大成也者，金聲而玉振之也。金聲也者，始條理也；玉振之也者，終條理也，始條理者，智之事也；終條理者，聖之事也。智，譬則巧也；聖，譬則力也。由射於百步之外也，其至，爾力也，其中，非爾力也。」（萬章 下）

智爲巧，聖爲力；人努力成聖，僅僅努力不够，需要知道用力之道。用力之道在乎智。

乙、仁　道

A、仁—人心

孟子講達德，以仁義禮智爲心之善端，發而充之則成善德，仁義禮智可以說是互相平等，共成四達德。但是在孟子的思想裏，仁又另有一種意義，代表孟子所講的人生之道，就是孟子所稱的仁道。

孔子以仁爲精神生活的總綱，爲他的『一貫之道』孟子雖然沒有標出仁爲自己思想的中心；但是他以『仁』爲人心的發揚，爲人心的表現，爲人的生活中心。

「孟子曰：仁，人心也。」（告子 上）人的心爲人生命的中心，心死了人就死了。人生的生命在於繼續活動，以保存自己的生存，人心便自然愛惜自己的生命。生命的由來，來自父母，因着生命的相連，孩童自然愛自己的父母。因着父母的生命，再和兄弟姊妹，再和祖父母伯叔父母等相連，因此自然也就愛這些親人。由自己的親人，推而到別人的親人，「老吾老，以及人之老，幼吾幼，以及人之幼。」把自己心裏的仁愛，推及四海之人，便成爲仁道，孟子且稱爲仁術。

> 「曰：無傷也，是乃仁術也。見牛未見羊也。君子之於禽獸也，見其生，不忍見其死，聞其聲，不忍食其肉，是以君子遠庖廚也。……古之人所以大過人者，無他焉，善推其所為而已矣。」（梁惠王 上）

愛惜生命，乃是仁心。對於禽獸，「見其生不忍見其死」，何況對於人？對於人的生命，特別加以愛護，便是仁政。

「孟子見梁襄王，出語人曰：望之不似人君，就之而不見所畏焉。卒然問曰：天下惡乎定？吾對曰：定于一。孰能一之？對曰：不嗜殺人者能一之。」（梁惠王 上）

「梁惠王曰：寡人願安承教。孟子對曰：殺人以梃與刃，有以異乎？曰：無以異也。以刃與政，有以異乎？曰：無以異也。曰：庖有肥肉，廐有肥馬，民有饑色，野有餓莩，此率獸而食人也。獸相食，且人惡之，為民父母行政，不免於率獸而食人，惡在其為民父母也。」（梁惠王 上）

仁道，爲人生之道，爲人愛惜生命之道。人心爲生命根基，自然愛惜生命，推廣這種心情到天下的人，便是仁道。

B、得天下以仁

孟子的政治思想，總括在一個『仁』字上。人君爲人民的父母，父母愛惜兒女的生命，人君便該愛惜人民的生命，使人民安居樂業，養老送終。

「孟子曰：規矩，方員之至也，聖人，人倫之至也。……孔子曰：道二，仁與不仁

而已矣。……」（離婁 上）

「孟子曰：三代之得天下也以仁，其失天下也以不仁。國之所以廢興存亡者亦然。天子不仁，不保四海，諸侯不仁，不保社稷。卿大夫不仁，不保宗廟。士庶人不仁，不保四體。今惡死亡而樂不仁，是猶惡醉而強酒。」（離婁 上）

仁與不仁，孟子也稱之爲『有道』和『無道』。天下有道，乃人君施行仁政；天下無道，人君爲暴君。

「孟子曰：天下有道，小德役大德，小賢役大賢；天下無道，小役大，弱役強，斯二者天也。順天者存，逆天者亡。」（離婁 上）

仁道使天下之人心歸順，因爲人君既然愛民，人民怎樣能不歸順他呢？孟子常以這端大道理，勸告當時的王侯。

「分人以財謂之惠，教人以善謂之忠，為天下得人者謂之仁。」（滕文公 上）

仁道爲愛，愛自己的生命也愛別人的生命，願意自己的生命有享受，也願意別人的生命有享受。孟子的仁道乃主張與民同樂。

「古之人與民偕樂，故能樂也。湯誓曰：時日害喪，予及女偕亡。民欲與之偕亡，雖有臺池鳥獸，豈能獨樂哉。」(梁惠王上)

「今王與百姓同樂，則王矣。」(梁惠王下)

「王如好貨，與百姓同之，於王何有？……王如好色，與百姓同之，於王何有？」(梁惠王下)

這種仁道，來自人心。爲君王者，愛臺榭，愛畋獵，愛貨財，愛女色，便要想到人民的心也愛這些物件，不要因爲自己所愛，而奪取人民之所愛，反而要因爲自己所愛，使人民也得到所愛，把自己心中的仁，發揮光大。

C、仁則榮

發揮自己的仁心以愛天下之人，爲人君的人可以王天下，爲人臣的人可以化天下：這是仁道在社會上的美菓。在自己本人而言，發揮自心之仁，可以使自己成爲一完人。無論在那樣的環境裏，都可以立身，都可以面對一切的遭遇，他的人格不怕人的侮辱。

「夫仁，天之尊爵也，人之安宅也。莫之禦而不仁，是不智也。不仁不智，無禮無義，人役也。人役而恥為役，由弓人而恥為弓，矢人而恥為矢也。如恥之，莫如為仁。」（公孫丑 上）

「孟子曰：仁則榮，不仁則辱。今惡辱而居不仁，是猶惡溼而居下也。」（公孫丑 上）

「苟不志於仁，終身憂辱。」（離婁 上）

孟子常以仁者自居，到處不肯向君王屈折，要求君王以禮相待。認爲天下受尊敬的事，爲爵、爲齒、爲德；他自己有了老者的年齒，又有仁者之德，不能被君王召見，要求君王來拜會他。「故將大有爲之君，必有所不召之臣，欲有謀焉，則就之，其尊德樂道不如是，不足與有爲也。」（公孫丑 下） 在國家裏，在上位的人，應當是仁者；更好說，祇有仁者能夠居上位。

「是以惟仁者，宜在高位。不仁而在高位，是播其惡於眾也。上無道揆也，下無法守也，朝不信道，工不信度，君子犯義，小人犯刑，國之所存者，幸也。」（離婁 上）

孔子以政爲正，在上者先正身而後正人。孟子也有這種思想，以仁者宜在高位。因爲他說：「枉己者，未有能正人也。」（滕文公 下）

D、仁則萬物皆備於我

「孟子曰：萬物皆備於我矣，反身而誠，樂莫大焉！強恕而行，求仁莫近焉。」（盡心 上）

人心的仁，愛惜一切的生命，因爲人心的仁來自天心，天心有好生之德，偏包萬物；人心之仁，也包括萬物。萬物的生命，和人的生命相似；萬物生命之理，和人的生命之理也相似。人若能反身而誠，把自心的仁，發揚光大；人的心就可以偏及萬物，人心和天心相通，『樂莫大焉！』因此，一個人能夠勉力去推己及人，就可以發揮自己的仁心。

發揮仁心的人，不自私，胸懷廣大，稱爲大丈夫。大丈夫的氣概，即是仁者的氣概。

「居天下之廣居，立天下之正位，行天下之大道，得志與民由之，不得志獨行其道，富貴不能淫，貧賤不能移，威武不能屈，此之謂大丈夫。」（滕文公 下）

仁者之心，志於道，不把世上的事物放在心裏，不求名利，不畏威武；所以不以遭遇而動心。孟子曾說他自己四十歲時就不動心。

「公孫丑問曰：夫子加齊之卿相，得行道焉，雖由此霸王不異矣，如此則動心否乎？孟子曰：否！我四十不動心。」（公孫丑 上）

孟子對於世物能不動心，且養有浩然之氣。浩然之氣和天地之氣相接，乃能『塞於天地之間』。

「所過者化，所存者神，上下與天地同流。」（盡心 上）

這是儒家的理想人格，孔子曾說：「若聖與仁，則吾豈敢。」（述而）但同時又說：「仁遠乎哉！我欲仁，斯仁至矣。」（述而）孔子立定了仁者的理想人格，中庸稱爲至誠之人，孟子以爲養有浩然之氣。這種理想人格，常懸在後代儒者的心目中。

「可欲之謂善，有諸己之謂信，充實之謂美，充實而有光輝之謂大，大而化之謂聖，聖而不可知之之謂神。」（盡心下）

善人、信人、美人、大人、聖人、神人。孟子以這種標準分別聖賢。他以樂正子「善人也，信人也。……樂正子二之中，四之下也。」（同上）仁者則是大人、聖人、神人。他的精神是充實而有光輝，既能化人，且神妙不可測，與天地同流。

四、認識論

孟子一書中，沒有講求學的方法。孔子在論語裏曾說求學在於思，在於博，在於行。中庸更說明求學在於「博學之、審問之、愼思之、明辨之、篤行之。」（中庸 第二十章）孟子沒有講到這些方法；但是他對於認識論，確實有獨到的見地，而且爲荀子的認識論開了路。

1. 認識的分類

西方哲學，對於認識的種類，分辨清楚。佛教對於認識也分有八識，前五識爲感官之識，後三識爲心識。儒家對於認識的分類，始於孟子。

「公都子問曰：鈞是人也，或為大人，或為小人，何也？孟子曰：從其大體為大人，從其小體為小人。曰：鈞是人也，或從其大體，或從其小體，何也？曰：耳目之官，不思 而蔽於物，物交物，則引之而已矣。心之官則思，思則得之，不思則不得也。此天之與我者，先立乎其大者，則其小者不能奪也。此為大人而已矣。」

(告子 上)

孟子很清楚地把人的認識分爲兩類：一爲耳目之官所得的認識，一爲心思之官所得的認識。

耳目之官爲感覺之官，感覺爲物質之物，不能思索。牠的對象也是物質之物，「而蔽於物」。感覺認識的形成，在於感官和對象相遇，「物交物」，感官乃接收對象的印象「引之而已矣。」

每種感官，各有各的對象：

「口之於味也，有同耆焉；耳之於聲也，有同聽焉；目之於色也，有同美焉。」

(告子 上)

「孟子曰：口之於味也，目之於色也，耳之於聲也，鼻之於臭也，四肢之於安佚也，性也，有命焉，君子不謂性也。」（盡心下）

口的對象爲味，耳的對象爲聲，目的對象爲色，鼻的對象爲臭，手足的對象爲安逸的觸受：這是本性使然的。因此，凡是人，都有感官，所有感官的對象都相同。感覺的認識爲物質性的認識，孟子以爲和禽獸沒有差別。人的認識可以稱爲人的認識，和禽獸不同，乃是心思之官的認識。

孟子沒有詳細講明心思之官，爲得認識應有若何的過程。他祇說：『思則得之，不思則不得也。』思，在孟子的認識論裏，爲心的動作。心有兩種動作，一種是良知良能，一種是思。良知良能是心的天然傾向，不經過反省而起的動作，也可以說是下意識的動作。孟子以這種良知良能的動作是傾於善，因此便證明人性爲善。思，是心的思維動作，心遇事乃加思維。孟子對於大學的格物致知，從來沒有提到，似乎並不知道。但是他對於心的思，卻有近乎格物致知的解釋。他主張心的思，以理爲對象。

「故曰：口之於味也，有同耆焉。……至於心，獨無所同然乎？心之所同然者，何也？謂理也、義也，聖人先得我心之所同然耳。故理義之悅我心，猶芻豢之悅我

口。」（告子 上）

感覺的對象爲味、爲聲、爲色、爲臭、爲安逸；心思之官的對象則是理義。理義是在人心以內或以外呢？孟子曾反駁告子的仁內敬外的主張，以仁義均爲人心所有。不過，孟子主張仁義在人心以內，以仁義爲人心善端。所以他說：「君子所性，仁義理智根於心。」（盡心上）這種主張和後代陸象山和王陽明所主張『心外無理』，並不相同。孟子所說「萬物皆備於我」（盡心 上），也不是主張萬物之理都在我心，祇是說「萬物的生命，都在我的生命裏」。因此，心爲思維，還要知道外面的事理。

「孟子曰……君子之志於道也，不成章不達。」（盡心 上）

「今夫奕之為數，小數也，不專心致志，則不得也。奕秋通國之善奕者也，使奕秋誨二人奕，其一人專心致志，惟奕秋之為聽。一人雖聽之，一心以為有鴻鵠將至，思援弓繳而射之，雖與之俱學，弗若之矣。為是其智弗若與？曰：非然也。」（告子上）

對於思維，應該專心一志去學習，並不是靜坐反省 就能得到認識。孟子的思維對象之理，不在心內，而在事物之內。所謂良知良能，乃是對於是非天生知道分辨的能力。

2. 詞

中國的文字爲單音字，每個字有自己的意義，具有意義的字便可以成一個詞。字的成立，在古代有六書爲構造法。象形和形聲，當然以感覺的經驗爲基礎，字的意義也明顯，但是抽象的字則就不容易明瞭了。

孔子處於亂世，倫理綱常都很混亂，他乃主張正名。但是孔子的正名，不是認識論的正名，而是倫理方面的正名，在於追求名符其實。在中國諸子中，從認識方面對於名詞加以解釋，有如西洋哲學對於學術名詞加以定義的人，首該推莊子，莊子以後就該推孟子了。

在孟子書裏，有好幾次，孟子對於一些專門的名詞，加以解釋，詞句很簡單，意義很明瞭。例如：

「老而無妻曰鰥，老而無夫曰寡，老而無子曰獨，幼而無父曰孤。此四者，天下之窮民而無告者也。」（梁惠王下）

這四個解釋，和西洋的定義一樣。鰥寡獨都是指着老人，這是類，無妻、無夫、無子、則是類別。

「人之所不學而能者，其良能也；所不慮而知者，其良知也。」（盡心上）

「流連荒亡，為諸侯憂，從流下而忘反，謂之流；從流上而忘反，謂之連；從獸無厭，謂之荒；樂酒無厭，謂之亡。」（梁惠王下）

「可欲之謂善，有諸己之謂信，充實之謂美，充實而有光輝之謂大，大而化之之謂聖，聖而不可知之之謂神。」（盡心下）

孟子對於詞的解釋，非常正確，可惜這種機會並不多。孟子對於很重要的名詞就沒有解釋，例如性、心、命和仁義禮智，都沒有確實的解釋。這一點是中國思想家的通病。因此，許多學術思想都不清楚。

3. 辯

後代的人都相信孟子好辯，當時的人也以爲孟子好辯，孟子因此自己加以解釋：「我亦欲正人心，息邪說，距詖行，放淫辭，以承三聖者，豈好辯哉，予不得已也！」（滕文公下）

孟子書裏保留幾種孟子和人的辯辭，從這些辯辭裏，我們可以看到孟子推理的方法。孟子不用西洋的三段推論式，中國古代別的思想家也不用三段論式，祇有墨子使用和西洋理則學不相似，而由自己所創的三段推論式，但是中國古代思想家雖不用三段推論式，並不是不知道三段推論的原理。孟子在辯論時有大前提，有小前提，祇是不常都說出來，常省略其一，或次序顚倒。

「孟子見梁惠王，王曰：叟不遠千里而來，亦將有以利吾國乎？孟子對曰：王何必曰利，亦有仁義而已矣。」（梁惠王上）

孟子把結論說出來了，怎樣證明？

大前題是「苟爲後義而先利，不奪不饜。」小前題是「上下交征利，而國危矣。」結論是「王何必曰利。」這是證明了結論的上一段，下面一段「亦有仁義而已矣」怎樣證明呢？大前提在於「仁義使人爲善」，小前提在於「未有仁而遺其親者，未有義而後其君者也。」結論便是「王亦曰仁義而已矣。」三段式的原則都有，三段式的排列則沒有。孟子從反面說，言利者反而不得利，不言利而言仁義乃得利。這種說法很使人動聽。

「孟子見梁惠王，王立於沼上，顧鴻鴈麋鹿，曰：賢者亦樂此乎？孟子對曰：賢者

而後樂此，不賢者雖有此不樂也。」（梁惠王上）

孟子開口把結論說出來了，怎麼樣證明呢？他所用的大前題是「百姓愛，則人君可王；百姓恨，則人君亡。」小前題是「古之人（文王）與民偕樂，故能樂也。」；「民欲與之偕亡，雖有台池鳥獸，豈能獨樂哉。」孟子在說理時，重點放在歷史的事實上，因爲事實更能動人聽聞。他的三段式則沒有大前提。

孟子曰：「爲民父母行政，不免於率獸而食人，惡在其爲民父母也。」（梁惠王上）

這又是結論，孟子祇舉出實例去說明結論：「庖有肥肉，廐有肥馬，民有飢色，野有餓莩。」大前提和小前提都沒有，因爲大家都知道，大前提是：「父母愛子女。」小前提是「君王是人民的父母。」接着下去，便是「於今君王行政使百姓餓死。」結論便是「君王不是君王。」

景子因孟子不應齊王之召，責備他說：「禮曰：父召無諾，君命召，不俟駕。固將朝也，聞王命而遂不果，宜與夫禮若不相似然！曰：豈謂是與！」（公孫丑下）

事實上眞是孟子預備去見齊王，齊王遣使來說，本來自己想親自來看孟子，因爲有了感冒，乃請孟子去見他，孟子卻故意不去了，這一點按照禮記上所說確實是不對。孟子予以答辯，認爲自己做得對。他引曾子的話，建立他的大前提：「禮主敬，敬有三種根本：爵、齒、德。」小前提則是「我有　齒和德，君王祇有爵。」結論便是孟子所說：「惡得有其一，以慢其二哉。」

孟子和告子的爭辯，常從反面說起，反面既不對，正面便對了。這也是希臘理則學的方法。

「告子曰：性，猶杞柳也；義，猶桮棬也。以人性為仁義，猶以杞柳為桮棬。」（告子　上）

告子不讚成孟子的性善主張，而以性可善可惡，仁義所以是人加於人性的事。

「孟子曰：子能順杞柳之性，而以為桮棬乎？將戕賊杞柳，而後以為桮棬也。如將戕賊杞柳而以為桮棬，則亦將戕賊人以為仁義與？率天下之人而禍仁義，必子之言夫。」（同上）

孟子的辯駁，在於說明，桮棬不是反杞柳之性而作成的東西，仁義也不是反人性而是順人性而成。這就是他的性善主張。

「告子曰：性，猶湍水也，決諸東方則東流，決諸西方則西流，人性之無分於善不善也，猶水之分於東西也。」（告子 上）

告子用這個水流的比譬，證明自己的主張：性無分善惡，但可善可惡。

「孟子曰：水信無分於東西，無分於上下乎？人性之善也，猶水之就下也。人無有不善，水無有不下。」（同上）

孟子的答覆，以水性傾於往下流，而不往上流。往上流，需要用力激搏。「今夫水，搏而躍之，可使過顙，激而行之，可使在上，是豈水之性哉。」在這兩次辯論中，孟子的大前提在於「順性的事就是代表性」；小前提在於「仁義是順人性的事」，結論『人性是善』。孟子沒有把大前提標出來，小前提則說出來了，告子似乎也接受這個小前提，因此便辯不過孟子。後來荀子不接受這小前提，結論便和孟子的主張不同了。

「告子曰：生之謂性。孟子曰：生之謂性也，猶白之謂白與？曰：然！白羽之白也，猶白雪之白；白雪之白，猶白玉之白與？曰：然！然則犬之性，猶牛之性；牛之性，猶人之性與？」（告子 上）

孟子和告子的這次辯論，又輸給了孟子，因爲孟子設了一個圈串，把告子混迷糊了。告子所說「生之謂性」的生字和性字，兩方並不完全相等。因爲性是生來所有的，但不是一切生來所有的都是性。例如手都生來就有的，但是手不是人性。「白之謂白」，兩個白字則是相等的。因此一切的白都是一個白。所以孟子問告子「生之謂性，猶白之謂白與？」告子應該答曰：「不然。」再者，性字就性字說，是和「生來的」意義相同；但是就性的內容說，不但和生字的內容不同，就是每種物性的內容也不相同。因此，孟子把性和白相比配，便是不對了。告子卻沒有看出來，於是孟子便結論說：犬性就是牛性，牛性就是人性了。然而這是不可能的事，那麼告子所說生之謂性便是不可能的事。

我們就孟子的辯論法，舉出幾個例來看，可以看得出孟子很懂辯論的原則，對於方式，運用靈妙，表現中國人的思維法。中國人的思維法，多以實例和古人的權威作證明，喜歡用反面證法，不拘守三段推論形式。因此，容易流於鬆弛不緊，不着邊際。

宋明理學家以孟子繼承孔子之道，孟子以後沒有繼承的人。中國思想史通常都以孔孟合稱，因此可以知道孟子的思想是發揮孔子的思想。

孟子所發揮的思想在於人性論，首創『性善』之說，性由心而顯，孟子的人心，由心而求修身之道，孟子的修身，以寡欲去存心，以存心而養性，養性則發揚仁義之德，而達到浩然之氣。

註：

(一) 胡適・中國哲學史大綱　卷上，頁二八九。

(二) 錢穆・四書釋義(二)，頁一三—一八，學生書局出版。

(三) 徐復觀・中國人性論史（先秦篇）頁一六五，商務。

(四) 唐君毅・中國哲學原論　上冊，頁七五。學生書局。

(五) 唐君毅・中國哲學原論　上冊，頁五二二。學生書局。

(六) 黃彰健・孟子性論之研究（中央研究院歷史語言研究所集刊第二十六本。民四十四年六月）頁二二七—三〇五。

黃氏以孟子所論性，分為感官之性或食色之性，稱為世俗義之性；仁義之性稱為特殊義之性，凡孟子所謂：養性、知善、性善、忍性，的性字都是指仁義之性。我認為不必這樣分。人性為一包含感官和心思的良知良能，即天賦傾向，然而人之所以為人，是以心思之官為主，心之動代表人性。

(七) 馮友蘭・中國哲學史　上冊，頁一六四。商務　民二十四年版。

第七章　莊子的哲學思想

史記在「老莊申韓列傳」中，稱莊子爲蒙人，名周，與梁惠王、齊宣王同時，和惠施相往來，曾爲蒙地的漆園吏。家貧，釣於濮水。楚威王遣使聘他爲相，他拒不往。著書十餘萬言，學問很廣博，然以老子爲宗。

莊子的書，漢書「藝文志」記有五十二篇，有晉司馬彪注莊子二十一卷五十二篇，有孟氏注十八卷五十二篇。司馬彪所注莊子，新舊唐書、通志都有著錄；然在南宋時已亡佚。現所流行者，爲郭象所注莊子三十三篇本。

莊子三十三篇，共分內篇七，外篇十五，雜篇十一。考據家多以外篇和雜篇不大可信。王夫之的莊子解，以外篇僅爲老子作注，不是莊子自己的作品，並且指出外篇裏各篇的思想和內篇不相同。胡適之以「天下」篇爲一篇絕妙的後續，卻決不是莊子自己作的。(1)

我們研究莊子的哲學思想，以內篇七篇爲主，以外篇、雜篇爲輔，若外篇、雜篇有和內篇思想不合者，則捨而不用。因爲外篇雜篇，若非莊子所作，則爲弟子或後人爲發揮莊子的

思想而記錄的書，但若記錯了，或滲雜一己的私見，和莊子的思想明明不相同，則不能用爲研究莊子思想的文獻了。(2)

一、道

莊子的思想，以老子爲宗，後代人遂常以老莊代表道家，就像以孔孟代表儒家。孟子的思想比孔子的思想，已見複雜，不像孔子的純淨；莊子的思想也較比老子的思想，更爲雜博。他以自己的意見，發揮老子的主張。而且他的文章，以寓言爲主；寓言爲說明哲學思想，有優點有缺點：優點在於行文流暢，引人入勝；缺點則在於寓言爲幻想，幻想和客觀的哲理距離很遠，且常迷離不清楚，不能令人確實看到哲學思想的觀念，和觀念的確實意義。

1. 道爲無有

馮友蘭曾說莊子所說的『道』，有四個特點：一是無有；二是非物；三是不可知；四是抽象的全。由這四個特點，可以知道莊子的『道』和老子的『道』，性質各有不同。(3)但是我們仔細研究，莊子的思想是發揮老子的思想，當然也包含有自己的主張。

「泰初有無，無有無名。一之所起，有一而未形」（天地）

「有乎生，有乎死，有乎出，有乎入。入出而無見其形，是謂天門。天門者，無有也。萬物出乎無有，有不能以有為有，必出乎無有，而無有一無有。聖人藏乎是。」（庚桑楚）

老子以『道』爲最先的無限實體，稱『道』爲無。莊子接受這種思想，他說：「泰初有無，無有無名。」最初的實體，稱爲『無』；因爲『泰初』是最先，『有』爲實際存在者，最先的存在者爲『無』。這個『無』是無有無名。『無名』，在老子道德經裏說得很清楚，因爲『道』爲無限之實體，又是恍惚不定的實體，所以不可名，也不可說。『無有』，在道德經裏沒有見過，是莊子創造的名詞，是不是和『無』的意義相同呢？看來，兩詞意氣相同，因爲『無有』就是沒有，無也是沒有。但是莊子爲什麼在「庚桑楚」篇裏特別強調無有，以『萬物出乎無有』呢？老子以『無』代表『道』，莊子以『無有』代表『道』。莊子的思想，較比老子的思想，兩者有點出入。

『無有』，有代表具體的存在；所謂具體的存在，即是有形的存在，有形則有名；『道』乃稱爲『無有』。不過，這個『無有』較比『無』，意義較狹，較不絕對。『無』的意義更絕對，更全稱；『道』爲無，在各方面都是無，否定一切，祇是不否定『有』；因爲『道』

實際上是一個無限的有。老子所以不稱『道』爲無有。莊子既然說『泰初有無』，卻又說『無有無名』，則『泰初有無』之有和『無有無名』之有，意義必不相同，否則是自相矛盾。『泰初有無』之有，爲形上學所說之實有或存有。泰初之無雖稱爲無，實則存有。『無有無名』之有，爲具體有形之有，爲有限的實體。『道』爲無，當然不是有限體。這樣看來，和老子的思想，並沒有不同。

「庚桑楚」篇稱無有爲『天門』，爲萬物之源。『天門』，和老子所說『衆妙之門』，意義相同。天，爲自然，死生出入，都由『無有』而來，『無有』乃稱爲一切天然的門戶。

有不能以有爲有，必出乎無有；老子曾說：「萬物生於有，有生於無。」有爲具體有形的實體，這個實體不能以另一個相同的實體爲根由，應該由沒有形的實體而來，列子也曾說：「有生不生，有化不化，不生者能生生；不化者能化化。」（天瑞）

「有先天地生者，物邪？物物者非物，物出不得先物也，猶其有物也。猶其有物也，無已。」（知北遊）道先天地而生，使物成物，既使物成物，道自己便不能是物。物是被生的，是被化的；道，不是被生被化之物，而是生生，化化，物物之無有。

「予能有無矣，而未能無無也，及為無有矣，何從至此哉！」（知北遊）

這一段以無之上，有「無無」；在「天地」篇：「泰初有無，無有無名。」普通也讀爲「泰初有無無，有無名。」無和無無，有什麼分別？無，雖是無，然仍有個無；若連這個無的無都沒有了，則絕對沒有所知，沒有所牽掛。不過這是認識方面的無無，而不是在本體論，無以上加一個無無，否則，便要再加上一個無無無。

莊子書裏常用多人問答式，所問所答，則不相同；很難知道，那一個答覆確實代表莊子自己的思想。

從莊子書裏，我們可以看到莊子講『道』（實體的道）的地方並不多，也不像老子常稱『道』爲無，或稱爲恍惚不定。莊子以無和有爲相對名詞，說『無』就說『有』，所以不喜歡以無稱呼『道』，也不以『有』稱呼『道』；而以無無和無有稱呼『道』，便是把無和有取消相對立的意義。但是莊子書中不以『道』爲無，卻注重有。雖以『道』爲無有，然而乃爲一種無形之有。因此，莊子進而以『一』去代表『道』。老子曾說『道生一』，莊子則以『道』和『一』可以互相替代，而『一』則是氣。

氣不是普通所說的氣，乃是元氣或精氣，沒有形，沒有限制。可以說是『無有』。

2. 一

道德經講『一』：「道生一，一生二。」（第四十二章）「載營魄抱一，能無離乎？」（第十章）「昔之得一者，天得一以清。」（第三十九章）我們在講老子的哲學思想時，曾解釋「道生一」之一，爲氣。解釋第十章和第三十九章的一，爲靜。馮友蘭則解釋這個一字爲精氣。

(4) 莊子在「天地」篇說：

「一之所起，有一而未形。」

形是什麼呢？莊子在同一篇裏說：『物成生理謂之形』。一物之成有自己存在之理，這種存在之理稱爲形。若是和西洋士林哲學相比較，莊子所說的形，相等於士林哲學的元形。(Forma)但是按照士林哲學，一物不能沒有元形，那麼『一』沒有元形，『一』就不存在。所以莊子所說的形，乃是各種物之形，各種物因着形乃有區別。『一』祇是一，沒有區別之形。然而莊子接着說『未形者有分，且然無間謂之命。』有分，是說『一』和別的物當然可以分別，而這種分別卻是『無間』，即是不能分離。『一』沒有形而又有分，有分而又不分離，這一切都自然而成，因此稱爲『命』。

莊子在「知北遊」篇論『一』說：

「『通天下一氣耳』！聖人故貴一。」

莊子認爲宇宙萬物都來自氣，氣爲一氣，故『聖人貴一』。在這『貴一』的話裏，莊子把『一』和氣相連，以一爲氣。

在「齊物論」裏，莊子也論『一』；然而「齊物論」之一，爲認識論之一，和是非爲一，萬物相等，沒有差別。不過，萬物相等是因爲同出於一氣，氣爲一，萬物乃相等；因此，「齊物論」之一雖由認識論立場而講，究其原則來自本體論之一。

「物固有所然，物固有所可；無物不然，無物不可。……道通爲一。其分也，成也；其成也，毀也。凡物無成與毀，復通爲一。……已而不知其然，謂之道。勞神明爲一而不知其同也，謂之朝三。」

物之爲一，純由自然，人而不知其然。若是人勞費精神，以求明白物之爲一之道，則所知仍舊不是自然之道。

莊子「大宗師」說：

「故其好之也一，其弗好之也一。其一也一，其不一也一。其一與天為徒，其不一與人為徒。天與人不相勝也，是之謂真人。」

在眞人心中，無所不一。郭象注曰：「常無心而順彼，故好與不好，所善所惡，與彼無二也。」宇宙一切都是一。

3. 道的本體

莊子雖常講『一』，以『一』代『道』；然而對於『道』，莊子仍舊保持老子所講的神秘性。

「夫道，有情有信，無為無形。可傳而不可受，可得而不可見。自本自根，未有天地，自古以固存。神鬼神帝，生天生地。在太極之先而不為高，在六極之下而不為深。先天地生而不為久，長於上古而不為老。」（大宗師）

「視之無形，聽之無聲，於人之論者，謂之冥冥，所以論道而非道也。……道不可聞，聞而非也；道不可見，見而非也；道不可言，言而非也。知形形之不形乎，道不當名。」（知北遊）

這種思想，乃是老子的思想；但若往深裏去研究，則發現莊子論『道』的本體較比老子所論，則偏於有。老子常從『無』一方面去論『道』，以『道』爲『恍兮惚兮』，在恍惚之中，有物有象。莊子則開端就說：『夫道，有情有信。』

郭象注說：「有無情之情，故無爲也；有無常之信，故無形也。」這種注釋等於沒有注釋，把情和信都沒有解釋，更沒有說明，『道』怎麽有情有信。唐成玄英作疏說：「明鑒洞照，有情也；趣機若響，有信也。」這四句疏解，卻加增了許多問題。因爲按照成玄英的疏，『道』能明鑒洞照，則爲一位有人格的神了，和儒家的上帝相同。至於趣機若響，則爲自然，則爲誠。所以我們還是要另加解釋。

「可行己信，而不見其形，有情而無形。」（齊物論）

『道，有情』；情在普通說來是心之動，爲人的喜怒哀樂。但是易經和禮記也說天地之情，例如陰晴顯晦爲天地之情。古書解釋『情』字，以情生於陰氣，性生於陽氣。天地也爲陰陽之氣，天地陰陽之氣有所變化而表現於外，古人也稱之爲天地之情或性。

「日月得天，而能久照，四時變化，而能久成。聖人久於其道，而天下化成。觀其所恆，而天地萬物之情可見矣。」（易經・恆卦 彖）

「利見大人，亨，聚以正也。……觀其所聚，而天地萬物之情可見矣。」（易經・萃卦彖）

「八卦以象告，爻彖以情言。……凡易之情，近而不相得則凶。」（易經・繫辭下 第十二）王弼注說：「易之情，剛柔相摩，變動相適者也。」

「地氣上齊，天氣下降，陰陽相摩，天地相蕩，鼓之以雷霆，奮之以風雨，動之以四時，煖之以日月，而百化興焉。如此，則樂者，天地之和也。化不時則不生，男女無辨則亂升，天地之情也。」（禮記・樂記）

天地萬物有情，因爲具有陰陽之氣。沒有氣，則沒有情。莊子認爲『道』有情，則『道』有氣。

『道，有信；』信字，普通解爲誠實，成玄英疏解爲「趣機若響」。『道』之信，乃是變化純乎自然。中庸以誠爲天之道，莊子以信爲『道』之變化之道。但是信字在古書中也常借用爲屈申之申。易經也有剛柔屈申的思想，以陽爲申或伸，後代理學家以神爲陽之申。屈中代表陰陽的變化。莊子以『道』有信，即是有屈申有變化，屈伸爲氣的屈申，『道』便有氣了。

因此我們說莊子論『道』，從有的一方面講，以一和氣代表『道』。但是『道』之氣，無形又無爲。

『道』爲自本自根，卽爲自有實體，否則是被生者，便不能化生萬物。

『道』常存在，在天地以先就有，天地毀壞以後也仍存在。『先天地生而不爲久，長於上古而不爲老。』

『道』生萬物，爲天地萬物的根源，稱爲天門。『神鬼神帝，生天生地。』天地由『道』所化生，老子也有這種思想，至於鬼神也由『道』而化成，這是莊子的思想，老子不談鬼神。中國古人的思想，以鬼神爲陰陽兩氣之精，莊子也是如此，他當然以鬼神由『道』而成爲神。『帝』字，莊子不用爲指書經的上帝，道家後代如屈原的離騷以帝爲神中的首長。莊子所講的太極，也不是易經的太極，而是道家的太極，成玄英疏解說：「太極，五氣也，六極，六合也。」

『道』之本體，爲不可見之無形之氣，稱爲『無有』。

「有以為未始有物者，至矣，盡矣，不可以加矣。其次以為有物矣，而未始有封也；其次以為有封焉，而未始有是非也。是非之彰也，道之所以虧也，道之所以虧

，愛之所之成。」（齊物論）

最先爲未始有物，爲『道』，在認識論方面，以未始有物爲最先；但是在「齊物論」篇裏，莊子又說：

「有始也者，有未始有始也者，有未始有夫未始有始也者。有有也者。有無也者，有未始有無也者，有未始有夫未始有無也者。俄而有無矣，而未知有無之果孰有孰無也。今我則已有謂矣，而未知吾所謂之其果有謂乎？其果無謂乎？」

這是認識論上所謂肯定，否定，否定之否定；莊子主張『齊物論』，以爲肯定也好，否定也好，我都不能知道我的肯定是對，或是否定是對。因此，我們根據這一點去研究莊子的『道』。

4. 氣

莊子的人生觀，高超神秘；他的人生觀的根本在於氣，因此莊子雖沒有特別講論『氣』，然而，『氣』在莊子的思想裏非常重要，在莊子的書裏也多次提到氣。莊子以前講到『氣』

的哲學書很少，易經講到氣，也講到陰陽。孔子的論語裏沒有講『氣』，只有禮記的「禮運」和「樂記」，有氣，有陰陽，而且有五行。孟子講持志養氣。然而禮記和孟子，可能出在莊子以後；則莊子可以說是中國第一位講『氣』的哲學家。當然，莊子論『氣』的篇章，以外篇和雜篇中爲多，這兩篇中的文章，又可能不是出在禮記和孟子以前了。

甲、泰初之氣

莊子論『道』，以『道』「覆萬物者也，洋洋乎大也。」又說：「夫道，於大不終，於小不遺，故萬物備。廣廣乎其無不容也，淵乎其不可測也。」（天道）「東郭子問于莊子曰：所謂道，惡乎在？莊子曰：無所不在。」（知北遊）從上面所引三段話看來，莊子所論的『道』不似老子所謂的超越的『道』；老子所講的『道』，爲無，藉着有，即是氣和萬物相接；莊子所講的『道』，雖也是超越的，但和萬物直接相接，覆載萬物，在萬物之內。莊子的『道』乃同於老子的氣。「道在萬物」，應該解釋爲「氣在萬物。」

莊子以萬物的發生程序，爲：

「雜乎芒芴之間，變而有氣，氣變而有形，形變而有生。」（至樂）

「昭昭生於冥冥，有倫生於無形，精神生於道，形本生於精，而萬物以形相生。」

（知北遊）

在「至樂」篇裏，氣生於芒芴之間，芒芴有似乎老子的恍惚，恍惚指着『道』，則氣由『道』而生，然而『雜乎芒芴之間』也可以指泰初有氣時的狀態，是種芒芴的情況，是種冥冥的狀態。在「知北遊」篇裏，昭昭代表有倫，冥冥代表無形，即是有形生於無形。老子以氣爲有形，莊子則以氣爲無形；莊子所說有形生於無形，並不以無形指着『道』。

泰初之氣，爲『道』的本體，芒芒冥冥，無形無爲，不可見聞。這個泰初之氣充塞宇宙，爲宇宙的元素，而且周遊萬物之內，沒有停止。

「『通天下一氣耳！』，故聖人貴一。」（知北遊）

泰初之氣，無形，爲精神之氣；人稟有這種氣。莊子講人的知識時，說：

「無聽之以耳，而聽之以心；無聽之以心，而聽之以氣。聽止於耳，心止於符，氣也者，虛而待物者也。」（人間世）

氣在感官和理智以上，感官止於感覺，心（理智）止於和客體相符合，氣則虛以待物，和物直接相合，即是人的最深部份和物的最深部份相合，或說人的本體和物的本體相結合，和西洋哲學的直觀相彷彿。這種氣是虛，虛便沒有物質性的量，而是精神性。

氣是人的本體，是人存在的元素，是人生命的根基，周遊在人的身體內，使人有生命，有感覺，有知識，有情。後代道家稱這種泰初之氣爲精氣，爲元氣。莊子曰：「精神生於道，形生於精。」精神爲鬼神，道爲無有，無有使鬼神成爲鬼神。形生於精，精爲精氣，形由精氣所生。

莊子講養生，在「達生」篇說：

「壹其性，養其氣，合其德，以通乎物之所造。」

成玄英疏解說：「吐納虛夷，故愛養其元氣。」這種疏解爲取後代道教吐納之術，當然不是莊子的原來意思。不過，道教吐納之術以養元氣，確實以莊子爲遠祖。

莊子有時把精神和氣合在一起，稱爲人的神氣：

「汝方將忘汝神氣，墮汝形骸，而庶幾乎！」（天地）

氣不是人心，不是人的靈明，而是人心靈明的根本。管子「內業」篇說：「凡物之精，下生五穀，上爲列星，流於天地之間，謂之鬼神；藏於胸中，謂之聖人。是故民氣，杲乎如登於天，杳乎如入於淵，淖乎如在於海，卒乎如在於己。是故此氣也，不可止以力，而可安以德；不可呼以聲，而可迎以音。……凡道無所，善心安愛，心靜氣理，道乃可止。……凡道，無根無莖，無葉無榮，無物以生，萬物以成，命之曰道。……精也者，氣之精者也。氣道乃生，生乃思，思乃知，知乃止矣。……靈氣在心，一來一遊，其細無內，其大無外。所以失之，以躁爲害。心能執靜，道將自定。得道之人，理丞而屯泄，匈中無敗。節欲之道，萬物不害。」管子的這篇文章，純然道家的思想；思想的來源，乃出自莊子；管子的話能够爲莊子的話作疏解。

乙、天地陰陽之氣

泰初之氣，周遊宇宙，變化而有形，以成天地陰陽之氣。莊子在書中，屢次提到。

「若夫乘天地之正，而御六氣之辯，以遊無窮者，彼且惡乎待哉。……藐姑射之山，有神人居焉。……乘雲氣，御飛龍，而遊乎四海之外。……」（逍遙遊）

郭象的注釋以『正』爲自然，「是故乘天地之正者，順萬物之性也。御六氣之辯者，卽是遊變化之塗也。」我們以爲這種解釋過於勉強。『乘天地之正』，乃是乘天地之正氣；『而御六氣之辯』，乃是駕馭六種分辯之氣。正氣爲泰初之氣，六氣爲天地之氣，成玄英疏解引杜預的話，以六氣爲陰陽風雨晦明。唐陸德明釋文引王逸支遁以天地四時爲六氣。各家對於六氣的解釋不同，後代道家的附會更多。但是四時之氣，在莊子裏是有的，「庚桑楚」篇說：「夫春氣發而百草生，正得秋而萬寶成。夫春與秋，豈無得而然哉？天道已行矣。」在這裏說到春秋之氣。『乘雲氣』，很明顯是指有形之氣。屈原離騷說：「吾令鳳鳥飛騰兮，繼之以日夜。飄風屯其相離兮，帥雲霓其來御。」屈原有莊子的思想，雲霓和雲氣相同。莊子「在宥」篇說：「雲氣不待族而雨。」

「天氣不和，地氣鬱結，六氣不調，四時不節。今我願合六氣之精，以育羣生，為之奈何？」（在宥）

莊子藉鴻蒙之口，說明不讚成這種思想，應該『汝徒處無爲，而物自化。』然而氣的思想，則是莊子的思想。天氣，地氣，六氣，爲天地萬物所以生存的元素，氣不調和，天地萬物都受害。人身中也具有有形之氣，人的身體由氣而成。莊子，「達生」篇裏魯侯問梓慶，爲什麽削木作成鐻，見者驚爲鬼神，梓慶答說：「臣工人，何術之有！雖然，有一焉，臣將爲鐻，未嘗敢以耗氣也，必齊以靜心。」這種氣，不是普通所謂氣力，而是人的精神。梓慶所以說是『凝神』，「養生」篇文惠君問庖丁解牛之術，庖丁說是神會。凝神和神會，都是人身之氣的工作，文惠君乃說從庖丁的話，知道了養生之道，即是不傷神，也就是不耗氣。

天地人物都具有氣，因氣而得形，莊子說『萬物以形相生』，這種氣不是泰初之氣，是由泰初之氣變化而有，是人物所以具體存在的元素。

陰陽的思想，莊子「在宥」篇提到：

「吾又欲官陰陽，以遂羣生，為之奈何？……廣成子南首而臥，黃帝順下風膝行而進，再拜稽首而問曰：聞吾子達於至道，……廣成子蹶然而起，曰：善哉問乎！……吾為女遂於大明之上矣，至彼至陽之原也。為女入於窈冥之門矣，至彼至陰之原也。天地有官，陰陽有藏。」

「至陰肅肅，至陽赫赫；肅肅出乎天，赫赫發乎地，兩者交通成和而物生焉。」

（田子方）

莊子的陰陽，沒有和氣連在一起，不能說是陰氣陽氣。陰陽在易經裏也沒有明白和氣相連，雖然在實際上陰爻陽爻，可能解釋爲陰陽兩氣。莊子的陰陽，在成玄英的疏解裏也是『陰陽二氣，春夏秋冬，各有司存，如藏府也。』

「一清一濁，陰陽調和。」(天運)

「靜而與陰同德，動而與陽同波。」(天道)

「且以巧鬪力者，始乎陽，常卒乎陰。」(人間世)

陽爲動，陰爲靜；陽爲清，陰爲濁；陽爲喜，陰爲怒；陽爲光明，陰爲陰險。陰陽也和陰陽兩氣相連貫。因此莊子的陰陽和易經的陰陽兩同，爲兩種元素，各有特性，元素當然可以解釋爲氣。

5. 原則之道

莊子書裏的道，和老子書裏的道一樣，除了指着實體之道以外，也指着『道』的自化原則和人生的原則。老子曾講天道地道，莊子也講天道人道，而且特別講『至道』。

「何謂道？有天道，有人道，無爲而尊者，天道也；有爲而累者，人道也。」（在宥）

儒家的易經和論語，常以人道仿效天道，不以人道和天道相對立；莊子則以天人相對立，天道爲善，人道爲惡。天道爲自然，人道爲人造之僞。

「無爲爲之之謂天。」（天地）

「知天之所爲，知人之所爲，至矣。知天之所爲者，天而生也。知人之所爲者，以其知之所知，以養其知之所不知，終其天年，而不中道夭者，是知之盛也。」（大宗師）

「公文軒見右師而驚曰：是何人也？惡乎介也？天與，其人與？曰：天也，非人也，天之生是使獨也。」（養生主）

天人相對，爲老子和莊子的主要思想，老子不講天而講自然，莊子不講自然而講天，處處以天爲優，物不勝天，事事順天安命，不以人助天。荀子反對這種思想，極力主張人定勝天，「制天而用之」。

「南伯子葵，問乎女偊曰：子之年長矣，而色若孺子，何也？曰：吾聞道矣。南伯

子葵曰：道可得學邪？曰：惡！惡可！子非其人也。」（大宗師）

「黃帝曰：無思無慮始知道，無處無服始安道，無從無道始得道。」（知北遊）

「孔子行年五十有一，而不聞道，乃南之沛，見老聃。」（天運）

這些篇章裏所說的道，都是人生的原則，或人生的途徑。莊子和老子一樣，以人生之道在於無爲，順其天然。

「孔子問於老聃曰：今日晏閒，敢問至道？老聃曰：汝齊戒疏瀹而心，澡雪而精神，掊擊而知。夫道窅然難言哉！將為汝言其崖略。」（知北遊）

「（廣成子）曰：來，吾語女至道。至道之精，窈窈冥冥，至道之極，昏昏默默。無視無聽，抱神以靜，形將自正。」（在宥）

莊子的至道，乃人生最高原則，也是人生最高境地。這種境地高處神秘境界，不可言說，祇能以氣去體驗。

6. 道的變化程序

『道』自生自化，化而生物。『道』的變化次序：

「精神生於道，形本生於精，而萬物以形相生。」（知北遊）

「雜乎芒芴之間，變而有氣，氣變而有形，形變而有生。」（至樂）

「人之生，氣之聚也。聚則為生，散則為死。」（知北遊）

兩篇所說的程序不完全相同，「知北遊」篇所說的話為老聃的話；「至樂」篇的話是莊子的話。莊子在上一段說他已死的妻子，「察其始而本無生，非徒無生也，而本無形，非徒無形也而本無氣。」因此，莊子講萬物化生的程序是：生，形，氣。即是由氣而有形，由形而有生。「通天下一氣耳！」（知北遊）在「田子方」篇裏以陰陽相合而成物「兩者交通成和而物生焉。」

由『道』而有氣，或說『道』即是氣，芒芴而沒有形，氣再變化而有形，有形之氣為陰陽，陰陽相合而生物。

物的本體，有氣有形；氣為物的成素，形為物的具體存在，具體存在包括物的存在之理和存在的器。莊子說：「物成生理謂之形。」（天地）

莊子所說的程序，爲：道，精神，形，生。在這個程序裏，有精神和精。精爲精氣，或說氣之精。精神爲人身之神，莊子常講人身之神，例如「抱神以靜」（在宥），「澡雪而精神」（知北遊），列子也說「我體合於心，心合於氣，氣合於神，神合於無。」（列子・仲尼）精神爲人心的靈明生命，氣爲人身的生理生命。精神來自『道』，形體來自氣。萬物以形相生，而沒有精神。

老子曾講「道生一，一生二，二生三，三生萬物。」（四十二章）莊子書裏，祇有一處講一二三，「既已爲一矣，且得有言乎？既已謂之一矣，且得無言乎？一與言爲二，二與一爲三，自此以往，巧曆不能得，而況其凡乎。」（齊物論）莊子講一二三，由認識論去講，以「萬物與我爲一」。萬物由同一氣，同來自『道』，一切等齊，沒有差別。萬物既同爲一，則沒有什麼可說了；但是對於萬物所以同爲一，又不能不講，所以說「豈得有言乎？豈得無言乎？」本既同爲一，我卻要講這個物那個物；於是萬物的同一，和我所講的物，就成了我的認識的兩個對象，「二與言爲二」，我再講論第二個物，於是便有三個對象，「二與一爲三」，再往下推，情形便複雜起來了，「自此以往，巧曆不能得。」這種一二三，爲認識的程序，對於形上本體的變化程序沒有關係。

萬物的化生，莊子有幾段很渺茫卻又很具體的文章：

「而萬物以形相生。故九竅者胎生，八竅者卵生，其來無迹，其往無崖，無門無房，四達之皇皇也。」(知北遊)

「萬物皆種也，以不同形相禪，始卒若環，莫得其倫，是謂天均。」(寓言)

「種有幾？得水則為㡭，得水土之際，則為鼃蠙之衣。生於陵屯，則為陵舃；陵舃得鬱棲，則為烏足。烏足之根為蠐螬，其葉為胡蝶，胡蝶，胥也，化而為蟲，生於竈下，其狀若脫，其名為鴝掇。鴝掇千日為鳥，其名為乾餘骨；乾餘骨之沫為斯彌，斯彌為食醯。頤輅生乎食醯，黃軦生乎九猷。瞀芮生乎腐蠸，羊奚比乎不箰，久竹生青寧，青寧生程，程生馬，馬生人。人又反入於機。萬物皆出於機，皆入於機。」(至樂)

「物之生也，若驟若馳，无動而不變，无時而不移。何為乎？何不為乎？夫固將自化。」(秋水)

胡適之曾以莊子主張進化論，「萬物皆種也，以不同形相禪。這十一個字，竟是一篇物種由來。他說萬物本來同是一類，後來纔漸漸的變成各種不同形的物類。卻又並不是一起首就同時變成了各種物類。這些物類都是一代一代的進化出來的，所以說以不同形相禪。」(5)

但是「至樂」篇所述說的物類，現代生物學不能證明；而且我們也不知道莊子所說的話究竟是寓言或者是當時科學智識。從哲學上去看，有幾點可以使我們注意。

莊子以萬物同一氣，氣週遊不息，結成各種不同之形，「而萬物以形相生。」至於「萬物皆種也」的種字，不指着種類，而是指着種子。萬物皆是種子，以不同形而發育；種子來自氣。

氣的變化爲自然而化，莊子乃以萬物的化生爲自化。自化並不是說萬物有自化的能力，爲自己化生的自由；而是說萬物的化生，是自然而化，是按照物性而化。

自化之動最爲微妙，「無動而不變，無時而不移。何爲乎？何不爲乎？」人不能看見這種變化乃稱爲天機；因爲變化的因素，自然地相結合，在適當的時候，自然而化生一物。因此幾字或機字在易經裏，在莊子裏，在宋代理學家裏，另外在王船山的歷史哲學裏，都有很重要的意義。幾或機，指着化生一物的因素，在適當的時候自然地結合，因着這個結合，一物乃生。在一物死滅時，物的因素又結合，以另生一物。莊子所以說：「萬物皆出於機，皆入於機。」

7. 道的變化原則

老子對於『道』的變化，講明了幾項原則，如無爲，如循環。莊子對於『道』的變化，接受老子的思想，加以伸述。『道』的變化在莊子的書裏，描寫得非常活躍，非常神秘；雖常以寓言比喻方式說出，但也表示莊子的思想。

甲、天

莊子書裏，論天的處所很多；而且有「天地」篇，「天道」篇和「天運」篇。莊子論天，重要點不在於以天爲實有體，或爲神或爲自然；而是以天爲『道』的變化原則，即是代表自然，代表天然。莊子說：

「无為為之之謂天，无為言之之謂德，愛人利物之謂仁，不同同之之謂大。」（天地）

這一段文字不是寓言體，而是邏輯式的定義，措詞很嚴緊。郭象注第一句話說：「不爲此爲而此爲自爲，乃天道。」成玄英疏說：「無爲爲之，率性而動也，天機自張，故謂之天，此不爲爲也。」郭象以天爲天道，成玄英以天是不爲而爲，是率性而動。莊子的『天』，便是一項變化原則。

老子非常注意自然，『道法自然』；莊子以天爲自然，常講天。

「天地雖大，其化均也；萬物雖多，其治一也；人卒雖衆，其主君也。君原於德，而成於天。故曰：玄古之君天下，無為也，天德而已矣。……無為為之之謂天。」（天地）

天地的變化，萬物的化生，人羣的治理，都在於一個『天』字，『天』卽無爲，卽自然。

「許由曰：殆哉圾乎天下！齧缺之為人也，聰明叡知……而又乃以人受天！彼審乎禁過，而不知過之所由生，與之配天乎？彼且乘人而無天。」（天地）

莊子以天和人相對立，天是自然，人是人爲，決不可以用人的聰明去作事而不順乎天然，不能以人勝天；而人的禍就在於『乘人而無天』。

「天道運而無所積，故萬物成；帝道運而無所積，故天下歸；聖道運而無所積，故海內服。明於天，通於聖，六通四辟於帝王之德者，其自為也，昧然無不靜者矣。」（天道）

天道，帝道，聖道的運行，都在於『天』，在於自然，不要有沉滯不通。

「知天之所為，知人之所為者，至矣！知天之所為者，天而生也。知人之所為者，以其知之所知，以養其知之所不知。」（大宗師）

「曰：何謂天？何謂人？北海若曰：牛馬四足，是謂天；落馬首，穿牛鼻，是謂人。故曰：无以人滅天。」（秋水）

『無以人滅天』，乃莊子的一個基本原則，『道』的運行，絕對天然；人的生活，也該天然，不要自作聰明。中庸以誠爲天道，誠之爲人道。看起來，儒道兩家的思想似乎相同，但是，在實際上，兩家的主張有異。中庸主張誠於性，但性有發展，誠於性則須盡性，盡性乃用人的智慧，人和天性共同合作。莊子主張天然，天然的一切都很完善，絕對不須人力，所以『無以人勝天』，切不要『乘人而無天』也「不以人助天」。（大宗師）

「南海之帝為儵，北海之帝為忽，中央之帝為渾沌。儵與忽時相與遇於渾沌之地，渾沌待之甚善，儵與忽謀報渾沌之德。曰：人皆有七竅，以視聽食息，此獨無有，嘗試鑿之。日鑿一竅，七日而渾沌死。」（應帝王）

道家批評儒家，常譏儒家以自己的小聰明爲用，不知道接受天然的境遇。

「魯有兀者叔山無趾，踵見仲尼。仲尼曰：子不謹，前既犯患若是矣，雖今來，何及矣。無趾曰：吾唯不知務而輕用吾身，吾是以亡足，今吾來也，猶有尊足者存。吾是以務全之也，夫天無不覆，地無不載，吾以夫子為天地，安知夫子之猶若是也！孔子曰：丘則陋矣，夫子胡不入乎！請講以所聞。無趾出。孔子曰：弟子勉之！夫無趾，兀者也，猶務學，以復補前行之惡，而況全德之人乎！無趾語老聃曰：孔丘之於至人，其未邪？彼何賓賓以學子為？彼且蘄以諔詭幻怪之名聞，不知至人之以是為己桎梏邪？老聃曰：胡不直使彼以死生為一條，以可不可為一貫者，解其桎梏，其可乎？無趾曰：天刑之，安可解！」（德充符）

道家譏刺儒家留在形骸上面，注意形下的事，不知道尊重天然，順物之理，超出形骸之外。道家自信高出儒家一等。「孔子曰：彼遊方之外者也，而丘遊方之內者也。」（大宗師）『道』的變化，一切都天然而化，神妙莫測，深奧難明。莊子和老子一樣，不信上天，祇信一切都自然而來往。

乙、通

莊子以『道』的變化，有第二個原則，爲通。『道通爲一』（齊物論）「始於玄冥，返於大通。」（秋水）

老子曾說：「有物混成，先天地生，……周行而不殆，以爲天下母。」（道德經・第二十五章）所謂「周行而不殆」，就是一個通字。『道』的變化，繼續不斷，沒有阻礙；而且化生萬物，『道』在物中，運行不殆，一切通達。通字代表周行，代表通達。

莊子書的第一篇名「逍遙遊」，這篇的意思就是周行無阻，天地皆通。

「野馬也，塵埃也，生物之以息相吹也。」（逍遙遊）

春天時候，萬物生發，生氣有如野馬，馳騁飛騰在萬物間，塵埃吹動，生物互相貫通。第二篇「齊物論」說：

「王倪曰：至人神矣！大澤焚而不能熱，河漢沍而不能寒，疾雷破山，飄風振海而不能驚。若然者，乘雲氣，騎日月，而遊乎四海之外，死生無變於己，而況利害之端

乎！」（齊物論）

這一段是寓言，寓言的意義是至人的精氣通於天地萬物，宇宙間沒有一件事物能够妨礙他的精神；他的精神馳騁宇宙，「乘雲氣，騎日月，而遊乎四海之外。」又說：

「凡物無成與毀，復通為一，唯達者，知通為一。」（齊物論）

物的成和毀，循環不息，相通爲一。達者，能够知道這種至理，這種至理卽是『道』之變。

第三篇「養生主」說：

「庖丁為文惠君解牛，手之所觸，肩之所倚，足之所履，膝之所踦，砉然嚮然，奏刀騞然，莫不中音，合於桑林之舞，乃中經首之會。……今臣之刀十九年矣，所解數千牛矣，而刀刃若新發於硎。彼節者有閒，而刀刃者無厚，以無厚入有閒，恢恢乎其於遊刃，必有餘地矣；是以十九年而刀刃若新發於硎。」（養生主）

庖丁解牛，刀刃不觸牛骨，直通要害，不費氣力，不損刀刃，常常遊刃有餘。

「大宗師」篇又講眞人：

「古之真人，不知說生，不知惡死；其出不訢，其入不距；翛然而往，翛然而來而已矣。不忘其所始，不求其所終；受而喜之，忘而復之，是之謂不以心捐道，不以人助天，是之謂真人。若然者，其心志，……淒然似秋，煖然似春，喜怒通四時，與物有宜，而莫知其極。」（大宗師）

眞人之心志，通於四時，和萬物都相適宜。卽是說人心之氣，通於萬物之氣。

「至德之世，同與禽獸居，族與萬物並，惡乎知君子小人哉！同乎無知，其德不離，同乎無欲，是謂素樸；素樸而民性得矣。」（馬蹄）

「壹其性，養其氣，合其德：以通乎物之所造。」（達生）

人之至德，在於和萬物相通。這種至德，是仿傚『道』的變化，通於萬物。

「夫道，於大不終，於小不遺，故萬物備。廣廣乎其無不容也，淵乎其不可測也。」（天道）

『道』的變化，卽氣的變化，氣變化乃流行，流行周遊，四通八達，無有阻礙。於是萬物都有氣，而『道』因氣而在萬物。莊子說：『通於天地者，德也，行於萬物者，道也。』（天地）而以道在萬物。

「東郭子問於莊子曰：所謂道，惡乎在？莊子曰：無所不在。……至道若是，大言亦然。周徧咸三者，異名同實，其指一也。」（知北遊）

道在萬物，因『道』有周、徧、咸三種特性。三種特性，名詞不同，意義同是指『道在萬物。』周，從上下說，『道』包括整個宇宙；徧，從平面說，『道』普遍及宇宙萬物；咸，從分析說，『道』在每個物體。莊子用這三種特性說明『道』無所不在。萬物的生死相通，成毀相通。「凡物無成與毀，復通爲一。」（齊物論）

『道』的變化，通於宇宙萬物，因爲宇宙萬物同是一氣，莊子說：『通天下一氣耳。』

(知北遊)故人生之道，也在於通；「墮肢體，黜聰明，離形去知，同於大通。是謂坐忘。」(大宗師)

丙、往・返

老子以「反者，道之動。」(道德經・第四十章)。莊子講『道』的變化，常以往返、出入，說明『道』變化的原則。

「萬物皆出於機，皆入於機。」(至樂)

「四時迭起，萬物循生。一盛一衰，文武倫經。一清一濁，陰陽調和。」(天運)

萬物對於氣，爲各種出入；萬物互相連貫，在氣以內循環化生。因爲氣的陰陽相結合乃有物，物便出自氣；陰陽相分離，物便消滅，物之氣再入於氣，因此，物的生滅稱爲出入。萬物卽是出入於氣，在氣以內互相連貫，一生一滅，一入一出；這就稱爲循環返復。

「老聃死，秦失弔之，三號而出。弟子曰：非夫子之友邪？曰：然！然則弔焉若此可乎？曰：然！……適來，夫子時也；適去，夫子順也。安時而處順，哀樂不能入

也。古者謂是帝之縣解。指窮於為薪，火傳也，不知其盡也。」(養生主)

人之生死爲來去，來爲得時，去爲順化。但生命相傳，有如薪火相傳，沒有窮盡。

「莊子妻死，惠子弔之，莊子則方箕踞，鼓盆而歌。惠子曰：與人居，長子，老，身死，不哭亦足矣，又鼓盆而歌，不亦甚乎？莊子曰：不然，是其始死也，我獨何能無慨然。察其始而本無生，非徒無生也而本無形，非徒無形也而本無氣。雜乎芒芴之間，變而有氣，氣變而有形，形變而有生，今又變而之死；是相與為春秋冬夏四時行也。人且偃然寢於巨室，而我噭噭然隨而哭之，自以為不通乎命，故止也。」(至樂)

春夏秋冬，四時運行，繼續循環；萬物的生死，人的生死，就和四時一樣，循環不止。這都因爲『道』乘氣而運行不息。

『道』的變化，即是循環不息，『道』便常常存在；而且就『道』的本體說來，『道』自身並沒有變。因此，『道』有常和不變的特性。

『道』常在，老子曾說：

「夫物芸芸，各復歸其根。歸根曰靜，是謂復命，復命曰常，知常曰明。」（道德經第十六章）

『道』的運行有復命的循環，便常存在。莊子也以寓言體說明『道』常存。

「至道之精，窈窈冥冥，至道之極，昏昏默默。無視無聽，抱神以靜，形將自正。必靜必清，無勞汝形，無搖汝精，乃可以長生。」（在宥）

長生爲人壽的常存，人能常在因爲保神養氣，因此，氣便應該常存。

「周徧咸三者，異名同實，其指一也。嘗相與遊乎無何有之宮，同合而論，無所終窮乎！……寥已吾志，無往焉而不知其所至；去而來而不知其所止；吾已往來焉而不知其所終；彷徨乎馮閎，大知入焉而不知其所窮。」（知北遊）

不知所止，不知所終，不知所窮，都代表『道』的變化，循環不息。

「老聃曰：……行小變而不失其大，常也。」（田子方）

『道』雖常自化不息，然而它的本體並不變，『道』常是『道』，老子稱爲『常道』（道德經 第一章）

「萬物芸芸，各復其根，各復其根而不知。」（在宥）

這是老子道德經第十六章所說：「夫物芸芸，各復歸其根。」老子說：「歸根曰靜。」莊子則說：「各復其常。」

8. 造物者

在論『道』的結束時，我提出莊子論造物者的問題。在老子的思想裏，這個問題不存在，老子不信有造物者。莊子的書裏則有幾次講到造物者，因此，我們要研究莊子信不信造物者？

「偉哉！夫造物者，將以予為此拘拘也。曲僂發背，上有五管，頤隱於齊，肩高於頂，句贅指天，陰陽之氣有沴。其心閒而無事，跰蹝而鑑於井。曰：嗟乎！夫造物者，又將以予為此拘拘也！子祀曰：汝惡之乎？曰：亡！予何惡！」(大宗師)

「俄而子來有病，……子犁往問之，……倚其戶與之語，曰：偉哉！造化，又將奚以汝為？將奚以汝適？以汝為鼠肝乎？以汝為蟲臂乎？子來曰：……今一以天地為大鑪，以造化為大冶，惡乎往而不可哉！」(大宗師)

「莫然有閒，而子桑戶死，未葬，孔子聞之，使子貢往侍事焉。……孔子曰：彼遊方之外者也，而丘遊方之內者也。外內不相及，而丘使女往弔之，丘則陋矣！彼方且與造物者為人(偶)，而遊乎天地之一氣。……」(大宗師)

「天根遊於殷陽，至蓼水之上，適遭無名人而問焉，曰：請問為天下？無名人曰：去，汝鄙人也，何問之不豫也！予方將與造物者為人(偶)。」(應帝王)

在上面所引的「大宗師」篇和「應帝王」篇，有造化和造物者兩個名字，兩個名字所指的對象，都是人的造生者。造化可以解釋為自然；但是一氣的變化，成為物或成為人，子來子以大冶鑄金作比譬，大冶決定把金鑄成什麼器皿，造化決定以氣變成人和物。這所謂造化就不能單純地解釋為自然了。造物者為有位格者的稱呼，更不宜解釋為自然。

「封人曰：始也我以女（堯）為聖人邪，今然君子也！天生萬民，必授之職。多男子而授之職，則何懼之有？富而使人分之，則何事之有？」（天地）

「天生萬民，必授之職。」爲封人所說；然看全文的精神，則是代表莊子的思想。這處的『天』，乃是有位格的造物者。而且在莊子書裏，莊子信有一眞宰。

「日夜相代乎前，而莫知其所萌。已乎，已乎！旦暮得此，其所由以生乎！非彼無我，非我無所取，是亦近矣，而不知其所為使。若有真宰，而特不得其眹。」（齊物論）

郭象注說：「萬物萬情趣舍不同，若有眞宰使之然也。起索眞宰之眹迹而亦終不得，則明物皆自然，無使物然也。」莊子的意思在生死的繼續裏，似乎有一位眞宰在主使，沒有眞宰，便沒有我；沒有我，眞宰就沒有取得效果。可是對於眞宰，則沒有形迹可尋。既不可尋，便不講解了，莊子乃講自然之化。所以莊子和老子不同，老子不信有造物眞宰，以『道』爲宇宙萬物的最高根源；莊子雖以『道』爲泰初的最先實有體，然卻相信有造物眞宰。

二、人

1. 人

甲、本體

莊子的哲學思想以人生哲學爲中心，他講『道』的文章不多，而且常從人生方面去講『道』。莊子的人生觀，以精神爲主，超脫物外，逍遙於氣之中，和『道』而常存。莊子既重人生，也就重人；然而從字裡行間看來，莊子對於人並不十分貴重：

「人之生，氣之聚也。聚則為生，散則為死。若死生為徒，吾又何患！故萬物一也，是其所美者為神奇，其所惡者為臭腐。臭腐復化為神奇！神奇復化為臭腐。故曰：通天下一氣耳！聖人故貴一。」（知北遊）

人之生，爲氣的結合，和萬物一樣。人雖爲神奇，然轉眼化爲腐臭，也不足貴。但是老子曾以「道大，天大，地大，王亦大。域中有四大，而王居其一焉。」（道德經·第二十五章）列子也曾說：「清輕者上爲天，濁重者下爲地，冲和氣者爲人。」（列子·天瑞）莊子便不能把人完全看似萬物一樣，人和物確實有分別；因爲人有氣，有神，有心，心乃人的靈府。

人是怎樣生呢？莊子說：

「雜乎芒芴之間，變而有氣，氣變而有形，形變而有生。」（至樂）

芒芴爲『道』，『道』變而有氣，氣變而有陰陽，陰陽相結合而有形，形乃人之理，陰陽相結合有了人形，人乃生。

人的本體是怎樣構成的呢？

「駢拇枝指，出乎性哉，而侈於德。附贅縣疣，出乎形哉，而侈於性。」（駢拇）

「汝方將忘汝神氣，墮汝形骸，而庶幾乎！」（天地）

「若一志，無聽之以耳，而聽之以心；無聽之以心，而聽之以氣。」（人間世）

「有人之形，無人之情。」（德充符）

「目無所見，耳無所聞，心無所知，女神將守形，形乃長生。」（在宥）

「吾願君刳形去皮，洒心去欲，而遊於無人之野。」（山木）

「欲靜則平氣，欲神則順心。」（庚桑楚）

這幾段引文，不都是出自莊子的口，但散在各篇中，也就代表莊子的思想。人是怎樣構成的呢？

人有性，有形；有氣，有神；有心，有情，有欲；又有耳目官能。

性爲天然，爲天生性能。形和性相對，形爲形骸，爲身體。

氣，爲人的元素或元質，周遊於人身，與天地之氣相通。神爲人的精神，也代表人的精力。

心爲人的靈府，爲人生命的中心。情，爲心之動；欲爲貪欲。

人的本體由氣而成，氣清乃使人有精神，有心靈。精神心靈爲人的特點。

乙、性

莊子書中，在內篇少有性字，在外篇間而有性字；然而莊子沒有標出性字，加以說明。

徐復觀以莊子所講的德字就是性字：「內七篇中的德字，實際便是性字。」(6) 但我不認爲德字就是性字，在老子的思想裏，『德』爲『道』自化的能，在倫理方面，德是行動有得於心。莊子的德字和老子的德字，意義相同。

唐君毅先生則以莊子言性，常由『復心』以言性，以常性與自然相連。(7)

我認爲莊子之性和天字相同。天爲天然，爲自然，爲生而有之，性字的意義，就是如此。

「形體保神，各有儀則，謂之性。」（天地）

「聖人達綢繆，周盡一體矣，而不知其然，性也。復命搖作，而以天為師。……」（則陽）

「性也，生之質也。」（庚桑楚）

「吾生於陵而安於陵，故也；長於水而安於水，性也；不知吾所以然而然，命也。」（達生）

「自三代以下者，天下莫不以物易其性矣。小人則以身殉利，士則以身殉名，大夫則以身殉家，聖人則以身殉天下。故此數子者，事業不同，名聲異號，其於傷性，以身為殉，一也。」（駢拇）

上面幾段的性字，都指人生來的天然傾向，卽是生命的自然流行。人『不知其然』，但卻是生命的儀則。上面，我們研究莊子的天字之意義，把那些意義歸併起來，祇是指着『天生』和『天然』。因此，我認爲莊子的性字和天字，意義相同，如「無爲爲之之謂天。」（天地）「牛馬四足，是謂天；落馬首，穿牛鼻，是謂人；故曰：無以人滅天。」（秋水）莊子最反對『損性』、『傷性』或『失性』，卽是無以人滅天。

「自三代以下者，天下何其囂囂也？且夫待鉤繩規矩而正者，是削其性者也。……屈折禮樂，呴俞仁義，以慰天下之心者，此失其常然也。天下有常然；常然者，曲者不以鉤，直者不以繩，圓者不以規，方者不以矩，附離不以膠漆，約束不以纆索。故天下誘然皆生而不知其所以生，同焉皆得而不知其所以得。故古今不二，不可虧也。」（駢拇）

莊子以性爲常然，萬物按照常然而生，自己不知道怎樣生。人性就是生命的常然，不能用人造的禮樂仁義去檄正約束；否則，就是削折人性。

「故嘗試論之，自三代以下者，天下莫不以物易其性矣。小人則以身殉利，士則以

身殉名，大夫則以身殉家，聖人則以身殉天下。故此數子者，事業不同，名聲異號，其於傷性，以身為殉，一也。」（駢拇）

俗世之人，或求利，或求名，或求爵，或求功，都損傷了自己的人性；因爲他們所作的事，並不是生命的自然趨求，而是自己努力去求，犧牲生命的自然趨求。莊子以他們都是傷性，無所謂君子小人。

「天下盡殉也；彼其所殉仁義也，則俗謂之君子；其所殉貨財也，則俗謂之小人。其殉一也，則有君子焉，有小人焉；若其殘生損性，則盜跖亦伯夷已，又惡取君子小人於其間哉。」（駢拇）

莊子的邏輯很徹底，人所貴的在於保全人性天然趨向，若損傷這種天性，則都是惡，不分名利道德，不分君子小人。莊子講一個比喻：

「臧與穀二人，相與牧羊，而俱亡其羊。問臧奚事？則挾筴讀書。問穀奚事，則博塞以遊。二人者，事業不同，其於亡羊，均也。」（駢拇）

牧人所貴者是羊，若因讀書，或因博奕而失了羊，同是不好。人所貴者在於性，若失了性，無論爲什麼緣故，都是不善。

所謂傷性，損性，失性等名詞，都表示人失去了天然的生活。因此，莊子論性，不是從形上本體方面論性，而是由人的生活方面論性，和中庸、孟子、荀子一樣。

「及唐、虞始為天下，興治化之流，澆淳散朴，離道以善，險德以行，然後去性而從於心。」(繕性)

性爲天生，心則有知，知則人爲。捨天生而以人爲，卽是去性從心。性爲人生的唯一標準。莊子主張『任性』。

丙、心

莊子和孟子一樣，特別注重『心』；但是兩位哲學家論心的用意則不同。孟子論心，由心以知性，又由心以養性；莊子論心，則以心能損傷性，要捨心而復性。

心是什麼呢？

「虛者，心齋也。」（人間世）

「日夜相代乎前，而知不能規乎其始者也，故不足以滑和，不可入於靈府。」（德充符）

「不足以滑成，不可內於靈臺。」（庚桑楚）

心是虛，虛是沒有物質。虛則靈，則心爲靈。心之靈，不是個別官能之靈，而是一身之中央，一切官能的總滙，故稱爲靈府，或稱靈臺。和心相連的，有形，有氣，有神，有生；這一切都由心去支配。結果，是心有知識，是心決定人的行動。

「墮肢體，黜聰明，離形去知，同於大通，此謂坐忘。」（大宗師）

「壹其性，養其氣，合其德，以通乎物之所造。」（達生）

「夫隨其成心而師之，誰獨且無師乎？」（齊物論）

郭象注說：「夫心之足以制一心之用者，謂之成心。人自師其成心，則人各自有師矣。」消極的養生和積極的養生，都由心去作主。莊子卻似乎輕視人的心，不信任人的心，原因在於心能知。這樣一來，人便多用自己的知識，忘記了而且阻礙了人的天性，人的生活乃多有痛苦，人的社會常有變亂。

「德又下衰，……然後去性而從於心，心與心識知而不足以定天下！然後附之以文，益之以博。文滅質，博溺心。然後民始惑亂，無以反其性情而復其初。」（繕性）

孟子講心，目的爲「存心養性」，因心有善端。莊子講心，目的爲「無以人勝天」，捨人心之知以保全人的天性，使人心忘是非，忘生死，遊於萬物之上，和天地之氣相通，而生活於『道』以內。故莊子有人心和道心的分別：人心爲世俗一般知識之心，道心爲忘懷一切和『道』相合之心。莊子的人心道心，和書經所說：「人心惟危，道心惟微。」（大禹謨）思想不同，書經「大禹謨」以人心爲情慾，以道心爲天理。

唐君毅先生說：「莊子所講的人心，乃吾人之心暫停對外在事物的感應，亦暫不求對外物之知識，而回頭反省時，乃覺其存在者。」⑻這幾句很吃力的描寫，祇說到莊子所講的心在消極方面的狀態，沒有把莊子所講的心之眞義說明。

莊子以心爲精氣所成，虛而靈，能由感覺而知世物，又能由氣以通天地而合於『道』。

人的精神和生命，由心去培養。一方面人要把知識之心捨棄，使人忘記一切的知識，似乎是把心捨掉了；但另一方面，則是人心虛靈之氣，超越萬物的形體，而和天地之氣相通。這種相通，不是用心去認識，而是用心去靈感。天地之氣天然地流行於萬物裏，使萬物有生滅；萬物因沒有虛靈之心，對於氣的流行既不能知，也不能感。人心和天地之氣相通，人心能有靈感，感到至樂。這種心乃是道心，爲莊子所講的心。「心有天游」（外物），「游心乎德之和」（德充符），「汝游心於淡，合氣於漠。」（應帝王）「至人之用心若鏡，不將不迎，應而不藏。」（應帝王）

丁、情

莊子承認人有情，也承認天地有情，而且以『道』有情。情字普通說是心之動，或解爲行動的趨向。情來自氣，沒有氣便沒有情。莊子講『情』，有時以性情合用，有時單用情；但不以情欲兩字合用。

「有人之形，無人之情；有人之形，故羣於人；無人之情，故是非不得於身。」（德充符）

「莊子曰：吾所謂無情者，言人之不以好惡內傷其身。」（德充符）

「彼正正者，不失其性命之情，故合者不為駢，而枝者不為跂。」（駢拇）

「不仁之人，決性命之情，而饕貴富，故意仁義其非人情乎！」（駢拇）

情為天然的動向，性命之情為性命的天然動向；天地之情也是天地變化時的天然動向。易經講天地萬物之情，意義和莊子所講相同。

人之情，為人心的動向，動向表現於外為好惡。孟子以人情能蔽塞人心的善端，主張克制情欲；莊子以情能內傷其身，即是可以傷害自己的生命。這種傷害，不是倫理方面的傷害，而是生理方面的傷害：

「且夫失性有五：一曰五色亂目，使目不明；二曰五聲亂耳，使耳不聰；三曰五臭薰鼻，困惾中顙；四曰五味濁口，使口厲爽；五曰趣舍滑心，使性飛揚。此五者皆生之害也。」（天地）

「夫天下之所尊者，富貴壽善也；所樂者，身安、厚味、美服、好色、音聲也；所下者，貧賤夭惡也；所苦者，身不得安逸，口不得厚味，形不得美服，目不得好色，耳不得音聲；若不得者，則大憂以懼。」（至樂）

在這兩段話裏，我們應該注意的有四點：一，五官有欲；二，心有情，情爲心之趣舍；三，欲亂五官，情亂心；四，情欲皆傷生。這種思想爲老子的思想，莊子加以發揮。感官的享受，使五官亂於物質，隨其好惡，不能分辨客觀的聲色味。情則使心亂，卽是滑心；心亂則人失去天然的純樸，『使性飛揚』，卽是『失其性』，傷損『性命之情』而傷生。

爲什麼性命之情，應該保全，人心之情則應捨棄呢？性命之情和萬物之情一樣，皆爲生理的趨向，生理的趨向爲天然的趨向，稱爲天，稱爲性。乃是人生的天然規律。人心之情，卻是人自己因知識而使心動，這種動便是『人勝天』，人妨礙天然的趨向，使性命之情不能流行，生理上受損，便傷害自己的生命。因爲人心之情，使人耗精費神，人氣乃受損害。因此莊子主張「有人之形，無人之情。」

戊、形

『物成生理謂之形。』（天地）形是物的具體存在之理和器。人之形，則常指人之器，卽人的形骸，就是人的身體。

「四肢彊，思慮恂達，耳目聰明，其用心不勞，其應物無方。」（知北遊）

這一段分四肢，思慮，耳目。四肢和耳目屬於形體或形骸，思慮屬於心。

「忘汝神氣，墮汝形骸。」（天地）

「無勞汝形，無搖汝精，乃可以長生。」（在宥）

形骸爲氣所生，莊子說：「雜乎芒芴之間，變而有氣，氣變而有形，形變而有生。」（至樂）形骸爲物質，變成形骸之氣爲物質之氣。但莊子卻又說：「形本於精，而萬物以形相生。」（知北遊）在『形本於精』一句以前，有『精神生於道』一句。這處的精神爲人心的精神，爲虛靈，虛靈來自道；這處的精字，該爲精氣，卽氣之精，氣之精也可解爲精神，但也可以解爲氣之秀。

莊子很不看重形體，因形體爲物質，包圍了人心的虛靈，又外爲天地萬物所包圍，使人祇注重物質的生活，使心困在物質生活以內。莊子主張『忘形』或『墮形骸』，使心超越物質以外。

莊子的『忘形』或『墮形骸』，與佛教的『法空』或『色空』不同。莊子並不以形體爲空爲假，又不主張殘賊形體；祇是主張不追求物質的生活，不勞動肢體和官能以求五官的滿足。他所講的長生，包括形體的長生；但是長生的形體已經脫去了物質性，成爲非無質性的身體。所以莊子「寓言」中的至人或眞人，常是入火不焚，踐水不沉，飄飛空中。

按照老子的思想，人生絕對以自然爲主，則人的生活應該祇有形體的生活。形體的生活乃生理的生活，因爲感覺也多係生理運動，而生理生活則純粹自然。老子主張返樸歸眞，主張返歸嬰兒，嬰兒的生活祇是生理生活。洪荒之世，初民的生活也是生理生活。莊子接受老子的自然無爲主義，但不以物質生理生活爲重，乃以人的精神生活爲重，使精神超越物質和『道』相合，而遊於無窮。

己、命

究竟人怎樣能够以精神遊於無窮，或者墮於物質之中，終生不能自拔呢？莊子認爲有命，在他的書中，命字常常見到。

「知其不可奈何，而安之若命，德之至也。」（人間世）

「知不可奈何，而安之若命，唯有德者能之。」（德充符）

「死生存亡，窮達貧富，賢與不肖毀譽，飢渴寒暑，是事之變，命之行也。」（德充符）

「形變而有生，今又變而之死，……而我噭噭然隨而哭之，自以為不通乎命。」（至樂）

「不知吾所以然而然，命也。」（達生）

「未形者有分，且然無間謂之命。」（天地）

莊子以命，爲『道』之變化所有必然的經歷。『未形者有分』，乃『道』的變化程序之一段，『且然無間』爲自然而變沒有間離沒有例外，謂之命。『道』變而化生人，人的生命在變化中也有必然的經歷；這種經歷不入於人的靈府，不爲人所知，也不能爲人所逃避或抗拒，這種人生自然的經歷或遭遇，稱爲命。儒家以命來自上天之命，老莊之命來自『道』的自然。但若僅就自然而言，則莊子屢次以『性命』兩字連用：

「不失其性命之情」（駢拇）

「任其性命之情」（駢拇）

「安於性命之情。」（天運）（在宥）

性命兩字合用，命字和性字的意義相同，「任性命之情」意義卽是順性而行，不要自己勉強去行仁義。「安於性命之情」，卽是以順性爲滿足，不求加以仁義之道。這個命字和單獨的命字不同。命字是人生在自然的生化中，對於一生的重大遭遇，這種遭遇由自然生化而來，不爲人所知，所以「不知吾所以然而然，命也。」（達生）在這種遭遇裏，孟子主張安心立命，莊子則主張安命。

莊子的安命，稱爲至德；至德在於超出形骸以外，認清事物的變化爲『道』的自然生化，生死貧富沒有特別的意義，一切都是一樣。所以莊子理會到這種道理，乃對妻子的死不再悲傷；否則，便是『不通乎命。』

莊子雖然以命爲『道』之變化所有必然的經歷；但是他又理會到似乎冥冥中有主宰者在。

「子輿與子桑友，而霖雨十日，子輿曰：子桑殆病矣！裹飯而往食之。至子桑之門，則若歌若哭，鼓琴曰：父邪？母邪？天乎？人乎？有不任其聲而趨舉其詩焉。子輿入，曰：子之歌詩，何故若是？曰：吾思夫使我至此極者，而弗得也！父母豈欲吾貧哉！天無私覆，地無私載，天地豈私貧我哉？求其爲之者，而不得也。然而至此極者，命也夫！」（大宗師）

在這一句「命也夫！」的悲嘆裏，隱隱地藏着有主宰命運者，而不僅指着自然的化生。

在同一篇裏，莊子述子來瀕死時說：

「父母於子，東西南北，唯命之從。陰陽於人，不翅於父母。彼近吾死，而我不聽，我則悍矣，彼何罪焉。夫大塊載我以形，勞我以生，佚我以老，息我以死；故善吾生者，乃所以善吾死也。今之大冶鑄金，金踊躍曰：我且必為鏌鋣。大冶必以為不祥之金。今一犯人之形，而曰：人耳人耳！夫造化者必以為不祥之人。今一以天地為大鑪，以造化為大冶，惡乎往而不可哉。」（大宗師）

子來以人之生，由造化所冶鑄，人之死，也由造化所命，因此安命而不怨。造化雖不明明指着主宰的神，但如同在上面論造物者所說，隱隱地指出莊子的信仰。

2. 知識

甲、知

莊子分人的知識爲三等：耳目之知，卽是感覺之知；心之知，卽是理智之知；氣之知，卽是直覺。

「若一志，無聽之以耳，而聽之以心；無聽之以心，而聽之以氣。聽止於耳，心止於符。氣也者，虛而待物者也。唯道集虛。虛者，心齋也。」（人間世）

這一段雖是孔子的話，但是思想乃是莊子的思想。在這一段話裏，三種知，分析很清楚。

「夫徇耳目內通，而外於心知，鬼神將來舍，而況人乎！」（人間世）

「邀於此者，四肢彊，思慮恂達，耳目聰明，其用心不勞，其應物無方。」（知北遊）

在上面兩段話裏，感官之知和心之知，也分得明顯。耳目感官的知覺，祇是感覺，「耳止於聽」，聽是一種感覺，感覺由外而來。心之知，則是在內裏，乃是思慮。成玄英疏解『夫徇耳目內通，而外於心知』兩句話，說：「徇，使也。夫能令根竅內通，不緣於物境，精神安靜，志外於心知者，斯則外遺於形，內忘於智，則隳體黜聰，虛懷任物。」感官有根竅，能和心相通，但為有感覺，須緣物境。緣物境為佛教的名詞，即是說感覺的實現，由於感官，藉着外境以達於物，譬如眼睛藉着光而達到色。心的知，知事物之性，而能起思慮。

思慮雖在心內，思慮的事物則在心外。『心止於符』，符是符合。心之知，要和外面的事物相符合。歐洲哲學的認識論，對於人的理智是否和外面的對象相符合，爭論不休。莊子的『心止於符』，則是主張心之知能够和外面對象相符合，而且應該符合。莊子又分心之知爲小知和大知。

「大知閑閑，小智閒閒。」（齊物論）

成玄英疏解說：「閑閑，寬裕也；閒閒，分別也。夫智惠寬大之人，率性虛淡，無是無非。小知狹劣之人，性靈褊促，有取有捨，故曰間隔而分別。」這是說明小知和大知的境界，但是小知和大知也有對象，小知所知爲人爲事物之知，如禮義，如名利等；大知爲自然變化之道，如物性之自然變化，天地之自然變化。

心所以能知，在於心是虛；心是虛，因爲心不是物質。『虛者，心齋也。』心所以是虛，由於氣是虛；這種氣，便不是物質之氣，而是非物質的。莊子雖主張『通天下一氣耳』，然而氣有物質性的和非物質性的。非物質性的氣直接來自『道』，『唯道集虛。』

人心之氣，爲非物質性，也可以說是精神；這種氣不受物質的限制，周遊宇宙萬物之內。人若反觀內心，摒除心外的知識，則人可以和萬物直接相接，所相接的對象不是外色形相，卻是萬物本體之氣；而且可以和『道』相接，使人和『道』相合。西洋哲學裏有所謂直覺，柏格森（Bergson 1859-1941）特別強調這種直覺的價值。氣知和直覺有些相似，已進入神秘的境界。

乙、名學

在莊子的時候，儒、墨的爭辯相當激烈，同時還有惠施一班詭辯派的詭辯，莊子力主爭辯沒有價值，而且沒有理由；他乃提倡齊物，無是無非。但爲提倡齊物論，莊子卻有他的名學，由名學而進到齊萬物爲一。

「名也者，相札也；知也者，爭之器也。二者凶器，非所以盡行也。」（人間世）

這有點相似老子『絕智』的思想，以名和知爲凶器。然從積極方面說，他承認名有自己實際固定的實。所以他認爲『道』不可名。

「名實未虧，而喜怒為用。」（齊物論）

「名實者，聖人之所不能勝也。」（人間世）

「泰初有無，無有無名。」（天地）

名之實，有具體對象，有抽象對象；具體對象容易爲人所知；抽象對象則不容易確定，須加以說明。莊子在書裏，常有這類的解釋。

「無爲爲之之謂天，無爲言之之謂德，愛人利物之謂仁，不同同之之謂大，行不崖異之謂寬，有萬不同之謂富，故執德之謂紀，德成之謂立，循於道之謂備，不以物挫志之謂完。君子明於此十者，則韜乎其事心之大也。」（天地）

這十句話雖不能說是十項定義，然必定算是十個抽象名詞的很好解釋。

「聖也者，達於情而遂於命也。」（天運）

藉着這種解釋，我們便可以知道『聖人』在莊子的思想裏有什麼意義。莊子思想中的聖人，和孔子思想中的聖人所有意義不相同。

「夫言非吹也，言者有言。」（齊物論）

言語和口哨不同，說話的人是有意義要表現出來，口哨則本身沒有意義。辯論是什麼？是兩方言語的意義，沒有確定，我說是這樣，你說是那樣，於是乃起辯論，辯論爲定是非。

「其所言者特未定也，果有言邪？其未嘗有言邪？其以為異於鷇音，亦有辯乎？其無辯乎？」—（齊物論）

爲辯論是非，應有一共同的評判標準；若是對辯兩方各由各自的觀點和立場去評判是非，則是非不明。

「既使我與若辯矣，若勝我，我不若勝；若果是邪？我果非也邪？我勝若，若不吾勝；我果是也。而果非也邪？其或是邪？其或非也邪？其俱是也，其俱非也邪？我與若不能相知也。則人固受其黮闇，吾誰使正之？使同乎若者正之，既與若同矣，惡能正之？使同乎我者正之？既同乎我矣，惡能正之！使異乎我與若者正之，既異乎我與若矣，惡能正之！使同乎我與若者正之？既同乎我與若矣，惡能正之！然則

我與若與人，俱不能相知也，而待彼也邪？」（齊物論）

在這段說明裏，莊子表現自己知道用邏輯方法，用的是排斥法，把一切可能都排斥了，結論就是沒有可能對辯論者予以評判。這是莊子的懷疑論，認爲沒有是非，因爲沒有是非的標準。但是他的懷疑論不是消極的，而是積極的；因爲他相信有眞理，眞理就是『道』。

「以指喩指之非指，不若以非指喩指之非指也。以馬喩馬之非馬，不若以非馬喩馬之非馬也。天地一指也，萬物一馬也，可乎可，不可乎不可。道行之而成，物謂之而然。」（齊物論）

這又是莊子的懷疑論，是非沒有確定的標準。郭象注說：「夫自是而非彼，彼我之常情也。故以我指喩彼指，則彼指於我指，獨爲非指矣，此以指喩指之非指也。若復以彼指還喩我指，則我指於彼指，復爲非指矣，此亦非指喩指之非指也。將明無是無非，莫若反覆相喩。反覆相喩，則彼之與我，既同於自是，又均於相非。均於相非，則天下無是；同於自是，則天下無非，何以明其然邪？是若果是，則天下不得彼有非之者也；非若果非，亦不得復有是之者也。今是非無主，紛然淆亂。明此區區者，各信其偏見，而同於一致耳。仰觀俯察，莫不皆然。是以至人知天地一指也，萬物一馬也，故浩然大寧，而天地萬物各得其分，同於自得，而無是無非也。」

我認爲莊子的話應該這樣解釋：手指用來指這個東西，或那個東西，所指的物，稱爲所指，也可稱爲指。名用爲指物，名便也可以稱爲指，因爲名用爲指物，名的用處，好比用手指去指物一樣。莊子這裏所說的以指喻指，和公孫龍子的指物論有關係，一個名指一個物，便不能是其他的名，我們若把莊子的指改爲名，『以指喻指之非指』，是哲學上所謂矛盾律，這個物就是這個物，不能不是這個物，或者說是有，不能同時又不是有（無）。莊子喜歡從反面去說，不是手指不能同時是手指，或者說是無不能同時是有。

例如說：A＝A，所以A不是B；還不如說：B不等於A，所以B不是A。

但是，誰能夠保證指是指而不是非指，誰能保證馬是馬而不是非馬呢？天地難道是一指？萬物難道是一馬？一切都是由『道』的流行而成，一切也是物的稱呼而已。

丙、相對論

天地的事物，由莊子看來，都是相對的，是非，善惡，大小，長短，明暗，都是相對的名詞，就是物體也是相對。

「物無非彼，物無非是。自彼則不見，自知則知之。故曰：彼出於是，是亦因彼。彼是方生之說也。雖然，方生方死，方死方生，方可方不可，方不可方可。因是因非，因非因是。是以聖人不由，而照之於天，亦因是也。是亦彼也，彼亦是也；彼亦一是非，此亦一是非。果且有彼是乎哉，果且無彼是乎哉。」（齊物論）

莊子的『齊物論』，主張沒有是非，是非都是一樣。是非之分，來自彼此的相對，從彼的一方面去看，從此一方面去看，兩方面所得的不同。若是沒有彼此的對立，則就沒有不同的見解，也就沒有是非了。死生兩事相對立，生不是死，死不是生；生者說自己是生，死者說自己是死，若是知道生死本來是一氣，只是氣的兩種現象，也就沒有生死之爭了。

「天下莫大於秋毫之末，而太山為小；莫壽於殤子，而彭祖為夭。天地與我並生，而萬物與我為一。」（齊物論）

大小爲相對的名詞，兩物相比，有大有小，再把這兩物和另兩物相比，大者可以變爲小，小者可以變爲大。太山和秋毫相比，太山爲大；太山若和天地相比，太山則爲小。假使以天地和秋毫相等，太山也就比秋毫小了。壽夭又是一對相對的名詞，兩人相比，有壽有夭，再與另兩人相比，壽夭又不同了。莊子乃主張『天地與我並生，萬物與我爲一。』天地萬物便都相齊了。

「是不是，然不然；是若果是也，則是之異乎不是也，亦無辯。然若果然也，則然之異乎不然也，亦無辯。」（齊物論）

是和不是，然和不然，爲相對的名詞，有是就有不是，有然就有不然；同樣有不是就有是，有不然就有然。若把是非都去了，便不會有是不是，然不然了。所以若根據是和不是，或然和不然去辯論，辯論將沒有終止；若知道是不是和然不然在根本上不存在，誰還去辯論呢？

「昔者，莊周夢爲蝴蝶，……不知周之夢爲蝴蝶與？蝴蝶之夢爲周與？」（齊物論）

李白說：「而浮生若夢，爲懽幾何！」（春夜宴從弟桃花園序）繼承了似乎莊子的思想，生與夢相對而且相齊，天地間什麼東西有價値呢？由認識論到了價値論。

丁、以明

莊子主張齊物論，有他的形上理由；他不是由認識論而生懷疑，更不是由懷疑而主張不辨是非。莊子承認名有其實；祇要有了這一肯定，就不能有懷疑論了。然而莊子爲什麼說沒有標準可以分別是非，更進而說沒有是非，是非是相等呢？莊子在認識論上主張『以明』：

「欲是其所非，而非其所是，則莫若以明。」（齊物論）

『以明』爲一種認識法，卽是以此明彼。「但是以明，拿什麼東西去明呢？這一點有兩層：第一層由上往下看，便是以『道』去明物，第二層由平面去看，是以物去明物。」(9) 由道方面去明物，因『道』爲常道，雖常變化而常是一個『道』；又因萬物由『道』所化生，『道』常在萬物；因此，萬物便相等了。「萬物的相等，不在於它們的形相，也不在於它們的本質；因爲道家不以萬物爲空幻，萬物的相等，是在於物體本質的原因；因爲萬物都是由『道』而生，而且『道』在萬物。由萬物自身去看，彼此有差別；由常道方面去看，萬物的差別，乃『道』一時的變化過程。『道』化而爲氣，氣化而爲物。」(10)

「『通天下一氣耳！』聖人故貴一。」（知北遊）

「自其異者視之，肝膽楚越也；自其同者視之，萬物皆一也。」（德充符）

莊子『齊物論』的形上理由，在於由『道』以明。由『道』以明，萬物爲一。這種一，不是絕對之一；若是絕對之一，則萬物皆是虛皆是假，和佛教的萬法皆空，唯有眞如。相同了。莊子則並不以萬物爲空。所以他主張『齊物論』，所謂萬物爲一，乃是萬物相齊。因着萬物相齊，莊子便主張在平面方面，以物明物，不能有眞的評斷；所能有的評斷，都祇有相對的價值。

「以差觀之，因其所大而大之，則萬物莫不大；因其所小而小之，則萬物莫不小。知天地之為稊米也，知毫末之為丘山也；則差數覩也。」（秋水）

由物以明物，乃有差數。差數都爲相對。大小相比，有大有小；但若知道打破大小而以萬物相齊，則沒有差數。差數的由來，來於各物都是有限的物體，各有封域：

「古之人其知有所至矣，惡乎至？有以為未始有物者，至矣，盡矣，不可以加矣！其次以為有物矣，而未始有封也。其次以為有封焉，而未始有是非也。是非之彰也，道之所以虧也。」（齊物論）

莊子的形上程序爲：無物、有物、有封域、有是非。吳康先生說：「有物以下，則萬有之始，入於現象界，然其初尚未有封域，有類於柏拉圖之『物質』，迨有封域，則一切相對之現象以起矣。於是是非有無生死等分別相，樊然淆然，不可殫數，現象上連於本體，通貫爲一，故有無死生一守，非有分判也。」(11)

戊、至知

莊子說：「古之人其知有所至矣。」這種知稱爲至知，或稱爲大知，至知或大知，在於超越相對之知。

至知可以分爲幾等。

第一等，在於知道相對之知不是知識，故對於相對之知，認爲不可以知，不予以價值。

「齧缺問乎王倪曰：子知物之所同是乎？曰：吾惡乎知之！子知子之所不知邪？

曰：吾惡乎知之！然則物無知邪？曰：吾惡乎知之！雖然，嘗試言之，庸詎知吾所謂知之非不知邪？庸詎知吾所謂不知之非知邪？」（齊物論）

王倪按着用譬喻解釋，鳥獸蟲魚所食的東西不同，「四者孰知正味？」鳥獸蟲魚選擇配偶，各有其類，人所謂美女毛嬙，「魚見之深入，鳥見之高飛，麋鹿見之決驟，四者孰知天下之正色哉？」至知便說不知道，而不執守一種是非之論。

第二等至知，在『通於一』；

「物固有所然，物固有所可；無物不然，無物不可。故為是舉莛與楹，厲與西施，恢恑憰怪，道通為一。其分也，成也；其成也，毀也。凡物無成與毀，復通為一，唯達者知通為一。」（齊物論）

達者至知，不注意相對的知識，卻注意萬物因『道』相通爲一。既通爲一，便不勉強加以分別。而且物的成和毀，也相通爲一。

「唯達者知通為一。為是不用，而寓諸庸。庸也者，用也；用也者，通也；通也者，得也。適得而幾矣，因是已，已而不知其然，謂之道。勞神明為一而不知其同也，謂之朝三。何謂朝三？狙公賦芧，曰：朝三而暮四。衆狙皆怒。曰：然則朝四而暮三？衆狙皆悅。名實未虧，而喜怒為用，亦因是也。是以聖人和之以是非，而休乎天鈞。」(齊物論)

郭象注說：「莫之偏任，故付之自鈞而止也。」成玄英疏說：「天均者，自然均乎之理也。夫達道聖人，虛懷不執，故能和是於無是，同非於無非，所以息智乎均平之鄉，休心乎自然之境也。」至知以萬物本出於『道』，同於一，沒有是非，他的知識超越是非之上，他的心也就平靜，一切依乎天然。

至知的第三等，則在於知『至道』；

「古之人其知有所至矣，惡乎至？有以為未始有物者，至矣，盡矣，不可以加矣。」(齊物論)

最高的知，在於知『道』；然而『道』本不可知，至知便以不知『道』爲知。未始有物，已有『道』。『道』自變而生物，『道』自變之原則卽爲宇宙之至道，也爲人生規律的至道。至道既爲『道』的變化原則，不能爲人所知，至知便承認這種不可知。

「至道之精，窈窈冥冥；至道之極，昏昏默默。」（在宥）

至道雖不可知，至道之用則可知，以至道用於萬物的知識，知萬物通於一。

「以道觀之，何貴何賤？是謂反衍。無拘而志，與道大蹇，何少何多，是謂謝施。無一而行，與道參差，……萬物一齊，孰短孰長？道無終始，物有死生，不恃其成。一虛一滿，不位乎其形。年不可舉，時不可止，消息盈虛，終則有始。是所以語大義之方，論萬物之理也。」（秋水）

由『道』方面去看物，沒有貴賤，沒有大小。物的成毀，年月時間，變化形器，都沒有絕對價值。至知的聖人，乃能與『道』參差，超越天地，遨乎有無之際。

3. 仁義

老子曾主張『棄聖絕智』，似乎是絕對反知識和反道德的主張；莊子也主張知識和道德沒有價值；可是老莊並不是主張廢棄倫理道德，任情放縱，如同魏晉的清談家；老莊所廢棄的道德，爲社會上的倫理，而他們所貴重的，是天眞純樸，不懷私心的超越世慾的至德。

甲、仁義為下德

莊子或弟子在書裏，常譏刺孔子，而最所譏刺的，是孔子所談的仁義。莊子主張不以人勝天，一切順乎自然；孔子的仁義，則以人之努力修行以矯正人的惡習，莊子認爲妄費心力，而且使社會大亂。老子曾說：

「上德不德，是以有德；下德不失德，是以無德……故失道而後德，失德而後仁，失仁而後義，失義而後禮。夫禮者，忠信之薄而亂之首。」（道德經・第三十八章）

莊子「知北遊」篇抄寫了這段話：

「故曰：失道而後德，失德而後仁，失仁而後義，失義而後禮。禮者，道之華而亂之首也。」（知北遊）

莊子的思想，在洪荒之世，人類愚昧無知，一切順乎自然。看來很野蠻，一點文明制度都沒有，其實洪荒時代的人眞眞是有德的人。自己順乎天性，不知道自己的善德，乃是上德，「上德不德」。以後，人類說是進步了，知識增多了，爲着同居共處，有人創制了規矩，又標出善德，於是便產了道德的評價。以後，人類越長進，人類知識越加增，生活的規矩越多；可是越有規矩，人的越規犯矩的事也越多，社會乃有禮法；禮法代表社會沒有道德。

「孔子圍於陳蔡之間，七日不火食，太公任往弔之，曰：子幾死乎？曰：然。子惡死乎？曰：然。任曰：予嘗言不死之道。東海有鳥焉，其名曰意怠。其為鳥也，翂翂翐翐，而似無能；引援而飛，迫脅而棲；進不敢為前，退不敢為後；食不敢先嘗，必取其緒，是故其行列不斥，而外人卒不得害，是以免於患。直木先伐，甘井先竭。子其意者，飾知以驚愚，脩身以明汙，昭昭乎如揭日月而行，故不免也。昔吾聞之大成之人曰：自伐者無功，功成者墮，名成者虧。孰能去功與名，而還與衆人。道流而不明，居得行而不名處，純純常常，乃比於狂，削迹捐勢，不為功名，是故無責於人，人亦無責焉。至人不聞，子何喜哉？」（山木）

這一段譏刺孔子，自以爲有德，敎訓世人，實乃無知凡人。若至人則自以爲愚，自以爲狂，和衆人一樣。孔子既然以仁義敎訓他人，世人又愛仁義，已經到了很難挽救的境遇。

「故曰：為道者日損，損之又損，以至於無為，無為而無不為也。今已為物也，欲復歸根，不亦難乎！」（知北遊）

到了文明的社會，想要回復到原始的社會，非常困難。誰願意損失已有的享受呢？『爲道日損，損之又損，以至於無爲。』每個人拋棄一切文明的觀念，整個社會拋棄一切文明的產物，『不亦難乎』！

「至德之世，不尚賢，不使能。上如標枝，民如野鹿。端正而不知以為義，相愛而不知以為仁，實而不知以為忠，當而不知以為信，蠢動而相使不以為賜，是故行而為跡，事而無傳。」（天地）

「夫至德之世，同與禽獸居，族與萬物並，惡乎知君子小人哉！同乎無知，其德不離；同乎無欲，是謂素樸；素樸而民性得矣。及至聖人，蹩躠為仁，踶跂為義，而天下始疑矣。澶漫為樂，摘僻為禮，而天下始分矣。故純樸不殘，孰為犧尊？白玉不毁，孰為珪璋？道德不廢，安取仁義？性情不離，安用禮樂？五色不亂，孰為文采？五聲不亂，孰應六律？夫殘樸以為器，工匠之罪也。毁道德以為仁義，聖人之過也。」（馬蹄）

莊子的思想非常明白，他肯定天然的一切都是善的，人不能加以改變或修飾。人性天然向善。在人祇有天然的衝動時，人和禽獸一樣，順性而行，沒有知識。莊子稱這種初民之世，爲至德之世。一些自作聰明的人，和一些自信有德的人，敎導人民何者爲善，何者爲不善，稱呼善者爲仁義，稱呼不善者爲罪惡，社會因此便亂了。

莊子把道德和仁義分開，按着天性的行動之道而有得於心，稱爲道德；道德也就是人天然的行動。仁義爲人所規定的行動之道，是所謂聖人的敎訓。莊子極力攻擊仁義，譏刺孔子，詆毀仁義矯揉造作，摧殘人性。在莊子的心目中，人本來是善的，爲什麼不讓人順性而有道德，卻偏要拿些假道德的仁義，敎人去做壞事呢？莊子不知道人的天性是趨於追求智識，追求享受，絕對不能把人關閉在洪荒的世界裏，荀子後來就反對莊子的主張，以人的天然傾向爲惡，而要加以人力的矯正，主張以人勝天。

莊子既主張天然傾向爲善，乃肯定天然傾向爲純樸，以仁義出自人爲，人爲者爲技巧，技巧破壞人的天眞。莊子認爲仁義使人有機心：

「子貢南遊於楚，反於晉，過漢陰，見一丈人，方將為圃畦，鑿隧而入井，抱甕而出灌，搰搰然用力甚多而見功寡。子貢曰：有械於此，一日浸百畦，用力甚寡而見功多，夫子不欲乎？為圃者卬而視之曰：奈何？曰：鑿木為機，後重前輕，挈水若抽，數如泆湯，其名為槔。為圃者忿然作色而笑曰：吾聞之吾師，有機械者，必有機事；有機事者，必有機心。機心存於胸中，則純白不備；純白不備，則神生不定；神生不定者，道之所不載也。吾非不知，羞而不為也！子貢瞞然慙，俯而不對。有閒，為圃者曰：子奚為者邪？曰：孔丘之徒也。為圃者曰：子非夫博學以擬聖，於于以蓋衆，獨弦哀歌，以賣名聲於天下者乎？汝方將忘汝神氣，墮汝形骸，而庶幾乎！而身之不能治，而何暇治天下乎？子往矣，無乏吾事！子貢卑陬失色，頊頊然不自得，行三十里而後愈。其弟子曰：向之人，何為者邪？夫子何故見之，變容失色，終日不自反邪？曰：始吾以為天下一人耳，不知復有夫人也。吾聞之夫子，事求可，功求成，用力少，見功多者，聖人之道。今徒不然，執道者德全，德全者形全，形全者神全，神全者，聖人之道也。……反於魯，以告孔子。孔子曰：彼假脩渾沌氏之術者也。識其一，不知其二；治其內，而不治其外。夫明白入素，無為復朴，體性抱神，以遊世俗之間者，汝將固驚邪？且渾沌氏之術，予與汝何足

以識之哉！」（天地）

這一段文章，雖屬寓言，但很明白地表現了莊子的思想。仁義適足以造成機心，失去純樸。莊子假孔子的口，稱讚天然純樸之道：「且渾沌氏之術，予與汝何以識哉！」渾沌氏之術，即是洪荒之世，民智未開，愚昧無知的人生，莊子崇高這種生活，為至德之世。

乙、仁義隨時而變

仁義既為人所造，以應時代的需要，同時仁義也造成新的需要；好比服飾應合乎時代的好尚，同時服飾也造成新的好尚。

「夫水行莫如用舟，而陸行莫如用車。以舟之可行於水也，而求推之於陸，則沒世不行尋常！古今非水陸與？周魯非舟車與？今蘄行周於魯，是猶推舟於陸也，勞而無功，身必有殃。彼未知夫無方之傳，應物而不窮者也。……故禮義法度者，應時而變者也。今取猨狙而衣以周公之服，彼必齕齧挽裂，盡去而後慊。觀古今之異，猶猨狙之異乎周公也。」（天運）

莊子以仁義倫理隨時隨地而變，好比在水裏用船，在陸地上用車，各得其宜；決不能反轉來，在水裏用車，在陸地上用船。又好比不能把人的衣給獸去穿。但是莊子卻主張道德不能隨時隨地而變，強調在春秋戰國之世，仍舊要回到上古洪荒之世。

「夫帝王之德，以天地為宗，以道德為主，以無為為常。……上必無為，而用天下，下必有為，為天下用，此不易之道也。」（天道）

莊子非常堅持這種不易之道，因爲這種不易之道爲自然，自然爲天然，凡是自然的事理，常存不變。

「孔子西藏書於周室，子路謀曰：由聞周之徵藏史，有老聃者，免而歸居，夫子欲藏書，則試往因焉。孔子曰善。往見老聃，而老聃不許，於是繙十二經以說，老聃中其說曰：大謾，願聞其要。孔子曰：要在仁義。老聃曰：請問仁義，人之性邪？孔子曰：然！君子不仁則不成，不義則不生，仁義，真人之性也，又將奚為矣？老聃曰：請問何謂仁義？孔子曰：中心物愷，兼愛無私，此仁義之情也。老聃曰：意！幾乎後言！夫兼愛不亦迂乎！無私焉，乃私也。夫子若欲使天下無失其牧乎？則天地固有常矣，日月固有明矣，星辰固有列矣，禽獸固有羣矣，樹木固有立矣。夫子亦放德而行，循道而趨，已至矣，又何偈偈乎揭仁義，若擊鼓而求亡子馬。意！夫子亂人之性也！」（天道）

莊子藉老子的口，講明人和萬有一樣，具有固有的常性，性不變；孔子提倡仁義，乃足以混亂人性。儒道的思想，在基本點並不相反，兩家都主張人有不變之性，人應該順性而行；兩家所不同點：儒家以人的情慾將使人不順性而行，應用仁義禮樂教訓人克慾；道家則以人的情慾是人的知識所養成的，沒有人造的文明，人必定順性而行，用不着仁義。仁義在老莊子的心目中，代表人類已經喪失了純樸的天性，追求後天人造的道德，既不足使人恢復純樸的天性，且更使道德隨時而變，造成社會的混亂和罪惡。「夫仁義憯然，乃憤吾心，亂莫大焉！」（天運）

丙、上德

仁義爲下德，下德不配稱爲道德。上德不自以爲道德，卻眞是道德。

「若夫不刻意而高，無仁義而修，無功名而治，無江海而閒，不道引而壽，無不忘也，無不有也，澹然無極，而衆美從之，此天地之道，聖人之德也。故曰：夫恬惔寂漠，虛無無爲，此天地之平，而道德之質也。」（刻意）

莊子講出了道德的本質，在於無爲，即是一切順從天然，不加人造的倫理，「恬惔寂漠，虛無無爲。」所謂無爲，並不是停止一切行動，而是順乎自然，不另外加些規矩。也不是不講道德，而是不講社會的倫理，卻一心追求保全天性的純樸天眞。

「莊子曰：至仁無親。」（天運）

郭象注曰：「無親者，非薄德之謂也。夫人之一體，非有親也，而首自在上，足自處下，府藏居內，皮毛在外，上下尊卑貴賤於其體中，各任其極，而未有親愛於其間也。然至仁足矣，故五親六族，賢愚遠近，不失分於天下者，理自然也，又奚取於有親哉。」莊子以至仁人，不在努力常常在想自己有親人，自己該當愛敬，他是自然而然而愛親人，好比新生的獸，天性偎依自己的生母，不知道生母是近親；又如嬰兒知道愛自己的母親，但並不是在分別母親是親人，別人不是親人。至仁的人如同嬰兒，天性孝愛親人，不經過思慮去分別親人和外人。

「古之人在混芒之中，與一世而得澹漠焉。當是時也，陰陽和靜，鬼神不擾，四時得節，萬物不傷，羣生不夭，人雖有知，無所用之；此之謂至一。當是時也，莫之為而常自然。」(繕性)

莊子所描寫上古之世，就是上德之世，上德之世的特點，在於「莫之爲而常自然」，一切順乎天性。後來人類變壞了，失去了自然的天眞，纔出現仁義倫理。

「逮德下衰，及燧人伏羲，始為天下，是故順而不一。德又下衰，及神農黃帝，始為天下，是故安而不順。德又下衰，及唐、虞始為天下，興治化之流，澆淳散朴，離道以善，險德以行，然後去性而從於心。心與心識，知而不足以定天下。然後附之以文，益之以博，文滅質，博溺心，然後民始惑亂，無以反其性情而復其初。由是觀之，世喪道矣，道喪世矣，世與道交相喪也。」(繕性)

『反其性情以復其初』，乃是老莊學說的目的。道德的最高點，存於上古渾沌之世，後來竟被稱爲聖王的三皇五帝所破壞。但是莊子祇說：『德又下衰』，而不說明其中的原因，德的下衰，是三皇五帝所造成的呢？或是一種自然社會趨勢，三皇五帝爲挽救這種趨勢，乃設造倫理仁義呢？莊子把『德又下衰』的罪惡歸之於三皇五帝，難道不是武斷嗎？

上德之人，莊子以爲不僅超越仁義倫理，也超越道德，沒有道德善惡的觀念，自然合乎道德。這種善，是一種絕對之善，不稱爲善，因爲一有善，便有惡，善惡爲對稱名詞，沒有惡的時候，也就不知道有善。不知道有善，祇是沒有善的名詞。

「彼民有常性，織而衣，耕而食，是謂同德。」（馬蹄）

同德，大家都是一樣，沒有人缺乏，大家都不以自己爲善，實則大家都是善。

「故曰：至禮有不人，至義不物，至知不謀，至仁無親，至信辟金。徹志之勃，解心之謬，去德之累，達道之塞。貴富顯嚴名利六者，勃志也；容動色理氣意六者，繆心也；惡欲喜怒哀樂六者，累德也；去就取與知能六者，塞道也，此四六者，不盪胸中則正，正則靜，靜則明，明則虛，虛則無為而無不為也。」（庚桑楚）

至德有至禮至知至仁至信，禮知仁信到了至極的境界，不顯出來是禮知仁信。爲達到這種境界，去人爲的欲望，虛無無爲。

莊子以至德之人，不是單獨幾個人，而是上古之世，一般的人都是至德之人。到了後來人類喪失了天眞，纔有少許的人，恢復天眞；這種人乃是得道的人，乃是眞人或至人。

4. 生活

甲、外世

莊子談宇宙變易和人的活動，目的在講人的生活之道。假使莊子是唯物論者，以『道』爲物質，人由『道』而化生，也是物質，人的生活便沒有任何意義。人或者要悲觀而自殺，或者要狂求肉體的享受。但是莊子的人生觀，卻特別注重在精神生活，力求超越世物以上。莊子而且還是樂觀者，不以死亡爲憂，以精神長生爲樂。所以他承認『道』不是物質，人的精神也不是物質，人的精神『遊於道』，享受人生的至樂。

他的人生觀所實行的第一步爲外世，外世是置身世物之外，心在人事之上。

「南伯子葵，問乎女偊曰：子之年長矣，而色若孺子，何也？曰：吾聞道矣。南伯子葵曰：道可得學邪？曰：惡！惡可！子非其人也。夫卜梁倚，有聖人之才而無聖人之道，我有聖人之道，而無聖人之才，吾欲以教之，庶幾其果為聖人乎！不然，以聖人之道，告聖人之才，亦易矣。吾猶守而告之。參日而後能外天下。已外天下矣，吾又守之，七日，而後能外物。已外物矣，吾又守之，九日，而後能外生。已外生矣，而後能朝徹。朝徹而後能見獨，見獨而後能無古今，無古今而後能入於不死不生。」（大宗師）

這一段雖是寓言，然有幾個重要觀念：外天下，外物，外死生。這個外字，郭象注曰：「外，猶遺也。」成玄英疏解說：「外，猶遺亡也」，我想外字的意義，是心在天下萬物以外，也在生死以外，心不繫在這些事物上。外世，和棄世的意義相同。

「夫欲免為形者，莫如棄世，棄世則無累，無累則正平，正平則與彼更生，更生則幾矣。事奚足棄，而生奚足遺？棄事則形不勞，遺生則精不虧。夫形全精復，與天為一。」（達生）

棄世，在於棄事遺生；不追求名利，不以病苦爲累，死生置諸度外。

「莊子釣於濮水，楚王使大夫二人往先焉，曰：願以境內累矣。莊子持竿不顧，曰：吾聞楚有神龜，死已三千歲矣，王巾笥而藏之廟堂之上。此龜者，寧其死為留骨而貴乎？寧其生而曳尾於塗中乎？二大夫曰：寧生而曳尾塗中。莊子曰：往矣！吾將曳尾於塗中。」（秋水）

「惠子相梁，莊子往見之。或謂惠子曰：莊子來，欲代子相。於是惠子恐，搜於國中三日三夜。莊子往見之，曰：南方有鳥，其名為鵷雛，子知之乎？夫鵷雛發，於南海，而飛於北海，非梧桐不止，非練實不食，非醴泉不飲。於是鴟得腐鼠，鵷雛過之，仰而視之曰：嚇！今子欲以子之梁國而嚇我邪？」（秋水）

莊子對於名利爵祿，第一看爲生命之累，第二他追求高於名利爵祿的生活；這種生活乃是精神無所繫戀的生活，乃是精神自由的生活。

「黃帝曰：無思無慮始知道，無處無服始安道，無從無道始得道。」（知北遊）

「忘其肝膽，遺其耳目。」（大宗師）

爲能遊於道，人心要棄捨一切的追求，要靜要虛，一片天眞。

「忘其肝膽，遺其耳目。」（大宗師）

「順物自然，而無容私焉。」（應帝王）

心中沒有一毫私意，一切順乎自然。不但不追求或繫戀身外的名利富貴，就連自己的身體也都忘了。人心乃非常自由，「遊乎萬物之所終始」（達生），「方且與造物者爲人（偶），而遊乎天地之一氣。」（大宗師）「遊世俗之間」（天地），「乘物以遊心」（人間世）⑿。

乙、天眞自然

莊子繼承老子的思想，以天眞自然爲人生的最高原則。老子以『道法自然』（道德經‧第二十五章）『道』的變易以自然爲原則，天地萬物又都以自然爲原則，人的生活便也要天眞自然。

莊子所崇拜的上德和上德之世，即是天眞自然；若稍加以人爲，便生機心，失掉天眞純樸。

「子獨不知至德之世乎？昔者，容成氏，……當是時也，民結繩而用之，甘其食，美其服，樂其俗，安其居，鄰國相望，雞犬之音相聞，，民至老死而不相往來。若此之時，則至治已。今遂至使民延頸舉踵曰：某所有賢者，贏糧而趣之，……則是上好知也，過也！上誠好知而無道，則天下大亂矣。何以知其然邪？夫弓弩畢弋機變之知多，則鳥亂於上矣，鉤餌罔罟罾笱之知多，則魚亂於水矣，削格羅落罝罘之知多，則獸亂於澤矣。」（胠篋）

知識是增加人的欲望的根由，棄知絕聖；人雖然似乎愚昧了，然而人心空虛，不會自造物慾。莊子以靜和虛，爲人生幸福的基本條件。

「南郭子綦隱机而坐，仰天而噓，荅焉似喪其耦。顏成子游立侍乎前，曰：何居乎？形固可使如槁木？而心固可使如死灰乎？今之隱机者，非昔之隱机者也。子綦曰：偃！不亦善乎而問之也！今者，吾喪我，汝知之乎？女聞人籟而未聞地籟，女聞地籟而未聞天籟夫。」（齊物論）

使形如槁木，心如死灰，內外都靜，然後纔可以聽到天籟。天籟爲天然的音樂，較比人造的音樂美的多了。

「聖人之靜也，非曰靜也，善，故靜也。萬物無足以鐃心者，故靜也。水靜則明燭鬚眉；平中準，大匠取法焉。水靜猶明，而況精神。聖人之心靜乎！天地之鑑也，萬物之鏡也。夫虛靜恬淡寂漠無為者，天地之平，而道德之至，故帝王聖人休焉。休則虛，虛則實，實者倫矣。虛則靜，靜則動，動則得矣。靜則無為，無為也，則任事者責矣。」（天道）

莊子之靜和虛，使心不爲外物所擾，心平如鏡，照徹萬理。萬理在人性，如同大學所說的『明德』，和中庸的『中和』；但是儒家謂求知道天理，爲按天理去求道德；莊子則以心靜，人自然順着『道』而行，不必追求善。莊子以虛靜爲無爲；孔子則以明天理而健行。莊子的天眞自然，在實行上乃是『坐忘』。坐忘卽是莊子所說的喪我而遺萬物，忘記一切。

「墮肢體，黜聰明，離形去知，同於大通，此謂坐忘。」（大宗師）

人心不爲肢體形骸所困，又不爲知識聰明所誤，乃能超越事物以上，而且能保全自己的生命。

「彼將處乎不淫之度，而藏乎無端之紀，遊乎萬物之所終始。壹其性，養其氣，合其德，以通乎物之所造。夫若是者，其天守全，其神無郤，物奚自入焉。」（達生）

「莊子人生之觀第二義，曰全生，全生有二術，曰通物化與一死生，皆以依乎天理因其固然爲用。萬物之形雖異，而其理彼此相通，和以天倪，百慮一致是曰通物化；與造物者爲人，而遊乎天地之一氣，安時處順，哀樂不入，是曰一死生，通物化則不守其定形，一死生則不憂其易境，二者備而全生之義成矣。」(13)

莊子所講的全生，普通一點的解釋是無爲無欲，則不消耗形骸的精力；心中不思不想，一切任其自然，精神上便沒有憂慮，和樂且安。文惠君見庖丁解牛，順乎牛身的結構，刀進牛身不遇着阻礙，刀刃一點不傷，常保全鋒利。「文惠君曰：善哉！吾聞庖丁之言，得養生焉。」（養生主）但是另外還有一種道理，人順乎自然，人之氣乃通乎天地之氣，「而遊乎天地之一氣。」（大宗師）人的生命回到了生命的根源，生命乃得全，這就是所謂全生。

丙、最高境界

人的生命能夠達到『而遊乎天地之一氣』，則達到了生命最高境界。氣由『道』而發生，氣化而有人。人忘卻形骸而通於氣，藉氣以合於『道』，合於道稱爲得道，得道者爲至人，或稱眞人。

「性脩反德，德至同於初。同乃虛，虛乃大，合喙鳴。喙鳴合，與天地為合。其合緡緡，其愚若昏，是謂玄德，同乎大順。」（天地）

保修自己的性，回到所得於『道』的德，人便和泰初相合，泰初爲『道』。人若和『道』相合了，心乃虛，遊於天地之間，不言而自然有聲，跟天地萬物之聲相和，相比一段樂曲。人的精神和天地萬物相通，一切大順。

這種得道的境界，充滿神秘性，不可言宣，『其合緡緡，若愚若昏。』

「形若槁骸，心若死灰，真其實知，不以故自持。媒媒晦晦，無心而不可與謀，彼何人哉！」（知北遊）

「至道之精，窈窈冥冥；至道之極，昏昏默默，無視無聽，抱神以靜，形將自正。」（在宥）

在這種境界的至人或眞人，心境平靜，非常自由，不受任何事物的牽掛。莊子以寓言表示這種心境：

「至人潛行不窒，蹈火不熱，行乎萬物之上而不慄。」（達生）

「至人神矣，大澤焚而不能熱，河漢沍而不能寒，疾雷破山，飄風振海而不能驚。若然者，乘雲氣，騎日月，而遊乎四海之外，死生無變於己，而況利害之端乎！」（齊物論）

入火不焚，踏水不沉，象徵世上的名利富貴和遭遇，都不能侵入至人的心中，不能予以傷害，至人的心和『道』相合，飛遊天地之間，自由無礙，身體的病痛和死亡，也置之度外。至人是世外的人，也是避世之人。

至人的境界，達到了至樂境界。

「靜而聖，動而王，無為也而尊，樸素而天下莫能與之爭美。夫明白於天地之德者，此之謂大本大宗，與天和者也。所以均調天下，與人和者也。與人和者，謂之人樂；與天和者，謂之天樂。」（天道）

至人與人無爭，乃與人和而有人間和平之樂。至人順乎天然，不肯天性，與天相和而有天然之樂。

「聖也者，達於情而遂於命也。天機不張，而五官皆備，此之謂天樂，無言而心悅。」（天運）

天樂爲人心內外之樂，精神滿足，心無牽繫，而且傲倪一切。所謂天倪，以天然的價值評判萬物，萬物都在人以下，人不能爲物所役。

「莊子曰：吾師乎！吾師乎！齏萬物而不為戾，澤及萬世而不為仁，長於上古而不為壽，覆載天地刻彫衆形而不為巧；此之謂天樂。故曰：『知天樂者，其生也天行，其死也物化，靜而與陰同德，動而與陽同波。』故知天樂者，天無怨，無人非，無物累，無鬼責。故曰：『其動也天，其靜也地，一心定而王天下，其鬼不祟，其魂不疲。一心定而萬物服。』言以虛靜推於天地，通於萬物，此之謂天樂。天樂者，聖人之心以畜天下也。」（天道）

與『道』相合，與天地相通，沒有人世的利害，不怨天尤人，『達於情而遂於命』，一切順乎天性，心中包括天地萬物，至人的生命和天地萬物的生命相『物化』。自然而樂而不知其樂。

「至樂無樂，至譽無譽。」（至樂）

「古之真人，其寢不夢，其覺無憂，其食不甘，其息深深。……古之真人，不知說生，不知惡死。其出不訢，其入不距，翛然而往，翛然而來而已矣。不忘其所始，不求其所終。受而喜之，忘而復之。是之謂不以心捐道，不以人助天；是之謂真人。」（大宗師）

這種境界，乃老子所謂嬰兒境界。（道德經‧第二十章）嬰兒無知而自然快樂，眞人則有知而恢復嬰兒的天眞，有知等於無知，在無知中而知道自己的快樂。

莊子的思想，在莊子書中的「天下」篇，有扼要的說明。考據者多以「天下」篇爲莊子弟子所作；假使是莊子自己所作，他自己說明自己的思想，則更有價值了。

「古之道術有在於是者。莊周聞其風而悅之，以謬悠之說，荒唐之言，無端崖之辭，時恣縱而不儻，不以觭見之也。以天下為沈濁，不可與莊語，以巵言為曼衍，以重言為真，以寓言為廣。獨與天地精神往來，而不敖倪於萬物；不譴是非，以與世俗處。其書雖瓌瑋，而連犿無傷也。其辭雖參差，而諔詭可觀。彼其充實，不可以已。上與造物者遊，而下與外死生無終始者為友。其於本也，宏大而辟，深閎而肆；其於宗也，可謂稠適而上遂矣。雖然，其應於化，而解於物也，其理不竭，其來不蛻，芒乎昧乎，未之盡者。」（天下）

莊子用寓言，巵言，重言，寫一些荒唐的事；但是他的思想，馳騁在宇宙之間，沒有限止，和天地精神往來。說明人和萬物的變化同一道理，人的生活，乃能和造物者遊，把死生放在度外，以至於沒有終始。

註：

(一)見胡適選集（述學）•莊子哲學淺釋 頁二〇。傳記文學社印行，民五十九年版。
(二)葉國慶•莊子研究 頁一四—二〇 臺灣商務印書館，民六十二年。
(三)中國哲學史論文二集 頁二〇一，一九六二年版。
(四)仝上•頁一八四。
(五)胡適•中國哲學史大綱 卷上，頁二百六十。
(六)徐復觀•中國人性論史 先秦篇，頁三六九。東海大學，民五十四年。
(七)唐君毅•中國哲學原論 原性篇，頁三八。學生書局出版。
(八)唐君毅•中國哲學原論 上册，頁一〇三。學生書局出版。
(九)羅光•中國哲學大綱 下册，頁五二—五三。臺灣商務印書館，民五十八年。
(十)仝上，頁五三。
(十一)吳康•老莊哲學 頁八三。臺灣商務印書館，民五十二年。
(十二)參考福永光司著 陳冠學譯 莊子 第五章，三民書局，民六十年版。
(十三)吳康•老莊哲學 頁一三三—一三四。

第八章 荀子的哲學思想

一、緒 論

荀子姓荀，也作孫，名況，字卿，趙國人，生卒年都不可考。司馬遷史記說當齊襄王時，荀卿以五十歲的學者，遊學於齊，在齊國三次任祭酒官職（約在西曆 公元前二八五年期間）。由齊往楚，楚春申君任命他作蘭陵令。（約在公元前二五五年間）劉向敍說荀卿因讒去楚，回往趙國。戰國策外傳乃說趙以荀卿爲上卿。楚春申君再召荀卿，仍爲蘭陵令。楚考烈王二十五年（公元前二三六年），春申君爲李園所殺，荀卿去官，家居蘭陵。李斯曾從荀卿習學，後爲秦始皇的宰相。韓非也是荀子的學生。

荀子生當戰國末年，當時社會上的思想，據司馬遷史記說：「亡國亂君相屬，不遂大道，而營於巫祝，信禨祥。」（史記・孟荀列傳）各種學說又盛行於社會，荀子和孟子一樣，想排除這些學說，提倡儒家之道。

荀子作有「非十二子」篇，篇中對十二子的思想，加以批評。他所批評的十二子，是：它囂、魏牟、陳仲、史鰌、墨翟、宋銒、愼到、田駢、惠施、鄧析、子思、孟子。

「假今之世，飾邪說，文姦言，以梟亂天下，矞宇嵬瑣，使天下混然，不知是非治亂之所存者，有人矣。縱情性，安恣睢，禽獸行，不足以合文通治；……是它囂、魏牟也。忍情性，綦谿利跂，苟以分異人為高，不足以合大衆，明大分；……是陳仲、史鰌也。不知壹天下，建國家之權稱，上功用，大儉約，而優差等，曾不足以容辨，異縣君臣；……是墨翟、宋鈃也。尚法而無法，下修而好作，上則取聽於上，下則取從於俗，終日言成文典，反紃察之，則倜然無所歸宿，不可以經國定分；……是愼到、田駢也。不法先王，不是禮義，而好治怪說，玩琦辭，甚察而不急，辯而無用，多事而寡功，不可以為治綱紀；……是惠施、鄧析也。略法先王而不知其統，然而猶材劇志大，聞見雜博，案往舊造說，謂之五行，甚僻違而無類，幽隱而無說，閉約而無解，……是則子思孟軻之罪也。」（非十二子）

荀子把十二子雙雙列成六組，加以批評；他的批評都是對人，而不是對於學派。在被他批評的思想家中，沒有莊子；它囂、魏牟雖可以視爲道家，但和莊子的思想則有相當距離。

這六對被批評的人，大致說來代表道家、墨家、名家、法家、儒家。荀子自己屬於儒家，他批評子思和孟子，不是因爲他們代表儒家，而是因爲他們不足以代表儒家，祇可稱爲小儒，而不配稱爲大儒；大儒則是孔子，荀子對於孔子則非常崇拜。

在「天論」一篇裏，荀子對於上面的幾位思想家，又加有批評：

「萬物為道一偏，一物為萬物一偏，愚者為一物一偏，而自以為知道，無知也。愼子有見於後，無見於先；老子有見於詘，無見於信；墨子有見於齊，無見於畸；宋子有見於少，無見於多。有後而無先，則羣衆無門；有詘而無信，則貴賤不分；有齊而無畸，則政令不施；有少而無多，則羣衆不化。書曰：無有作好，遵王之道，無有作惡，遵王之路，此之謂也。」(天論)

「宋子蔽於欲而不知得，愼子蔽於法而不知賢，申子蔽於勢而不知知，惠子蔽於辭而不知實，莊子蔽於天而不知人。」(解蔽)

荀子對於墨子批評更多，在「禮論」、「樂論」、「富國」、「正論」等篇，都有批評墨子的話；荀子所攻擊墨子的重要點，在於墨子的輕視禮樂法制。我們回頭看一看荀子「非十二子」篇和「天論」篇對於各位思想家的批評，都是注意在治國之道，以各位思想家的思想：「不足以合文通俗」，「不足以合大衆，明大分。」「不知壹天下，建國之權稱。」「不可以經國定分」，「不可以爲治綱紀」；在「天論」篇終結時引書經的話：「遵王之道」，「遵王之路」。從這裏我們就看到荀子思想的中心。他的中心思想爲道，但是不是天道，也不是地道，而是君道。

「道者，何也？曰：君之所道也。君者，何也？曰：能羣也。能羣也者何也？曰：善生養人者也，善班治人者也，善顯設人者也，善藩飾人者也。」（君道）

「道者，非天之道，非地之道，人之所以道也，君子之所道也。」（儒效）

「道也者，治之經理也。」（正名）

荀子不談形上哲理，和老莊不同，也和易經不同，也不直接講人生哲學，和孔子不同；他所講的道，是政治學，是治國平天下之道。但是他的政治學爲基礎，而且還有易經的思想作基礎，因此荀子的思想，有一部份哲學思想。

「至道大形，隆禮至法，則國有常。」（君道）

荀子的至道，在於隆禮至法。禮法爲荀子思想的中心點；雖然他也談仁義，仁義的意義，則也在於發揚禮的用途和法的效用。

荀子的理想很高，統集孔子舜禹的大成；他在「非十二子」篇裏，批評予十二子，讚揚孔子和舜禹；然後說出自己的理想：

「今夫仁人也將何務哉？上則法舜禹之制，下則法仲尼、子弓之義，以務息十二子之說。如是則天下之害除，仁人之事畢，聖王之跡著矣。」（非十二子）

荀子所以屬於儒家，以舜、禹、孔子、子弓爲師；但是他把儒家的人，分成俗儒、小儒、雅儒、大儒。俗儒和小儒當然不合於他的理想，雅儒算是好，大儒纔是他理想的目標：

「故有俗人者，有俗儒者，有雅儒者，有大儒者。不學問，無正義，以富利為隆，是俗人者也。……略法先王而足亂世，術繆學雜，不知法後王而一制度，不知隆禮義而殺（逝）詩書，其衣冠行偽，已同於世俗矣。然而不知惡者，其言議談說，已無以異於墨子矣。……是俗儒者也。法後王一制度，隆禮義而殺詩書，其言行已有大法矣。然而明不能齊，法教之所不及，聞見之所未至，則知不能類也。知之曰知之，不知曰不知，內不自以誣，外不自以欺，以是尊賢畏法而不敢怠傲，是雅儒者也。法先王，統禮義，一制度，以淺持博，以今持古，以一持萬。……是大儒者也。」(儒效)

「志忍私，然後能公；行忍情性，然後能脩；知而好問，然後能才，公脩而才，可謂小儒矣。志安公，行安脩，知通統類，如是則可謂大儒矣。」(儒效)

「天不能死，地不能埋，桀跖之世不能汙，非大儒莫之能立，仲尼、子弓是也。」(儒效)

荀子志在爲大儒，追隨孔子和子弓。大儒之道，在於隆禮義殺(述)詩書，以統一天下的制度。

爲什麼要隆禮義呢？因爲人性惡。怎樣規定禮法呢？以天爲本。這兩點爲荀子思想的基本，屬於哲學範圍。根據這個系統，我們研究荀子的思想。研究的步驟，分爲四節：第一節，荀子的心論；第二節，荀子的知識論；第三節，荀子的性論；第四節，荀子的人生論。

二、心論

我很有點訝異，荀子書中很少提到莊子，在「非十二子」篇裏，沒有批評莊子，祗有在

「解蔽」篇批評諸子時提到。是否荀子心中默契莊子的思想？似乎不合於事實：因爲荀子的心論和天論，和莊子的思想相接近，而且似乎來自莊子；可是莊子以人性爲純樸，惡由人爲；荀子則主張性惡，善爲僞。莊子以天爲自然，荀子繼承了荀子這種思想；因此，在哲學思想上，荀子和莊子的關係，似乎密切。不過，在全部思想上說來，荀子則是追隨孔子的儒者。

1. 人

孔子以人爲倫理人，由倫理道德以決定人的價值。孟子以人和禽獸有別，因爲人有心，心爲靈明。荀子繼承這種思想，以人和禽獸的分別，在於人有倫理道德。

「水火有氣而無生，草木有生而無知，禽獸有知而無義，人有氣有生有知，亦且有義，故最為天下貴也。」（王制）

「人之所以為人者，何已也？曰：以其有辨也。饑而欲食，寒而欲暖，勞而欲息，好利而惡害，是人之所生而有也，是無待而然者也。……夫禽獸有父子，而無父子之親，有牝牡而無男女之別，故人道莫不有辨，辨莫大於分，分莫大於禮。」（非相）

人在宇宙萬物中爲最尊貴，人包括萬物所有：有氣、生命、知覺，更有禮義。氣爲萬物的成素；荀子沒有講宇宙論知形上本體論，然而他接受一般人的思想，以萬物由氣而成，便也以人爲氣所成。人之氣，較萬物之氣爲優，因爲人有生命，高於水火石砂；人又有知覺，高於植物草木；人具有道德禮義，高於禽獸。道德禮義由何而來？由於人有能分辨之心。

「故相形不如論心，論心不如擇術；形不勝心，心不勝術。術正而心順之，則形相雖惡而心術善，無害爲君子也。」（非相）

人有形，有心；形爲外面的形狀和肢體，心則是內面的心思之官；即是孟子所謂大體，肢體感官乃是小體。守大體則爲君子，守小體則爲小人。荀子以形相爲輕，心爲重，心正則爲君子。

「故事不揣長，不揳大，不權輕重，亦將志乎爾。長短小大，美惡形相，豈論也哉！」（非相）

人的成就，在乎自己的意志，不在於形相。形相的長短大小輕重，對於一個人的成就，都不足有影響。荀子例舉堯、舜、禹、湯、文、武、周公、孔子、子弓，都是形貌不美的人，桀、紂倒是形相美的男子；然而貌不美的人成聖賢，貌美的人卻爲惡而至身死名裂。所以人之所可貴者，在於內心，不在於外形。因此荀子反對以形相而定人的吉凶。

「相人，古之人無有也，學者不道也。古者，有姑布子卿，今之世，梁有唐擧，相人之形狀顏色，而知其吉凶妖祥，世俗稱之，古之人無有也，學者不道也。」（非相）

荀子不喜歡五行之說，批評子思和孟子「案往舊造說，謂之五行。」（非十二子）但是從中庸、大學、孟子三種書裏，沒有看到五行，在禮記「禮運」和「樂記」等篇則有五行之說，以人得五行之秀氣。荀子不講五行，後世的相術以五行爲根據，當然荀子反對相術。

2. 心

孟子曾以心爲心思之官，莊子以心爲靈府，荀子以心爲『虛壹而靜』。孟子論心多就心的作用而說，以發育心的善端。莊子論心，則就心之本體而說，以心爲精氣之虛，和天地之氣相通，然後能與『道』相接合。荀子論心重在知識，但爲能有知識，心應是虛；荀子便接受莊子對心的本體所有的見解。

「耳目鼻口形能各有接而不相能也，夫是之謂天官。心居中虛，以治五官，夫是之謂天君。」(天論)

「心何以知？曰：虛壹而靜。心未嘗不藏也，然而有所謂虛；心未嘗不兩也，然而有所謂壹；心未嘗不動也，然而有所謂靜。人生而有知，知而有志，志也者，藏也；然而有所謂虛，不以所已藏害所將受，謂之虛。心生而有知，知而有異，異也者，同時兼知之，同時兼知之，兩也，然而有所謂一，不以夫一害此一謂之壹。心臥則夢，偷則自行，使之則謀，故心未嘗不動也。然而有所謂靜，不以夢劇亂知謂之靜。未得道而求道者，謂之虛壹而靜。」(解蔽)

荀子解釋心的本質，以心爲氣所有，然而心之氣爲虛。虛的意義，是「不以所已臧害所將受。」普通我們說一間房子是虛的，因爲裏面沒有東西，可以把東西放進去。心稱爲虛，心雖然有許多知識，這些知識可以說是藏在心裏；可是新的知識常可以再放在心裏，無論知識多少，心都可以藏起來，或者說裝進去。人因有知識而有志，一個人的志，就是他所願意做的事，能夠很多。這些志向都可以隱藏在心裏；因此，心便是虛的。爲什麼心是虛的，可以藏無限的知識和志向呢？則是因爲知識和志向不是物質，沒有質量，不佔空間；更是因爲心的本體不是物質，因此心的知識和意志也不是物質。兩者都不是物質，當然心常是虛。『壹』，荀子釋爲不因所有的知識很多很複雜，彼此不同，心便亂了，卻常整齊有序，每個知識是每個知識，雖相關連，卻不相混。這一點，我們大家都有經驗，在同一時間裏，我們可以對於不同的客體有所認識，又在不同的時間裏，我們有各種不同的知識，我們的心常分別各種不同的知識。這是心的特點，同時兼知不同的事理，卻能不以一事而擾亂另一事。

在現代的哲學裏，有位格問題，這一個人常是這一個人，例如我常是我，我少時是我，我老了仍舊是同一的我，這就是我的位格。我的形體雖然會變，而且實在是變了，我的位格則不變。爲什麼位格不變呢？中古形上學以人和物都有各自的『自立實體』(Substance)，自立實體的外面有形色的附加體，附加體可變，自立實體不變，位格就是建立在自立實體上面。現代哲學則多不承認自立實體，而以人的位格是人反省的自覺，每個人在自己心裏常常自覺是同一的我。荀子以心爲壹，便和現代哲學以心爲位格的基礎和表現，有些相同：心使每個人知道自己是自己。

『靜』，荀子說心能辨別夢幻和實在的知識，「不以夢劇亂知，謂之靜。」這一點似乎針對莊子立說；莊子曾說夢爲蝴蝶，醒爲莊周，自己竟懷疑蝴蝶是眞的？或是莊周是眞的？（齊物論）荀子明白說出心靜，能辨別夢和實在的知識。心所以辨別夢和知，因爲心能反省，心反省時便明白分辨和知，荀子稱這種反省爲靜，爲動中之靜。動中之靜，雖不是老莊所說的無爲而無不爲，卻和無爲的意義相近。老莊的無爲，意義在於不以人爲而害自然，所以人要順乎自然；順乎自然，便是無爲。荀子不曾接受這種意義，因爲他主張以人爲勝天，不接受老莊的無爲。但是老莊的無爲，還有另一意義，即是精神的動作，不消耗精力，沒有形跡，和物質的動不相同，因而稱爲無爲。荀子以心爲靜，能自省，因爲心是虛，不是物質；心之動，便是精神之動，便是靜。

『心，虛壹而靜。』心爲精神體，有精神之動，能自省，構成人的位格，使我成爲我。

3. 心知道

「心有徵知；徵知，則緣耳而知聲可也，緣目而知形可也。然而徵知必將待天官之當簿其類，然後可也。」（正名）

「心知道。……人何以知道？曰：心。心何以知？曰：虛壹而靜。」（解蔽）

「心枝則無知，傾則不精，貳則疑惑，以贊稽之，…萬物可兼知也。」（解蔽）

荀子所講的心，爲知的主體。心既是虛靜的精神體，故能有知。知，有耳目之知，有徵知，有兼知，有對於道之知。

耳目之知，來自感官；但要有心，耳目纔能有知覺。「心枝則無知」，枝爲旁，心往旁裏走，即是心想着別一樁事，耳目雖然對着自己的客體對象，仍舊不能有知覺。大學說：「心不在焉，視而不見，聽而不聞，食而不知其味。」(第七章)

心有知，也要憑藉感官。知識不是天生的，乃由心而得；心爲得知，緣藉感官，故說「心有徵知」。緣藉耳官而知道聲音，緣藉目官而知道形色。徵知的徵字，作緣字解釋，緣爲因緣，因着感官而有知；心的知來自感覺。

徵知的徵，也作爲召字解釋，但不是古註所說徵召萬物，而是徵召知識。徵召知識有三種意義：第一，徵召已有的知識，這是回憶或記憶。第二，徵集所有的感覺，予以分類，使知識成爲類，荀子稱這種知識爲兼知。第三，徵召所有的知識，加以評判，造成句和辭，這就是推理。胡適之還說徵有證明的意思，心能反省，知道自己有感覺，有知識。(1)

心知道，易經繫辭說：「形而上者謂之道，形而下者謂之器」(繫辭上・第十二章)荀子所講的道，常爲君道，爲治道。君道雖是人事，然而君道所指的原則，則是形而上，心能知道這些原則，即是心能知道抽象的理，在君道或治道中，仁爲最高原則，由仁而有禮義，荀子說：「仁，知之極也。」(君道)

知『道』，爲天生之知呢？或爲後天之知？宋儒陸象山和朱子，對於這一點發生爭執。陸象山以諸理都在人心以內，反觀自心，即能知道；則這種知爲天生之知。朱子主張格究外物之理，以求知天理，則爲後天之知。荀子主張性惡，以善爲僞，不講性有天理，荀子以心能够知道治國和人生的大道，這種知識便應該是後天的知識。

4. 心爲主宰—志・情

「心者，形之君也，而神明之主也，出令而無所受令。」(解蔽)

「故人心譬如槃水，正錯而勿動，則湛濁在下，而清明在上，則足以見鬚眉而察理矣。……心亦如是矣。故導之以理，養之以清，物莫之傾，則足以定是非，決嫌疑矣。小物引之，則其正外易，其心內傾，則不足以決粗理矣。」(解蔽)

「形之君，形指的人的形體，四肢百體都包括在形內。這一切都受心的節制，心爲牠們的君主；神明之主：神明在這裏不是指的天神地祇，是指的人的精神。所謂精神，即是人的靈妙處，這種靈妙處，也受心的指揮。思慮是人的靈妙處，思慮便由心而受令。出令而無所受令；心在一個人的本體上，是最高的主宰者，沒有在牠以上者。意則由心而動，再向情發令；意是在心以下，在情以上。但所謂無所受令，並不是說每個人都完全獨立，不受長上的約束。在法律方面和倫理方面，世上的人都有所從屬。在心理方面，每個人的心，是自己的最高主宰，別人不能直接強迫。自己所不願意做的事，被人用強力驅使手足去做，那不算他

做的事。」(2)

「心者，形之君也，而神明之主也，出令而無所受令。自禁也，自使也，自奪也，自取也，自行也，自止也。故口可刼而使墨云，形可刼而使詘申，心不可刼而使易意。是之則受，非之則辭。故曰：心容其擇也無禁，必自見其物也雜博。」(解蔽)

荀子雖然沒有用自由的名辭，實則就是講心的自由。自由的基本在於自己願意做，荀子說自禁、自取、自行。外面的肢體可以受外面強力的強迫，口可被人封閉不言，手足可以被人強迫而屈伸，心則不能受外力的強迫而改換意志。若有對被強迫而改換了意志，則不是心所願意的事。自由的第二個基本在於選擇，在善惡之中，能夠擇善而固執；在衆善之中，能擇較適合自己者。荀子說：「心容其擇也。」楊倞註荀子說：「容，受也，言心能容受萬物。若其選擇無所禁止，則見雜博不精。」王先謙解釋則說：「先謙案，此承上文，心者形之君也云云，而引古言以明之，心禁，使自奪取，自行止，是容其自擇也。正名篇亦云離道而內自擇容訓，如非十二子篇，容辨異之容。」王先謙以楊倞註為錯誤，容為可以，為准許，即是容許，心可以選擇。因此，外面故沒有強力予以禁之，則在雜博的事物中，心的主宰選擇必定見諸於行事。梁啓雄的註，讀爲：「心容，其擇也無禁，必自見。其物也雜博，其情之至也，不貳。」以容爲心靈狀態。我認爲這樣的句讀，和荀子的上下文似乎不大相同。心的選擇在雜博的事物中實現，因爲事物雜博，心纔要有選擇。

荀子又說心和水一樣，不受風的激動，清明平靜，則能辨是非，決嫌疑。荀子用槃水作譬喩，和孟子或宋明理學家用這個譬喩，意義不同。孟子和理學家以人性爲善，性在心內，人心不亂，心可自見心內的性，性卽天理。中庸稱這種狀態爲『中』，荀子以人心不亂，心就好似一槃清水，人可以對着心而照見鬚眉。荀子以是非和嫌疑在心以外，對着人心，人心便可以照出來是爲是、非爲非。人心若亂了，好似一槃混水，就不可照見是非了。因此對於心，要『導之以理』，以理去敎導人心，培養人心常守清靜，心能定是非，則理是在人心以外。

對於心，荀子提到志和情。荀子說：「人生而有知，知而有志，志也者臧也。」（解蔽）楊倞註說：「在心爲志。」孟子也講志，後代儒家講志向。志在心，但眞正的意義指的心之所趨，和意字的意義相同，荀子說：「血氣和平，志意廣大。」（君道）因此，現代人講意志，講志向，意志和志向，在古代可以互用；在現代則意義不相同了，意志爲體，志向爲用。荀子在「解蔽」篇裏的另一處也說到志，「故君子壹於道而以贊稽物，壹於道則正，以贊稽物則察，以正志行察論，則萬物官矣。」楊倞註說：「在心爲志，發言爲論，官謂各當其任無差錯也。」心專壹於道，則心能正，心正則志也正，卽是說心正則心所向也正。

心所以不正，爲情欲所動。情是什麼？荀子說：

「人之情，食欲有芻豢，衣欲有文繡，行欲有輿馬，又欲夫餘畜積之富也。然而窮年累世，不知不足，是人之情也。」（榮辱）

「性之好、惡、喜、怒、哀、樂，謂之情。情然而心為之擇，謂之慮。」（正名）

「夫人之情，目欲綦色，耳欲綦聲，口欲綦味，鼻欲綦臭，心欲綦佚；此五綦者，人情之所必不免也。」（王霸）（綦，楊註爲甚）

「子宋子曰：人之情欲寡，而皆以己之情為欲多，是過也。……然則亦以人之情為欲，目不欲綦色，耳不欲綦聲，口不欲綦味，鼻不欲綦臭，形不欲綦佚，此五綦者，亦以人之情為不欲乎？曰：人之情欲是已。」（正論）

「兩情者，（吉凶憂愉之情）人生固有端也。」（禮論）

荀子認爲情，不是人所固有的，「情也者，非吾所有也，然而可爲也。」但是他又說：「兩情者，人生固有端也。」這不是自相矛盾嗎？楊倞註說：「言天性非吾自能爲也，必在化而爲之也。言情非天性所有，然可以外物誘而爲之。或曰情，亦當爲積。積習與天然有殊，故曰非吾所有，雖非吾所有，然而可爲之也。」我認爲情若爲積的誤寫，則全文可通。

楊註以前文「而師法者，所得乎情，非所受乎性。」情字卽是積字，積爲習慣。荀子在這裏講儒效，講以習俗去化性，以性和積相對，不是以情和性相對。

情爲人生固有，人所固有爲情之端，孟子以情爲心之動，荀子則以情爲性之質。一種情爲感官之情，感官天然傾向自己的目標，目向色，耳向聲。另一種爲情，爲喜怒、憂鬱、愉快。欲爲情的對應，情動而有欲。儒家都主張有情而寡欲，欲足以蔽心。荀子卻主張多情多欲，君主要養人的欲；但是養欲需有規則，規則便是禮義。

情爲性之質，欲則爲感官之動，應由心去支配。

唐君毅先生講荀子的心論，認爲荀子注重心之知，以心有徵知，稱荀子所講的心爲知類和明統心。⑶實際上荀子也很注意倫理道德之心，他講道心、人心、善心、淫心、詐心。

「故道經曰：人心之危，道心之微。危微之幾，惟明君子而後能知之。……蚊䖟之聲聞則挫其精，…可謂能自名矣，未可謂微也。夫微者，至人也。至人也，何彊？何忍？何危？故濁明外景，清明內景。聖人縱其欲，兼其情，而制焉者理矣，夫何彊何忍何危？故仁者之行道也，無爲也；聖人之行道也，無彊也。仁者之思也恭，聖人之思也樂，此治心之道也。」（解蔽）

「姚冶之容，鄭衞之音，使人之心淫，紳、端、章甫，舞韶歌武，使人之心莊，故

君子耳不聽淫聲，目不視女色，口不出惡言，此三者，君子愼之。」（樂論）

「樂者，聖人之所樂也，而可以善民心。」（樂論）

荀子隆禮重義，以治天下，而且重法，看來他所注重的在於外面的秩序，只要人民不爭不亂，治道便成功了。可是荀子究竟是儒家而不是法家，他也注重正人心，使人向善，敎人以養心之術。

爲求人修身向善，最重要的事在於人心的正。人心正則心如同一槃淸水，可以照見是非，而有正當的決定。爲使人能正，荀子主張精於壹。所謂壹，卽是道；人心要專精於道。專精於道，則有道心；人亂貪事物，則有人心。『壹於道則正，以贊稽物則察，以正志行察論，則萬物觀矣。』」（解蔽）專精於道，卽中庸所說之誠。

「心居中虛以治五官，夫是之謂天君。」（天論）

楊倞註說：「心居於中空虛之地，以制耳目鼻口形之五官，是天使爲形體之君也。」心居人身中，本體爲虛，爲精神、爲靈明，能節制五官；不單是心若不在，耳目雖有聞見，仍舊不能有感覺；而且五官之動和五官之欲，也受心的命令。

「欲之多寡，異類也；情之數也，非治亂也。欲不待可得，而求者從所可。欲不待可得，所受乎天也；求者從所可，所受乎心也。……心之所可中理，則欲雖多，奚傷於治？欲不及而動過之，心使之也。心之所可失理，則欲雖寡，奚止於亂？故治亂在心之所可，亡於情之所欲。……性者，天之就也；情者，性之質也。欲者，情之應也。以所欲為可得而求之，情之所必不免也。以為可而道之，知所必出也。故雖為守門，欲不可去，性之具也。」（正名）

在這一段裏，荀子講明性．心和情、欲的關係，而且也說明了情、欲的本質。性爲天生的心理傾向，情爲性的心理傾向的材質。心的天生傾向由情去表現，情表現性的傾向時，一切官能有所感應，感應便是欲。荀子認爲情欲都是天生的，不能去掉也不能減少，他反對孟子寡欲的主張，更反對宋子、墨子的去欲寡欲的學說，卻主張以心去管理情欲。心若中理，情欲也會因心的命令而中理，所謂中理，乃是禮義。

5. 人心．道心

「君子養心莫善於誠，致誠則無他事矣。唯仁之為守，唯義之為行。誠心守仁則

形，形則神，神則能化矣。誠心行義則理，理則明，明則能變矣。變化代興，謂之天德。」（不苟）

荀子講誠，爲誠於道，專精壹志以道爲規矩，力行仁義，則能化性惡爲善。人苟不誠，則有詐心，詐心專求利而不求道；

「不務張其義，齊其信，唯利之求。內則不憚詐其民而求小利焉，外則不憚詐其與而求大利焉。……如是，則臣下百姓，莫不以詐心待其上矣。」（王霸）

人的善惡，都在心上。心能知，能定斷，能主宰人的內外。而這一切都應用爲化性之惡而行善。荀子所講的心，不因心內有天理而善，乃因能知『道』，指使人的情欲而向善。

三、知識論

荀子在中國哲學家中，對於名學很重視的學者，在文集中有「正名」篇和「解蔽」篇，直接講解名字，在「正論」篇和「勸學」篇也講到名學的問題，在其餘的篇章裏，他使用論理的方法，明瞭而謹嚴；雖不像墨子用三表法的一定方式去推理，但說理的深度較墨子更高。他有法家的嚴密，不像孟子的豪放；對於自己所用的名詞術語，都加解釋。因此，荀子的認識論，在中國的哲學家裏，頗爲特出。

荀子所以注重認識論，在於正名。胡適之說：「他承着儒家『春秋派』的正名主義，受了時勢的影響，知道單靠史官的一字褒貶，決不能做到正名的目的，所以他的名學，介於儒家與法家之間，是儒法過渡時代的學說。」⑷這一點是從正名的方法上說，不能從知識論的本身說。荀子的知識論以正名爲中心，他的名學由哲學的觀點而講名實的關係，決不是儒法過渡時代的學說，而是哲學上的知識論；至於爲正名，荀子主張由君王法令去制定以利通行，則不是哲學問題，而是政治問題了。

> 「凡議必立隆正然後可也，無隆正則是非不分，而辯訟不決。故所聞曰：天下之大隆，是非之封界，分職名象之所起，王制是也。故凡言議期命、是非，以聖、王為師。」（正論）

隆正由君王以法令而立，按着隆正去定天下是非。但隆正的作用，不直接爲正名，而是爲治人治國，以定人事的是非，因爲荀子所主張隆正者爲禮義，禮義則不屬於名學，胡適之以荀子的名學，是以君王所立的隆正爲標準，做一個標準的大前提，合者爲是，不合者爲非，「所以我說他是演繹的名學。」⑸則只說到荀子名學的一部份。

1. 知識

人有感覺之知和心靈之知；感覺之知，和禽獸相同，心靈之知，爲人所專有。

「水火有氣而無生，草木有生而無知，禽獸有知而無義，人有氣，有生，有知，亦且有義，故最為天下貴也。」（王制篇）

人爲什麼有義，因人有心，心能知道。心之知便和禽獸之知不同。禽獸之知爲感覺之知，感覺之知由感官而有。人有五官，耳目口鼻形，形爲體。

「夫人之情，目欲綦色，耳欲綦聲，口欲綦味，鼻欲綦臭，心（形）欲綦佚；此五綦者，人情之所必不免也。」（王霸）

五官各有對象，目有色、耳有聲、口有味、鼻有臭、形體有安佚。

「耳目鼻口形，能各有接而不相能也，夫是謂之天官。」(天論)

楊倞註說：「耳辨聲、目辨色、鼻辨臭，形辨寒熱疾癢，其所能皆可以接物，而不能互相爲用。官猶任也，言天之所付任有如此也。」王先謙荀子集解引王念孫的註解，念孫以形字後面的能字，和態字相同，形能相接爲形態，即是形體，「言耳目口鼻形態，各與物接而不能互相爲用也。」我認爲形能相連爲形態，可以通；但在一句的意義上並沒有影響。五官都各與物相接，所說物即是五官的對象，每一官都有感覺，應該和對象相接。

然而人的感覺之知，不僅因着感官而成，還要靠着人心。感官只能對物，既不能互相爲用，更不能自己知道自己，因此感覺之知，由心而成。心不在，目看見色而不見，耳聽見聲音而不聞。故「心枝則無知。」(解蔽)

心之知爲徵知，即是徵實之知，由感官的經驗而有。心之知不是天生的，也不是虛構的，是由實際的感覺而成。「然而徵知必將待天官之當簿其類，然後可也。」(正名)因爲「徵知，則緣耳而知聲可也，緣目而知形可也。」(同上)心的知識開始來自感覺，緣藉五官的經驗而有。但既有了感覺，心便把感覺按着感官的對象而分類。楊倞註說：「類謂可聞之物耳之類，可見之物目之類。」荀子說：

「五官簿之而不知，心徵之而無說，則人莫不然謂之不知，此所緣而以同異也。」（正名）

心緣感覺而有知，分其類，乃命以名；有了名，纔可以說。人所說的不知，乃是感官既沒有感覺之知，心又記不起所定的名，便是對這種事物沒有知。沒有知，當然不能有同異；同異，乃是緣着感覺而定名，然後纔有同異。

心緣感覺而定名，以辨同異。唐君毅先生說：「故荀子所言之名，乃用以直接表吾人意中之事物之同異之『狀』，而非直接用以指事物之『實』者。此乃與墨辯之直接言『名以指實』（墨辯・小取篇）之說，及公孫龍直接謂『正其所實者，正其名也。』（公孫龍・名實論）之說，初不相同也。如依荀子之說，以言名之指實，當透過名之表吾人意中之『實之狀』，而間接指實。」(6)唐先生所名指意中之狀，牽涉到知識論的觀念問題。西洋的認識論或知識論都集中在討論觀念和客體的關係，觀念究竟和客體怎樣相符合？中國哲學則沒有提到觀念問題，雖然易經講象，象可以解釋爲意象，但是易經的象不是西洋哲學所講的觀念。因此，荀子所說的『狀』，是不是我們理智裏的觀念，並不明顯；我認爲狀不是觀念，而是觀念的構成素。

心有了知識，便有思慮。在「勸學」篇，荀子引孔子的話：

「吾嘗終日而思矣，不如須臾之所學也。」(勸學)

王先謙註說：「先謙案，大戴記，吾上有孔子曰三字。」指明荀子所說的話之出處。論語上說：「吾嘗終日不食，終夜不寢，以思，無益，不如學也。」(衛靈公)朱子註說：「蓋言勞心以必求，不如遜志而自得也。」思乃是心的功作，是自己用心去想，不如向明師請教的有益，也不如自己去實習。但是孔子又說：「學而不思則罔，思而不學則殆。」(為政)朱子註說：「不求諸心，故昏而無得；不習其事，故危而不安。」程子註說：「博學、審問、愼思、明辨、篤行，五者廢其一，非學也。」程子的話出自中庸第二十章，在這五者中，愼思明辨爲心的功作，思爲心的推理，徵集關於一問題的各種知識，以求解釋，以求評判。

辨爲分辨，乃是慮，荀子說：「情然而心爲擇」。(正名)慮爲心對於定斷的考慮，屬於知識範圍，擇則屬於意志了。慮，在於分辨事物或問題的各方面理由，使心能有所選擇。明辨也可以進而爲辯論，辯論將心所有考慮形之於外，作成判斷。

荀子說：「事起而辨。」(解蔽)辨爲對於事而起的心之作用，心之辨而發爲言語則爲辯論。荀子說：「君子必辯。」(非相)以明仁義之道，以正名義。

荀子的知識論，以知識爲心所有，心緣五官而有知，有知而定名，定名而後有思，由思而能明辨，由辨而有辯論。

2. 名

甲、名的意義

荀子追隨孔子正名的主張，寫了一篇正名的文章，名爲「正名」篇。孔子正名，立在倫理方面，按照禮的意義，對於人對於事予以適當的名稱。孔子的名，是左傳所說：『名以制義』。荀子爲正名，從邏輯方面下手，把名的本來意義說明，然後講倫理的名。

「名也者，所以期累實也。」(正名)

楊倞註說：「或言累實，當爲異實。言名者，所以期於使實各異也。」名的意義，在於代表實體，使實體能够分辨清楚。

「故知者為之分別，制名以指實。上以明貴賤，下以辨同異。貴賤明，同異別，如是，則志無不喻之患，事無困廢之禍，此所為有名也。」(正名)

名以指實，名所指的爲實。實是客體，客體有三大類：第一類爲具體的物，例如牛羊桌椅；第二類爲抽象的義理，例如：仁義禮智；第三類爲以抽象義理之名稱呼具體的事物，例如君臣父子夫婦。荀子所注重的名爲第三類的名，這一類的名，用爲別貴賤尊卑。第一類的名，用以辨同異。

名爲人所造，直接爲表達人心的觀念，觀念所指的爲實。名在開始時，爲人的口所呼出的聲音。說文訓名爲命：「名，自命也。從口從夕，夕者冥也，冥不可見，故以口自名。」歐美有字母的文字，直接把聲音寫下來，文字以聲音爲主。中國的文字則按照六書而造；文字所寫的不是口所說的聲音，而是人心的意象。意象可以是由感覺對外面客體所有的形像，也可以是人心對外面客體所有的意像，因此中國文字起源的六書，以象形、指事和會意爲主。象形在於仿效外物之形，指事和會意都是代表意像。因此，名所代表的實，直接是人心所有的形像和意像，即是觀念的構成素，經過一種反省，乃指着所代表外面的客體。例如父，意義指着生下兒子的男人；父字按說文从又擧杖，代表規矩，家長以規矩教訓家人，按六書的規則，屬於指事。父，便代表一家之長。這個名有聲音、有字，聲音在開始時，直接代表兒子的男人，所生的兒子呼他爲父；字則代表一家的長上。因此『父』這個名，直接所代表的，是一個意象，即一家之長，間接纔指着這個生了兒子的男人。荀子似乎稱這種意象爲狀。又如日月的字，都是象形，形爲日月在人心中的狀。

名的起源，荀子認爲來自天官：

「形體色理以目異，聲音清濁調節奇聲以耳異，甘苦鹹淡辛酸奇味以口異，香臭芬鬱腥臊洒酸奇臭以鼻異，疾養滄熱滑鈹輕重以形體異。」（正名）

人的知識，起於感覺，由感覺而有意象，人乃定名以表客體。名，不是空名，必有所指之實。荀子稱爲實，實對空或虛；名，本來是一種聲音，或一個字，是空的和虛的，必有所指的客體，纔成爲實在的；因此，稱名所指的爲實。但也表明荀子以客體爲實有；若是名所指的客體不是實有，名便是空或虛，而沒有意義。

乙、名的種類

荀子在「正名」篇，別擧了名的種類，第一類的名爲社會生活裏所用的名；第二類的名爲論理學上所用的名：

「後王之成名，刑名從商，爵名從周，文名從禮，散名之加於萬物者，則從諸夏之

成俗。」（正名）

這四種名是社會生活裏所用的名：刑名爲刑法之名，也稱爲形名，刑與形在古書裏通字。荀子「天道」篇說：「道德已明，而仁義次之；仁義已明，而分守次之；分守已明，而形名次之；形名已明，而因任次之。」爵名爲官爵的名字，文名爲禮義上的名字，散名爲一般事物的名字。楊倞註說：「文名，謂節文威儀；禮，即周之儀禮也。」

「此所緣（五官）而以同異也。然後隨而命之，同則同之，異則異之。單足以喻則單，單不足以喻則兼。單與兼無所相避則共，雖共不為害矣。知異實者之異名也，故使異實者莫不異名也，不可亂也，猶使同實者莫不同名也。故萬物雖衆，有時而欲徧舉之，故謂之物，物也者，大共名也。推而共之，共則有共，至於無共然後止。有時而欲偏舉之，故謂之鳥獸，鳥獸也者，大別名也。推而別之，別則有別，至於無別然後止。」（正名）

荀子從論理學或名學上，舉出有單名、兼名。有同名、異名。有共名、別名；有大共名，大別名。

『單名』爲一單純的名詞，例如馬。『兼名』爲一複名，含有附加的成份，例如白馬。「單足以喻則單」，用單名可以指名一個實（客體），就用單名。若是用單名而不清楚，足以引起誤會，使用兼名。例如學校，是個單名，不能指明一所學校；若用輔仁大學，便指明一所單獨的學校；輔仁大學爲兼名。單名和兼名可以相合並用。

『同名』爲相同的名，『異名』爲不相同的名，「同則同之，異則異之。……知異實者之異名也。故使異實者莫不異名也，不可亂也，猶使異實者莫不同名也。」王念孫註說：「猶使異實者莫不同名也。」的異字，係同字之誤。同則同名，異則異名，以免混亂。荀子也說：「凡同類同情者，其天官之意物也同。故比方之，疑似而通，是所以共其約名相期也。」（正名）同類同情即同類同特性的實體，它們在人的感官上所留的印象相同，人心由印象而有意象，乃約而予以一個相同的名詞。若是類不同特性不同，便予以不相同的名詞。例如凡是牛，都同一個名詞，牛和馬，則名詞不相同了。

『共名』即是共通的名，爲一羣實體共通所有的名；『別名』即是類別名，按照一種特性而把共名加以分別。例如物爲共名，有生物和無生物爲別名。

『大共名』爲共名裏面所指的實最多的名，「推而共之，共則有共，至於無共而後止。」從一個共名向上推，得到一個更共的名，再向上推，又得到一個更共的名，一直推到沒有再更共的名，這個名便是大共名，荀子說：「物，大共名也。」說得很對，我們佩服荀子在名學上的深思確慮。『大別名』爲別名中所指的實最多者。荀子說：「推而別之，別而有別，至於無別然後止。」從大共名向下推，得一個較小的共名，這個小共名爲大別名，例如物爲大共名，從物中分別出鳥和獸，鳥和獸便是大別名。從鳥獸向下再加以分別，有各種的鳥和獸，最後推到這隻鳥這隻獸，就再不能分了，便是一個單體。

名學上有個大問題，卽共名，另外是大共名，是不是有所指的實？西洋哲學裏有所謂唯名論 (Nominalism)（相）認爲共名爲人所造，沒有所指的實，乃是空虛的假名，例如動物。外界的實體，卽是單體，乃是這個人，這隻鳥，沒有所謂動物。士林哲學（經院學派）則認爲共名爲抽象之名，但在外界實體中有自己的根據。例如動物，雖沒有一個單體是動物，然而生活行動的單體稱爲動物，確實具有動物的特性。荀子也認爲共名有實，他說：「故萬物雖衆，有時而欲偏舉之，故謂之物。物也者，大共名也。」荀子以大共名爲偏舉衆物，並不是心所擬造。荀子說：「名聞而實喩，名之用也。」（正名）而且中國的儒道兩家，都以名有實，墨子也主張名指實。

丙、制名

名是怎樣制定的呢？名當然是人所制定的。在我們現代所看到制名的現象不多，所有的新名詞大多是學術上的名詞，或者政治制度上的名詞，普通都是由於適當的學術機構或政府機關制定有關的新名詞，社會一般人接受而應用。有時也由私人製造名詞，等到社會一般人都通用了，新名詞也就成立了。現在制名，還沿用六書的方法，以形聲會意爲原則。古代制名是怎樣呢？

荀子對於『散名』認爲以感官的印象爲根據，由口所呼的名而造字，更以感官印象爲重。究竟爲什麼一個實體有這個名詞，那個實體有那個名詞呢？完全在於人的習俗，大家習慣這樣稱呼，名就成立了。

「名無固宜，約之以命。約定俗成謂之宜，異於約則謂之不宜。名無固實，約之以命實。約定俗成，謂之實名。」（正名）

名和實相連在一起，不是本性上的關係，乃是人所加上的關係。這種關係的確定，在於大家都接受，有似於大家立一公約，接受這個名稱呼這個實。大家約定應用這個名，用久了便成了習俗，名和實的相連關係就確定了。

制名的原則，在於同實則同名，異實則異名。但是在同異之中，又有當注意者：

「物有同狀而異所者，有異狀而同所者，可別也。狀同而異所者，雖可合，謂之二

實。狀變而實無別而為異者，謂之化。有化而無別，謂之一實。此事之所以稽實定數也，此制名之樞要也。」（正名）

我曾經解釋上面這段話：「對於實體，先要辨別是同一實體呢？還是兩個不同的實體？因爲同是一類的實體，若不在同一地方以內，則明明可以分爲兩個實體。同在同一的地方以內，若實體不相同，則也可以明明分爲兩個實體。至於同一實體，前後生了變化，外形變了，實體沒有變，則仍舊前後同是一個實體。」(7)荀子注重到實體的數目，「稽實而定數」；然而名並不隨着數目而變。

對於共名的制名樞要，在於統類；而且荀子所講的名，都是共名，對於每個單體所固有的名，荀子不特別加以注意。共名由統類而成。對於「類」字，荀子說：

「彼大儒者，……其言有類。……苟仁義之類也，雖在鳥獸之中，若別白黑；倚物怪變，所未嘗聞也，所未嘗見也，卒然起一方，則擧統類而應之，無所儗㤰，（怍）張法而度之，則晻（同）然若合符節，是大儒者也。」（儒效）

「法其法，以求其統類」（解蔽）

「發之而當，成文而類」（非相）

「齊謂法為類。」(方言)

「多言而類，聖人也。」(非十二子)

類字指相似，「而類聖人」，相似聖人，又指同屬一齊，可謂一齊，是因本性或特性相同。「而類聖人」和聖人一齊，聖人成爲人中的一類。類由歸納法而成，歸納同性或質的實爲一類，制定了類，類又成了演繹的標準。荀子講類，注重在演繹，知道了類的特性，則處處可以識別。「仁義之類，雖在鳥獸之中，若別白黑。」爲立一類，須有標準，荀子認爲類的標準在於禮法，「法其法以求其統類。」按照標準以統一同類之實。

3. 解蔽

荀子生當戰國之末，社會制度頹廢，各家思想紛紜。爲改正這種局面，荀子作了「非十二子」篇，批評他們的思想，作了「正名」、「解蔽」、「正論」、「禮論」、「儒效」各篇，提出積極的意見。又特別從認識論方面，說明錯誤所有的原因。

在理性生活裏，知識來自感官，由感官而有印象，由印象而有意象，由意象而命名。有了名，還只在知識階段的初段，我們要有語言，有了語言纔能有說明，說不明然後有辨論。

荀子說：

「實不喻然後命，命不喻然後期，期不喻然後說，說不喻然後辨；故期命辨說也者，用之大文也，而王業之始也。」（正名）

命爲命名，名以喻實，這是第一步。但是天下的事物，不能單單用名詞就可以曉喻明瞭，應該有語言。語言是期合各種名詞而成的。期是期合名詞以成句或辭；期也可以解爲相比。一個實，不能由名而喻，可以藉類似的實去解釋，使人明瞭。說，是說明，由多數句而成，把對象的各方面加以解釋。辨，是辨論，把各種不同的意見，陳說出來，分辨是非。錯誤常出在這幾方面，因爲人心能夠有蔽。荀子把這些蔽病列擧出來：

甲、論理方面錯誤的原因

荀子說

「異形離心交喻，異物名實玄紐。」（正名）

這兩句，楊倞認爲應讀爲三句，「異物離心，交喻異物，名實玄紐。」王念孫也和他一樣。郝懿行則讀爲兩句，王先謙隨從郝的主張。「異物離心交喻」，在於不相同之實，擾亂了心，使人拿不相同的實互爲說明，本不相同弄成了相同；本不同類同情，弄成了同類同情；這樣當然就錯了。「異物名實玄紐」，也在於物不相同，所用的名不清楚，彼此混亂。這種錯誤，荀子說是以實亂名，以名亂實。

「見侮不辱，聖人不愛己，殺盜非殺人也；此惑於用名以亂名者也。驗之所以為有名，而觀其孰行，則能禁之矣。山淵平，情欲寡，芻豢不加甘，大鍾不加樂，此惑於用實以亂名者也。驗之所緣而以同異，而觀其孰調，則能禁之矣。非而謁盈，有牛馬非馬也，此惑於用名以亂實者也。驗之名約，以其所受悖其所辭，則能禁之矣。」（正名）

『以名亂名』：「見侮不辱」，爲宋子之說；「聖人不愛己」，爲墨辯「大取」篇的思想；「殺盜非殺人」，爲墨辯「小取」篇的話。這三個例中的名：有「侮」、「不辱」；「愛人」、「愛己」、「盜」、「人」。第一例說：被人侮辱而不以爲侮辱，這是不合理的，爲什麼呢？在於『侮』和『辱』的名字，本來不同，侮是受欺負，辱是可羞恥；所以見侮不辱。但兩個名所指的實卻爲相同，異名而同喻一實，因爲兩個是相屬的共名，本共指一實，辱爲共名，侮爲辱的別名。第二例：「聖人不愛己」，人和己，兩個名字不相同，人是人，己是己；因此說聖人愛人便不愛己。可是己包括在人以內，兩名可同指一實，聖人愛人也就愛己。第三例：「殺盜非殺人」，盜和人，兩個名字不同，盜是盜，人是人；便說殺盜不是殺人；但是盜包括在人以內，盜是人，殺盜也是殺人。這三個例，都在於兩個相屬的共名，本共指一實；卻把兩個名分開不相屬，而虛指兩實，這就是以名亂名。荀子認爲：我們研究名的意義，連接起來，看通不通，便可以避免錯誤，「驗其所以爲有名，而觀其孰行，則能禁之矣。」

『以實亂名』：「山淵平」爲莊子的話，「情欲寡」爲宋牼的主張：「芻豢不加甘」和「大鐘不加樂」爲墨子的話。第一例：山和淵爲兩實，平爲名，怎麼能說山和淵相平呢？莊子主張齊物，一山比諸另一高山，則爲平；一淵比諸另一淵，可以相平；這樣山可以說是平，淵也可以說是平，便說『山淵平』，實際上是山和淵兩實禮用了「平」名。第二例：「情欲寡」，宋子主張情寡欲寡，荀子反辯以爲情可寡，欲則多；這一例是情和欲兩寡亂用了『寡』名。第三例：「芻豢不加甘，大鐘不加樂。」芻豢有的很甘甜，有的不甘甜，若概括地說「芻豢不加甘」，便是部份之實亂全稱之名。「大鐘不加樂」，則大鐘有時對於奏樂的聲音並不加增，但普通卻是加增，於今說「大鐘不加樂」，是以小部份之實包括全稱之名。這些錯誤，只要驗之於五官，看調不調，便可以避免。平，用眼去看；寡，同形體去驗；甘，用口去驗；樂，用耳去聽，就可以分辨清楚。

『以名亂實』：「非而謁楹，有牛馬非馬。」都是墨經中的話。但是必定有些錯字，現在不可解釋。梁啓雄（梁叔任）荀子約注裏面說：非字爲排字，謁爲謂，楹爲盈，有爲又，兩句應是『排而謂盈，又牛馬非馬』，則眞似墨經的話。排是東西排列起來，盈是滿，東西排起來把地方佔滿了；把東西裝入同一器皿裏，器皿也滿了；排和盈便都表示滿，『排而謂盈』。實際上，排的滿和盈的滿並不相同，「盈謂二體相函如堅白，排謂二體相外如二石。」「牛馬非馬」，牛馬和牛和馬在一起，不單單是馬，便說牛馬非馬，但實際上牛馬中有馬。這都是以名亂實。祇要按照名的意義，看所指的實相不相違，便可以避免。

乙、心理方面的錯誤

除了論理方面的錯誤，還有心理方面的錯誤。荀子在「解蔽」篇中述了這些錯誤的心理原因，以求避免。

『偏見』：偏於一種見解，不知瞭解全局。荀子說：

「蔽於一曲，而闇於大理，治則復經，兩則疑惑矣。天下無二道，聖人無二心。今諸侯異政，百家異說，則必或是或非，或治或亂。」（解蔽）

眞理祇有一個，大家對於每樁事理，卻各有各的主張，必定有是非。這種現象來自人心之蔽於一部份的偏見。偏見來自什麼蔽病？荀子說：

「故為蔽：欲為蔽，惡為蔽；始為蔽，終為蔽；遠為蔽，近為蔽；博為蔽，淺為蔽；古為蔽，今為蔽。凡萬物異莫不相為蔽，此心術之公患也。」（解蔽）

荀子數了蔽的十個原因。十個原因都在於觀點不同，心有所偏。爲防備這種種蔽病，人要對自己的心加以謹愼。「主其心而愼治之。」

百家的學說，各有所偏。「墨子蔽於用而不知文；宋子蔽於欲而不知得；愼子蔽於法而不知賢；申子蔽於勢而不知知，惠子蔽於辭而不知實，莊子蔽於天而不知人。」（解蔽）這些都是「曲知之人，觀於道之一隅，而未之能識也。」（同上）祇有孔子可以代表一個沒有偏蔽，而知大理的聖人。「孔子仁知且不蔽，……故德與周公齊，名與三王竝，此不蔽之福也。」（同上）

『多疑』：疑是對一事懷疑，不敢決定是非，也不敢決定可否。疑並不是錯誤的緣因，而且是求得眞理的途徑，對事完全不知道懷疑，反倒容易錯。但是若過於多疑，則就多有錯誤。荀子說：

「凡觀物有疑，中心不定，則外物不清。吾慮不清，則未可定然否也。……以疑決疑，決必不當。夫苟不當，安能無過乎。」（解蔽）

心中有疑，看事看理都不清楚，荀子說好比「冥冥而行者，見寢石以爲伏虎也。……醉者越百步之溝，以爲蹞步之澮也。……厭目而視者，以一爲兩。掩耳而聽者，聽漠漠以爲哅哅。」這都是看事不清楚，心中有疑，卻馬上以爲是，以疑決疑，便不得其當。

『情欲動心』：偏心多出於情欲，但有時人本願無偏心不幸情欲鼓動了心，看事就不明白了。荀子說：

「人心譬如槃水，正錯而勿動，則湛濁在下，而清明在上，則足以見鬚眉而察理矣。微風過之，湛濁動乎下，清明亂於上，則不可以得大形之正也。心亦如是矣。故導之以理，養之以清，物莫之傾，則足以定是非，決嫌疑矣。小物引之，則其正外易，其心內傾，則不足以決粗理矣。」（解蔽）

荀子並不主張寡欲，卻主張養欲；養欲需依據禮法。隆禮重法，人欲得滿足，而不至於放蕩。

4. 正名

荀子講了避免錯誤的理則方法，以除去十種蔽因；但是單靠這些理則方法，祇能使知識不錯；然而還不能使邪說不在社會裏流行，使國家的組織都能名正言順，各人在自己的位置，各人盡自己的責任。荀子乃在積極方面，從政治方面提出正名的方法。

「凡邪說辟言之離正道而擅作者，無不類於三惑者矣。故明君知其分而不與辨也。夫民易一以道，而不可與共故。故明君臨之以勢，道之以道，申之以命，章之以論，禁之以刑，故其民之化道也如神，辨說惡用矣哉。」（正名）

三惑，即是惑於名亂名，惑於實亂名，惑於名亂實；凡是邪說辟言，都由於這三種惑而來。明君應以政令刑法去治民，不要向人民講說事理。對於名，規定全國一律，不能擅改。社會名詞的制定，應一本於舊名：

「若有王者起，必將有循於舊名，有作於新名。」（正名）

社會名詞爲刑名、爵名、文名、散名。散名爲事物的固有名詞，應隨從社會的習俗。「刑名從商，爵名從周，文名從禮。」（正名）名與實要相合，不宜用舊名，而失去了原有的實；否則社會要亂，「貴賤不明，同異不別，如是則志必有不喻之患，而事必有困廢之禍。」（正名）王者制定名，以法令行之；

「故王者之制名，名定而實辨，道行而志通，則慎率民而一焉。故析辭擅作名，以亂正名，使民疑惑，人多辨訟，則謂之大姦。其罪猶為符節度量之罪也。故其民莫敢託為奇辭以亂正名，故其名愨。愨則易使，易使則公。其民莫敢託為奇辭以亂正名，故壹於道法，而謹於循令矣。如是則其迹長矣，迹長功成，治之極也。是謹於守名約之功也。」（正名）

荀子的正名和孔子的正名，途徑不同；孔子主張以教育，以倫理制裁去正名，荀子主張以刑法正名。而且孔子要使民知道正名的意義，使人民自願固守名分；荀子則認爲民可以驅使而不可以理喻；荀子的這種思想出於老子的愚民論。

四、性論

1. 性

甲、性

講荀子哲學的人，沒有人不以荀子的『性惡論』，爲他的特點；而且把『性惡論』和孟子的『性善論』，互相對立。但是荀子批評孟子時，卻不提孟子的性善主張；祇是在「性惡」篇有幾次提到，如「孟子曰：人之性善。曰：是不然。」可是兩人的主張不同，乃在於對於善惡的解釋不同，對於性的意義，則根本上相同。荀子說：

「凡性者，天之就也。不可學，不可事。禮義者，聖人之所生也；人之所學而能，所事而成者也。不可學不可事之在天者，謂之性；可學而能可事而成之在人者謂之僞：是性僞之分也。」(性惡)

「性者，本始材朴也；僞者，文理隆盛也。無性則僞之無所加，無僞則性不能自

美。性僞合，然後成聖人之名，一天下之功於是就也。」（禮論）

「生之所以然者，謂之性。性之和所生，精合感應，不事而自然者，謂之性。」（正名）

「正名」篇的楊倞註釋，以「和」爲陰陽冲合之氣。王先謙則說性之和所生，性字應爲生字，這句讀爲『生之和所生』。梁啓雄的荀子約註說：「生之所以然者謂之性」，指天賦本質，乃生理之性；「精合感應」謂精神和事物相接，指天賦的天能，乃心理之性。荀子沒有分別生理之性和心理之性，也沒有分別本質和本能。荀子所講的性，指人的天然傾向。所以說：「生之所然者謂之性」；「不事而自然，謂之性。」「凡性者，天之就也。」

孟子也曾以性爲天賦的傾向，講良知良能，在意義上和荀子所講的性相同，「天下之言性也，則固而已矣。」（離婁 下）但有一點和荀子不相同，就是孟子以性的天然傾向，由心而表現，稱這種天然傾向爲心的善端。荀子講性，把性和心分開；這一點也可以說來自莊子。莊子以天爲自然，以心爲人的行動之主宰而代表人；莊子主張勿以人勝天，即是不要以人心的知識去改變自然傾向；荀子以性爲天然，以心爲僞的根由；荀子主張以僞去改正人性，「注錯習俗，所以化性也。」（正論），因此把性和心分開。孟子以性不離開心，如同耳目等感官對於聲色的傾向，更好稱爲命，而不稱爲性。命是人生不能抵抗或不能支配的遭遇，耳目對於聲色的能力和理智力的高下，都是天賦的，人自己不能改變，便是命運。仁義禮智的傾向，也是天賦的，有的人傾向高，有的人傾向低；這種傾向由心而表現，不稱爲命而稱爲性。

「口之於味也，目之於色也，耳之於聲也，鼻之於臭也，四肢之於安佚也，性也，有命焉，君子不謂性也。仁之於父子也，義之於君臣也，禮之於賓主也，智之於賢者也，聖人之於天道也，命也，有性焉，君子不謂命也。」（盡心下）

這一個不同之點，使孟荀對於性的善惡所持主張便不相同。孟子以人之所以爲人在於人的心思之官，若論感覺之官，則人和禽獸相同。因此，孟子以人的性爲人心的天賦之傾向；人心的天賦之傾向，孟子認爲是仁義禮智之端，乃是善。荀子以人的天賦傾向，不能經過人心，若經過人心，已經是人爲（僞）了。荀子說：

「生之所以然者謂之性。……所以知之在人者謂之知，知有所合謂之智。」（正名）

心是有知的，知是人爲而不是天生；經過人心的天賦傾向，已經過人爲之知，便不是性了。

「性者，本始材朴也。」荀子以人性爲先天的本質，人在先天本質上可以加以文飾。好比天生的樹木，可以用來作器具。「無僞則性不能自美」，就如說樹木自己不能成爲美好的器具。「性者，本始材朴也。」卽是天賦的能，「性者，天之就也。」是說，性是天然而成就的。能是才能，力是行，荀子以性包涵天賦之能和天賦之行，由能到行，天然而成，不用人事。「性之合所生，精合感應，不事而自然，謂之性。」所以可以稱爲天賦傾向。孟子以性爲良知良能，也包涵天然的能和天然的行；所以他認爲小孩天然知道愛父母爲性。

孟子講性和荀子講性，以及告子講性，和宋代理學家講性，都不相同。宋代理學家，尤其是朱子以性爲理或天理；卽人之所以爲人之理。孟荀等講性，以性爲人生活的本能。(8)儒家主張人爲倫理道德之人，人的生活本能便應爲倫理道德的本能。理學家的性爲理，孟荀的性爲能。中庸之性爲天理之性，「天命之謂性，率性之謂道，修道之謂教。」理學家講性，乃以中庸爲根據。

既然以人性爲倫理道德的本能乃有善惡之分，或傾於道德，或不傾向道德。若以人性爲理，則沒有善惡之分；故朱子說天然之性，無善無惡；氣質之性纔有善惡，因氣質之性包涵情慾。

乙、情慾

「性之好惡喜怒哀樂，謂之情。」（正名）

「情者，性之質也。欲者，情之應也。」（正名）

「夫好利而欲得者，此人之情性也。」（性惡）

「縱情性，安恣睢，禽獸行。」（非十二子）

荀子把情和性，常連在一起，情爲性的質。楊倞註說：「性者，成於天之自然，情者，性之質體，欲又情之所應，所以人必不免於有欲也。」情爲性的質體，因爲性是天賦的傾向，這種傾向就是食色之情和喜怒哀樂之情；因此說：「性之好惡喜怒哀樂，謂之情。」所謂質體，就是能，性有好惡喜怒哀樂之能。雖然，眼能見、耳能聽也是能，也稱爲性，因爲是屬於性。但是感官之能和喜怒好惡之能常合在一起，一有感覺就有情。有了情人的官能，就起反應，就動，便是欲；欲是想去執行情的趨向。「以所欲爲可得而求之，情之所必不免也。」（正名）

性、情、欲來自天，互相連貫，所以不能以情欲的多寡去論人，也不能以寡欲或去欲去治人。

「凡語治而待去欲者，無以道欲，而困於有欲者也。凡語治而待寡欲者，無以節欲，而困於多欲者也。有欲無欲異類也。……欲之多寡異類也，情之數也，非治亂也。……欲不可去，性之具也。」（正名篇）

荀子以欲爲性所有的，因爲情爲性的質體，欲爲情的天然反應。按照心理學說，有欲和無欲是兩個不相同的特性，和本性相連，不能從有欲而變成無欲。欲多或欲少，也是兩個不同的特性，和本性相連，也不能由從多欲而變成少欲。唯一的辦法，在於導欲或節欲，即是由心按照生活之道去導引欲之動或節制欲之動。

爲什麼要導欲或節欲呢？因爲「縱情性，安恣睢，禽獸行。」人性的自然傾向，若不經過人心的管制，那就和禽獸的傾向一樣，沒有理性。

「欲不待可得，所受乎天也。求者從所可，所受乎心也。……故欲過之而動不及，心止之也。心之所可中理，則欲雖多，奚傷於治？欲不及而動過之，心使之也。心之所可失理，則欲雖寡，奚止於亂？故治亂在於心之所可，亡於情之所欲。不求之其所在，而求之其所亡，雖曰我得之，失之矣。」（正名）

欲的本身，不知道可不可以，「不待可得」，不問可不可得，一有情天，然就有欲。但是人要隨從情欲時，則要問可不可以，可不可以由心去定。欲的本身或多或少，對於人的善惡和社會的治亂，沒有直接關係；因爲善惡和治亂，不在情欲的本身上，「亡於情之所欲」，而是在於心的決定，心的決定中理則善，心的決定不中理則惡。欲之動，由心去指使，「欲過之而動不及，心止之也。……欲不及而動過之，心使之也。」荀子分情、欲、動。情和欲屬於天，即自然而然，卽屬於性，人對於情欲不能爲力；但是欲之動，即人的官能因欲而動時，則受心的管制，心可以導引或制止欲之動。心按着什麼標準去管制欲之動呢？以道爲標準。好比權輕重，應以度量衡爲標準。

「道者，古今之正權也，離道而內自擇，則不知禍福之所託。」（正名）

荀子的道爲治道，爲君道，也就是後王和孔子之道，或稱爲大儒之道，在具體上卽是禮義。

「故欲養其欲而縱其情，欲養其性而危其形，……欲養其名而亂其形。如此者，雖封侯

稱君，其與夫盜無以異。」（正名）

欲和情相連，爲導欲節欲，必須使情也不亂動。情不動，便沒有欲的反應，欲也不動了。

2. 性惡

甲、證明

荀子主張性惡，在書中有「性惡」篇。在這一篇的開端，他就開宗明義地說明：

「人之性惡，其善者僞也。」（性惡）

這兩句話爲這一篇的結論，放在前面，作爲標題，他用許多證據去證明。

第一個證明；在於人生來好利、生來怕害、生來好聲色。好利，則爭；怕害，則自私；好聲色，則淫亂。

「然則從人之性，順人之情，必出於爭奪，合於犯分亂理，而歸於暴。」（性惡）

必要加以教化，纔能行善，「今人之性惡，必將待師法然後正，得禮義然後治。」（性惡）

第二個證明；若是人性善，人自然就本治理正，用不着聖王禮義；但是人要緊有聖王和禮義以明教化。

「故古者聖人以人之性惡，以為偏險而不正，悖亂而不治，故為之立君上之勢以臨之，明禮義以化之，起法正以治之，重刑罰以禁之，使天下皆出於治。」（性惡）

從來沒有人不承認聖王的功績，治理國家，教人爲善。由此可見人行善，需要聖王去教化；人行善，便不是發自人性，因爲人性乃是「不學而能，不事而成。」「故性善則去聖王息禮義矣，性惡則與聖王貴禮義矣。」

第三個證明；禮義不出自人性，因爲君子小人所有的人性都是一樣，君子所以爲君子在於知道積習禮義，小人則不知道。所以禮義之善乃是人爲之僞。

「君子之與小人，其性一也。今將以禮義積僞為人之性邪，然則有曷貴堯禹，曷貴君子矣哉。凡所貴堯禹君子者，能化性能起僞，僞起而生禮義。」（性惡）

人行善，乃人自己勉力去做；假使人性是善，人又何必努力行善呢？人努力所做的善，就是人自己所做的善，不是天生的善。

第四個證明；道路上的人都可以成爲聖人，和堯王禹王一樣；然而事實上並非人人都成爲聖人，因爲雖人人都知道成爲聖人的途徑，卻不願意去走。因此可見堯王和禹王的聖、善，乃是自己努力而成的。

「塗之人可以為禹，曷謂也？曰：凡禹之所以為禹者，以其為仁義法正也。然則仁義法正，有可知可能之理。然而塗之人也，皆有可以知仁義法正之質，皆有可以能仁義法正之具，然則其可以為禹明矣。……曰：聖可積而致；然而皆不可積，何也？曰：可以而不可使也。故小人可以為君子，而不肯為君子。君子可以為小人，而不肯為小人。小人君子者，未嘗不可以相為也，然而不相為者，可以而不可使也。故塗之人可以為禹則然，塗之人能為禹未必然也。」（性惡）

塗之人可以成爲像禹王一樣的聖人，但並不能實際上做到，這是在乎人的願意努力和不願意努力。

乙、善惡

爲了解荀子『性惡論』和孟子的『性善論』，我們應該從孟子和荀子對於善惡的意義，加以探討。孟子的性善所說的善爲『善端』：

「惻隱之心，仁之端也；羞惡之心，義之端也；辭讓之心，禮之端也；是非之心，智之端也。人之有是四端，猶其有四體也。」（孟子・公孫丑 上）

善端是善的開始，是善的萌芽，是善的基礎。因爲每個人都有這種善端，孟子認爲來自人性，人性既有善端，人性便是善的。那麼人爲什麼作惡呢？惡是從那裏來的呢？惡是因爲人順耳目之欲，摧殘了善端，不能利用自己爲善的才能。

「仁義禮智，非由外鑠我也，我固有之也，弗思耳矣！故曰：求則得之，舍則失之，或相倍蓰而無算者，不能盡其才者也。」（孟子・告子 上）

善端是一種向善之才能，要經常加以培養，以能發育。孟子稱培養善端爲養心、養性或求放心，因爲善端是在心裏，由心去培養。

因此，孟子的性善論，主張人性有向善的才能，自然而然由心表現出來而行善，性的本質乃是善。

荀子則主張善爲善行，惡爲惡行，兩者皆在社會生活中表現出來：

「凡古今天下所謂善者，正理平治也；所謂惡者，偏險悖亂也；是善惡之分也已。」(性惡)

正理平治和偏險悖亂都是社會的事實，是人的行爲；因爲荀子說：「今誠以人之性固正理平治邪，則有惡用聖王。惡用禮義矣哉。」(性惡)再者，荀子以善爲僞，僞爲人爲，「可學而能可事而成之在人者，謂之僞。」(性惡)因此，荀子所講的善爲善行。

荀子所講的惡則爲惡端，因爲他說：

「今人之性，生而好利焉，順是，故爭奪生而辭讓亡焉。生而有疾惡焉，順是，故殘賊生而忠信亡焉。生而有耳目之欲，有好聲色焉，順是，故淫亂生而禮義文理亡焉。然則從人之性，順人之情，必出於爭奪，合於犯分亂理，而歸於暴。」（性惡）

荀子講惡，都說『順是』，『從人之性，順人之情』，故惡乃生。既然要順要從，在開始時便祇有端倪。荀子所談的惡，便是惡端。⑼

作惡的才能在於性，性便是惡。性是惡，本質是惡呢？還是祇有幾種惡端呢？按荀子的說法，「性惡」篇整篇肯定性爲惡，又批評孟子「是不及知人之性」，看來荀子認爲人的性在本質上就是惡了。

可是荀子又以爲「性者，本始材朴也；僞者，文理隆盛也。無性則僞之無所加，無僞則性不能自美。」善爲僞，是加在性上的文理，好像「枸木必將待檃栝烝矯然後直。」在性和善的關係上，應該是性有爲善的才能，就像木有被作爲器具的才能；否則善也不能加在性上。荀子以性爲本始材朴，是可以受教化爲善之材。假使性的本質爲惡，行善乃反對人性，便可以拿荀子批評孟子的話來批評他自己：

「孟子曰：今人之性善，將皆失喪其性，故惡也。曰：若是則過矣。今人之性，生而離其朴，離其資，必失而喪之。用此觀之，然則人之性惡明矣。所謂性善者，

不離其朴而美之，不離其質而利之也。」（性惡）

荀子以孟子主張性善，然而人多作惡，那麼豈不是多數人都喪失人性了嗎？這就太過了。但是荀子以人性可以化爲善，則人性的本體有爲善之能，既有爲善之能，爲善就是發揮性之能。假使人性沒有行善之能，怎樣可以化性爲善呢？荀子說人性之善能，猶如目能視，聲能聽，爲善則是使視聽合於禮義，禮義在視聽能力之外；同樣爲善也是在人性之外。

「使夫資朴之於美，心意之於善，若夫可以見之，明不離目；可以聽之，聰不離耳。故曰目明而耳聰也。今人之性，飢而欲飽，寒而欲煖，勞而欲休，此人之情性也。今人飢，見長而不敢先食者，將有所讓也。勞而不敢求息者，將有所代也。夫子之讓乎父，弟之讓乎兄，子之代乎父，弟之代乎兄，此二行者，皆反於性而悖於情也。」（性惡）

求飽求溫，乃是人的情性；辭讓則是反悖情性，那麼行辭讓的人，便是違反自己的人性，這不是太過了嗎！「若是則過矣。」荀子說目明耳聰爲目和耳的資朴，性的資朴究竟是什麼？荀子說是求飽煖安息。但是這些事都是感官方面的追求；人的心難道就沒有資朴了嗎？荀子以心意的資朴，就是目可以看得明，耳可以聽得聰；明聰是好的資質，心意也該有好的資質，即是行善的資質，就是孟子所說的善端。荀子卻以感官的天賦傾向爲性，心意的天賦傾向爲人爲之僞，這不免要自相矛盾了。爲避免自相矛盾，荀子應該是主張人性有惡端，人性也有爲善之能「然而塗之人，皆有可以知仁義法正之質，皆有可以能仁義法正之具，然則其可以爲禹，明矣。」（性惡）假使眞正以行善爲反對人性，則較比以行惡爲反對人性，更不合人情，更不合理，尤其不合於儒家的思想。

丙、僞

荀子以人行善爲僞。僞在普通的意義上爲言行不一致，爲心行不一致；僞爲假，爲虛僞，爲假裝，爲撒謊；僞乃是惡，是誠的反面。

荀子的僞字，不是這種意思，而是『人爲』的意思。

「不可學不可事而在天者，謂之性，可學而能可事而成之在人者，謂之僞；是性僞之分也。」（性惡）

「工人，斲木而成器，然則器生於工人之僞，非故生於人之性也。」（性惡）

『僞』，爲人可學而能、而事、而成的事，如同器皿是工人所作成的事，稱爲僞。僞者，人爲也。

然而『人爲』的意義非常的廣，社會上一切的事都是人爲的事，難道都稱爲僞嗎？善事是人作的，惡事也是人作的，善稱爲僞，惡也該稱爲僞。荀子卻不讚成。荀子所說的僞，和性相對立；性爲天賦的傾向，不必學，不必努力；僞則是人由學習和努力而成的。可是這樣說，界說仍舊不明白，人的學問都是由學和努力而得；荀子又不以學問爲僞。荀子所說的僞，僅僅指着善，而善則由禮義去代表。「故性善，則去聖王，息禮義矣，性惡，則與聖王，貴禮義矣。」（性惡）

禮義爲僞，又不是說每個人所行的禮義，而是說禮義爲聖王所造作的，猶如器皿是工人所造作的。

「古者聖王以人之性惡，以為偏險而不正，悖亂而不治，是以為之起禮義、制法度，以矯飾人之情性而正之，以擾化人之情性而導之也。」（性惡）

「今人之性固無禮義，故彊學而求有之也。性不知禮義，故思慮而求知之也。然則生而已，則人無禮義不知禮義。」（性惡篇）

問題卻又多了；人性若是惡，聖王爲什麼能知禮義而制造禮義呢？難道聖王的性和普通人的性不同？難道聖王的性是善的嗎？

「有聖人之知者，有士君子之知者，有小人之知者，有役夫之知者。多言則文而類，終日議其所以，言之千擧萬變，其統類一也，是聖人之知也。」（性惡）

荀子分聖人、士君子、小人和役夫之知；但是他的解釋祇是智識的程度不同，不是理智的本質不同。中庸曾有「或生而知之，或學而知之，或困而知之，及其知之一也。」（中庸第二十章）中庸所講的爲知天下之達道，卽是知仁義。生而知仁義當然是聖人。荀子說：「聖人者，道之極也。」（禮論）又說：

「虛壹而靜，謂之大清明，萬物莫形而不見，莫見而不論，莫論而失位。坐於室而見四海，處於今而論久遠。疏觀萬物而知其情，參稽治亂而通其度，經緯天地而材官萬物，制割大理而宇宙理矣。……明參日月，大滿八極，夫是謂之大人，夫惡有蔽矣哉。」（解蔽）

大人乃是聖王，大人的心沒有蔽，可以知天地萬物之理；因此可以知道治理國家之道，便制定禮法。聖王的人性雖和一般人一樣；但是他的心無蔽。聖王所製的禮義，稱爲僞；一般人學習禮義，努力按照禮義去行禮義，一般人所行的禮義也稱爲僞。

僞和人性相對立，但不相衝突；而且僞能化正人性。荀子所以主張化性，「以矯飾人之情性而正之，以擾化人之情性而導之也。」

禮義之僞，第一可以矯正人性，第二可以引導人性，第三可以變化人性。矯正是種外面工夫，好比「枸木必將待檃栝烝矯然後直。」樹不直，從外面加以矯正。告子也曾說仁義爲桮棬，認爲人性可善可惡，孟子反駁他說：「子能順杞柳之性而以爲桮棬乎？將戕賊杞柳而後以爲桮棬也？如將戕賊杞柳而以爲桮棬，則亦將戕賊人以爲仁義與？」（告子 上）從這一點不足以證明人性爲惡。第二種效力爲引導人性於善，爲教育工夫，已進入人的心靈，荀子所以尊重師法，尊重聖人。但是教育不能改變人性，祇能順人性而與以引導。從這一點也不能證明人性爲惡。第三種變化人性，這一點達到了性惡問題。禮義若能變化人的情性，使惡性變成善性，這種工夫深入人心，直達人性。但是問題就在這一點，從本體方面去講，物性是不能變的。一物之性，爲一物所以成爲這物之理，若是物性變化了，則這物就不存在了，或者是消失、或者是變成他物。荀子所謂性惡，便不是從本體方面去談性，而是從行動方面去談性。所以我認爲荀子所講的性爲人所有天賦的傾向。天賦的傾向，旣是一種傾向，便是一樣天賦之能，能的發育，常靠人後天的敎育和習慣。人的天賦傾向若趨於惡，人可以用後天的努力繳正，去引導，積成善良的習慣，使惡的傾向，潛移默化，以趨於善。

3. 禮樂

荀子深信人性爲惡，爲治國安民，須變化人的情性。情性的變化，以禮樂爲方法。禮樂在荀子的思想中，價値非常高；在他的書中，有「禮論」和「樂論」兩篇。我們現在從哲學的觀點，研究荀子對於禮樂的思想。

甲、禮樂的意義

A、禮

「禮者，養也。……孰知夫禮義文理之所以養情也。」（禮論）

「君子旣得其養，又好其別。曷謂別？曰：貴賤有等，長幼有差，貧富輕重皆有稱者也。」（禮論）

什麼是養？在身體方面，有感官的奉養，「芻豢稻粱，五味調香，所以養口也。椒蘭芬苾，所以養鼻也。」（禮論）禮，養什麼呢？養人的情。因為「情說之為樂，若者必滅。故人一之於禮義，則兩得之矣。一之於情性，則兩喪之矣。」（禮論）楊倞註說：「專一於禮義，則禮義情性兩得。專一於情性，則禮義情性兩喪也。」

荀子不主張寡欲，不讚成宋子以情欲寡的學說；他主張養欲。人性的惡傾向由情而發，情發有欲；荀子為化人性乃提倡以禮義引導人的情欲向善，不剋制情欲。

禮究竟是什麼呢？

「故禮，上事天，下事地，尊先祖，而隆君師。」（禮論）

這種禮，為祭祀的禮儀。荀子在「禮論」篇所講的禮，祇是祭禮和喪禮，屬於禮儀之禮。但荀子常以禮和義連在一起，又常以禮義文理連成一句，義和文理乃為補充禮的意義。

「文理繁，情用省，是禮之隆也。文理省，情用繁，是禮之殺也。文理情用，相為內外表裏，竝行而雜，是禮之中流也。故君子上致其隆，下盡其殺，而中處其

中。」（禮論）

楊倞註說：「文理謂威儀，情用謂忠誠。若享獻之禮，賓主百拜，情唯主敬，文過於情，是禮之隆盛也。」文理爲禮的外威，情用爲禮的內容。每一項禮儀，含有一種情感；外面的禮儀，爲發揚內容的情感。禮所重的，在於內容和外儀並行。

「禮者，謹於治生死者也。生，人之始也；死，人之終也。終始俱善，人道畢矣。故君子敬始而慎終，終始如一，是君子之道，禮義之文也。」（禮論）

禮的目的，使人敬始愼終，生有禮，喪有禮。荀子乃反對墨子薄喪的主張：

「夫厚其生而薄其死，是敬其有知而慢其無知也。是奸人之道，而倍叛之心也。」（禮論）

因此，禮和義要相連而不可分。義爲禮的本質，禮爲義的文理。『義』究竟有什麼意義？

「故用國者，義立而生，信立而霸，權謀立而亡。三者明主之所謹擇也。」(王霸)

「人何以能羣？曰分。分何以能行？曰義。」(王制)

「義者所以限禁人之為惡與奸者也。」(彊國)

「義者，內節於人，而外節於萬物者也。」(彊國)

「天下之要，義為本。」(彊國)

『義』爲孔子孟子所常說的「行義以達其道」(季氏)，「義，人路也。」(告子上)義爲按每人的名份所應作的事；孔子提倡正名，就是爲提倡守義。荀子也作「正名」一篇。(10)

B、樂

孔子常以禮樂並重，禮爲分，樂爲合。禮記上的「樂記」篇，出在荀子以後，多談人之五行之氣的思想；但對於樂的意義，頗和荀子相同。荀子說：

「夫樂者，樂也；人情之所必不免也。故人不能無樂，樂則必發於聲音，形於動靜；而人之道，聲音動靜，性術之變盡是矣。」(樂論)

『樂』是聲音，聲音表現人的感情。禮記的「樂記」篇說：「凡音之起，由人心生也。人心之動，物使之然也。感於物而動，故形於聲，聲相應故生變，變方謂之音，比音而樂之及干戚羽旄謂之樂。」（禮記・樂記）樂爲聲音，聲音合於樂器，而且伴着舞蹈。

「君子以鐘鼓道志，以琴瑟樂心，動以干戚，飾以羽旄，從以簫管，故其清明象天，其廣大象地，其俯仰周旋，有似於四時。故樂行而志清。……」（樂論）

「故鼓似天，鐘似地，磬似水，竽笙簫和筦籥似星辰日月，鞉柷、拊鞷、椌楬似萬物。」（樂論）

荀子以樂象徵宇宙的聲音，樂器和天地日月萬物相配。莊子曾講天籟、地籟、人籟，以天籟爲最高。禮記的「樂記」篇也說：「大樂與天地同和，大禮與天地同節。」

乙、禮樂的性質

從哲學的觀點去看，禮樂的性質若何？

「禮有三本：天地者，生之本也；先祖者，類之本也；君師者，治之本也。無天地

惡生？無先祖惡出？無君師惡治？…故禮上事天，下事地，尊先祖而隆君師，是禮之三本也。」（禮論）

禮記的「禮運」篇則說：「夫禮必本於天，動而之地，列而之事，變而從時，協於分藝，其居人也曰養。」荀子又說：

「天地合而萬物生，陰陽接而變化起，性偽合而天下治。天能生物，不能辨物也；地能載人，不能治人也；宇中萬物生人之屬，待聖人然後分也。」（禮論）

禮的性質，爲天地的節文。天地的運行，分爲四時，四時有節候；禮則仿效天地四時的節候。四時節候表示陰陽之氣運行有序，使萬物化生。人類社會也該有秩序，使人的活動不亂，社會國家乃能安寧。禮的性質是分的次序，四時分一年爲春夏秋冬，禮分人爲貴賤上下，各有本身的地位。禮記的「禮運」篇說：「其居人也曰養」，雖有注釋家以養字爲義字之誤，然而養字也有意義，禮以養人，正合於荀子所說：「禮義文理所以養情。」「禮者，養也。」

禮既是天地的節文，天地的節文使天地運行之氣常有中和；禮便節制人的情慾，使人性的情發於外時，都能中節。中庸說「發而皆中節謂之和。」禮使情慾中節。

「天地以合，日月以明，四時以序，星辰以行，江河以流，萬物以昌，好惡以節，喜怒以當。以為下則順，以為上則明，萬物變而不亂，貳之則喪也，禮豈不至矣哉！」（禮論）

荀子把宇宙的安定昌明和人情好惡喜樂的有節有當，相提並論，同歸於禮。所以禮的形而上的意義，卽是天地的節文。

樂的形而上的意義，爲天地之和。禮記的「樂記」篇說：

「樂者，天地之和也；禮者，天地之序也。和，故百物皆化；序，故群物皆別。樂由天作，禮以地制。過制則亂，過作則暴，明於天地，然後能興禮樂也。」

樂爲天地之合，表示天地萬物在生生上，互相協合，互相通運。故仁人在天地自然美景中，似乎聽到一種無聲的樂，萬物的生生之氣，互相協合而成一偉大的樂調。人間的樂，合於天地之道。荀子說：

「故樂者，所以道樂也。金石絲竹，所以道德也。樂行而民鄉方矣。故樂者，治人之盛者也。而墨子非之。且樂也者，和之不可變者也；禮也者，理之不可易者也。樂合同，禮別異。禮樂之統，管乎人心矣。窮本極變，樂之情也；著誠去偽，禮之經也。墨子非之。」（樂論）

樂爲天地之合，禮爲天地之理；樂深入人心，『窮本極變』，使由人性所發之情，在各種變換中，都能有合於理的聲容表現。禮養育人情，使人之欲有正當的滿足，內外相符，『著誠去僞』，敬長尊賢，敬天法祖。因此可知荀子最重禮樂。

「國無禮則不正，禮之所以正國也，譬之猶衡之於輕重也，猶繩墨之於曲直也，猶規矩之於方圓也。既錯之而人莫之能誣也。」（王霸）

「至道大形，隆禮至法則國有常。」（君道）

儒家重禮乃是傳統的思想。孔子以周禮爲準則，周禮爲周公所定；荀子主張法後王，後王卽是周朝文王武王。周公制禮以治國安民，孔子重禮以教人爲善。教人爲善，重在正心，使外面的行動和內心的欲望相合。大學乃主張誠意，中庸尤提倡誠，孟子則實行養心養性而至於養氣。荀子以『道』爲人君治國之道，重在外面的制度；他所主張的禮，偏於外面的制度。雖然他也認爲禮是『著誠去僞』，可是他的思想專注在政治方面。政治方面的治道，專用禮不能收效，因爲禮祇有倫理方面的制裁力，荀子因而看重『法』。他的思想乃和法家相近，弟子李斯實行嚴刑峻法，弟子韓非倡法家的學派。荀子說：

「脩百王之法，若辨白黑；應當時之變，若數一二；行禮要節而安之，若運四技；要時立功之巧，若詔四時；平正和民之善，億萬之衆而搏若一人。如是，則可謂聖人矣。」（儒效）

聖人而脩百王之法，這種思想和孔孟的思想則不相合。荀子以聖人爲聖王，聖王治國，在戰國荒亂的時候，必須重法，乃是應乎時代的要求。若以荀子爲法家或法家思想的倡導者，則不合於事實。在荀子的思想裏，禮義禮法，和禮樂有一項特別的意義，即在於建立思想和制度的一統。「一」字、「統」字、「類字」在荀子書裏佔有顯著的地位，而他的正名也是在求一統。

「以類行雜，以一行萬。」（王制）

「人無法則倀倀然，有法而無志其義，則渠渠然，依乎法而又深其類，然後溫溫然。」（修身）

「法後王，統禮義，一制度，以淺持博，以今持古，以一持萬。苟仁義之類也，雖在鳥獸之中，若別白黑，倚物怪變，所未嘗聞也，卒然起一方，則舉統類而應之，無所儗作（怍），張法而度之，則晻然若合符節，是大儒者也。」（儒效）

「志安公，行安脩，知通統類，如是則可謂大儒矣。大儒者，天子三公也。」（儒效）

「貴本之謂文，親用之謂理，兩者合而成之，以歸大一，夫是謂之大隆。」（禮論）

「隆禮義而殺詩書」在實際的制度上，以求一統。禮義之外儀爲文理；然而文理所依據爲義理，義理之大本爲大一。楊倞註說：「大讀爲太，太一爲太古時也。」荀子主張在禮上宜法後王，不會以太古爲文理之本；文理之本爲禮之本。荀子曾說：『禮有三本』，三本爲，天地、先祖、君師。三本意義爲一個，乃是報本。報本使禮義、禮法、禮樂的意義歸於一，使外面的制度也成爲一統。有了一統的制度，然後禮以分辨，樂以協合，社會便不紊亂了。

五、人生論

荀子和孔子、孟子懷有同樣的抱負，即平治天下。孔、孟平治天下的學說，重在脩身。大學所說的脩身、齊家、治國、平天下的步驟，非常明顯，足以代表這一派的思想。荀子平治天下的思想，重在禮法，主張『隆禮義而殺詩書』，一切由君王規定制度而平治，有似墨子以君主命令而求一致。但是荀子究竟是屬於儒家，不能以墨子或管仲等人爲法，而以孔子爲師；因此，他的政治思想，仍舊看重脩身，在他的書裏，開端的四篇：「勸學」、「脩身」、「不苟」、「榮辱」四篇，都講脩身之道。他說：「請問爲國？曰：聞修身，未嘗聞爲國也。」（君道）

脩身雖不在哲學範圍之內，但是脩身的理論，屬於人生哲學，我們在研究了荀子的人性論以後，進而研究他的人生哲學思想，人生哲學以天論爲本，以人性論爲基礎，以道德論而完成。

1. 天論

荀子的天論和他的性惡論一樣，最受人注意，且被人視爲中國哲學史上的兩個特點。

「荀子天論篇能够打破這種迷信和宗教，不但是在他的哲學上，能够表現一種特別注重人爲主義的精神；在古代宗教史上，也有重大的關係。」[11]

「荀子在儒家中最爲特出，正因他能用老子一般人的『無意志的天』，來改正儒家墨家的『賞善罰惡』有意志的天；同時卻又能免去老子莊子天道觀的安命守舊的種種惡果。」[12]

「孔子所言之天爲主宰之天，孟子所言之天，有時爲主宰之天，有時爲運命之天，有時爲義理之天；荀子所言之天，則爲自然之天，此蓋由於老莊之影響也。」[13]

爲研究荀子的天論，我們應當細加分析。

甲、荀子的宗教信仰

凡是儒家的學者都信上天，荀卿和朱熹都不例外。荀子書裏表示他對上天的信仰之詞句並不算少：

「自知者不怨人，知命者不怨天。怨人者窮，怨天者無志。」（榮辱）

「夫天生蒸民，有所以取之。」（榮辱）

「故仁人在上，百姓貴之如帝，親之如父母。」（富國）

「故人之命在天，國之命在禮。」（彊國）

「如是，百姓貴之如帝，高之如天，親之如父母，畏之如神明。」（彊國）

「詩曰：天作高山，大王荒之；彼作矣，文王康之，此之謂也。」(天論)

「故社，祭社也；稷，祭稷也；郊者，並百王於上天而祭祀之也。」(禮論)

「皇天隆物，以示下民，或厚或薄，常不齊均。」(賦篇)

上面所引八則，顯示荀子有對上天的信仰。荀子既重禮，所以重祭祀，他說：「祭者，志意思慕之情也。」(禮論)祭祀中以郊祭天爲最隆重，荀子說：「郊者，並百王於上天而祭祀之也。」楊倞註說：「百王，百神也。或神字誤爲王。言祭稷祭一神，至郊天則兼祭百神。」郝懿行註說：「上云祭社祭稷，只配一人。此言郊祭上天，配以百王，尊之至也。百王，百世之王，皆前世之君也。楊註欲改王爲神則謬矣。」祭天，配以列祖，郝懿行的註釋爲對，楊註爲錯，因郊祭不配以百神。

『皇天隆物』，『天作高山』，『天生蒸民』，這些話都是詩經的話；雖然皇天隆物不出自詩、書，但和詩、書的思想相合。這幾處的『天』字是、詩經書經所說的皇天上帝，不是自然之天。

不怨天，不怨人。這種思想和詞句來自論語。孔子所說的天，爲上天；因爲命由上天而來，君子仁人知命知天，乃能安身立命。

仁人在上，守禮愛民，人民『貴之如帝』，『高之如天』，這也表示荀子信仰有最高的皇天上帝。

這樣的信仰，使我們得一結論：荀子信仰有皇天上帝，並沒有改變儒家的宗敎信仰，荀子書中的天字，不都是指着自然的天，也有皇天上帝的天。

乙、命

荀子主張自然之天，強調以人爲勝天，似乎是不信命運，至少是反抗命運。但是荀子卻認爲君子聖人自知，也知命。

「自知者不怨人，知命者不怨天。」（榮辱）

「節遇謂之命。」（正名）

「古之所謂處士者，德盛者也，能靜者也，脩正者也，知命者也。」（非十二子）

「人之命在天，國之命在禮。」（彊國）

「從天而頌之，孰與制天命而用之。」（天論）

唐君毅先生說：「至荀子之言命，則其「正名」篇曰：『節遇之謂命』，此乃脫盡一切傳統天命之宗敎意義，預定意義，道德意義，形上意義之純經驗事實之命。……而命之所指，乃唯是一赤裸裸之現實的人與所遇之境之關係。後漢王充之言人『所當觸值之命』，亦正同荀子而謂『節遇之謂命』，而屬同一思想形態。」⒁

這種解釋，我不完全同意。第一，荀子明明說人之命來自天，『知命者不怨天』，『人之命在天』。第二，荀子說知命不怨天，和孔子的思想相同。第三，命爲人的所有的遭遇，『節遇之謂命』，孔子孟子也有同樣的解釋。至於說『制天命而用之』的天命，不是指着人的命運。荀子承認人有天定的命運，人應當知命而不怨。但是荀子不因命運就不努力，因爲命運有關的事不多，人生的事大半操在人自己的手中，人要自己努力去做。荀子因此主張非相。

「形不勝心，心不勝術，術正而心順之，則形相雖惡而心術善，無害為君子也；形相雖善而心術惡，無害為小人也。君子之謂吉，小人之謂凶，故長短小大，善惡形相，非吉凶也。」（非相篇）

形相不足以定吉凶，命運也不足以定吉凶，吉凶由是人自定；人之吉凶，在於人心的善惡，人心的善惡操之在人，命運不能定，形相不能定。

丙、自然之天

荀子對於天的主張，不是由於拋棄宗敎信仰而來，也不是由於反抗命運而來，乃是由於性惡的前題而來。他既然主張性惡，以儒家的傳統，應該提倡倫理道德，所以他認爲必定要以人的努力去變化自然而有的天賦傾向，乃有『人定勝天』的大膽標語。

老子以道法自然，自然爲最高的倫理標準，自然的表現就是無爲。莊子承繼老子的思想，以人性爲純善，人性自然的流露乃人類最高道德和最高幸福的實現；莊子因此極力主張勿以人勝天。荀子批評莊子說：

「莊子蔽於天而不知人。」（解蔽）

莊子對於天知道得淸楚，以天爲自然，以人性爲天；但是他爲天的觀念所蒙蔽而不認識人，否定人的行動應有的價値，一意提倡無爲。荀子接受莊子對於天的觀念，不接受莊子對於人之活動的觀念。荀子的主張，可以說的反老莊的思想，以肯定人生的價値。

自然的天，並不僅在老莊的思想纔有，儒家的易經和孔孟的思想裏也有。儒家把上帝的信仰和宇宙的變易分開，易經講宇宙變易以陰陽爲主，陰陽之德爲乾坤，陰陽之實現爲天地。易經便常說乾坤天地，乾爲『萬物資始』，陰爲『萬物資生』，『天地交而萬物通』。天地便代表自然界的主體。這種主張和宗教信仰的天有分別，易經「繫辭」說：「是故天生神物，聖人則之；天地變化，聖人效之。」（繫辭上・第十二）在萬物的根源上，易經以皇天上帝爲本源，荀子在「禮論」篇說禮的三本：『天，生之本也。』這個天字，爲宗教信仰之上天。易經講宇宙變化，則以天地爲重。孔子也說：「天何言哉！四時行焉，百物生焉。」（論語・陽貨）此處的天字，爲自然之天，爲易經的天地；但是孔子以這種自然之天，代表信仰的上天。因此在儒家的傳統裏也有自然之天的觀念。

荀子的「天論」所談的天，爲自然之天，這是現代學者所公認的事。但是仍需加以分析：

「夫志意脩，德行厚，知慮明，生於今而志乎古，則是其在我者也。故君子敬其在己者，而不慕其在天者；小人錯其在己者，而慕其在天者。君子敬其在己者，而不慕其在天者，是以日進也；小人錯其在己者而慕其在天者，是以日退也。」（天論）

上面這一段的天字，指着人性。人性爲天生，爲自然，故稱爲天。莊子也有這種稱謂。荀子強調人的努力修德，不以人性的天然傾向爲貴。『敬其在己者』，在己者爲自己努力所脩的善德；敬其在己者，對自己的努力予以敬重；荀子用一個敬字，表示他如何的看重人努力的價值。

「天不為人之惡寒也輟冬，地不為人之惡遼遠也輟廣，……天有常道矣，地有常數矣。」(天論)

這一段的天字，即是易經所說的天地的天，和地相對稱，代表宇宙變化的主體，也可以說是代表自然界。如「天論」篇所說：「星隊木鳴，國人皆恐，曰：是何也？曰：無何也！是天地之變，陰陽之化，物之罕至者也。」

「天行有常，不為堯存，不為桀亡。……彊本而節用，則天不能貧；養備而動時，則天不能病；脩道而不貳，則天不能禍。……不可以怨天，其道然也。故明於天人之分，則可謂至人矣。」(天論)

「大天而思之，孰與物畜而制之；從天而頌之，孰與制天命而用之；望時而待之，孰與應時而使之；因物而多之，孰與騁能而化之；思物而物之，孰與理物而勿失之也。願於物之所以生，孰與有物之所以成。故錯人而思天，則失萬物之情。」(天論)

上面這兩段的天字，則是指着自然之天。一般學者所歌頌於荀子的思想，也就在於這兩段的天字。

孔子信仰上天，篤於祭祀，常認自己負有天的使命，傳述文、武、周公之道。但是他對於人生，則勉勵弟子力學進德，『天行健，君子以自強不息。』(乾卦·象)的精神。孔子信仰上天，主張法天。中庸和大學的修身之道，都在於自己努力，大學講正心誠意，中庸講誠，都是和老莊的自然無爲，處於相反的地位。孟子雖主張性善，然而極力勉勵人們存心養性，以發育善端。儒家的思想，從孔子以來，重在人事，把宗教信仰和人事分開；宗教信仰爲人的一種內心情感，由祭祀而表現；人事則由人自己努力。雖有天定的命運，仍舊要自己盡人事而不靠天。荀子繼承了這種積極精神。加以戰國末期，民間信鬼信神的風氣很盛，又有鄒衍所倡的五行感應，一切都看看天意而轉移。史記說荀子恨當世人「不遂大道而營巫祝，信禨祥。」荀子乃把儒家自己努力修身的思想，擴充到人事的各方面。宇宙以上雖有皇天上帝，然祇定有規則，不干預宇宙變易。宇宙變易，按照上天所定規則而運行，這種運行規則，稱爲天、稱爲自然。荀子所以說：『天行有常』。按照這種規則，一切都看人自己怎樣努力。行善自然有賞，行惡自然有罰。「彊本而節用，則天不能貧；養備而動時，則天不能病；修道而貳，則天不能禍。」這種思想和老莊的思想，也處於對立地位；老莊主張任性自然，人要無爲，則人生幸福；荀子則主張按自然規則要求人努力奮鬪，成全自然法的順序。因人生所重的不在開始，而在完成。「願於物之所以生，孰與有物之所以成。」楊倞註說：「物之生雖在天，成之則在人。」自然界的一切變易，按易經所說乃是爲生生，以創造生命，生命的頂點在於人。荀子所以主張控制自然界之物爲人生所用，「大天而思之，孰與物畜而制之；從天而頌之，孰與制天命而用之。」楊倞註說：「尊大天而思慕之，欲其豐富，孰與使物畜積而我裁制之也。頌者，美盛德也，從天而美其盛德，豈如制裁天之所命而我用之。謂若曲者爲輪，直者爲桶，任材而用也。」以自然界代表上天，戰國時人君常待天意的表現，不自已努力治國；荀子乃強調不要把自然界看爲上天的代表，要看爲上天給我國利用的物資。楊倞註這一段說：「此該言理本豐富，在人所爲，不在天也。若廢人而妄想天，雖勞心苦思，猶無益也。」

按照楊倞的註解，荀子所說的天，仍舊是皇天上帝之天，『物畜而制之』，不是以天爲物而畜養以受制裁，而是畜天在自然界所生之物以受制裁。『制天命而用之』，不是制裁天命而爲用，而是制裁天之所命的事物以爲用。

梁啓雄在荀子約註裏說：「謂其尊大天而冥想它，那如把天作物質看待從而加上人工來養育它和制裁它呢！與其順從天道而誦揚它的功德，豈如制裁天道而利用它呢！」這種註釋，便以荀子之天爲自然了，可以成立，也可以站得住。但並不能因此便說荀子不信上天，以天爲自然；祇能說荀子以自然不是皇天，不必欽頌，而要受人的制裁利用。

而且在荀子的天論，物畜自然和利用自然，乃是人君治國之道。人君不能常常等待天以祥瑞和災異，表示天意，以定政策；人君要用賢人，要自己努力去治國。所以荀子說：「星隊(墜)木鳴，……怪之可也，而畏之非也。」(天論)對於私人的生活，荀子卻講順從天生的官能，和性惡有些矛盾了。

「唯聖人爲不求知天。天職旣立，天功旣成，形具而神生，好惡喜怒哀樂臧焉，夫是之謂天情。耳目鼻口形能各有接而不相能也，夫是之謂天官。心居中虛以治五官，夫是之謂天君。財非其類以養其類，夫是之謂天養。順其類者謂之福，逆其類者謂之禍，夫是之謂天政。暗其天君，亂其天官，棄其天養，逆其天政，背其天情，以喪天功，夫是之謂大凶。聖人清其天君，正其天官，備其天養，順其天政，養其天情，以全其天功，如是則知其所爲，知其所不爲矣，則天地官而萬物役矣。」(天論)

人生來所有的官能稱爲天官、天君、天情，順着這些官能而用，稱爲天功、天政、天養。荀子在這裏不主張以人爲勝天了；而且很明白地說：『不與天爭職』。

「故明於天人之分，則可謂至人矣！不為而成，不求而得，夫是之謂天職。如是者雖深，其人不加慮焉，雖大不加能焉，雖精不加察焉，夫是之謂不與天爭職。天有其時，地有其財，人有其治，夫是之謂能參。舍其所以參而願其所參，則惑矣。」（天論）

讀這一段文章，似乎是讀莊子的文章，荀子不是和莊子一樣主張順乎自然嗎？不要和天相爭嗎？但是我們深入地去分析，則知道荀子的思想並不和莊子的思想相同，而荀子的天字也並不是新創的名詞。荀子以人所生來所有的官能爲天官，孟子也有這種思想。孟子主張寡欲以養心，發揮善端；荀子主張養欲，凡耳目身體之欲都主張養；但養欲要有道理，即是要用禮法去養欲。在養欲裏有順從天然的一部份，有人爲的一部份；「知其所爲，知其所不爲。」老莊主張完全無爲，荀子則主張有不爲也有有爲。「明於天人之分，則可謂至人矣。」天有天的部份，人有人的部份，不可亂，「不與天爭職」；天生的官能，順從天生的才能；人加以導引，遵守禮法。荀子說：「官人守天，而自爲守道也。」（天論）

對「天論」篇的天字，加以分析可歸納爲下列數種意義：

一、天字指着人性；二、天字指着天生官能；三、天字指着天地之天；四、天字指着自然；五、天字指着上帝。

荀子主張順天，即順從天生的官能的活動，順從天地的變易。荀子主張以人爲勝天，即以人爲之禮義，變化人性的惡端。荀子主張制裁天物天命而用之，即制裁自物界天生之物和現象而爲人所用。荀子也主張敬天，即用郊祭合百王而祭祀。

2. 道德論

荀子一書裏所講的道，爲人君治國之道；他的思想集中在政治方面。然而荀子是儒家，繼承孔子的思想，爲治國先該修身，荀子的人生觀也有道德論。

荀子對於人生，以性惡和天論爲基礎 或前提，結論則是順乎 天生的情欲 而努力遵守禮法。

甲、樂觀——養欲

荀子雖然主張性惡，對於人生卻有孔孟的樂觀積極精神。首先他讚成養欲，看來似乎有些自相矛盾；既然以人性爲惡，怎麼可以養欲呢？荀子卻認爲情欲不可寡，情欲祇可養；這是合符人的心理。養欲以禮，所以他說『禮者，養也。』禮，爲行動的規範，規範不是不許行動，而是行動要合於理。中庸說：『發而皆中節謂之和』，也是准許七情發動。荀子說：

「故禮者，養也。芻豢稻粱，五味調香，所以養口也；椒蘭芬苾，所以養鼻也；雕琢刻鏤，黼黻文章，所以養目也；鐘鼓管磬，琴瑟竽笙，所以養耳也；疏房、檖貌、越席、牀笫、几筵，所以養體也。故禮者，養也。君子旣得其養，又好其別。曷謂別？曰：貴賤有等，長幼有差，貧富輕重皆有稱者也。」（禮論）

五官都有養，同時又有禮，禮使五官之養合於道。這是一種積極的人生觀，較比孔孟的人生觀則較俗下。孔孟重在節欲，孔子雖有『七十而從心所欲，不逾矩。』那是經過了幾十年的奮鬪與修養，纔達到那種心境。若說每一個人都養欲而能守禮，則很難了。

荀子喜歡音樂，音樂深入人心。

「君子以鐘鼓道志，以琴瑟樂心，動以干戚，飾以羽旄，從以簫管。故其清明象天，其廣大象地，其俯仰周旋有似於四時；故樂行而志清，禮修而行成，耳目聰明，血氣和平，移風易俗，天下皆寧，美善相樂。故曰：樂者，樂也。君子樂得其

道，小人樂得其欲。」（樂論）

墨子非樂，荀子不以爲然；老子以五音令人耳聾，荀子多不讚成。荀子喜歡人生有樂，孔子也喜歡人生有樂趣；衹是有樂得其道。荀子說：「以道制欲，則樂而不亂；以欲忘道，則惑而不樂。故樂者，所以道樂也。」（樂論）

乙、五　倫

禮義爲人生的規範，有禮義則有倫理，有倫理，人生則能安寧。

「君臣、父子、兄弟、夫婦，始則終，終則始，與天地同理，與萬世同久，夫是之謂大本。」（王制）

五倫之理，爲人生的大本，在社會裏，循環不絕，一代一代傳下去。故「君君、臣臣、父父、子子、兄兄、弟弟，一也。」（王制）每倫有每一倫之道，禮記稱爲「十義」；然而「十義」之理則爲一，五倫由『生』而來，生爲仁，仁爲愛，五倫之義都是愛，雖然君臣朋友兩倫沒有血統關係，然都與生命有關，荀子說君爲教之本，人生沒有管教則不成爲人生；人生也須有朋友的協助，朋友一倫也有友愛之義。

然而天倫之愛和朋友的友愛，以及君臣之義，都以禮爲規範：

「請問為人君？曰：以禮分施，均徧而不偏。請問為人臣？曰：以禮待君，忠順而不懈。請問為人父？曰：寬惠而有禮。請問為人子？曰：敬愛而致恭。請問為人兄？曰：慈愛而見友。請問為人弟？曰：敬詘而不苟。請問為人夫？曰：致功而不流，致臨而有辨。請問為人妻？曰：夫有禮則柔從聽侍，夫無禮則恐懼而自竦也。此道也，偏立而亂，俱立而治，其足以稽矣。請問兼能之奈何？曰：審之禮也。」（君道篇）

孔子重禮，荀子更重禮，五倫之道由禮去定範圍。荀子說：『禮以定倫。』（致仕）

丙、仁

孔子的一貫之道，在於『仁』，仁爲孔子的中心思想。孟子講仁義，以仁爲愛，荀子重禮法，乃少講仁愛；然而並不輕看仁的價值。

「君子養心莫善於誠，致誠則無它事矣。唯仁之為守，唯義之為行，誠心守仁則形，形則神，神則能化矣。誠心行義則理，理則明，明則能變矣。變化代興，謂之天德。」（不苟）

守仁行義，這是孟子的思想，孟子以仁爲人心，義爲人路，守心行路，乃是仁義。荀子講誠心守仁，但沒有說明仁是什麼？楊倞註解爲仁愛、爲愛民。我以爲仁爲生命之理，發育而爲愛，人若誠心守着生命之理，加以發育，生命乃形於外，生命形於外，神妙莫測，使人的生命化而爲靈明。義爲天理，誠心守義，乃明天理，明天理乃能有行動的變化。荀子的這一段話來自中庸：「誠則形，形則著，著則明，明則動，動則變，變則化。」（中庸·第二十三章）。楊倞註解爲人君愛民，人民愛奉如神，感受德化。人君守義，事事有條理。這種解釋僅爲一點政治思想；但是荀子書中上下文義，符合這種解釋。

「故君子之行仁也無厭，志好之，行安之，樂言之。」（非相）

「先王之道，仁之隆也。比中而行之。曷謂中？曰：禮義是也。」（儒效）

這兩小段有似孔子的話，孔子說君子須臾不離仁道，又答顏淵問仁，以仁由禮去範圍。荀子也講仁者和仁人；然都就禮義和政治而講。「今夫仁人也將何務哉？上則法舜禹之制，下則法仲尼子弓之義，以務息十二子之說，如是則天下之害除，仁人之事畢。」（非十二子）

丁、誠

似乎有點希奇，荀子也講誠；他既然以人性爲惡，誠於什麼呢？中庸講誠，大學講誠意，都以人性爲善，人心有天理，誠則誠於天理。荀子講誠，誠於人爲之禮義。

「君子養心莫善於誠，……誠心守仁則形……誠心行義則理，……天不言而人推高焉，地不言而人推厚焉，四時不言而百姓期焉，夫此有常以至其誠者也。……不誠則不獨，不獨則不形，不形則雖作於心，見於色，出於言，民猶若未從也，雖從必疑。……夫誠者，君子之所守也，而政事之本也。」（不苟）

馮友蘭說：「誠有眞實之義，獨有專一之義。人若能對於一事物眞實求之，自能對於其事物，專一求之。」⒂荀子主張性惡，爲行善要人專心誠一去做，纔能積習成善。「積善成德，而神明自得，聖心備矣。」（勸學）這樣繼續行善，纔可以化性，不回到初生的惡性，「長遷而不反其初，則化矣。」（不苟）

荀子的誠，不是誠於自心的天理；所謂明或形，也不是明明德，而於誠於聖人的師法，專心一致地行禮義，使惡性化爲仁義，天下人民都將信服。「貴名不可以比周爭也，不可以夸誕有也，不可以勢重脅也，必將誠此然後就也。」（儒效）

戊、中

荀子對於誠引用中庸的話，他對於中庸不但知道文章，也着重「中庸」之道。在「不苟」篇的開端，他批評申徒狄、惠施、鄧析不爲君子所貴，因不合於中道。「然而君子不貴者，非禮義之中也。」君子人是怎樣呢？

「故曰：君子行不貴苟難，說不貴苟察，名不貴苟傳，唯其當之爲貴。」（不苟）

不苟，就是不偶然，不例外奇異，而求合於常道，事事都適當。中庸說：「子曰：素隱行怪，後世有述焉，吾弗爲之矣。」(中庸・第十一章)即是荀子所說的不苟。中庸又說：「庸言之行，庸言之謹，有所不足，不敢不勉。」(第十三章) 朱熹解釋中庸說：「子程子曰：不偏之謂中，不易之謂庸。中者，天下之正道，庸者，天下之定理。」

「先王之道，仁之隆也，比中而行之。曷謂中？曰：禮義是也。……萬物得其宜，事變得其應，愼、墨不得進其談，惠施、鄧析不敢竄其察，言必當理，事必當務；是然後君子之所長也。凡事行有益於理者立之，無益於理者廢之，夫是之謂中事。凡知說有益於理者為之，無益於理者舍之，夫是之謂中說。事行失中，謂之奸事；知說失中，謂之奸道。奸事奸道，治世之所棄而亂世之所從服也。」(儒效)

『中』爲合於禮義，合於理。荀子常從政治方面去講，又從知識去看，所以批評墨子和惠施、鄧析。這種解釋『中』，從中庸所講的七情，移到社會的日常生活上，歸到『中事』和『中說』。但是荀子「不苟」篇描寫君子的人格，卻很似論語中所說的君子人格：

「君子寬而不侵，廉而不劌，辯而不爭，察而不激，直立而不勝，堅彊而不暴，柔從而不流，恭敬謹愼而容。夫是之謂至文。詩曰：溫溫恭人，惟德之基，此之謂

也。」（不苟）

描寫君子的人格，繪畫一幅中庸的人格。論語記述孔子的人格說：「子溫而厲，威而不猛，恭而安。」（述而）

荀子所想的理想人格，和莊子的理想人格相反；莊子的理想人格為超出世物與道相通的至人，荀子的理想人格為在社會中處理俗務而守禮義的聖人。

「兼服天下之心，高上尊貴，而不以驕人，聰明聖智，不以窮人，齊給速通，不以先人，剛毅勇敢，不以傷人，不知則問，不能則學，雖能必讓，然後為德。遇君則脩臣下之義，遇鄉則脩長幼之義，遇長則脩子弟之義，遇友則脩禮節辭讓之義，遇賤而少者，則脩告導寬容之義，無不愛也，無不敬也，無與人爭也；恢然如天地之苞萬物。如是則賢者貴之，不肖者親之。」（非十二子）

這是一種很實際的理想人格，不祇除去了莊子的幻想非非，也捨棄了易經所說的「與天地合其德，與日月合其明。」（乾卦·文言）的神秘性，就連中庸所說「唯天下至聖，為能聰明睿知。」的天生優點，也不說了，卻和大學傳第十章所說的理想人格相同。大學的理想人格，爲治國平天下的理人格；荀子的思想，集中在政治方面的君道，所以他引伸大學所講的理想人格作自己的理人格了。他標出這種理想人格，爲排除十二子所講的邪說，作爲他的思想的代表。荀子的思想爲一個實用主義者的思想，實際的社會爲惡的社會，荀子乃從惡出發而重禮法。

註：

(一) 胡適．中國哲學史　頁三三三。商務　民十九年版。

(二) 羅光．儒家形上學　頁二九一。輔仁大學出版社、民七十年三版。

唐君毅．中國哲學原論　上冊，頁一一二。學生書局出版

(四) 胡適．中國哲學史　頁三二八。

(五) 胡適．中國哲學史　頁三二九。

(六) 唐君毅．中國哲學原論　上冊　頁一三八。

(七) 羅光．儒家形上學　頁四六。

(八) 黃彰健．孟子性論之研究、中央研究院語言研究所集刊第二十六本、中華民國四十六年版。以荀子所說：「不事而自然謂之性」和「生之所以然者謂之性」，兩個性字的意義不同。因爲上句的性字指食色之性，下句的性字指人之所以然之理，爲仁義道德。這種解釋不合荀子的思想。

(九) 胡適．中國哲學史　頁三一六。

(十) 韋政通．荀子與古代哲學　頁六。人人文庫。以禮與義意義完全相同，義不是禮的質，講起來很散漫。

(十一) 楊筠如・荀子研究 頁八六人人文庫。
(十二) 胡適・中國哲學史 頁三一〇。
(十三) 馮友蘭・中國哲學史 上冊 頁三五五。商務印書館 民國三十四年版。
(十四) 唐君毅・中國哲學原論 上冊 頁五三四。
(十五) 馮友蘭・中國哲學史 上冊 頁三六四。

第九章　戰國時各家哲學思想的演變

前面我們所研究過的各家思想，在戰國時期都有演變，還有一些派別的思想在前面沒有講過，我們在這一章裏都要研究。

戰國時稱有百家之學，雖不免有些誇大；但是當時思想家所提出的主張，確切五花百門。可惜許多思想家的著作都已經喪失，現存有些著作又是後代人的僞作，我們已經不能知道當時思想界的眞正面目。然而就現代所遺存的文據，我們仍舊可以知道一個大概。莊子書中有「天下」篇，荀子書中有「非十二子」篇，其他如呂氏春秋和韓非子以及左傳和史記，都保存了戰國時代一些較受重視的思想家之姓名和思想。我們根據所可信的文據，研究較重要的下列思想家的哲學思想：名家、道家、法家、陰陽家。

一、名　家

1. 傳述

荀子的「非十二子」篇以惠施、鄧析爲詭辯家：

「不法先王，不是禮義，而好治怪說，玩琦辭；其察而不惠，辯而無用，多事而寡功，不可以為治綱紀；然而其持之有故，其言之成理，足以欺惑愚衆，是惠施鄧析也。」（荀子・非十二子）

莊子的「天下」篇，批評戰國時的思想，舉出別墨和惠施、公孫龍爲辯者：

「相里勤之弟子，五侯之徒，南方之墨者苦獲、已齒、鄧陵子之屬，俱誦墨經，而倍譎不同，相謂別墨，以堅白同異之辯相訾，以觭偶不仵之辭相應，以巨子為聖人，皆願為之尸，冀得為其後世，至今不決。」（天下）

「辯者以此與惠施相應，終身無窮，桓團，公孫龍，辯者之徒，飾人之心，易人之意，能勝人之口，不能服人之心，辯者之囿也。」（天下）

莊子「天下」篇且舉出惠施和公孫龍所有的奇怪主張，荀子的「不苟」篇也舉此項。

漢書「藝文志」以尹文子列於名家，尹文子的書已不傳，現有的尹文子兩篇或兩卷係僞作，而且多係道家的思想。

「別墨」和辯者的關係，非常密切，因爲墨經六篇，收有辯者的言辭和主張，荀子且說明後期墨者好治怪說，玩琦辭。他們一定追隨墨子的名學，混入辯者的名學中，和辯者爲伍。但是戰國的名家，不出於墨經，而是「別墨」一派人學習辯者的詭辯，錄入墨經之中。名家辯者，根據現在所有的文據，祇能研究鄧析、惠施和公孫龍的辯察。

鄧析長於刑名之學，刑名之學在古代可以稱爲法學，刑和法的意義相同。名學在最初和政治法律有關，孔子主張正名，墨子也主張正名，都是由禮和法的方面，去釐正社會所用的名詞，使治國的君主能有所遵循。這個正名和禮法的關係很密切。後來由法律的名學進到哲學的名學，有荀子的正名，有「別墨」的正名。辯者的名學也是由法律的正名而進到哲學的名學，由哲學的名學而進到詭辯。

清四庫全書總目提要對於鄧析子的書，提要說：「其言如天於人無厚，君於民無厚，父於兄無厚，兄於弟無厚，勢者君之輿，威者君之策，則其旨同於申韓。如令煩則民詐，政擾則民不安，心欲安靜，慮欲遠深，則其旨同於黃老。然其大旨主於勢統於尊，事竅於實，於法家爲近。」

同書對於公孫龍子的書，提要說：「其書大旨，疾名器乖實，乃假指物以混是非，借白馬而齊物我，冀時君有悟，而正名實。故諸史皆列於名家。」

名家的開端，來自正名，而求名實，所以和法家相近。但因當時，社會紊亂，政局不安，乃傾於消極，採取道家的無爲思想，且進而主張齊物。既然主張齊物，便一變而以名離物，作爲詭辯。

鄧析的生卒時代，現在無法考訂大約在公元前五四五—五〇一年。班固漢書「藝文志」以鄧析與子產同時，荀子「宥坐」篇、呂覽「離謂」篇，列子「力命」篇，劉向說苑「指武」篇，都說子產殺鄧析。「精諭」篇說：「子產治鄭，鄧析務難之，與民之有獄者約。大獄一衣，小獄襦袴。民之獻衣襦袴而學訟者，不可勝數。以非爲是，以是爲非。是非無度，而可與不可因變，所欲勝因勝，所欲罪因罪，鄭國大亂。民口讙譁，子產患之。於是殺鄧析而戮之，民心乃服，是非乃定，法律乃行。」這就有點像孔子誅少正卯了。然而按春秋左傳則是駟歂殺鄧析，在子產死後二十年。鄧析應該是子產同時代的人。荀子「不苟」篇說：「山淵平，天地比，齊秦襲，入乎耳，出乎口，鉤有須，卵有毛，是說之難持者也，而惠施、鄧析能之。」韓非子「問辯」篇說：「堅白無厚之詞章，而憲令之法息。」淮南子「詮言訓」說：「公孫龍粲於辭而貿名，鄧析巧辯而亂法。」現在所存鄧析的書，有「無厚」篇和「轉辭」篇，祇有篇名，篇中名章和題目完全不相關，乃係後人僞作。「無厚」不是幾何學的無厚，是反對名分，主張沒有禮法的厚薄。「轉辭」則是主張「兩可」，看對話的人而說話。「與智者言，依于博，與博者言，依于辯；與辯者言，依於要，……與勇者言，依於敢；與愚言者，依於說。」

惠施為宋人和莊子同時，且為朋友，莊子書中多次記兩人的談論。但是莊子書中多寓言，所記常不是歷史事實。然莊子書中對惠施的評語，應該是莊子自己的觀察。「惠施日以其知與人（之）辯，特與天下之辯者為怪。」（天下）在「德充符」篇莊子對惠子說：「今子外乎子之神，勞乎子之精，倚樹而吟，據槁梧而瞑，天選子之形，子以堅白鳴。」惠施死在莊子以先。荀子批評惠施說：「蔽於實而不知實。」（非十二子）惠施對於人生哲學主張「汜愛萬物，天地一體也。」（莊子・天下篇）又反對戰爭：「欲以齊荆偃兵。」（韓非子・內儲說 上）有和道家又和墨家相近之處。

胡適之考訂惠施的年代曾說：「惠施曾相梁惠王。梁惠王死時，惠施還在。惠王死在西歷紀元前三一九年。又據呂氏春秋齊梁會於徐州，相推為王，乃是惠施的政策。徐州之會在紀元前三二四年。據此看來，惠施的時代大約在前三八〇年與前三〇〇年之間。」(1)

公孫龍為趙人，略在惠施之後，也與莊子同時。胡適之考訂他的年代，曾說：「呂氏春秋說公孫龍勸燕昭王偃兵，又與趙惠王論偃兵。說燕昭王在破齊之前，燕昭王破齊在西歷紀元前二八四至二七九年。戰國策又說信陵君破秦救趙時，公孫龍還在，曾勸平原君勿受封。公孫龍在平原君門下，這是諸書所共記，萬無可疑的。所以戰國策所說的，似乎可靠。依此看來，公孫龍大概生於西歷前三二五年和三一五年之間，那時惠施已老了，公孫龍死時，當在前二五〇年左右。」⑵公孫龍子今保留六篇，第一篇爲後人所加的傳記，名爲「跡府」。宋謝希深注說：「府，聚也。述作論事之跡，聚之於篇中，因以名篇。」篇中說：「公孫龍，六國時辯士也，疾名實之散亂，因資材之所長，爲守白之論，假物取譬，以守白辯，謂白馬非馬也。」（跡府）「公孫龍，趙平原君之客也。」（同上）

2. 名實

名家留傳下來的文據，現在很少，祇有公孫龍的書和莊子荀子的篇章裏所記的辯者之言，可以作爲研究的資料。首先我們所要研究的，是名實的問題。漢司馬談父子和劉向父子，創名家的名詞，把鄧析、惠施、公孫龍一些人稱爲名家，認爲他們都講理則學的名；則這一派人特別注重『名』。

公孫龍子中有「名實論」和「指物論」兩篇，論到名實的關係。在僞作的鄧析子和尹文子中也有論名實關係的話。尹文子雖被漢書「藝文志」列爲名家，實則屬於墨家，他的書也屬僞作，和鄧析子一樣，爲後人集合名家，法家和道家的言論而成的，這些言論也可能是鄧析和尹文的思想。

名家被人稱爲詭辯者，鄧析竟至於巧辯而亂法，遭了殺身之禍。然而名家開始的目標乃是正名，因爲戰國時候，思想旣亂，法制也亂，有心安定社會的人，都想正名，使社會能有秩序。

甲、正名

「異同之不可別，是非之不可定，白黑之不可分，清濁之不可理，久矣！……循明責實，察法立威，是明王也。」（鄧析子・無厚）

「名不可不辯也。名稱者，何彼此而檢虛實者也。自古及今，莫不用此而得，用彼而失，失者由名分混，得者由名分察。」（尹文子・卷上）

「非正擧者，名實無當。」（公孫龍子・通變論）

「出其所位非位。位其所位焉，正也。以其所正，正其所不正，疑其所正。其正者，正其所實也。正其所實者，正其名也。其名正，則唯乎其彼此焉。……至矣哉，古之明王！審其名實，愼其所謂，至矣哉，古之明王！」（同上・名實論）

『正』是各得其位，孔子曾說：「君君、臣臣、父父、子子。」各在各自的位，各盡各自的義務。有位前有名，名所表的位爲實，名和實相符，名乃正。除了社會所有的名稱外，凡物都有名，物爲名之實，名和實相符，則名正。名家的正名，原來和孔子的思想相同，爲正社會之名，後來因政治制度很亂，無法可以正名，便有名和實相離的理論。

乙、名和指

名家的名，有什麼意義？

尹文子有一種解釋，可以視爲名家的解釋：

「名也者，正形者也。……有形者必有名，有名者未必有形。形而不名，未必失其方圓黑白之實；名而（無形），不可不尋名以檢其差。故亦有名以檢形，形以定名，名以定事，事以檢名。察其所以然，則形名之與事物，無所隱其理矣。」（尹文子·卷上）

「物固有形，形固有名，……殊形異勢，不與萬物異理。」（宋鈃·心術上）

「物固有形，形固有名，此言（名）不得過實，實不得延名，……以形務名，督言正名。……執其名，務其應所以成，此應之道也。」（同上）

名家專長刑名之學，刑字和法字在古代同義，刑字和形字互相通用。刑爲模型，古代作磚，先用木作一模型，把土泥塡放模型中，晒乾得磚。模型製造了磚的形，而磚之所以成磚，也因爲有磚的形。有形，乃有器。有了器，纔可以有名。尹文子說：「大道無形，稱器有名。」（尹文子・卷上）這是老子的思想。老子以道無形，所以不可名，有形纔可以名。

名在開始時，是聲音，造字以後，名纔有字。中國造字的六書中，以象形爲首，古代象形的字。但是開始造名時祇有聲音，聲音不能象形。名和形的關係，不是實際上的現象關係，而是理則學上的關係。物因形而成，稱爲器，器由名而代表。除實際的器以外，社會中尙有許多事，事也該有名稱，『名以定事』因此，名，代表事物。

公孫龍在「名實論」講正名。爲正名，須要遵守「物」、「實」；「位」、「正」兩個原則。物，指着對象；實，指名的眞正意義；名者，物也。「物以物其所物而不過焉，實也。實以實其所實而不曠焉，位也；出其所位非位，位其所位焉，正也。」

公孫龍以名指物，指有什麼意義？胡適之說：「公孫龍的指物篇用了許多指字，仔細看來，似乎指字都是說物體的種種表德，如形色等等。」⑶但是這種解釋，沒有說出指字的意義。莊子書中也用指，「齊物論」說：「以指喻指之非指，不若以非指喻指之非指也。以馬喻馬之非馬，不若以非馬喻馬之非馬也。天地一指也，萬物一馬也。」莊子的指，是人的手指；但，也稱爲名。人用手指去指物，所指的物，稱爲所指，也可稱爲指。名用爲指物，稱呼一物的名，好似用手指去指這物。再進一步，名便也可稱爲指，因爲名用爲指物，名的用處，好比用手指去指物一樣。我們若把莊子「齊物論」所說改爲：「以名喻名之非名，不若以非名喻名之非名也。如以馬喻馬之非馬，不若以非馬喻馬之非馬也。」一個名指着一個物，如馬；那麼這個名祇是這個名，而不是其他的名，『以名喻名之非名』，甲是甲而不是非甲。

公孫龍說：

「物莫非指，而指非指。」(指物論)

俞樾注說：「指，謂指目之也。見牛而指目之曰牛，見馬而指目之曰馬，此所謂物莫非指也。然牛馬者，人爲之名耳。吾安知牛之非馬，馬之非牛歟？故指非指也。」

「天下無指，物無可以謂物。」(指物論)

俞樾注說：「此承物莫非而言。無牛之名，則無牛矣。無馬之名，則無馬矣。何也，無以謂之也。」

「非指者，天下無物，可謂指乎？」（指物論）

俞樾注說：「此承指非指而言，天下而物，當作無物，字之誤也。言我所謂非指者，天地之初，有牛而無牛之名，則是無牛也。有馬而無馬之名，則是無馬也。俄而指之曰：此牛也，俄而指之曰：此馬也。天下本無指物，而我強爲之名，是強物以從我之指也。其可謂乎？其不可謂乎？」

丙、名實的關係

從正名一方面去說，名和實的關係，在於名和實應當相符。先有實，後有名，因實而制名。

從制名一方面去說，名和實並沒有本體上的關係。有一實存在着，人替這個實制個名或命個名。人爲命名，可以從物的本性和特性以及形態去研究，取一個適合的名；然而也可以隨便取個名。取了名，然後用之於社會，社會上習慣了，名乃成立。荀子所以說名由俗成。因此，名和實的關係，在當初制名時，乃是偶然的關係，因爲可以取這個名，也可以取另外一個名。在名詞已經成立以後，名與實的關係，乃是必然的關係了，牛必定要稱爲牛，馬要稱爲馬。

從名的本身上說，名是名，實是實，有名可以沒有實，例如馬，可以祇講馬這個名，而並沒有一匹馬在眼前。但是名的本身卻包涵着實，例如馬，所說的是實際的馬，否則，名便不成爲名了。公孫龍稱這種關係爲藏，也稱爲離。

「視不得其所堅而得其所白者，無堅也。拊不得其所白而得其所堅者，得其堅也，無白也。……得其白，得其堅，見與不見離，一一不相盈，故離。離也者，藏也。」（堅白論）

離，解爲隸屬，解爲藏，藏爲包涵。一個物，可以有許多特性，例如這塊石頭，有白色，有堅性，在石頭本身上堅和石、白和石不相分，互相包涵，看見這塊石頭便有白色，拊着這塊石頭，便有堅性，石頭包涵着白，也包涵着堅。但是眼祇看到白，不能看到堅；手能觸到堅，不能觸到白，白和堅可以相離。石頭有堅白，堅則和石，白也和石，只有二。

「堅白石三，可乎？曰：不可。曰：二，可乎？曰：可。曰：何哉？曰：無堅得白，其舉也二，無白得堅，其舉也二。……曰：天下無白，不可以視石，天下無堅，不可以謂石，堅白石不相外，藏三可乎？」（堅白論）

再者，從名的本身上說，名既然是名，不是所指的實；這種包涵的關係，不是必然的，而是偶然的。例如堅和石，堅和白和石頭，包涵在一起，不是必然該當如此，石頭可以不是白，也可以不是堅。又如白馬，白和馬相連，是偶然的關係，馬可以是白，也可以是黃、是黑。因此，從名的本身說，名和實可以相分。

「白馬非馬，可乎？曰可。曰：何哉？曰：馬者，所以命形也。白者，所以命色也。命色者非命形也，故曰白馬非馬。曰：有白馬，不可謂無馬也！不可謂無馬者，非馬也（耶）？曰：求馬，黃黑馬皆可致；求白馬，黃黑馬不可致。使白馬乃馬也，是所求一也。所求一者，白者不異馬也。所求不異，如黃黑馬有可有不可，何也？可與不可，其相非明，故黃黑馬一也。而可以應有馬，不可以應有白馬，是白馬之非馬，審矣。」（白馬論）

公孫龍以白指着顏色，馬指着形器之執，在馬以上加着白，『白馬』之名和『馬』之名，便不相等了，好比白爲一，馬爲二，一加二當然不等於二了。所以說白馬非馬。同時，黃馬黑馬也同樣不是馬。公孫龍卻說：「求馬，黃黑馬可致。求白馬，黃黑馬不可致。」乃是從另一方面去說。黃黑馬爲馬，是從馬的本身上，把黃和黑撇開，所以說要一匹馬，則黃馬黑馬都可以。若是要白馬，便不是要單純的馬，是要加上白色的馬，黃黑的馬當然不是所求。這種講法，在於把名和執分開，祇講名而不講實。若講實，白馬當然是馬，若講名，『白馬』不是『馬』，兩個名的意義不相等。這一點，從形上本體說，馬是馬，爲本體的實。白、黃、黑，都是附加體，實體不是附加體，馬不是白。白若附加在馬上，馬多了白。白馬的觀念不等於馬的觀念。

另外，從實的本身方面，實和名的關係並不是必然的。實在名以先，沒有命名以前，實已經存在。例如一個小孩生了，雖然沒有起個名字，小孩子是有了，過了一天，甚至於過了一個月，父母纔給他命名。實的存在，不因名而存在；名的存在，則是因着實而存在。這所謂存在，爲形上本體的存在。公孫龍的「堅白論」，也有這種名實的關係。

「曰：目不能堅，手不能白，不可謂無堅，不可謂無白。其異任也，其無以代也。堅白域於石，惡乎離？」（堅白論）

荀子以人爲物命名，以天官爲基礎，天官爲人的知覺。公孫龍以爲人雖然不能以知覺去知道名之實，實仍然存在。如目不能看見堅性，手不能揣到白色，堅性固然存在，白色也固然存在。

除了理則學名與實的關係外，名家還受了道家從形上學講名實關係的影響。名家辯者多與莊子同時，而且相友，莊子受他們的影響，他們也受莊子的影響。莊子的名學在於「齊物」論，以萬物的本體爲道，道爲一，萬物相等爲一。「天下莫大於秋毫之末，而泰山爲小。」（齊物論）惠施有「天與地卑，山與澤平。」（莊子・天下）胡適之解釋公孫龍的名學，歸之於兩點：「第一，論空間時間一切區別都非實有，第二，論一切同異都非絕對的。」(4) 這就是莊子的思想。

我們從上面所講名實關係，便可以解釋莊子和荀子所列舉名家的詭辯。

3. 辯者的詭辯

記述惠施詭辯的文據，有荀子的「不苟」篇、呂氏春秋、淮南子和莊子的「天下」篇。呂氏春秋和淮南子對惠施的記述，散見一些篇章中，簡而不切實。荀子和莊子則條舉惠施的論斷。

荀子的「不苟」篇說：

「君子行不貴苟難，說不貴苟察，名不貴苟傳，唯其當之為貴。……山淵平，天地比，齊秦襲，入乎耳，出乎口，鉤有須，卵有毛，是說之難持者也，而惠施、鄧析能之。然而君子不貴者，非禮義之中也。」

「惠施多方，其書五車，其道舛駁，其言也不中。厤物之意，曰：至大無外，謂之大一；至少無內，謂之小一。無厚不可積也，其大千里。天與地卑，山與澤平。日方中方睨，物方生方死。大同而與小同異，此之謂小同異；萬物畢同畢異，此之謂大同異。南方無窮而有窮。今日適越而昔來。連環可解也。我知天之中央，燕之北，越之南是也。氾愛萬物，天地一體也。」（莊子・天下）

章炳麟在所作國故論衡的「明見」篇，胡適之、馮友蘭和渡邊秀方在各自所著的中國哲學史裏，對上面「天下」篇所擧的十事，都加以解釋，都能自圓其說。對於公孫龍的詭辯，也有同樣的解釋。莊子「天下」篇記述公孫龍和桓團等辯者的斷語有二十一條：

「卵有毛；鷄三足；郢有天下；犬可以為羊；馬有卵；丁子有尾；火不熱；山出口；輪不輾地；目不見；指不至，至不絕；龜長於蛇；矩不方，規不可以為圓；鑿不圍枘；飛鳥之景未嘗動也；鏃矢之疾而有不行不止之時；狗非犬；黃馬驪牛三；白狗黑；孤駒未嘗有母；一尺之捶，日取其半，萬世不竭。」（天下）

列子「仲尼」篇也記述了鄧析和公孫龍的事，記了七條詭辯斷語：

「樂正子輿曰：公孫龍之為人也，行無師，學無友，佞給而不中，漫衍而無家，好怪而妄言，欲惑人之心，屈人之口，與韓檀等肄之。公子牟變容曰：何子狀公孫龍之過歟，請聞其實。子輿曰：吾笑龍之詒孔穿，言善射者能令後鏃中前括，發發相及，矢矢相屬，前矢造準，而無絶落，後矢之括猶銜弦，視之若一焉。……龍誑魏王曰：有意不心；有指不至；有物不盡；有影不移；髮引千鈞，白馬非馬，孤犢未嘗有母；其負類反倫，不可勝言也。」（列子．仲尼篇）

惠施、鄧析，公孫龍長於詭辯，這是歷史的實事。他們所有詭辯的斷語，當時傳遍天下，許多書上都有或多或少的記述。歷代註釋家也有許多不同的解釋。胡適之和渡邊秀方的解釋，以章炳麟的解釋爲根據，都認爲詭辯者根據莊子「齊物論」的思想，主張時間和空間不能分，事物的同異，不是絕對的。馮友蘭的解釋也是根據莊子的思想。我便有了一個問題：若是辯者的斷語都是以莊子的思想作根據，莊子的「天下」篇和列子的「仲尼」篇都代表道家的思想，爲什麼卻攻擊惠施和公孫龍一輩辯者呢？必定是認爲辯者的理論，奇怪不倫，和道家的思想不同。所以，爲解釋詭辯斷語，應從另一方面找理論，從現有的公孫龍書中去找，就是從邏輯方面去找。

甲、名與名的關係

名爲指實，所謂實，乃是名的客體；所謂客體，卽是名的意義。名不能祇是一種聲音而沒有意義；沒有意義，便不是名。名的意義，在於代表一種客觀的實物；實物可以是主體，可以是屬性，也可以是動作，又可以爲抽象的事理。馬爲主體物，白爲屬性，堅也是屬性，走爲動作，性爲抽象事理。

從名的實去看，屬性的名可以和主體的名結成一個複名，例如白馬。主體的名和主體的名則不能結成一個複名，例如牛和馬。動作的名和主體名可以相結合，例如馬跑。屬性的名和動作也可以相結合，例如快跑。

公孫龍的白馬論，說：「馬者，所以命形也；白者，所以命色也。命色者非命形也。故曰：白馬非馬。」白是屬性名，馬是主體名，當然，白不是馬。把白加在馬上，主體名加屬性名，成爲複名；複名和單名不同，所以說白馬不是馬。這一種辯辭，完全從名去說，而不從實體去說，若從實體說，屬性一定要加在主體上纔存在，屬性並不改變主體，白馬因此在實際上仍舊是馬。公孫龍說：「白馬者，馬與白也，馬與白馬也，故曰白馬非馬也。」祇是就『名』而談『名』，不是就事而論事。同樣「孤駒未嘗有母」，孤駒表示沒有母的駒，所以說「孤駒未嘗有母。」

屬性之名，若由感官而成，沒有辦法可以解釋；例如白、黑、酸、甜，有這些感覺的人就知道，沒有這些感覺的人，沒有辦法可以給他們講，要講，祇能用比喻，比喻則隨便人去用。沒有見過火的人，不知道火熱。他便可以說：「火不熱。」

屬性之名，若由感官和理智一同制成，如大小長短方圓，爲解釋這些名，則由理智去說明。理智在說明時，若不用感覺，也就辭不達意了。例如：「至大無外，謂之大一；至小無內，謂之小一。」（莊子・天下）

大有什麼意義？小有什麼意義？大是無外，小是無內。又如千里有什麼意義？由千和里而結成。然而里代表什麼？千代表什麼？兩者都是數量的名詞。數量則又屬於抽象又屬於具體物質，把物質撇開，數量怎麼可以懂呢？假使一個物體沒有厚，祇有長寬，那就是平面，平面沒有數量，便祇長，可以長致無限。乃說：「無厚不可積也，其大千里。」

同樣，方和圓，也是數量的形名。若方和圓脫離物質的數量，則祇是人造爲形容圓形之名，人便可以把方稱爲圓，黃稱爲黑，便可以說：「矩不方，規不可以爲圓。」或說「鑿不圍柄」，「白狗黑」。

動作之名和主體之名相連，由於人的感覺而成。例如馬跑、狗吠。若單單看「跑」這個名詞，或「吠」這個名詞，「跑」是繼續地動，「吠」是口出聲；那麼凡是繼續的動都可稱爲跑，凡口出聲的都可稱爲吠。再者屬性名和動作名結成一名，表示動作的形態，例如快跑。快跑有什麼意思呢？快是要數量或比較纔可以解釋；若單單就「快」說，可以說是剛達到一處就離過就處。所以說「鏃矢之疾，而有不行不止之時。」「輪不輾地。」主體和主體的名爲單名，單名和單名不能結成複名。牛是牛，羊是羊，牛不是羊，羊不是牛，牛羊也不能結合共指一物。所以說「狗非犬」狗是一個單名，犬也是一個單名。再就名之成名，由人所造，則人也可以隨便造名，因此「犬可以爲羊。」

乙、通變論

公孫龍的詭辯，有第二種基礎，就是在於他的通變論。馮友蘭講公孫龍的通變論：「共相，不變者也；個體，常變者也。或變或不變，公孫龍子通變論卽討論此問題者。」(5)但是，公孫龍在通變論所討論的，和他的指物論相連貫，不是在論共相或個體，而是在論指和物的關係。

指有什麼意義？我們說公孫龍所講的指，爲『名』所『指』之物，卽是『名』的意義。『名』若沒有一定的意義，卽是若沒有所指的客體，名就是空的聲音，不可以存在。

但是『名』的『指』，本爲一個動作詞，猶如手指一物，指字是個動作詞。手可以指這個物可以指那個物，手的動作在變，公孫龍問『名』的『指』，是不是可以指這個物，又指那個物？名的動作也有通變呢？

公孫龍在「指物論」篇裏，討論指和物的關係。第一，指要有所指之物，指便不能離物，物則不必定有指，沒有指物之名，物本來原是存在；但是在人們的世界中，物必需有指，卽是有名，否則物在人們世界就不算是存在的。所以說：「物莫非指，而指非指。」物在人世中都是受名所指，但指物之名並不是所指之物；例如牛爲牛之名所指，但牛名是名，牛是實。

「天下無指，物無可以謂物。」這是解釋「物莫非指」。「非指者，天下無物，可謂指乎？」這是解釋非指者卽是物，物按本體說，並不是名。

「指也者，天下之所無也；物也者，天下之所有也，以天下之所有，爲天下之所無，未可。」指物成名，這是人所作的事，不是天下所固有的；物則是天下所固有的，所以不可以把物做爲名。

指和物的第二種關係，在於變。以指一物之名，而變指他物。「通變論」舉左右爲例。右是否可以變稱左？左是否可以變稱右？

「左與右可謂二乎？曰可。曰：謂變非不變，可乎？曰：可。曰：右有與，可謂變乎？曰：可。」（變通論）

俞樾注曰：「既謂之變，則非不變可知，此又何足問耶？疑不字衍文也。本作謂變非變可乎？曰可。曰可。下文羊合牛，非馬。牛合羊，非鷄。青以白，非黃。白以青，非碧，皆申明變非變之義。」

「曰：右有與，可謂變乎？曰：可。曰：變隻（奚）？曰：右。曰：右苟變，安可謂右？苟不變，安可謂變？曰：二苟無左，又無右，二者左與右，奈何？」（變通論）

謝希深註「右有與」謂右移于左，實際上是原來指着右邊的右，轉而指着左邊，仍舊稱爲右，即是把右的名，從一邊轉到另外一邊。在所指的實說，是有了變動，但在『名』上說，則沒有變，好比把牛的名，放在馬身上，稱馬爲牛，名的實是變了，牛的名則沒有變。所以說：「變非變。」反駁的人說：右，若是變成左，怎麼還可謂爲右？若是右沒有變，怎麼又說是有變？公孫龍答說：右指着左，稱爲右，在客體上仍舊有左右兩邊，左右兩邊不能合成一邊；而且若沒有左右兩邊，左右的名稱也就沒有意義！

不過，左右之變，在客體方面，並沒有一定，乃是看主體的位置而定，一物在我之右，在你之左，則我所指的右，係是你所指的左。古希臘的詭辯家，以人的感覺隨人而異，不能有客觀的眞實性，乃對於感覺起懷疑，既不相信感覺的客觀眞實性，詭辯家便從主觀方面立論，以白爲黑，以黑爲白。公孫龍的這種通變，卽是以客觀不定，主觀便可以通變。

但是，有些名所指的實，在客體上有一定眞實性，如牛是牛，羊是羊。對於這些實物，不能由主觀方面隨便變名。然而，對於這些實有另一種通變。客觀一定的實物，常按一些特性而分類，例如：「羊有齒，牛無齒……羊有角，牛有角……羊牛有角，馬無角，馬有尾，牛羊無尾。……牛羊有毛，鷄有羽。……」在這種按特性而分類，公孫龍說有兩種：第一種，『是不俱有，而或類焉。』例如羊有齒，牛無齒，倂不是一切的羊都有齒，一切的牛都沒有齒。牛和羊在有齒無齒方面，有時可以同類。因此，便不能說：「而牛之非羊也，羊之非羊也，未可。」反轉來說：羊不是不是牛，牛不是不是羊，卽羊是牛，牛是羊，也可以。第二種，『是俱有，而類之不同也。』例如羊有角，牛有角，牛羊並不同類，乃有：「牛而之羊也，羊而之牛也，未可。」不能因爲有角，牛是羊，羊是牛。但是詭辯家根據相同的特性，也可以以牛爲羊，羊爲牛。也可說：「犬可以爲羊。」「馬有卵」，「山出口」。

指和物的第三種關係，在於數上的變。例如：

「謂鷄足一，數足二，二而一，故三。謂牛羊足一，數足四，四而一，故五。牛羊足五，鷄足三。」（變通論）

鷄有足，足是一個名，實際上去數鷄的足，得二，在數字上是，乃說鷄的足爲三。同樣牛羊的足是一個名，實際去數，得四，四加一爲五，牛羊的足爲五。大家都知道這是錯誤，詭辯家則從數目上去強辯。

丙、齊物論

惠施和莊子是朋友，公孫龍和莊子也是同時代的人，他們一定受了莊子「齊物論」的影響。古希臘的詭辯家，在學說上的根據，乃是懷疑論，懷疑人的認識能有客觀的眞實性。惠施和公孫龍等名家辯者，所有的學說根基，乃是莊子的「齊物論」。莊子自本體論到認識論，以道在萬物，萬物的本體爲道，萬物的本質爲氣。既然萬物同一道，同一氣，萬物沒有差別。人的認識，雖以萬物分類別性，然這祇是人的小智；若人眞有大智，則知萬物都有相等。「天下莫大於秋毫之末，而泰山爲小。」「天地與我並生，而萬物與我爲一。」（齊物論）莊子不主張辯，因爲沒有標準可以決定是非，是非乃是相對的名詞。惠施和公孫龍受莊子的影響，以同異是非沒有絕對性，空間和時間也是相對性；但是他們不像莊子從本體論而到認識論，在形上方面談『合同異』，而是在名學上從理則方面去談『合同異』，便成了詭辯怪論。莊子的『齊物論』，以大小相等，人家雖以他的主張爲怪，但知道是他的本體論之應有結論，很合乎邏輯。詭辯家惠施和公孫龍則在『名』上玩弄名詞，明明不合乎邏輯，強以爲合乎邏輯，人家看不到他們所根據的形上理論，而只看到他們的強辯，而他們自己也是以善辯而炫人：

「公孫龍問於魏牟曰：龍少學先王之道，長而明仁義之行，合同異，離堅白，然不然，可不可，困百家之知，窮衆口之辯，吾自以為至達已。」（莊子‧秋水）

荀子乃批評他們：

「不法先王，不是禮義，而好治怪說，玩琦辭，甚察而不惠，辯而無用。」（非十二子）

「惠子蔽於辭，而不知實。」（解蔽篇）

司馬談也說：

「名家苛察繳繞，使人不得反其意，專決於名，而失人情。」（史記‧太史公自序）

唐君毅先生批評辯者說：「墨者言名，以名亂名；惠施及道家言名，以實亂名；公孫龍派之言名，以名亂實。」⑹認爲荀子的學說所說：「使共名與別名相掩，而用其一名遂廢他名以亂名。由觀實之一而欲泯除名之多，由名之相異而多，而意其所指之實，亦相異而非一。」（同上）

然而名家在中國哲學史上有應得的地位，對於名與實，辭與辯，有精深的研究。別的哲學思想家，除荀子外，少有人注意理則學。可惜墨辯和名家的名學，流於詭辯，後世沒有人繼續研究名學，使中國哲學缺少嚴整的說理方法。

二、道家

道家自古以老、莊爲代表，且以老、莊爲始祖。莊子的思想較比老子的思想已有不同之點，又較老子爲更豐富，更完備；道家到了莊子已經發達到最盛點，道家在後代的影響，也以莊子爲最大。但是老、莊的著作，並不能包括道家的全部思想，在莊子書裏就有列子的思想，在戰國時。和莊子同時或莊子以後，還有許多學者，都宗於老子之學，因此，我們研究漢以前的中國哲學思想，便要研究老、莊以外的道家學者，以明瞭道家思想在戰國末期的演變。

漢書「藝文志」載有道家的著作三十七種，其中除老子和莊子、筦子以外，都係僞作，僞作中價値較高的書爲列子和文子。

除這些列於道家的僞書外，戰國末期的法家，大都兼有道家的思想，如韓非子和晏子春秋，至於雜家的呂氏春秋，更多道家之言。由這些書看來，老、莊出世的思想，漸漸成了入世的思想。老、莊都辭官不出，絕對不願參加政治；後來相信老、莊思想的學者，已藏有治國的志向，趨於法治；然因當時天下大亂，人民困苦流離，法治之士也都提倡君王無爲而治。君王的無爲，以重法而無爲，因國家既有法，人君督察臣民，守法不亂，國乃得治。道家思想和法家思想相結合，最後產生了秦始皇的專政獨斷。漢初道家思想的復興，也循着法家思想而進。後來漢武帝重儒家，以儒學爲一尊，法家失勢，道家也消沉了。

1. 列子

在莊子書裏，有子列子，不屬莊子的寓言人物，而眞有其人。列子書第一篇「天瑞」篇說：「子列子，居鄭圃，四十年無人識者，國君卿大夫視之猶衆庶也。」漢書「藝文志」注曰：「列圄寇，先莊子，莊子稱之。」關於列子的傳記，就祇有這幾句話。列子的書現存八篇，曾經劉向、張湛整編，內多列子以後的事，被考訂爲僞作，可能爲魏晉間王弼之徒所僞作的書。所以便不應當放在先秦時代去研究。不過漢魏間的僞作，很難說是全部僞作，書中很可能有原作者的殘篇斷簡；而且書中的思想，大部份代表秦漢時所流傳的道家思想，因此。我們就思想而論思想，勉強把列子放在先秦時代裏去研究。

甲、莊子書內的列子思想

莊子書裏多寓言，我們很難分析何者是史事，何者是虛構。在虛構的寓言裏，更難肯定其中裏每個人物所表達的思想，是不是他本人的思想，或者乃是莊子自己的思想。莊子書中有幾處說到列子。

「夫列子御風而行，泠然善也，旬有五日而後反，彼於致福者未數數然也，此雖免乎行，猶有所待者也。若夫乘天地之正，而御六氣之辯，以遊無窮者，彼且惡乎待哉。故曰：至人無己，神人無功，聖人無名。」（莊子・逍遙遊）

「鄭有神巫曰季咸，知人之死生存亡禍福壽夭，期以歲月旬日，若神。鄭人見之，皆棄而走。列子見之而心醉，歸以告壺子曰：始吾以夫子之道至矣，則又有至焉者矣。……然後列子自以為未始學而歸，三年不出，為其妻爨食豕如食人，於事無與親，雕琢復朴，塊然獨以其形立，紛而封哉，一以是終。無為名尸，無為謀府，無為事任，無為知主，體盡無窮，而遊無朕，盡其所受乎天，而無見得，亦虛而已，至人之用心若鏡，不將不迎，應而不藏，故能勝物而不傷。」（應帝王）

「列禦寇之齊，中道而反，遇伯昏瞀人曰：奚方而反？曰：吾驚焉。曰：惡乎驚？曰：吾嘗食於十饕，而吾饕先饋。伯昏瞀人曰：若是，則汝何為驚已？曰：夫內誠不解，形諜成光，以外鎮人心，使人輕乎貴老，而𩐋其所患。夫饕人特為食羹之貨，無多餘之贏，其為利也薄，其為權也輕，而猶若是，而況於萬乘之主乎！身勞於國而知盡於事，彼將任我以事而效我以功，吾是以驚。伯昏瞀人曰：善哉！觀乎女處己，人將保女矣。無幾何而往，則戶外之屨滿矣。伯昏瞀人北面而立，敦杖蹙之乎頤，立有間，不言而出。賓者以告列子，列子提屨，跣而走，暨乎門曰：先生既來，曾不發藥乎？曰：已矣！吾固告汝曰：人將保汝，果保汝乎！非汝能使人保汝，而汝不能使人無保汝也。」（莊子・列禦寇）

以上三篇所記列子的言行，是否眞爲列子的言行，很難斷定。我們所可以歸結出來的事有兩點：列子爲信從道家思想的人。列子沒有達到莊子所稱得道之人的標準。在「逍遙遊」裏莊子說列子御風，批評他不若「乘天地之正，而御六氣之辯，以遊於無窮者。」一般的人，所以他不是至人，也不是神人，也不是聖人，因爲他還是受外物的限制，待物而動。在「應帝王」篇裏莊子以列子相信神巫季咸相命，壺子乃開導他，使他三年反省。在「列禦寇」篇裏莊子譏刺他雖然知道不爲人所用，但實際上卻爲人所用，來客盈門「戶外之屨滿矣」！

在莊子的「齊物論」裏有一種思想和列子「天瑞」篇的思想相同。莊子說：

「有始也者，有未始有始也者，有未始有夫未始有始也者。有有也者，有無也者，有未始有無也者，有未始有夫未始有無也者。」（齊物論）

況且列子書裏的「黃帝」篇記載了莊子書裏「應帝王」篇和「列禦寇」篇所記列子的事，文字也相同。「應帝王」篇把兩椿事合在一篇裏，看來是從莊子書裏抄襲下來的。

乙、道

漢書「藝文志」以列子先於莊子，列子的思想則在莊子以前；然因列子的書成於莊子的書以後，列子書中的思想就不都能夠認爲在莊子思想以前了。

關於『道』，可以由兩方面去看：一方面是形上本體之道，一方面是人生理想之道。這一點，在莊子書裏分得很明顯。列子書裏的「天瑞」篇講形上本體之道，「黃帝」篇和「仲尼」篇講人生理想之道。人生理想之道由形上本體之道而來，形上之道爲本，人生之道爲用。

A、形上本體之道

a、本體

列子書中很少用『道』字，祇講天地萬物之由來。在老子和莊子的思想裏，天地萬物的根由爲『道』，則在列子思想裏所說的天地根由，也就是『道』。

列子論天地的根由說：

「夫有形者生於無形，則天地安從生？故曰：有太易，有太初，有太始，有太素。太易者，未見氣也；太初者，氣之始也；太始者，形之始也；太素者，質之始也。氣形質具而未相離，故曰渾淪。渾淪者，言萬物相渾淪而未相離也，視之不見，聽之不聞，循之不得，故曰易也。易無形埒。易變而為一，一變而為七，七變而為九。九變者，究也，乃復變而為一；一者，形變之始也。清輕者上為天，濁重者下為地，冲合氣者為人。故天地含精，萬物化生。」（天瑞）

在這一段文章裏，所有的思想，很近乎易經的思想，和老莊的思想並不相同；但是基本的思想，則又是老莊以無爲天地萬物之根的思想。

列子以天地之根稱爲『太易』，『太易』爲無，無氣、無形、無質。這和老子的『道』

相同，但和易經的『太極』不相同。

『太易』本體內具有氣形質，但沒有分離，「氣形質具而未相離」稱為渾淪。老子以「道之為物，惟恍惟惚。惚兮恍兮，其中有象；恍兮惚兮，其中有物。窈兮冥兮，其中有精；其精甚眞。」（道德經，第二十一章）兩者的思想相同。老子所說的『象、物、精』意思不明瞭，如用列子的話去解釋，則清楚多了。

列子又稱天地之根為『自然』，為『玄牝』：

「自然者，默之成之，平之寧之，將之迎之。」（力命）

「能陰能陽，能柔能剛，能短能方，能員能長，能生能死，能暑能涼，能浮能沉，能宮能商，能出能沒，能玄能黃，能甘能苦，能羶能香。無知也，無能也，而無不知也，而無不能也。」（天瑞）

「黃帝書曰：谷神不死，是謂玄牝，玄牝之門，是謂天地之根。綿綿若存，用之不勤。」（天瑞）

老子主張『道法自然』（道德經·第二十五章）但沒有講明『自然』；列子則講『自然』，把自然界的一切變動，都歸之於『自然』。『自然』之妙，在於默默無言，無為而成，又無知無能。這些都是『道』的特性。列子所引黃帝書的話，老子道德經第六章也引了。

列子對於天地之根，說明具有氣形質。氣形質的思想，形成於鄒衍五行之說以後，對於老子的思想，應當視爲進一步的解釋。氣和形的思想，在莊子的書裏也很多；但三者連成一系統，則在莊子以後了。

「道，終乎本無始，進乎本不久。」（天瑞）

「無所由而常生者，道也。」（仲尼）

b、生化

天地之根生化萬物，列子在這一點上，也有獨到的見地，說明了生化的關係。

「有生不生，有化不化，不生者能生生，不化者能化化。生者不能不生，化者不能不化；故常生常化。常生常化者，無時不生，無時不化。陰陽爾，四時爾。不生者疑獨，不化者往復，往復，其際不可終，疑獨其道不可窮。」（天瑞）

「故生物者不生，化物者不化。自生自化，自形自色，自智自力，自消自息。謂之生化形色智力消息者，非也。」（天瑞）

「夫有形者，生於無形。」（天瑞）

形上學有一項原理，『變動須有動因。第一動因，應爲不變。』因爲變動是由潛能而到現實，潛能自身沒有力可以使自己實現，應由一現實之力去推動。最後的第一動因，本身是現實，是自有，是自動，乃可以使天地萬物生化。列子的思想合於形上學的原理：「生物者不生，化物者不化。」「有生者不生，有化不化。」天地之根爲不生不化的實體，具有使萬物生化之力；萬物都是有生有化之物，不能使萬物化生。

列子以有形生於無形，所謂無形，卽是形沒有分離，沒有顯明，因爲『太易』具有氣形質，祇是三者沒有分離。

生化的程度，列子說明兩種：一種是氣形質，一種是一變爲七，七變爲九。

氣，爲天地萬物的構成原素，在『道』或『太易』以內。『道』一變而使氣分離，這種元始之氣，無形無質。氣再變而有形，氣之形爲陽陰。陽氣陰氣相合乃成物之質，物乃發生。

一變爲七，七變爲九，這是易經的數。列子書裏的這段文字「有太易、有太初、有太始、有太素，……」和周易乾鑿度的文字相同，跟老子的思想不相同。老子是說：「道生一，一生二，二生三，三生萬物。」（道德經・第四十二章）易經的數，到了漢朝纔成爲象數之學。卦由一爻一爻而疊成，單卦爲三爻，複卦爲六爻，由一爻到六爻，不能再向上疊，再由一爻開始，故一變而爲七。但是數目到了九字就完了，十字是由一加〇而成，以後都是由一到九的數字去疊，如十一、十二、一百、一百一……等，故說七變而爲九，九則爲究，是到了盡頭。再回轉頭去，於是便合於循環的思想相配合。象數之學加上了許多天地的解釋，乃變成了術數。

對於萬物的生化，列子書裏又抄襲了莊子書裏的話：

「種有幾：若鼃為鶉，得水為㡭。得水土之際，則為鼃蠙之衣。生於陵屯，則為陵舄。……」（天瑞）

這一段，是抄襲莊子「至樂」篇的話，當然是莊子的思想，代表當時的生物學，不屬於哲學。生化的程度，有循環，繼續不斷。但是按理說，有生則有終，有化則有止。

「生者，理之必終者也。終者不得不終，亦如生者不得不生，而欲恆其生，盡其終，惑於數也。」（天瑞）

「杞國有人，憂天地崩墜，身亡所寄，廢寢食者。又有憂彼之所憂者，因往曉之。……子列子聞而笑曰：言天地壞者亦謬，言天地不壞者亦謬。壞與不壞，吾所不能

知也。雖然，彼一也，此一也。故生不知死，死不知生，來不知去，去不知來，壞與不壞，吾何容心哉。」（天瑞）

這種不知論，和莊子的思想相合，代表道家對於人生觀的一種態度。

B、人生之道

a、齊是非・忘得失

列子的人生之道，和老莊的人生之道，同為道家思想。老子主張無為無欲，反樸歸眞，莊子主張超脫形駭，與『道』相合。列子也主張忘懷一切。

「列子師老商氏，友伯高子，進二子之道，乘風而歸。……自吾之事夫子友若人也，三年之後，心不敢念是非，口不敢言利害，始得夫人一眄而已。五年之後，心庚念是非，口庚言利害，夫子始一解顏而笑。七年以後，從心之所念，庚無是非，從口之所言，庚無利害，夫子始一引吾竝席而坐。九年以後，橫心之所念，橫口之所言，亦不知我之是非利害歟，亦不知彼之是非利害歟，亦不知夫子之為我師，若人之為我友，內外進矣。而後眼如耳，耳如鼻，鼻如口，無不同也，心凝形釋，骨肉都融，不覺形之所倚，足之所履，隨風東西，猶木葉幹殼，竟不知風乘我邪？我乘風乎？」（黃帝）

這種描寫和莊子的寓言同一體格，「心凝形釋，骨肉都融，又覺形之所履。」「不知是非利害。」符合莊子的人生之道。

「趙襄子率徒十萬，狩於中山，藉芿燔林，扇赫百里。有一人從石壁中出，隨煙燼上下，衆謂鬼物。火過，徐行而出，若無所經涉者。襄子怪而留之，徐而察之，形色七竅，人也。氣息音聲，人也。問奚道而處石？奚道而入火？其人曰：奚物而謂石？奚物而謂火？襄子曰：而嚮之所出者，石也；而嚮之所涉者，火也。其人曰：不知也。」（黃帝）

這一段的敍述和思想，也和莊子寓言一般，表示忘懷一切，超脫了形骸，以氣和萬物相通。入火不焦，入水不沈。在「黃帝」篇載有莊子書上的「孔子觀於呂梁」一事。孔子看見一人在三十仞的瀑布裏行走，以爲是鬼，實則爲人。這個人說：

「吾無道，吾始乎故，長乎性，成乎命，與齎俱入，與汩偕出，從水之道而不為私

焉，此吾所以道之也。」(黃帝)

莊子所主張的以氣和萬物相通，就是就種思想。人心祇有氣，而不見外物，外物不能使人心亂，猶如水火不能傷人的身軀。

b、道化

以氣和萬物相合，忘懷天地，人可以達到『道化』的境界。『道化』在於人因『道』使自己的『我』失了，即是忘記了『小我』，而得了『道』的大我，人心祇有『道』而沒有自己的『我』。

「子列子曰：善為化者，其道密庸，其功同人。五帝之德，三王之功，未必盡智勇之力，或由化而成，孰測之哉？」(周穆王)

同篇解釋什麼是『化』？

「有生之氣，有形之狀，盡幻也。造化之所始，陰陽之所變者，謂之生，謂之死，

窮數達變，因形移易者，謂之化，謂之幻。」（周穆王）

『化』，是能「窮數達變，因形移易。」，知道變通之理，不拘於形質，而能和萬物同化。所謂和萬物同化，即是和『道』同化。因爲形必有終滅的時候，精神則反而復始。

「人自生至終，大化有四；嬰孩也，少壯也，老耄也，死亡也。其在嬰孩，氣專志一，和之至也；物不傷焉，德莫加焉。其在少壯，則血氣飄溢，欲慮充起；物所攻焉，德故衰焉。其在老耄，則欲慮柔焉，體將休焉，物莫先焉。雖未及嬰孩之全，方於少壯，閒矣。其在死亡也，則之於息焉，反其極矣。」「黃帝曰：精神入其門，骨骸反其根，我尚何存？」（天瑞）

列子以嬰孩爲『德莫加至』，這和老子的思想相同。又以死爲『反其極矣』得到安息，這和莊子的思想相似。人生的四種大化，都是形體的變化，精神則常存不變，由死而歸於自根。能『化』的人，擺脫形體，以精神爲主，一生不變；這種『不變』，乃等於精神的『道化』。

丙、人

A、人的意義

道家老、莊以人由『道』的變化所產生，『道』的變化完全自然而化，人沒有任何的特別意義。儒家以人得天獨厚，爲萬物之靈，爲天理的完全表現；道家齊萬物，一生死，把人看作萬物之一，雖然也認爲人之氣較萬物爲佳。

列子書裏說：

「清輕者上為天，濁重者下為地，冲和氣者為人。故天地含精，萬物化生。」（天瑞）

這一段文章若放在漢朝儒家的書裏，大家必以爲對，顯不出是道家的思想。但最後兩句話，則含有道家的學理了，即是萬物自然化生之理，張湛注解說「推此言之，則陰陽氣徧交會而氣和，氣和而爲人生，人生則有所依而立也。」所謂冲合之氣，乃不偏不倚之氣，爲中和純淨之氣。

在同一篇裏，抄襲莊子物種變化的話，稍加渲染，以人由動物而生。

「久竹生青寧，青寧生程，程生馬，馬生人，人久入於機，萬物皆出於機，皆入於機。」（天瑞）

莊子和列子所講萬物變化的過程，荒唐近於寓言。其中唯一的要點，在於萬物都由氣的變化而成。氣的變化，神妙莫測，變化將實現時，始能見形，稱爲機。「種有幾。……萬物皆出於機，皆入於機。」

人有五官，五官各有用；人有心，心知是非。但是道家的人生觀，主張墮廢五官，不求知識

「九年之後，橫心之所念，橫口之所言，亦不知我之是非利害歟，亦不知彼之是非利害歟。外內進矣。而後眼如耳，耳如鼻，鼻如口，口無不同。心凝形釋，骨肉都融，不覺形之所倚，足之所履，心之所念，言之所藏，如斯而已。則理無所隱矣。」（仲尼）

B、生死

老子以人法『道』的自然之道而生活，自然之道成了道家的人生哲學原則。列子的人生之道，合於道家的這種思想。

人生之道，首先要講人的生死，明白了生死的意義，便可以決定生活的途徑。莊子以生死沒有特別意義，祇不過是變化的兩種現象：氣聚則生，氣散則死，如同日夜一樣互相繼續。列子以生死爲自然之道。

「粥熊曰：運轉亡已，天地密移，疇覺之哉！故物損於彼者盈於此，成於此者虧於彼，損盈成虧，隨世隨死。往來相接，間不可省，疇覺之哉！」（天瑞）

生死爲往來相接，自然而成，不能由人自己去定奪，人祇能安心順受。

「生非貴之所能存，身非愛之所能厚；生亦非賤之所能夭，身亦非輕之所能薄。故貴之或不生，賤之或不死；愛之或不厚，輕之或不薄。此似反也，非反也；此自生自死，自厚自薄。」（力命）

人係自生自死，卽自然而生，自然而死；不是說自己生自己，自己死自己。旣是自然而生，自然而死，便順着自然，自然爲命。

「可以生而生，天福也；可以死而死，天福也。可以生而不生，天罰也；可以死而不死，天罰也。……然而生生死死，非物非我，皆命也，智之所無奈何！」（力命）

『道』無所生，無所死；也可以說常生常死；因爲『道』常變而化，循環不息：

「無所由而常生者，道也。由生而生，故雖終而不亡，常也。由生而亡，不幸也。有所由而常死者，亦道也。由死而死，故雖未終而自亡者，亦常也。由死而生，幸也。故無用而生謂之道，用道得終謂之常。有所用而死者亦謂之道，用道而得死者，亦謂之常。」（仲尼）

人因道的變化而生，又因道的變化而死，生由道，死由道，皆可謂爲『常』。

C、命

列子書裏有「力命」篇，主張有命。老子不談命，莊子講命。列子書裏則很顯明地以人生都由命去定奪。張湛注解「力命」篇的篇名說：「命者，必然之期，素定之分也。雖此事未驗，而此理已然。若以壽夭存於御養，窮達係於智力，此惑於天理也。」列子的「力命」篇開端就說：

「力謂命曰：若之功奚若我哉？命曰：汝奚功於物而欲比朕？力曰：壽夭窮達，貴賤貧富，我力之所能也。命曰：彭祖之智，不出堯舜之上，而壽八百。顏淵之才，不出衆人之下，而壽四八。仲尼之德，不出諸侯之下，而困於陳蔡。……若是汝力之所能，奈何壽彼而夭此，窮聖而達逆，賤賢而貴愚，貧善而富惡邪？力曰：若如若言，我固無功於物，而物若此邪，此則若之所制邪。命曰：旣謂之命，奈何有制之者邪。朕直而推之，曲而任之，自壽自夭，自窮自達，自富自賤，自富自貧朕豈能識之哉？朕豈能識之哉？」(力命)

人生的「壽夭窮達」和「貴賤貧富」，不能由自己的力量去爭取；這一切都由命安排。命是什麼呢？命是自然，也就是天然。『道』的運行完全出於自然，自然運行而造成一切現象；「壽夭窮達」，「貴賤貧富」，乃是這些現象中的一部份。命不是神靈，也不是由神靈所定。命沒有智識，自然而盲目地運行。

「然而生生死死，非物非我，皆命也，智之所無奈何。故曰：窈然無際，天道自會，漠然無分，天道自運。天地不能犯，聖智不能干，鬼魅不能欺。自然者，默之成之，平之寧之，將之迎之。」（力命）

人既然有命，命又是自然運行，人力不能抗拒；人對於盲目的命運，便不予以注意，消極地不理，人心乃能安定。

「楊子曰：古之人有言，吾嘗識之，將以告若。不知所以然而然，命也。今昏昏昧昧，紛紛若若，隨所為，隨所不為，日去日來，孰能知其故，皆命也。夫信命者亡壽夭，信理者亡是非，信心者止逆順，信性者亡安危，則謂之都亡所信，都亡所不信，真矣慤矣。奚去奚就？奚哀奚樂？奚為奚不為？黃帝之書云：至人居若死，動若械；亦不知所以居，亦不知所以不居；亦不知所以動，亦不知所以不動，亦不以衆人之觀，易其情貌，亦不謂衆人之不觀，不易其情貌。獨往獨來，獨出獨入，孰能礙之？」（力命）

楊朱信有命，卻把命忘了，縱情享樂，獨往獨來，係道家的一派。列子又舉另一派，『知命安時』；

「故曰：死生自命也，貧窮自時也；怨夭折者，不知命者也；怨貧窮者，不知時者也。當死不懼，在窮不戚，知命安時也。」（力命）

知命是這樣，便安心接受，不去計較；因爲計較也不能改，不計較也不能改；計較使人心亂，還不如不計較更好。

「其使多智之人，量利害，料虛實，度人情，得亦中，亡亦中。其少智之人，不量利害，不料虛實，不度人情，得亦中，亡亦中。量與不量，料與不料，度與不度，奚以異？唯亡所量，亡所不量，則全而亡喪，亦非知全，亦非知喪。自全也，自亡也，自喪也。」（力命）

道家的一貫思想，在忘懷一切，任其自然，不以富壽爲喜，不以夭窮爲悲，命也就沒有意義了！

2. 先秦其他道家

甲、楊　朱

楊朱不是一個寓言中的幻想人物，而是眞有其人；孟子在書裏，曾極力攻斥他，把他和墨翟，作爲當時的洪水猛獸。「聖王不作，諸侯放恣，處士橫議。楊朱墨翟之言盈天下。天下之言，不歸楊則歸墨。楊氏爲我，是無君也；墨氏兼愛，是無父也。無父無君，是禽獸也。」（孟子・滕文公 下）墨子有弟子多人，成一家之言；他的言能滿天下，不足爲奇。楊子則不見有許多門人，更不曾成一學派；他的言能滿天下，則足以爲怪。可以見他的思想，在當時具有很大的影響力。由這一點去看，孟子所攻擊的思想，一定不僅在『爲我』之義，也在楊朱的養生之道。

楊朱思想的特徵，在於『爲我』，這一點乃歷代學者對楊朱的共同批評。

「楊子取為我，拔一毛而利天下不為也。」（孟子・盡心 上）

「楊子貴己。」（呂氏春秋・不二）

「今有人於此，義不入危城，不處軍旅，不以天下大利易其脛一毛。」（韓非子・顯學）

「全性保眞，不以物累形，楊子之所立也，而孟子非之。」（淮南子・氾論訓）

楊朱的傳記，歷代沒有傳者，現在更無從考訂。胡適之說：「楊朱的年代，頗多異說。有的說他上可以見老聃，有的說他下可以見梁王。據孟子所說，那時楊朱一派的學說已能和儒家墨家三分中國，大概那時楊朱已死了。……大概楊朱的年代當在西曆紀元前四四〇年與三六〇年之間。」(7)這種說法，我認爲可靠；因爲楊朱決不能像馮友蘭所說，在老子以前。(8)而是在孔子以後。

楊朱的思想，現在祇有列子書裏的「楊朱」篇作代表。「楊朱」篇歷代考訂家說，不是楊朱的作品，但是篇中的內容，乃是楊朱的思想。

A、以生命爲重

楊朱的思想，以生命爲中心。老、莊和列子都以生死沒有特別的意義，不過是『道』在變化時，以元氣的聚或散，聚則爲生，散則爲死。因此，道家主張齊生死，把生和死看成一樣，不以生命爲重。楊朱卻非常愛惜自己的生命。

「然而萬物齊生齊死，齊賢齊愚，齊貴齊賤，十年亦死，百年亦死，仁聖亦死，凶愚亦死。生則堯舜，死則腐骨。生則桀紂，死則腐骨。腐骨一矣，孰知其異？且趣當生，奚遑死後？」（列子・楊朱）

『且趣當生』代表楊朱思想的中心。生命很短促，非常可貴。不要爲着世俗的毀譽，把生命抑制了。

「楊朱曰：……太古至于今日，年數固不可勝紀。但伏羲以來三十餘萬歲，賢愚，好醜，成敗，是非，無不消滅，但遲速之閒耳！矜一時之毀譽，以焦苦其神形，要死後數百年中餘名，豈足潤枯骨？何生之樂哉！」（楊朱）

生命是可靠的，是實在的，至於名則不實有。若想身後留名，實際上則自己成了腐骨，名有何用？因此應該『且趣當生』，愛惜現在的生命。唐朝的李白，就有同一的思想。「而浮生若夢，爲懽幾何？古人秉燭夜遊，良有以也。」（李白・春夜宴從弟桃花園序）

「楊朱曰：人肖天地之類，懷五常之性。有生之最靈者人也。人者，爪牙不足以供守

衛，肌膚不足以自捍禦，……必將資物以為養，任智而不恃力。故智之所貴，存我為貴；力之所賤，侵物為賤。」（楊朱）

這種思想不合老莊的思想，注重實利，愛惜現世的生命，「資物以爲養，任智而不恃力。」生命是眞實的，名是虛假的；人不可拋棄眞實的生名，以求虛假的名。

「實無名，名無實；名者，偽而已矣，昔者堯舜偽以天下讓許由，善卷而不失天下，享祚百年。伯夷叔齊，實以孤竹君讓，而終亡其國，餓死於首陽之山。實偽之辯，如此其省也。」（楊朱）

胡適之以楊朱爲『無名主義』，從名學去講楊朱的「名者，僞而已矣。」實際上楊朱所講的名實，不是名學的名和實，而是人生哲學的名與實。楊朱不是以「一切名都是人造的，沒有實際的存在。」(9)楊朱所說的是社會上所稱譽的名聲令譽，這種名，在名學上有自己的意義，賢是賢，惡是惡；但是這種名，給人的生命沒有一點實際的影響。賢者也要死，惡人也要死。何況美名與惡名，爲人所造，有美名的人不一定是善，有惡名的人不一定是惡。楊朱乃說：「名無實，實無名。名者，僞而已矣。」但若是美名足以使生活安逸，則美名也可以守。

「今有名則尊榮，亡名則卑辱，尊榮則逸樂，卑辱則憂苦。憂苦，犯性者也，逸樂，順性者也。斯實之所係矣，名胡可去？名胡可賓？但惡夫守名而累實，守名而累實，將恤危亡之不救，豈徒逸樂憂苦之間哉？」（楊朱）

「死後之名，非所取也。」（楊朱）

B、為我主義

楊朱被孟子稱為「楊子取為我，拔一毛而利天下不為也。」（孟子‧盡心上）這句評語，照文字的意義說，楊朱是非常自私的人，為國家為他人不願意作絲毫的犧牲，連拔一毛的最輕微的犧牲以利國家，他都不願意做。這種人還有什麼人格，還有什麼思想呢？但是他的這種自私主義卻傳遍了天下，可見他的主張，並不像孟子所說的那樣簡單。

楊朱是主張為我；然而所謂『拔一毛而利天下不為』，不是他的主張，而是他的主張所有的一項結論。

楊朱『為我』的主張，在於貴重自己的生命。生命本來很短促，一死就都完了；現世的生命就非常可貴。老莊也貴重自己的生命，不願意接受諸侯送給他們的官爵，他們寧願貧窮，不願富貴，爲能享受生活的安逸。因此，老莊把自己的生命，放在國家以上。楊朱貴重自己的生命，願意享受生活的快樂，他絕對不願意犧牲自己的生命爲國家工作。

「楊朱曰：伯成子高不以一毫利物，舍國而隱耕。大禹不以一身自利，一體偏枯。古之人，損一毫利天下，不與也。悉天下奉一身，不取也。人人不損一毫，人人不利天下，天下治矣。」（楊朱）

楊朱引古人的話，以作『爲我』主義的證據。古代有些隱者，居在亂世，自求安逸，不問國事。孔子也曾經遇到這類隱者。楊朱提出了『損一毫以利天下，不與也。』但這句話可算是古人的話，他的『爲我主義』卻用『拔一毛以利天下不爲。』

「禽子問楊朱曰：去子體之一毛，以濟一世，汝為之乎？楊子曰：世固非一毛之所濟。禽子曰：假濟，為之乎？楊子弗應。禽子出語孟孫陽。孟孫陽曰：子不達夫子之心。吾請言之。有侵若肌膚獲萬金者，若為之乎？曰：為之。孟孫陽曰：有斷若一節得一國，子為之乎？禽子默然有間。孟孫陽曰：一毛微於肌膚，肌膚微於一節，省矣。然則積一毛以成肌膚，積肌膚以成一節，一毛固一體萬分中之一物，奈何輕之乎，禽子曰：吾不能所以答子。然則以子之言問老聃關尹，則子言當矣，以吾言問大禹墨翟，則吾言當矣。孟孫陽因顧與其徒說他事。」（楊朱）

楊朱的『拔一毛而利天下不爲』，乃是以『一毛』代表生命，他決不犧牲生命的一部份以利天下。天下或國家在道家的思想裏，沒有意義，祇是儒家所謂聖賢所組織的東西，老子主張棄絕聖智，民利可以百倍。人民應回到初民的自然生活，用不着受人治理。爲着一種沒有意義而且應該廢除的制度，以犧牲生命的一部份，楊朱當然不願意了。但是若將『天下』解釋爲他人或衆人，楊朱是否願意犧牲一已的生命之一部份以利人呢？楊朱仍舊不會接受這樣的犧牲。

C、悲觀的縱慾主義

楊朱愛惜自己的生命，因爲生命短促；生命短促，當然可貴，然而同時也覺得時間的快而感得莫可奈何，因而養成悲觀心理。

「百年，壽之大齊。得百年者，千無一焉。設有一者，孩抱以逮昏老，幾居其半矣。夜眠之所弭，晝覺之所遺，又幾居其半矣。痛疾，哀苦，亡失，憂懼，又幾居其半矣。量十數年之中，逌然而自得，亡介焉之慮者，亦亡一時之中爾；則人之生也奚為哉？奚樂哉？為美厚爾，為聲色爾。而美厚復不可常厭足，聲色不可常翫聞。乃復為刑賞之所禁勸，名法之所進退，遑遑爾，競一時之虛譽，規死後之餘榮；偊偊爾，順耳目之觀聽，惜身意之是非；徒失當年之至樂，不能自肆於一時，重囚纍梏，何以異哉？太古之人，知生之暫來，知死之暫往，故從心而動，不違自然所好。」（楊朱）

人世沒有可以使人滿意的事，唯一可以做的，便是隨心所好，放縱情慾。這就是楊朱的養生論。莊子的養生論，以脫離形骸，養氣養神。楊朱則主張盡量享受耳目和食色的快樂，「名譽先後，年命多少，非所量也。」（楊朱）

「晏平仲問養生於管夷吾，管夷吾曰：肆之而已，勿壅勿閼。晏平仲曰：其目奈何？夷吾曰：恣耳之所欲聽，恣目之所欲視，恣鼻之所欲向，恣口之所欲言，恣體之所欲安，恣意之所欲行。夫耳之所欲聞者音聲，而不得聽，謂之閼聰。目之所欲見者美色，而不得視，謂之閼明。……凡此諸閼，廢虐之主。去廢虐之主，熙熙然以俟死，一日一月，一年十年，吾所謂養。……管夷吾曰：吾既告子養生矣，送死奈何？……平仲曰：既死，豈在我哉！焚之亦可，沉之亦可，瘞之亦可，露之亦可，衣薪而棄諸溝壑亦可，袞衣繡裳而納諸石槨亦可，唯所遇焉。」（楊朱）

楊朱的養生之道，爲養自己的身；身的活動在於五官，恣五官的要求，予以滿足。這就開後代道家的頹廢派。魏晉的清淡派竹林七賢，唐朝的李白，繼承了楊朱的養生之道。竹林七賢生於亂世，逃避人生；楊朱也是生於亂世，他就是以逃避人生而養生。所謂逃避人生，在於不願參加社會的事業和關係。

「子產相鄭，專國之政。三年，善者服其化，惡者畏其禁，鄭國以治，諸侯憚之。而有兄曰公孫朝，有弟曰公孫穆。朝好酒，穆好色。朝之室也，聚酒千鍾，……方其荒於酒也，不知世道之安危，人理之悔吝，室內之有亡，九族之親疏，存亡之哀樂也，雖水火兵刃交於前，弗知也。穆之後庭，比房數十，皆擇稚齒婑媠者以盈之。方其耽於色也，屏親暱，絕交遊，逃於後庭，以晝足夜。……（子產往勸）朝穆曰：吾知之久矣，擇之亦久矣，豈待若言而後識之哉！凡生之難遇，而死之易及，以難遇之生，俟易及之死，可孰念哉？而欲尊禮義以夸人，矯情性以招名，吾以此為弗若死矣。為欲盡一生之歡，窮當年之樂，唯患腹溢而不得恣口之飲，力憊而不得肆

情於色，不遑憂名聲之醜，性命之危也。且若以治國之能夸物，欲以說辭亂我之心，榮祿喜我之意，不亦鄙而可憐哉？」（楊朱）

老莊也不顧求名守禮義，也主張順性自然；但莊子的養生，乃捨形骸而養精神，超出萬物而與『道』遊。楊朱乃竟以酒色自奉，以養耳目身體之欲，雖然可以說以酒色消愁，或說借酒色以逃避人生，這種精神跟老莊的精神不相合，是流於形色之下了，決不能說是「並非純粹之隨落，其與莊周之寄託於『無何有之鄉，廣漠之野』之玄想，心境正同。」[10]兩者實不相同。

因此楊朱主張逃避人世，祇逃避四事「壽、名、位、貨」，這四者不可求，然而耳目聲色之慾，則不單不逃避，乃盡力以求。

「生民之不得休息，為四事故。一為壽，二為名，三為位，四為貨。有此四者，畏鬼畏人，畏威畏刑，此謂之遁人也。」（楊朱）

後代的道家，沒有人繼承莊子的養生之道，若說有繼承之人，則是道教；但有許多人繼承楊朱的養生之道。孟子在當時，攻擊楊朱，批評他的思想為害社會，等於洪水猛獸。孟子有他的理由。

乙、法家的道家思想

驟看起來，法家和道家可以認爲立在相反的位置，法家主張以嚴刑竣法以治天下，道家主張逃避人世以求安逸。但是古代的法家中，滲有道家的思想。古代法家爲管仲、晏子和韓非子。

法家中所有的道家思想，可以總括爲兩點：一、人生養生之道。二、人主無爲之治。管仲和晏子，在思想上近於儒家，好仁義，重名分，以天道治人事；但是在修身養性上，則採道家的主張。韓非子著有「解老」和「喻老」兩篇，用心研究了老子的道德經。考據者如胡適之則以這兩篇乃是僞作。

A、道

管子書中，有關於老子之『道』的思想，然而一般來說，管仲書中的『道』，乃是儒家的天道。韓非子書中的道，也有儒家的天道，但也多道家之道。

「管子曰：道之在天者日也，其在人者心也。」（管子・樞言）

「故先王以道爲常，以法爲本。本治者名尊，本亂者名絕。凡智能明通，有以則行，無以則止，故智能單，道不可傳於人。」（韓非子·飾邪）

管子和韓非子講『道』，取道家的思想，以『道』爲『萬物之始』，以『道』爲無形無像，偏流萬物，變化不止。

「凡道，無根無莖，無葉無榮，萬物以生，萬物以成，命之曰道。」（管子·內業）

「道者，萬物之始，是非之紀也。是以明君守始，以知萬物之源，治紀以知善敗之端。故虛靜以待令。令名自命也，令事自定也。虛則知實之情，靜則知動者正。」（韓非子·主道）

「道也者，動不見其形，施不見其德，萬物皆以得，然莫知其極。」（管子·心術）

「夫道者、弘大而無形，德者、覈理而普至，至於羣生，斟酌用之，萬物皆盛，而不與其寧。道者，下周於事，因稽而命，與時生死；參名異事，通一同情。故曰：道不同於萬物，德不同於陰陽，衡不同於輕重，繩不同於出入，和不同於燥溼，君不同於羣臣。凡此六者，道之出也。道無雙，故曰一。是故明君貴獨道之容。」（韓非子·揚權）

法家論『道』，雖承襲老子的思想，以『道』爲無形無象；然而法家所重的，在於『道』的有，不在於『道』的無；卽是注重『道』之用，而不注重『道』之體。假使忠於老子的思想，以『道』爲無，一切都反歸於無，則天下的治亂，決不能用法去治。法家論『道』，注重『道』之用；『道』之用爲靜，爲無爲，法家乃主張君主無爲而治。

B、**君道無爲**

法家的治國之道，任法而不任人。君主立在法律之上，可以用法，也可以亂法。法家乃主張君主無爲而治，爲執行法律，君主信用宰相或大臣。

「人主者立於陰，陰者靜，故曰：動則失位；陰則能制陽矣，靜則能制動矣。故曰靜乃自得。」（管子・心術上）

「君子之處也，若無知，言至虛也；其應物也，若偶之，言時適也。若影之象形，響之應聲也。故物至則應，過則舍矣。舍矣者，言復所於虛也。」（管子・心術上）

「法者，所以同出不得不然者也。故殺僇禁誅以一之也。故事督乎法，法出乎權，權出乎道。」（管子・心術上）

「明君無為於上，羣臣竦懼乎下。明君之道，使智者盡其慮，而君因以斷事，故君不窮於智。賢者敕其材，君因而任之，故君不窮於能。有功則君有其賢，有過則臣任其罪，故君不窮於名。是故不賢而為賢者師，不智而為智者正；臣有其勞，君有其功，此之謂賢主之經也。道在不可見，用在不可知。虛靜無事，以闇見疵。」

(韓非子・主道)

「故曰：去好去惡，羣臣見素。羣臣見素，則大君不蔽矣。」(韓非子・二柄)

「虛靜無為，道之情也。參伍比物，事之形也。參之以比物，伍之以合虛，根幹不革，則動泄不失矣。動之溶之，無為而改之。喜之則多事，惡之則生怨，故去善去惡，虛心以為道舍。」(韓非子・揚權)

法家的治國之術，用老子道德經的愚民政策，民可驅使而不可予以智識，民應常肚腹飽而沒有思慮。法家主張人君靜虛，去喜去惡，使人民大臣不知道人君的底蘊，不敢亂動。

「聖人之道，去智與巧。智巧不去，難以為常。民人用之，其身多殃。主上用之，其國危亡。因天之道，反形之理。督參鞠之，終則有始。虛以靜後，未嘗用己。」

(韓非子・揚權)

「政之所興，在順民心；政之所廢，在逆民心。民惡憂勞，我佚樂之；民惡貧賤，我富貴之；民惡危墜，我存安之；民惡滅絕，我生育之。」（管子・牧民）

韓非子的「解老」篇和「喻老」篇，解釋老子的『道德經』，常用儒家的思想，例如「仁者，謂其中心欣然愛人也。」「義者，君臣上下之事，父子貴賤之差也。……義者，宜也。」「禮者，所以貌情也，羣義之文章也。」兩篇中重視老子的思想，在於日常生活，以善攝生。這種趨勢，已爲漢朝道家思想的趨勢。雜家如呂氏春秋的道家思想，也有同樣的趨勢，且趨而求長壽，開啓漢末魏晉道教求長生的企圖。

三、法家

從哲學觀點去看，法家沒有哲學思想，法家若說有哲學思想，乃是儒家的哲學思想。法家祇有法理和政治原則，可以說是法律哲學和政治哲學。

胡適之更說：「古代本沒有什麼法家。……故我以爲中國古代只有法理學，只有法治的學說，並無所謂法家。」[11]

漢書「藝文志」列有法家，存有法家十家二百一十七篇的目錄：一、李子三十二篇。二、商君二十九篇。三、申子六篇。四、處子九篇。五、愼子四十二篇。六、韓子五十五篇。七、游棣子一篇。八、鼂錯三十一篇。九、燕十事十篇。十、法家言二篇。上面的十家中，祇有韓子的五十五篇，現在有傳本；傳本雖有後人僞作，但其中的思想尚爲法家思想。愼子爲殘本，且多爲名家的思想。商君書也是殘本，又是僞書。其他各家的書都已經遺失。在十家之外，有管子的書應列爲法家。管仲生在孔子之前，現在留下來的書，雖證明多係僞作，書中又有道家的思想；然而書中的法理和政治思想，則可以視爲先秦的法家思想。

「我們在這些先秦法家的遺書中，發現法家對於國家、政府、法律及政策各方面均有精要的理論。其理論的中心，在以新的君主政治，代替舊的封建政治。立國的根本在力，力的養成，在實行軍事的、經濟的及文化的國家主義。治國的手段，在任法任術與任勢。……他們的代表學者，是韓非。他們的代表著述，是韓非子。」(12)

我曾在所著中國哲學大綱一書裏，加有兩篇附編，附篇二，即是法家的法理。我現在把這篇附篇，編入這冊中國哲學思想史裏，作爲法家的法理思想。

1. 法治主義

甲、任法

法治主義的特點，在治國行政一切任法。法律爲至上，人君、人臣、人民，都該事事以法爲依歸。儒家的政治，重在得人；有了賢才，乃是國家的大幸。法家雖也重視賢才，但認爲即使賢才治國而憑私智，國家必亂。因此凡是賢愚，都該以法爲準則。

「萬事皆歸于一，百度皆準于法。」（尹文子・大道 上）

「故明主慎法制，言不中法者，不聽也；行不中法者，不高也；事不中法者，不為也。言中法，則辯之；行中法，則高之；事中法，則為之，故國治而地廣，兵彊而主尊。此治之至也。」（商君書・君臣）

孔子曾說「非禮勿視，非禮勿聽，非禮勿言，非禮勿動。」（論語・顏淵）商鞅則說：「言不中法，不聽也；行不中法，不高也；事不中法，不爲也。」儒、法兩家的分別，在這一點上，顯的很分明。孔子講仁，故以禮爲標準；法家講富國強兵，故以法爲標準。

「明主之道，一法而不求智，固術而不慕信；故法不敗，而羣官無姦詐矣。」（韓非子五蠹）

「明主之治國也，衆其守而重其罪，使民以法禁，而不以廉止。……法之為道，前

苦而長利；仁之為道，偷樂而後窮。」（韓非子・六反）

孔子所以鄙棄法治，就是因爲法治使「民免而無恥。」（論語・爲政）法家則以爲若等人民有廉恥而後治，國必不治；因爲人民常趨於作惡。

乙、嚴刑峻法

桓範在世要論曾罵法家說：「夫商鞅荀韓之徒，其能也貴尚譎詐，務行苛刻，廢禮義之教，任刑名之數，不師古始，敗俗傷化，此伊尹周召之罪人也。」後代學者詆毀法家，大概都反對他們的嚴刑竣法。法家既主張任法，他們認爲若法不嚴，刑不信，有法仍舊等於沒有法。

「明主之所導制其臣者，二柄而已矣。二柄者：刑德也。何謂刑德曰，殺戮之謂刑，慶賞之謂德。為人臣者，畏誅罰而利慶賞。故人主自用其刑德，則羣民畏其威而歸其利矣。」（韓非子・二柄）

刑賞既立，執行必嚴，以表信用。人君最重要的行政方針，是在叫臣下人民都知道有罪必罰，有功必賞。

「令未布而民或為之，而賞從之，則是上妄予也。……令未布而罰及之，則是上妄誅也。……令已布而賞不從，則是使民不勸勉。……令已布而罰不及，則是教民不聽。……號令必著明，賞罰必信密，此正民之經也。」（管子・法法）

爲表樹威信，人君不該輕易開赦。

「凡赦者，小利而大害者也，故久而不勝其禍；毋赦者，小害而大利者也，故久而不勝其福。」（管子・法法）

因爲開赦，當時可以使遇赦的人感恩服德；但是因此人民可能養成儌倖心理，希望犯罪遇赦，便挺而走險了。人民若知道一犯罪，必定有罰，決沒有遇赦的希望，那麼也就死心蹋地，從公守法了。

刑賞既信，還該公平。無論誰犯了法，不分貴賤親疏，一律照法處理，則民衆守法的心必定高。

「不知親疏遠近，貴賤美惡，以度量斷之，其殺戮，人者不怨也，其賞賜人者不德也。以法制行之，如天地之無私也。」（管子・任法）

「法不阿貴，繩不撓曲。……刑過不避大臣，賞善不遺匹夫。」（韓非子・有度）

刑賞既信又公平，人民也就心服；而且也可避免臣下官吏們的舞弊作奸。後來中國法律上的議親議貴，那不是採取法家的主張，乃是採取儒家的主張。

丙、法治・術治・權治・勢治

法家既主法治，法治的精神，在於確守法律的條文，不能任意曲解。所以管仲韓非都反對『私意』。因爲有了法，人君若用私意，那就是根本破壞法律。

「有道之君，善明設法，而不以私防者也；而無道之君，旣以設法，則舍法而行私者也。爲人上者，釋法而行私，則爲人臣者，援私以爲公。」（管子・君臣 上）

「爲人君者，倍道棄法而好行私，謂之亂。」（管子・君臣 下）

「立法令者，以廢私也。法令行，而私道廢矣。」（韓非子・詭使）

而且法治的好處，就在於人君不用私意而行法，無論人君智或愚，國家都可以治。

「若使遭賢則治，遭愚則亂，是治亂係於賢愚，不係於禮樂。是聖人之術，與聖主而俱歿；治世之法，逮易世而莫用，則亂多而治寡。」（尹文子）

「君之智，未必最賢是衆也；以未最賢而欲以盡善被下，則不贍矣。若使君之智最賢，以一君而盡贍下，則勞，勞則有倦。倦則衰，衰則復反於，不贍之道也。」（愼子‧民雜）

賢者不常有，卽使有賢君，他一人的精力有限，不能兼顧天下的事。有了法，大家都按照去做，人君既安閑，天下也容易治。

「君臣上下貴賤，皆從法，此謂為大治。」（管子‧任法）

可是桓範批評法家，卻罵他們：「其能也貴尚譎詐。」似乎說的很不對。其實後人對於法家，大都以爲他們尚權變，用詐術；這是因爲法家中有人主張在法以外，兼用術、權、勢。

「道不足以治，用則法；法，不足以治，則用術；術不足以治則用權；權不足以治，則用勢。勢用則反權，權用則反術，術用則反法法用則反道。道用則無為而自治。」（尹文子・大道 上）

術是智巧，權是權變，勢是勢力。法不足治人時，人君用智巧去誘使他們，使他們就範圍。智巧尚不足以治人時，便用一時權且的方法，去驅使他們，若是尚不成，那就拿威力去強迫他們。

「術者，人君之所密用，羣下不可妄窺。勢者，制法之利器，羣下不可妄為。人君有術，而使羣下得窺，非術之奧者。有勢，使羣下得為，非勢之重者。大要在乎先正名分，使不相侵雜，然後術可秘，勢可專。」（尹文子・大道 上）

尹文不單說術說勢，而且說術要秘密，勢力要獨專；難怪後人罵法家尚譎詐了。慎到主張人君要重勢，然後纔可重法；因爲威勢不大，法令的力量不高。管子「明法解」篇裏引慎子的話說：「明主在上位，有必治之勢，則羣臣不敢爲非。是故羣臣之不敢欺主者，非愛主也，以畏主之威勢也。百姓之爭用，非以愛主也，以畏主之法令也。」法家一般都重君權，也就因爲沒有威勢，則號令不行。

愼到似乎也重術，他曾把法與術，連在一齊，把兩者都看爲人君治國的要具。他說：

「棄道術，舍度量，以求一人之識；識天下，誰子之識能足焉？」（愼子・佚文）

但重術的，要算申不害。韓非子「定法」篇說：「今申不害言術，而公孫鞅言法。術者，因任而授官，循名而責實，操殺生之柄，課羣臣之能者也。此人主之所執也。法者，憲令著於官府，……此臣之所師也。君無術，則弊於上；臣無法，則亂於下。此不可一無，皆帝王之具也。」可見韓非子自己也主張用術。究其實法跟術及權勢三者，在實行上並不相衝突。法是國政，術與權勢則是執行國政的手段。手段高的人，執法也更有效。

2. 法的觀念

甲、法為一國人民行動規律

法家的法治，在於重法，我們就問法是甚麼？

法字在中國古代有模型、標準的意思。爲模形，因法與古刑字同意。爲標準，因法的古字爲灋。但是法家的法，已不是簡單的字義；法家的法，涵義已很複雜。

在法家的思想中，法的第一意義，是一國人民的行動規律。法家所以任法，是以國家無法則亂。所謂亂，即是沒有秩序。人民沒有秩序，是因爲人民沒有規律。法即是給人民一種規律，全國都一致。愼到的佚文有：

「法者，所以齊天下之動，至公大家之制也。」（馬驌 繹史 百十九卷）

天下的人民既衆，若是他們的行動，沒有一致的規律，叫他們都整齊劃一，天下必亂。

管仲說：

「明主者，一度量，立表儀，而堅守之；故令下而民從。法者，天下之程式也，萬事之儀表也。」（管子・明法解）

法，爲天下之程式，天下的人，在行動時，都看着法，把法當作模型，照着法去做。現在官場裏，有所謂公文程式，各類公文的方式都是一定的，作公文時，照類套上去就是了。

法卽是天下人行動的程式，人在行動時，便該照樣套上這種程式。法又爲萬事的儀表。儀表是一件事物的外形，法卽是社會上一切事件的外形，一切事都該有這種儀表。尹文子所以說：『百度皆準於法』。

乙、法是國家公佈的法令

欲使全國人民，在行動上，都守一致的程式，都有一律的儀表，則不是一兩個私人所立的規律，所能做到的。所以法，乃是國家公佈的法令。韓非子說：

「法者，憲令著於官府，刑罰必於民心，賞存乎愼法，而罰加乎姦令者也。」（韓非子·定法）

又說：

「法者，編著之圖籍，設於官府，而布之於百姓者也。」（同上）

在未公佈以前的規律，不能稱爲法。卽使人君偶然一兩次按着一種標準定刑賞，這種標準，既未制成法，而公佈之，不足成法。管仲說：

「令未布而民或為之，而賞從之，則是上妄予也；令未布而罰及之，則是上妄誅也。」（管子．法法）

人君一時所用的權術，爲應付一時的環境，這種術，決不能稱爲法；而且術與法的分別，即是術乃人君任意所想的施政手段，既不是成文的，又不是常久的；法則是憲令著於官府，且布之於百姓的。所以法家的法，必是成文的，且是國家公佈的。

法該是成文而公佈的法令，一方面免的人君和官吏，任意定刑賞，另一方面，使人民容易知道法令的條文，可以遵守。

「立法令者，以廢私也。法令行，而私道廢矣。」（韓非子．詭使）

法公佈了以後，便假定人民都知道了。犯者必罰，罰不赦，以昭信用。所以法家只說法在公佈以後纔成法，但不說，法要人民知道纔有效；因爲法既公佈了，人民便該知道。

丙、法是定分的

爲甚麼緣故，務必要有一種天下一致的規律呢？因爲天下的人，都有求生的慾望。爲求生，則必求所以得生存的物件，那末便該有種規律，規定一個物件屬於誰；即是誰對於這一個物件有名分。再者，天下的人，旣然同居共處，則不能像牲畜一樣沒有次序。爲定次序，則該每人有一定的位置有了位置每個人便知道自己該怎樣自處了。自己知道怎樣自處，即是知道自己的名分。

儒家重禮，用禮去正名定分。法家重法，用法去正名定分。愼到說：

「今一兔走，百人逐之，非一兔，足爲百人分也，由未定也。由未定，堯且屈力，而況衆人乎！積兔滿市，行者不顧，非不欲兔也，分已定矣。分已定，人雖鄙不爭。故治天下及國，在乎定分而已矣。」（呂氏春秋・愼勢引）

分不定，則以力，雖有堯舜也必爲力所屈。分旣定，野鄙之人，也不力爭了。怎樣去定分呢？定分以法。

「法之所加，各以其分。」（愼子）

『分』的意思，跟『名』相連。名是根本，分是效果。有這個名，纔有這個分。名與分，常相應和。分不從名，卽是名不正；名不正，便是治不行。

「名宜屬彼，分宜屬我。我愛白而憎黑，韻商而舍徵，好膻而惡焦，嗜甘而逆苦。白黑商徵膻焦甘苦，彼之名也；愛憎韻舍好惡嗜逆，我之分也。定此名分，則萬事不亂也。」（尹文子·大道 上）

『名』代表客觀的事物；『分』代表我對於客觀萬物的態度。名分用之於法，卽是對於每種名義，每個人按法該持一種相合的態度。這種相合的態度，卽是一個人從一個名義所有的權利義務。

名與分之外，還有形與實。名是一客觀事物的代表，名所代表的事物稱爲實，名的意義則稱爲形。名與實不一定相符，名與形則相應。尹文子說：

「名者，名形者也。形者，應名者也。然形非正名也，名非正形也；則形之與名，居然別矣，不可相亂，亦不可相無。無名故大道無稱，有名故名以正形。今萬物具存，不以名正之，則亂。萬名具列，不以形應之，則乖。故形名者，不可不正也。……今卽聖賢仁智之名，以求聖賢仁智之實，未之或盡也。卽頑嚚凶愚之名，以求頑嚚凶愚之實，亦未或盡也。使善惡盡然有分，雖未能盡物之實，猶不患其差也。故曰：名不可不辯也。」（尹文子・大道 上）

胡適之以「形卽是實。」[13]我以爲形乃名的意義；不過這種意義普通與客觀的事物相連，故形與實多相通用。但有時名實不相符，在客觀的事件裏，並沒有名所代表的意義，則形與實便不相同了。例如：賢是個善名。這個善名指的一個人有善德，這便是形。我說一個人是賢人，若這個人眞是賢人，形與實則相同；若這個人並不是賢人，形與實便相別了。可是因爲形本來該與實相同，故法學家常說名與實，以求名實相符。

有名，則有分，分是法所定的。所以最重要的，是名得其實，然後分纔不錯。因此法家也講正名。法家的正名，跟儒家的正名，互有分別；儒家正名以禮，法家正名以法；儒家正名以正分，使君有君的分，臣有臣的分，法家正名以求實，使名實相符，執法不誤。管子說：

「修名而督實，按實而定名。名實相生，反相為情。名實當則治，不當則亂。」（管子·九守）

韓非子說：

「用一之道，以名為首，名正物定，名倚物徙。故聖人執一以靜，使名自命，令事自定。……不知其名，復脩其形。形名參同，用其所生。二者誠信，下乃貢情。……君操其名，臣效其形。形名參同，上下和調也。」（韓非子·揚權）

法按名以定分，但若名不得其實，分也就失其當，天下便不治了。所以「名正物定」名實相符爲正，分與物相當則定。

丁、法有刑罰

儒家以禮正名分，不守禮者爲不義，不義稱爲小人。法家以法定分，不守法者爲犯法，犯法則有刑。所以法常帶有刑賞。法治之道，在於驅民避惡。驅民，則非逼民不可。逼民，則該有刑賞。管仲說：

「為國者，反民性，然後可以與民戚。民欲逸而教以勞，民欲生而教以死。勞教定而國富，死教定而威行。」（管子・侈靡）

反民之性，驅使他們好勞不畏死；『法』若沒有刑賞，則跟禮一樣只有道德制裁力，必不能叫人民服從。

「明王知其然，故必誅而不赦，必賞而不遷者，非喜予而樂其殺也，所以為人致利除害也。」（管子・禁藏）

法令必有刑賞，然後制裁力纔強。制裁力強，人民然後纔肯避惡就善。所以法有刑賞，乃是為民致利除害。孔子本也以法有刑賞，他就因為刑賞便反對法。孔子主張德治，重在教民為善，他所用的是禮。用禮，則人民知道行惡可恥，自動的不作惡，「有恥且格。」用刑，人民只知道犯法有罰，不敢作惡，並不是不想作惡，而是「民免而無恥。」（論語・為政）法家則以為有恥的人，一百人中可以有一兩個，等待人民有恥而後治，天下再也不會治了。以法治人，人雖無恥，但不敢作惡，天下至少是平治了。韓非子說：

「明主之治國也，衆其守而重其罪，使民以法禁，而不以廉止。」（韓非子·六反）

韓非子解釋不以廢止而以法禁的理由，是多數人不能以廉去止他們作惡。

「夫聖人之治國，不恃人之為吾善也，而用其不得為非也。恃人之為吾善也，境內不什數；用人不得為非，一國可使齊。」（韓非子·顯學）

法治的精神，是在使人不能爲惡，爲惡則受刑。管仲說：

「故形勢不得為非，則姦邪之人慤厚，禁罰威嚴，則簡慢之人整齊。」（管子·八觀）

因此法便常帶有刑賞。

3. 法的性質

甲、法由人君而立

前面講法的觀念，已經連帶說了一些關於法的性質的話，於今再分析法的性質，簡略地說一說。

儒家謂聖人制禮，法家則以法出自人君；因爲法是具有刑賞的法令，應該出自國家的統治者。統治者乃人君，故法家常說明主治國，必定製法。管子說：

「夫生法者，君也；守法者，臣也；法於法者，民也。」（管子・任法）

「有道之君，善明設法，而不以私防者也。」（管子・君臣 上）

韓非子說：

「明主之道，一法而不求智。」（韓非子・五蠹）

商鞅說：

「故明主慎法制。」（商君書・君臣）

人君既有立法權，也具有變法權。反轉來說，人君有變法權，也就有立法權。

「以道變法者，君長也。」（愼子）

法由人君，這是法的根本，因法乃一國之憲令，在君主政制時，立法權都在君主手裏。所以立法者，只有人君一人。

乙、法合於理又合於人心

人君制法，並不是任意立法，他應該有所根據。儒家謂聖人仿天理去制禮，法家也主張人君按天理立法。

「聖人者，自己出也。聖法者，自理出也。理出於己，己非理也。己能出理，理非己也。故聖人之治，獨治者也。聖法之治，則無不治矣。」（尹文子・大道 下）

法不出自人，出自理。理不隨人而變，理乃客觀的道理。若理隨人而變，則便不成爲理。所以法也不隨人而變。

理既不隨人而變，理的根本在於天理。管子說：

「根天地之氣，寒暑之和，水土之性，人民鳥獸草木之生，物雖不甚多，皆均有焉，而未嘗變也，謂之則……。不明於則，而欲出號令，猶立朝夕於運均之上，擔竿而欲定其末。」（管子・七法）

均，是做陶器的輪，朝夕爲分辨東西。若把朝夕定在均輪上，輪既常轉，則東西不能定了。人君若不以天地之則去立法，則法不定。擔，爲舉，既舉竿，又想竿的末尾不動，那是不可能。同樣，若把天則亂動，則法也必亂。因此人君制法，應以天則的物理爲標準。天則的物理，應之於人事，能有多種的應用法，人君便該選擇合於民心者制成法規。

「法非從天下，非從地出，發於人間，合乎人心而已。」（愼子）

「政之所興，在順民心；政之所廢，在逆民心。」（管子・牧民）

「先王善牧之於民者也。夫民，別而聽之則愚，合而聽之則聖。雖有湯武之德，復合於市人之言。是以明君順人心安情性，而發於衆心之所聚。」（管子・君臣 上）

人君立法，該察民心，求能適合民意；但這並不是說不合民心，則法不成。因此管子反對人家主張「令出自上，而論可與不可者在下。」（管子・重令篇）因法的成因，是在人君，並不在人民。

丙、法有一致性

法，不是爲一二人而立的規律，法是爲人民立的。爲人民而立法，是求人民的行動能夠一致，那末法便該是一致的，不分親疏，不分貴賤。

「不知親畏遠近，貴賤美惡，以度量斷之，其殺戮人者不怨，其賞賜人者不德也。以法制行之，如天地之無私也。是以官無私論，士無私議 民無私說 皆虛其胸以聽於上。上以公正論，以法制斷，故任天下而不重也。」（管子・任法）

法的效力，跟它的一致性很相關連。法若失去一致性，也就失去大半的效力；因爲法既不平，人心不服，法便難於實行了。管仲說：

「法不一，則有國者不祥。」（管子・任法）

在立法時，人君便該以大多數的人民作標準，知道大多數都能守法，纔制法。不然法令既出，有能守者，有不能守者，法便不成法了。

「智者知之，愚者不知，不可以教民。巧者能之，拙者不能，不可以教民，非一命而民服之也，不可以為大善。非夫人能之也，不可以為大功。」（管子・乘馬）

法令一致，執行時還該公平，人君不應以私意去執行。不然，法的一致性便遭破壞，法也就喪失自己的效率。

「君人者，舍法而以身治，則誅賞予奪，從君心出。……則同功殊賞，同罪殊罰矣，怨之所由生也。」（慎子）

有了法，則該按照法去行，然後天下史以治平。

丁、法有常性

爾雅訓詁說：「法，常也。律，常也。」法有常性。法若不常，時時變更，民便無所適從了，那還成甚麽規律呢？而且法，乃天下人民的規律。必定是一法既出，便不該變更。管仲說：

「號令已出又易之，禮義已行又止之，度量已制又遷之，刑法已錯又移之；如是，則慶賞雖重，民不勸也；殺戮雖繁，民不畏也。故曰：上無固植，下有疑心，國無常經，民力必竭。」（管子・法法）

人君若每月每年，變更法令，則法令必繁，人民不能知了；而且法令既常變，人民對於法令失去信任心。管仲因此主張法在人君以上。人君立法，但法既立了，則高於人君，人君也該守法，不能任意變法，他說：

「不為君欲變其令；令尊於君。」（管子・法法）

法家任法，以法爲最上。好比儒家重禮，以禮高於人君，人君也該守禮。

戊、法隨時代而變

但是法雖有常時，並不是一成不變！法家最反對儒家的守古，他們主張應隨時代去變法。商鞅勸秦孝公變法說：

「反古者，未必可非，循禮者未足多是也。」（商君書　更法）

又說：

「知者作法，而愚者制焉。賢者更禮，而不肖者拘焉。拘禮之人，不足與言事。制法之人，不足與論變。」（同上）

韓非子解釋法應隨時說：

「今有搆木鑽燧，於夏后氏之世者，必為鯀、禹笑矣。有決瀆於殷、周之世者，必為湯、武笑矣。然則今有美堯、舜、湯、武、禹之道於當今之世者，必為新聖笑矣。是以聖人不期修古，不法常可，論世之事，因為之備。」（韓非子・五蠹）

又說：

「不知治者，必曰無變古，毋易常。變與不變，聖人不聽，正治而已。然則古之無變，常之毋易，在常古之可與不可。伊尹毋變殷，太公毋變周，則湯武不王矣。」（韓非子·南面）

無所謂古不古，無所謂常不常。一種法既不合時宜，便該代以新法。所以法有常，又有變。常是法不可輕易變更，變是法不是一成而不可變。法不合時，則失效力。

4. 法的效力

甲、法為禁惡

禮與法的分別，在效力方面也很明顯，禮是教民為善，法是禁民作惡。大戴禮記說：「禮者，禁於將然之前；而法者，禁於已然之後。」將然之前，是教民不作惡；已然之後，是叫民知道若犯某罪必有某罰。

法家所以主張任法，他們的哲學根基，是以人性為惡。法家並不是不承認德治高於法治，但是認爲德治的效力不及法治，因爲社會的人心，不適於德治。人心既惡，不是教導力所能治的，只能用刑賞的方法去驅使，纔能有治。尹文、愼到都說：

「道行於世；則貧賤者不怨，富貴者不驕，愚弱者不懾，智勇者不陵，定於分也。法行於世；則貧賤者不敢怨富貴，富貴者不敢陵貧賤，愚弱者不敢冀智勇，智勇者不敢鄙愚弱，此法之不及道也。」（同見於尹文子與愼子）

貧賤不怨，富貴不驕，這是孔子的德教，當然是理想中很高的政治思想。貧賤者不敢怨富貴，富貴者不敢陵貧賤；這是法家的法治。人本想作惡，法家使他不敢作惡，人便受治了。

法家主張性惡，是從日常經驗而得的結論。韓非子說：

「父母之於子也，產男則相賀，產女則殺之。此俱出於父母之懷衽；然男子受賀，女子殺之者，慮其後便，計之長利也。故父母之於子也，猶以計算之心以相待也，而況無父子之澤乎？」（韓非子・六反）

天下的人，親莫過於父子，父子之間，尚且計算利便，天下的人，誰不以計算利便相待呢？計算利便的人，僅僅勸他們「何必曰利，亦有仁義而已矣！」（孟子・梁惠王）那就等之於耳旁風。唯一的辦法，便是告訴他們，那種物件不可以拿，那樁事不可做。不遵守的人，必受刑罰。人雖性惡不願受德教，但是罪罰則必定怕。然後不致因利相爭。商鞅說：

「法令者，民之命也，治之本也，所以備民也。」（商君書・定分）

法爲備民，不爲教民。備民是防民作惡。因民性趨惡，則只有備民以防之。韓非子說：

「夫嚴家無悍勇，而慈母有敗子。吾以此知威勢之可以禁暴，而德厚之不足以止亂也。夫聖人之治國，不恃人之為吾善也，而用其不得為非也。恃人之為吾善也，境內不什數。用人不得為非，一國可使齊，為治者用衆而舍寡，故不務德而務法。」（韓非子・顯學）

法的效力，卽在使不爲善不避惡的人，都要趨善避惡。法家的政治，目的爲富國強兵。想富國，則必驅民勞動；要強兵，則應驅民不怕死。商鞅認爲只有任法，可以達到這個目的。

「民之外事，莫難於戰，故輕法不可以使之。……故欲戰其民者，必以重法。……民之內事，莫苦於農，故輕治不可以使之。」（商君書　外內）

管仲也說：

「為國者，反民性，然後可以與民戚。民欲逸而教以勞，民欲生而教以死；勞教定而國富，死教定而威行。」（管子．侈靡）

因此法的效力，在消極方面，是禁民爲惡，在積極方面，是驅使服務。法旣嚴刑賞，效力常能較比禮教高。

乙、任法則可無為而治

法家中，大都跟道家有關係，也主張無爲而治。但他們兩家所以達到無爲之道，則不相同。道家認爲人性善，任性而廢禮法，則無爲而治。法家以人性爲惡，嚴刑竣法去威嚇他們，人都畏懼刑罰而不敢犯法，於是有法等於無，天下便可無爲而治。

法家中的韓非子，更好黃老之術，常把老子的思想去解釋自己的法律思想。他說：

「民犯法令之謂民傷上，上刑戮民之謂上傷民。民不犯法則上亦不行刑，上不行刑之謂上不傷人。……民不敢犯法，則上內不用刑罰，而外不事利其產業，則民蕃息。民蕃息則蓄積盛，民蕃息而蓄積盛之謂有徹。」（韓非子・解老）

管仲也說：

「黃帝之治天下也，其民不引而來，不推而往，不使而成，不禁而止；故黃帝之治也，置法而不變，使民安其法者也。」（管子・任法）

老莊的思想，則不是黃帝置法而不變，乃是黃帝不用法，民不知法，自然就合於道。管仲則把老莊的無法，解爲有刑而不得用，等於無法。民既然守法，刑罰不用，人君可以無爲，這是法的效力可到的最高程度。若說這種程度不易到，但最低的程度，有了法，則人君不必一個人用盡心力去治人，他只要指使臣下，按法行政，國家可治，他可以減省精力。

慎到說：

「君臣之道，臣事事而君無事。君逸樂而臣任勞，臣盡智力以善其事，而君無與焉，仰成而已，故事無不治，治之正道然也。」（慎子·民雜）

管仲也說：

「聖君任法而不任智，故身佚而天下治。」（管子·任法）

法家跟道家，從兩個相反的極端，結果卻走到同一的目的。可是因爲兩家的思想都出自極端，跟中國的民族性不相合，所以中國的政治思想和中國的法律思想，不從道家，也不從法家，只從儒家。

四、儒家的陰陽五行

荀子的年代，已到戰國末期；荀子應稱爲先秦儒家的最後一位學者。荀子批評十二子的文章裏，也批評了儒家的子思和孟子：「略法先王而不知其統，猶然而才劇志大，聞見雜博，案往舊造說，謂之五行。甚僻違而無類，幽隱而無說，閉約而無解，案飾其辭而只敬之曰：此眞先君子之言也。子思唱之，孟軻和之，世俗之溝猶瞀儒，嚾嚾然不知其所非也，遂受而傳之，以爲仲尼子游爲茲厚於後世，是則子思孟軻之罪也。」（荀子・非十二子）

但是子思所作的中庸和孟子的書，都沒有五行的觀念，荀子卻批評他們「案往舊造說，謂之五行。」認爲子思和孟子，本着以往的舊思想，造成新的五行學說。難道荀子沒有根據而亂批評嗎?

對於陰陽五行的源起，徐復觀先生曾作一文，名爲陰陽五行及其有關文獻研究。(14)

1. 陰陽

我在易經的哲學思想一章裏，講論陰陽，曾說：詩經中有陰陽兩個字，常指天氣和陽光的溫暖明暗，沒有作萬物原素的意義。到了春秋時代，在左傳裏已經有陰陽兩字連用，代表宇宙間的兩種氣。在易經裏，陰陽首先和剛柔兩種特性相配合，剛爲乾的特性，柔爲坤的特性，陰陽便也跟乾坤相配合；陽爲乾，陰爲坤。剛柔後來成爲兩種氣，陰陽便也成爲兩氣，進而代表卦象的爻，乃有陽爻和陰爻。爻爲卦的構成原素，卦代表萬物，陰陽便成爲萬物的構成素。

在春秋穀梁傳有三處說到陰陽：

「隱公九年。三月癸酉，大雨震電。庚辰，大雨雪，志疏數也。八月之間，再有大變，陰陽錯行，故謹而日之也。」（隱公九年）

「莊公三年，獨陰不生，獨陽不生，獨天不生，三合然後生。」（莊公三年）

「二十有五年，六月，辛未，朔，日有食之。……天子救日，置五麾，陳五兵，置五鼓。諸侯置三麾，陳三鼓，三兵，大夫擊門，士擊柝，言充其陽也。」（莊公廿五年）

從上面三段引文研究陰陽的意氣，天地間有陰陽兩氣，互相調和；若是錯行，則有變，風雨霜雪便失調，而且陰陽相合，使萬物化生。這種思想和易傳的思想相同，和詩經的陰陽不同。至於以日爲陽，月爲陰，則在易傳裏沒有。

左傳說到陰陽的處所也不多，有只講陰陽二氣的，有講六氣的，如：

「傳，二十八年，春，無冰，梓慎曰：今茲宋鄭其饑乎！歲在星紀，而淫於玄枵。以有時菑，陰不堪陽。蛇乘龍，龍，宋鄭之星也，宋鄭必饑。玄枵虛中也，枵，耗名也，土虛而民耗，不饑何為？」（襄公二十八年）

「正義」說：「劉炫云：言是陰陽之事也，則知事由陰陽，若陰陽順序，則物皆得性，必無妖異。故云陰陽錯逆所爲，非人吉凶所生也。……石隕鷁飛事，由陰陽錯逆，乃是人行所致。襄公不問已行何失，致有此異，乃謂卽有此事，將來始有吉凶，故答云：是此陰陽之事，非將來吉凶所生。言將來若有吉凶，協此不鷁之異耳，非始從不鷁而出也。」

這裏的陰陽，不是徐復觀所說，只是天時氣候，陰寒陽煖；⒂這裏的陰陽已是陰陽兩氣，陰陽失調，由於人事違反道德，反映到宇宙的變易；陰陽失調，天象有異，象徵將來能有吉凶。天象有異，不是吉凶所引起，吉凶反是天象所預示。陰陽不是寒暑，寒暑代表陰陽。

「傳，十六年，春，隕石於宋，五，隕星也。六鷁退飛過宋都，風也。周內史叔興聘於宋，宋襄公問焉，曰：是何祥也？吉凶焉在？對曰：今茲魯多大喪，明年齊有亂，君將得諸侯，而不終。退而告人曰：君失問，是陰陽之事，非吉凶所生也。」

（僖公十六年）

「正義」說：「左傳及國語所云歲在者，皆謂歲星所在。故云歲，歲星也。五星者，五行之精也。曆書稱木精曰歲星，火精曰熒惑，土精曰鎮星，金精曰大白，水精曰辰星。」上段的陰陽，已經配合歲星和鄭宋的龍星，陰陽乃是二氣，不僅是「乃衍陽之意，不可故求深解。」(16)既然以歲配五行之星，五行沒有陰陽之氣，不能解釋。

在春秋、戰國的時候，陰陽已經由詩經的氣候的意思，進到陰陽二氣的意義。這種意義和易經「十翼」的陰陽所有意義相合。

禮記書中的陰陽，較比易傳和春秋，更明顯地說明二氣的含義：

「故人者，其天地之德，陰陽之交，鬼神之會，五行之秀氣也。故天秉陽垂日星，地秉陰竅於山川，播五行於四時。……故聖人作則，必以天地為本，以陰陽為端。……以天地為本，故物可舉也；以陰陽為端，故情可睹也。……」（禮運）

「饗禘有樂而食嘗無樂，陰陽之義也。凡飲，養陽氣也；凡食，養陰氣也。……飲，養陽氣也，故有樂；食，養陰氣也，故無聲；凡聲，陽也。」（郊特牲）

「社祭土而主陰氣也，君南鄉於北墉下，荅陰之義也。……郊之祭，迎長日之至也，大報天而主日也。兆於南郊，就陽位也。……鼎俎奇而籩豆偶，陰陽之義也。」（郊特牲）

「昏禮不用樂，幽陰之義也；樂，陽氣也。……魂氣歸于天，形魄歸于地，故祭求

諸陰陽之義也。」（郊特牲）

魂歸于天，魄歸于地，這種思想，在左傳裏已經有。子產解釋伯有爲什麼能死後變爲鬼，說

「人生始化曰魄，旣生魄，陽曰魂。用物精多，則魂魄強。……」（左傳卷三六）

左傳有六氣之說，六氣爲陰、陽、風、雨、晦、明。左傳昭公元年，晉侯有疾，晉國求醫於秦，秦伯使醫和視之，徵斷爲不可醫治的病，病不是由於鬼作蠱，乃是荒於女色，女色不可荒淫，荒淫則亂心：

「君子之近琴瑟，以儀節也，非以慆心也。天有六氣，降生五味，發為五色，徵為五聲，淫生六疾。六氣曰陰陽風雨晦明也，分為四時，序為五節，過則為菑。陰淫寒疾，陽淫熱疾，風淫末疾，雨淫腹疾，晦淫惑疾，明淫心疾。女，陽物而晦時，淫則生內熱惑蠱之疾。」（昭公元年）

左傳昭公二十五年，夏會于黃父謀王室也。趙簡子令諸侯之大夫輸王粟，具戍人，曰明年將納王。子大叔見趙簡子，簡子問揖讓周旋之禮焉。對曰：是儀也，非禮也。簡子曰：敢問何謂禮？對曰吉也聞諸先大夫子產曰：

「夫禮，天之經也，地之義也，民之行也。天地之經而民實則之，則天之明，因地之性，生其六氣，用其五行，氣為五味，發為五色，章為五聲，淫則昏亂，民失其性。是故為禮以奉之……」(昭公廿五年)

在國語的「周語」下，有六氣的名詞，莊子「逍遙遊」篇也有六氣的名詞。我們研究這個六氣的氣字，究竟有什麼意義。徐復觀說：「這六氣雖然發生許多作用，但並非形成萬物的基本元素，它不是在萬物的背後或內部，而係與萬物平列於天地之間，所以都是人的耳目肌膚等感官可以接觸得到的具體地存在，不像後來陰陽二氣的自身，完全是不能以耳目等感官接觸得到的抽象存在。」(17)這種解釋，嫌過於籠統膚淺。

2. 氣

為瞭解陰陽的意義，我們要緊研究古代的氣字有什麼意義。

最初的氣字乃是气字，气字的本意爲雲，象形。「气，雲气也，象形。今隸作气。按雲者，地面之气，溼熱之，气升而爲雨，其色白，乾熱之气，散而爲風，其色黑。……禮記月令：天氣下降，地氣上騰。考工記總目，地有氣，注：剛柔也。左昭元傳：天有六氣，曰陰陽風雨晦明也。素問寶命全形論天地合氣，注：生之母也。周禮：疾醫五氣五聲五色。注：肺氣熱，心氣次之，肝氣涼，脾氣溫，腎氣寒。禮記祭義：氣也者，神之盛也。孟子：氣者，體之充也。莊子「人間世」：氣也者，虛而待物者也。」(18)

氣字，在古書裏爲餼字，「饋客之芻米也」。左傳桓六年和十年，傳曰：「齊人來氣諸侯」。古書有五氣的詞，氣字應爲穀字，五氣乃是五穀。

易經乾卦的「文言」說：

「飛龍在天，利見大人，何謂也？子曰：同聲相應，同氣相求。水流濕，火就燥，……各從其類也。」

「潛龍勿用，陽氣潛藏。」

禮記「樂記」曰：

「地氣上齊，天氣下降，陰陽相摩，天地相蕩。鼓之以雷霆，奮之以風雨，動之以四時，煖之以日月，而百化興焉。」

國語「周語」上：

「古者，太史順時覛土，……土氣震發……『陽氣俱蒸，土膏其動』，……『陰陽分佈，雷震出滯』。」

「周語」下：

「於是乎氣無滯陰，亦無散陽。陰陽序次，風雨時至。」

易經、禮記和國語的氣字，有雲气的意思。左傳的六氣，也是雲氣的意思，地上的氣和天上的氣，都是雲氣，有乾有溼，有熱有涼。這種雲氣變成風雨晦明陰陽：風氣乾溼之氣所成，雨爲溼熱之氣所成，氣凝聚則晦暗，氣輕則明朗，氣熱爲陽，氣寒爲陰。但是六氣的名字在古書中並不通用，反而陰陽兩字則通用，陽代表天氣，陰代表地氣，然後再有五行，五行代表陰陽兩氣的變化。

氣字由雲气的意義，進而代表元素。人的生命由魂魄而成，魂爲陽氣，魄爲陰氣，左傳和禮記都有這種思想，禮記的「禮運」篇說：

「及其死也，升屋而號，告曰：皐某復，然後飯腥而苴孰，故天望而地藏也。體魄則降，知氣在上，故死者北首，生者南鄉，皆從其初。」

在易經裏，陰陽代表爻，卽陽爻陰爻。卦由爻而成，爻爲卦的構成素，陰陽便代表卦的構成素。六十四卦代表天地萬物，陰陽卽是卦的構成素，便成了萬物的構成素。中國古人以氣爲萬物的構成素，不僅是在抽象的理論方面講，而且也在物理和生理方面去講；儒道兩家都有這種思想，尤其後來道教的長生術，更脫離不了氣。

老子說：

「道生一，一生二，二生三，三生萬物。萬物負陰而抱陽，冲氣以為和。」（道德經第四十二章）

莊子說：

「天氣不和，地氣鬱結，六氣不調，四時不節，今我願合六氣之精，以育羣生，為之奈何？」（在宥）

「汝方將忘汝神氣，墮汝形骸，而庶幾乎？」（天地）

「自以比形於天地，而受氣於陰陽，吾在於天地之間，猶小石小木之在大山也，方存乎見少，又奚以自多？」（秋水）

「察其始而本無生；非徒無生也而本無形；非徒無形也而本無氣。雜乎芒芴之間，變而有氣，氣變而有形，形變而有生，今又變而之死，是相與為春秋冬夏四時行也。」（至樂）

「壹其性，養其氣，合其德，以通乎物之所造。」（達生）

孟子說：

「我知言，我善養吾浩然之氣。」（公孫丑）

荀子說：

「水火有氣而無生，草木有生而無知，禽獸有知而無義，人有氣有生有知，亦且有義，故最為天下貴也。」（王制）

中國古人的生活，爲農業生活，所有知識都由農業生活的經驗而成。在農業生活的經驗裏，寒煖陰晴風雨霜雪，佔着很重要的位置，因爲五穀的生長，和這些現象很有關係。這些現象都是由一種元素而成，卽是雲气。農業生活在一年裏乃有二十四節氣。由於這種農業生活的經驗，中國古代的思想家乃以氣爲萬物的構成素。這種氣，在抽象的本體論或宇宙論則是形而上，在物理和生理上，則是形而下。呂氏春秋「有始覽」篇說：「陰陽材物之精。」注說：「以材物皆由陰陽變化而成」。

3. 五行

現在我們講五行，都以鄒衍爲五行的創始者，而荀子在「非十二子」篇裏，則以子思和孟子「案往舊造說，謂之五行。」子思和孟子在現在所留傳的書裏，卻沒有五行的思想，荀子所批評的，應當是子思和孟子的時代所成立的五行說；這種學說爲子思和孟子所倡和。近

人衞聚賢著五行起源考，認爲荀子在這裏所說的『五行』爲『大行』。(19)

鄒衍的生卒年代，大約在西曆公元前三〇五年至二四〇年左右，爲齊國人。史記「孟子荀卿列傳」有一段關於他的記事。

「鄒衍睹有國者益淫侈不能尚德，……乃深觀陰陽消息而作怪迂之變，終始大聖之篇，十餘萬言。其語閎大不經，必先驗小物，推而大之至於無垠。」

漢書「藝文志」列騶子四十九篇，又騶子終始五十六篇，現在都已失傳。

五行的來源，從現在所有的文獻裏，不容易清理出來；因爲文獻的眞僞，不能確定。書經裏面的「甘誓」和「洪範」，有五行的名字：

「王曰：嗟！六事之人，予誓告汝。有扈氏威侮五行，怠棄三正，天用勦絕其命。今予惟恭行天之罰。」(甘誓)

「天乃錫禹洪範九疇，彝倫攸敘。初一，曰五行……一，五行：一曰水，二曰火，三曰木，四曰金，五曰土。水曰潤下，火曰炎上，木曰曲直，金曰從革，土爰稼穡。潤下作鹹，炎上作苦，曲直作駿，從革作辛，稼穡作甘。」(洪範)

對於「甘誓」的五行三正，屈萬里先生解釋說：「此五行，當指五德終始而言。威侮五行，意謂輕蔑侮慢應運之帝王（此指夏王）也。怠，惰慢不恭。三正，謂建子，建丑，建寅。王者受命，必改正朔。此言怠棄三正，意謂不奉夏之正朔也。」(20)

這種思想不是五行的原始思想，五行的原始思想，五行代表五穀。中國古代以農業爲主，人的生活都包括在農業的範圍以內，米穀爲農業生活的中心，五穀是很早的一個名詞，有時用五行去代替。次後，五行代表五材，卽人生的五種重要材料，然後，又代表五種行業的官名，最後纔代表陰陽兩氣的五種結合。

左傳有好幾處講到五行，在時代來說，都較爲稍後，最早在襄公二十七年。在文公七年的傳裏，有六府三事的名詞：

「禹曰：於！帝念哉！德惟善政，政在養民，水火金木土穀。……帝曰：俞！地平天成，六府三事允治，萬世永賴，時乃功。」

這段話爲晉郤缺向趙宣子所說的話，郤缺引夏書「大禹謨」的話。僞古文尚書「大禹謨」說：

「六府三事，謂之九功。火水木金土穀，謂之六府。正德、利用、厚生、謂之三事。」（春秋疏　卷十九 上）

「大禹謨」爲僞文，但左傳所引夏書的話，不能是僞造，因此在夏時有六府的名詞，六府所有職務爲養民；六府則爲官名，不是指着藏在六府中的民生養料。六府所治理的事，爲關於水火金土木穀的政事。然也可以解釋爲六府所藏民生養料，養料則爲五穀等穀類。呂氏春秋「有始覽」篇說：「衆五穀寒暑也；此之謂衆異則萬物備也。」

左傳有兩處，講五材：

「子罕曰……天生五材，民並用之，廢一不可。」（襄公二十七年，春秋疏　卷三十八）

「韓宣子問於叔向曰：楚其克乎？對曰：克哉！……楚小位下，而亟暴於二王，能無咎乎！天之假助不善，非祚之也，厚其凶惡，而降之罰也。且譬如天其有五材，而將用之，力盡而敝之，是以無拯，不可沒振。」（昭公十一年）

這兩處所講五材，爲金木水火土。五材爲天所生，爲民所用；所以是民生的兩種重要材料。五材所指，爲具體的實用物品。

左傳有三處講五行：

「則天之明，因地之性，生其六氣，用其五行，氣為五味，發為五色，章為五聲。」（昭公二十五年）

「獻子曰：今何故無之（龍）？（蔡墨）對曰：夫物，物有其官，官修其方，朝夕思之，一日失職，則死及之。失官不食，官宿其業，其物乃至。……故有五行之官，是謂五官，實列受氏姓，封為上公……木正曰句芒，火正曰祝融，金正曰蓐收，水正曰玄冥，土正曰后土。…龍，水物也，水官棄矣，故龍不生得。……獻子曰：社稷五祀，誰氏之五官也？對曰：少皞氏有四叔，曰重、曰該、曰修、曰熙，實能金木及水，使重為句芒，該為蓐收，修及熙為玄冥，世不失職，遂濟窮桑，此其三祀也。顓頊氏有子曰犂，為祝融；共工氏有子曰句龍，為后土，此其二祀也。后土為社，稷，田正也。有烈山氏之子曰柱，為稷，自夏以上祀之，周棄亦為稷，自商以來祀之。」（昭公二十九年）

「趙簡子問於史墨曰：季氏出其君，而民服焉，諸侯與之，君死於外，而莫之或罪何也？對曰：物生有兩、有三、有五，有陪貳；故天有三辰，地有五行，體有左右，各有妃耦。」（昭公三十二年）

左傳的五行，爲五種官名，職司管理金木水火土，有功的官，封爲上卿，賜以姓氏，死後加以祭祀。同時，五行也指金木水火土，五種物質和關於五種物質的事。例如土爲田，管理土的官，就是管理稼穡的官。

國語的「周語」下：「天六地五，數之常也。」「鄭語」下：「故先王以土與金木水火相雜，以成百物。」

金木水火土的五官，職管天下的一切物質，金木水火土乃代表百物。在春秋戰國時，陰陽二氣的思想已漸行，氣的思想由陰陽而到五行，金木水火土便有五氣的意義。禮記「禮運」篇說：「故人者，……五行之秀氣也。……五行之動，迭相竭也。」呂氏春秋的「有始覽」篇，載有鄒衍的五德終始說，卽有五氣：

「黃帝曰：土氣勝！……禹曰：水氣勝！……湯曰：金氣勝！文王曰：火氣勝！……代火者必將水，天且先見水氣勝。水氣勝，故其色尚黑，其事則水。」（有始覽）

這種思想，便是漢朝易緯以及董仲舒和班固的思想。五行爲五氣，五氣爲陰陽兩氣的結合。

4. 五德

鄒衍提倡的五行，目的在提倡『五德終始』，因為他「睹有國者益淫侈不能尚德。」五德終始以五行配五氣，五氣配五德，每一德配一朝代，朝代的興亡，按五德盛衰的次序而進行，故有五德終始說。五德盛衰的次序，乃是五行的相生相剋。五行相生相剋的正式成立，則是在漢朝董仲舒的春秋繁露和班固的白虎通兩書裏，但是五行相生剋的思想，在春秋戰國時已經源起，左傳裏就有些例子：

「入郢必以庚辰，日月在辰尾。庚午之日，日始有謫，火勝金，故弗克。」（昭公三十一年）

「正義」說：「午為南方之辰，楚是南方之國，故午為楚之位也。午是南方之辰，火也；庚是西方之日，金也。日以庚午有變，午在南方，必南方之國當其咎，故災在楚。楚之仇敵，唯有吳耳。故知入郢，必是吳也。其日庚午，庚金午火，五行相剋，火勝金，金以畏火之故，金為火妃，夫妻相得而彊，是楚彊盛之兆，雖被吳入，必不亡國，故知吳入郢，終亦弗克，合其不能滅楚也。」

「晉趙鞅卜救鄭，遇水適火……史墨曰：盈，水名也；子，水位也。名位敵，不可干也。炎帝為火師，姜姓其後也；水勝火，伐姜則可。」（哀公九年）

在這一段裏，有五行相勝的思想，也有以五行解釋卦辭的方法，再也有方位的思想。在左傳襄公二十八年有「陰不堆陽」，意義是疏上所說：「陰陽相競，陰氣不能勝陽；故陽氣出地，地氣發洩，而溫無冰也。」陰陽兩氣相競相盪，水火木金土五氣，也有相競相盪的現象，而生相生相勝。

五行五氣生五色，在春秋時已有這種思想，如左傳昭公六年傳說：「天有六氣，降生五味，發爲五色，徵爲五聲。」左傳昭公二十五年傳說：「因地之性，生其六氣，用其五行，氣爲五味，發爲五色。」土色黃，木色青，金色白，火色赤，水色黑。

五行五色又和天象相配，天象以曆數爲代表，曆數以天干地支計算年月日。禮記的「月令」出自呂氏春秋的十二紀。「月令」說：

孟春之月，……，其日甲乙，其帝大皞，其神句芒……某日立春，盛德在木。……是月也，天氣下降，地氣上騰，天地和同，草木繁動，……仲春之月，……，天子居青陽大廟乘鸞輅，駕蒼龍，載青旂，衣青衣，服青玉。

孟夏之月，……，其日丙丁，其帝炎帝，其神祝融。……某日立夏，盛德在火。……

仲夏之月，……，天子居明堂大廟，乘朱輅，駕赤駵，載赤旂，衣朱衣，服赤玉。……

孟秋之月，……，其日庚辛，其帝少皞，其神蓐收。……某日立秋，盛德在金。……

仲秋之月，……，天子居總章太廟，乘戎路，駕白駱，載白旂，衣白衣，服白玉。……

孟冬之月，……，其日壬癸，其帝顓頊，其神玄冥。……某日立冬，盛德在水。……

仲冬之月，……，天子居玄堂太廟，乘玄輅，駕鐵驪，載玄旂，衣黑衣，服玄玉。

春，盛德在木，色青，其神句芒，其帝大皞

夏，盛德在火，色赤，其神祝融，其帝炎帝

秋，盛德在金，色白，其神蓐收，其帝少皞

冬，盛德在水，色黑，其神玄冥，其帝顓頊

這種比配和左傳昭公二十九年所說有許多相同之點：「木正曰句芒，火正曰祝融，金正曰蓐收，水正曰玄冥，土正曰后土。」「月令」裏沒有土，因爲只有四季。從「月令」裏，就可以見到五德的思想，木德，火德，金德，水德，所缺的就是土德。

「月令」既是呂氏春秋的篇章，便是戰國末期的著作，鄒衍乃有五德終始說，史記「孟荀列傳」記鄒衍說：

「稱引天地剖判以來，五德轉移，治各有宜，而符應若茲。」

『五德轉移』，以五行爲根據，左傳有陰陽和水火相勝的觀念，墨經下有：

「五行無常勝，說在宜。」（墨經下）

「說曰：五合水土木，火離然。（五當作互）火鑠金，火多也。金靡炭，金多也。合之府水（木），木離木。」（經說下）

這一段有錯簡，不全可懂；但意義在於說明五行相生相勝沒有一定的次序，要看實際上關係若何，「說在宜」。然而這一段也證明當時有五行相勝的學說。

鄒衍的五德終始說，記述在呂氏春秋一書裏：

「凡帝王之將興也，天必先見祥乎下民。黃帝之時，天先見大螾大螻；黃帝曰：土氣勝！土氣勝，故其色尚黃，其事則土。及禹之時，天先見草木，秋冬不殺；禹曰：木氣勝！木氣勝，故其色尚青，其事則木。及湯之時，天先見金刃生於水；湯曰：金氣勝！金氣勝，故其色尚白，其事則金。乃文王之時，天先見火赤烏銜丹書，集于周社；文王曰：火氣勝！火氣勝，故其色尚赤，其事則火。代火者必將水，天且先見水氣勝。（水氣勝，故其色尚黑，其事則水。）水氣至而不知數備將徙於土。天為者時，而不助農(勉)於下。類固相召，氣同則合，聲比則應。」（呂氏春秋・有始覽）

俞樾以「水氣勝，故其色尚黑，其事則水。」為後代抄書的人或注書的人所加入，因呂不韋生時，秦朝尚沒有兼併天下，而且和下文不相合。

鄒衍的五德終始說，以五行為本，以五德為代表，以天人相應為原則，用易經的數為方法，而應用於歷史上的帝王朝代。他的五行相勝次序，為土勝水，木勝土，金勝木，火勝金，水勝火。這種思想，沒有哲學意義，必定由於術士所造。五德終始說在漢代成為歷史哲學的一個重要觀念，為後代帝王所援用。五行的思想在漢朝成為宇宙論的觀念，代替易經的四象和八卦，為宋朝理學家所接受。

5. 倫理觀念的演進

儒家倫理觀念，在孔子的論語裏以『仁』爲中心，以『禮』爲規範，以『中庸』爲標準。孟子進而論人性，由易經的『天道』和孔子的『禮』，即是由外在的倫理標準，進入到內在的倫理標準，以人性爲根據；孟子所以主張『性善』，提倡養心寡欲。這種內在倫理思想，在中庸和大學裏表明很清楚。中庸說：

「天命之謂性，率性之謂道，修道之謂教。……喜怒哀樂之未發謂之中，發而皆中節謂之和。」

大學說：

「大學之道，在明明德，在親民，在止於至善。」

天命之性爲善爲中，稱爲明德。人生之道在於『率性』，在於『明明德』，便是發揚人心所固有的善端。『明明德』即是『率性』，就是『誠』。中庸的思想以『誠』爲中心。『誠』不是一個自立體，不是等於太極，不是等於老子的道，乃是『天德』或『天道』，有似老子所說：『道法自然。』中庸所說：「誠者，自成也。……誠者，物之終始，不誠無物…誠者，非自成己而已也，所以成物也。」(中庸・第二十五章)不是以誠爲自有的造物者，乃是講誠爲天德，天若不誠，天就不是天了，就不能造生萬物了。

所以中庸和大學雖在本書裏列爲孔子弟子的思想，保留有孔子的倫理觀念，然而必不是孔子的直接弟子的著作，而是再傳弟子的著作，和孟子同時，或者後於孟子。

荀子的思想，卻回到孔子的『禮』之外在倫理標準，重禮重法，而主張性惡。我們推想荀子的心理，必定因爲戰國時的社會，日趨混亂，道德淪喪人心敗壞。荀子乃提倡重禮重法以拯救當時的民心。禮記書中的「禮運」篇，大約是荀子同時的作品，給『禮』制造了形上的理論，以禮爲聖人所作，「夫禮，先王以承天之道，以治人之情。故失之者死得之者生。」(禮運)禮乃天道的代表，守禮卽是遵守天道。荀子也說：「禮有三本：天地者，生之本也；先祖者，類之本也；君師者，治之本也。……故禮上事天，下事地，尊先祖而隆君師，是禮之三本也。」(荀子・禮論)儒家的內在倫理思想從孟子開始以後，漢朝沒有傳人，到了宋朝理學家纔予以發揚；故朱子講儒家道統時，由孔子，孟子，跳到周敦頤，而到二程。

在孟子以後，儒家倫理思想還另有一種進展，卽是孝道。孝經在本書裏，也列爲孔子弟子的著作；但並不是承認孝經爲曾子的著作，只是以這本書也代表孔子的思想。在論語裏孔子論孝，曾子以孝弟爲人生之本；然而並沒有講孝道的哲理。在禮記和孝經裏孝道的哲理乃表現出來。儒家的孝道，以『生』爲本，父母爲兒女生命的根本，所以荀子說：「先祖者，類之本也。」因此，在祭祀上，父母可以配天。在現世生活上，父母代表天，作爲兒女生活的目標，『大孝尊親，其次弗辱，其下能養。』乃是每個人的生活目標。而且儒家崇敬天地好生之德，以仁爲天德。人的生命由子女去延續，孟子乃說：『不孝有三，無後爲大。』曾子便以自己的身體爲父母的遺體。子女和父母在生命上相連，父子一體，一切相通相應。子女的善惡，反映到父母身上，使父母有榮或有辱。父母的善惡，反映到子孫身上，承受上天的報應，『積善之家，必有餘慶。』，不是後來佛教的報應，而是儒家父子一體的思想。

祭祀的思想也有了進展，孔子以『祭神，如神在。』爲原則，禮記的「祭義」、「禮運」、「郊特牲」等篇，加入了天地陰陽的思想。孔子的祭祖，乃孝道的表現，表現生命的繼續。禮記以人得五行的秀氣，爲陰陽的交合，宇宙萬物，由陰陽兩氣而成。祭祀除倫理的意義外，加上宇宙哲學的思想。

「天地之祭，宗廟之事，父子之道，君臣之義，倫也。社稷山川之事，鬼神之祭，體也。喪祭之用，賓客之交，義也。……祀帝於郊，敬之至也。宗廟之祭，仁之至也。喪禮，忠之至也。備服器，仁之至也。賓客之用幣，義之至也。故君子欲觀仁義之道，禮其本也。」（禮記・禮器）

「禮器」篇說明祭祀在倫理道德上的意義，以祭禮爲仁義之本。

「社，祭土而主陰氣也，君南鄉於北墉下，荅陰之義也。日用甲，用日之始也。天子大社，必受霜露風雨，以達天地之氣也。……兆於南郊，就陽位也。掃地而祭，於其質也。器用陶匏，以象天地之性也。……萬物本乎天，人本乎祖，此所以配上帝也。郊之祭也，大報本返始也。」（禮記・郊特牲）

「鼎俎奇而籩豆偶，陰陽之義也。黃目，鬱氣之上尊也。黃者，中也；目者，氣之清明者也，言酌於中而清明於外也。」（同上）

陰陽的思想，透入了祭器和祭禮之中，而且也滲入了禮的基本意義裏：

「夫禮，必本於大一，分而為天地，轉而為陰陽，變而為四時，列而為鬼神。」（禮記・禮運）

馮友蘭在所著中國哲學史裏說：「古時所已有之喪祭禮，或爲宗教的儀式，其中或包含不少之迷信與獨斷。但荀子禮記以述爲作，加以證清，與之以新的意義，使之由宗教而變爲詩。例如古時與死者預備器具，未嘗以死者靈魂繼續存在，能用器具。但後來儒者則與所謂明器以新的意義。」(21)禮記說：

「孔子曰：之死而致死之，不仁而不可為也。之死而致生之，不知而不可為也。是故竹不成用，瓦不成味，木不成斲，琴瑟張而不平，竽笙備而不和，有鐘磬而無簨簴，其曰明器，神明之也。」(禮記·檀弓上)

不是把宗教儀禮變為詩，而是以哲學的思想去解釋祭禮。祭祀的意義，由古宗教的思想漸變複雜，在春秋戰國時，陰陽兩氣的思想，已進入祭禮的意義中。

儒者在戰國末期，多雜有他家的思想，荀子已經雜有法家的思想，其他所稱縉紳先生更雜有道家、墨家和陰陽術數的思想。呂氏春秋一書，為呂不韋的門客所作。漢書「藝文志」列為雜家。呂不韋，濮陽人，以仲父尊位為秦始皇的相國，不韋「乃集儒書，使著其所聞。」(高誘 呂氏春秋 序)呂氏春秋一書可視為儒者的作品；然而內容雜亂，雜有陰陽、刑法、名、墨、兵、農和儒家道的思想。這種現象可以代表戰國末期儒家的趨勢，也更代表其他各家已近末路，附在儒家以求生存，便開啓了漢代讖緯易學的路戶。

胡適之曾說：古代哲學忽然中道消滅，眞眞的原因不是秦始皇焚書坑儒，而是當時思想界有着內在的紊亂。(22)我對這種斷語，心有同感。

民國六四年三月卅日 耶穌復活節
脫稿於天母牧廬

註：

(一) 胡適・中國哲學史大綱 頁二二七。商務印書館 民國十九年版。
(二) 同上・頁二三五。
(三) 同上・頁二四七。
(四) 同上・頁二三九。
(五) 馮友蘭・中國哲學史 上冊，頁二六四。商務 民二十四年版。
(六) 唐君毅・中國哲學原論 上冊（原名），頁一四五——一五八。學生書局出版。
(七) 胡適・中國哲學史大綱 頁一七六。
(八) 馮友蘭・中國哲學史 上冊，頁一七三。
(九) 胡適・中國哲學史大綱 頁一七九。
(十) 張成秋・先秦道家思想研究 頁二九八。臺灣中華書局 民六十年版。
(十一) 胡適・中國哲學史大綱 頁三六〇。
(十二) 陳啓天・中國法家概論 頁八。臺灣中華書局 民五十九年版。
(十三) 胡適・中國哲學史大綱 頁三五二。

(十四) 徐復觀・中國人性論史　先秦篇、附錄二。東海大學　民五二年版。

(十五) 徐復觀・中國人性論史　頁五一三。

(十六) 徐復觀・仝上　頁五一四。

(十七) 徐復觀・仝上　頁五一五。

(十八) 說文解字詁林　卷二、頁二一〇。

(十九) 衞聚賢・五行起源考—提要道風雜誌第二十二卷、一九六九年九月。

(二十) 屈萬里・尚書釋義　頁四〇。中華文化出版事業委員會出版、民四五年。

(二十一) 馮友蘭・中國哲學史　頁四一九。

(二十二) 胡適・中國哲學史大綱　頁三八四。